AF723285

Kohlhammer | Deutscher Gemeindeverlag

SCHRIFTENREIHE
DES FREIHERR-VOM-STEIN-INSTITUTES
WISSENSCHAFTLICHE FORSCHUNGSSTELLE
DES LANDKREISTAGES NORDRHEIN-WESTFALEN
AN DER UNIVERSITÄT MÜNSTER

BAND 66

Thomas Jungkamp

Das Recht der regionalen Sparkassen- und Giroverbände

Eine systematische Darstellung

Verlag W. Kohlhammer
Deutscher Gemeindeverlag

Die Rechtswissenschaftliche Fakultät der Westfälischen Wilhelms-Universität Münster hat diese Arbeit als Dissertation angenommen.

D 6

2011
Deutscher Gemeindeverlag GmbH
Verlagsort: 70565 Stuttgart
Gesamtherstellung Deutscher Gemeindeverlag GmbH/Verlag W. Kohlhammer GmbH, Stuttgart
Nachdruck, auch auszugsweise, verboten – alle Rechte vorbehalten
Recht zur fotomechanischen Wiedergabe nur mit Genehmigung des Verlages

ISBN 978-3-555-01558-3

Vorwort

In der deutschen Sparkassenorganisation haben die regionalen Sparkassen- und Giroverbände eine wichtige Stellung. Sie vertreten die Interessen der Sparkasse und nehmen damit erheblichen Einfluss auf die Entwicklungen des Sparkassenwesens. Sie nehmen damit für die örtlich tätigen Sparkassen und deren Träger kommunale Selbstverwaltungsaufgaben wahr. Sie nehmen darüber hinaus weitere im Interesse der Allgemeinheit liegende Aufgaben wahr, indem sie die Sparkassenaufsichtsbehörden beraten und die örtlich tätigen Sparkassen prüfen.

Die Arbeit stellt die Rechtsgrundlagen, die für die Arbeit der Verbände gelten, systematisch dar. Während die Sparkassenverbände und einzelne Rechtsfragen zu ihrer Verfassung und Tätigkeit immer wieder einmal Gegenstand von Abhandlungen in Zeitschriften und Sammelbänden waren und die Vorschiften der Sparkassengesetze zu den Verbänden in den einschlägigen Kommentaren behandelt wurden, lag eine systematische Darstellung bisher nicht vor. Die in der Arbeit behandelten Fragen sind deshalb von großem Interesse für die Praxis. Wissenschaftlich ist das Thema wichtig, weil damit das Organisationsrecht einer spezialgesetzlich geregelten Form des Gemeindeverbandes erschlossen wird. Die Darstellung ist rechtsvergleichend angelegt, indem alle öffentlich-rechtlichen deutschen Sparkassenverbände einbezogen werden.

Münster, im August 2011

Professor Dr. Janbernd Oebbecke
Geschäftsführender Direktor
des Freiherr-vom-Stein-Instituts

Vorwort des Verfassers

Die vorliegende Arbeit entstand während meiner zweijährigen Tätigkeit als wissenschaftlicher Mitarbeiter am Freiherr-vom-Stein-Institut. Besonders herzlich danken möchte ich dessen Geschäftsführendem Direktor, Herrn Professor Dr. Janbernd Oebbecke. Seine Anregungen und wertvollen Hinweise sowie die intensive Betreuung der Arbeit, die sich insbesondere durch den stets einholbaren fachlichen Rat auszeichnete, haben wesentlich zum Gelingen der Arbeit beigetragen. Ein besonderer Dank gebührt ferner Herrn Professor Dr. Fabian Wittreck für die zügige Erstellung des Zweitgutachtens.

Für die mir während meiner Tätigkeit am FSI dargebotenen hervorragenden Forschungsbedingungen möchte ich mich stellvertretend für den Landkreistag Nordrhein-Westfalen bei dessen Hauptgeschäftsführer, Herrn Dr. Martin Klein, sowie stellvertretend für den Sparkassenverband Westfalen-Lippe bei dessen Präsidenten, Herrn Dr. Rolf Gerlach, bedanken.

Meinen Gesprächspartnern bei den jeweiligen Sparkassenverbänden, insbesondere Herrn Henning Richerzhagen, Abteilungsleiter Recht/Steuern und Generalbevollmächtigter des SVWL, sowie Herrn Dr. Herwigh Engau, Chefsyndikus und Direktor der Rechtsabteilung des RSGV, danke ich herzlich für die wertvollen Ratschläge aus der Praxis. Durch die stets vorhandene Gesprächsbereitschaft, insbesondere auch der namentlich nicht näher bezeichneten Mitarbeiter der Verbände, und die wertvollen Anregungen wurde mir der Zugang zum Forschungsthema erleichtert und wichtige Hintergrundinformationen bereitgestellt.

Für die fachlichen und persönlichen Gespräche und Diskussionen und das hervorragende Arbeitsklima am Institut danke ich neben der Leiterin des FSI, Dr. Sabrina Desens, den weiteren wissenschaftlichen Mitarbeitern Jessica Isenburg, Katharina Kallerhoff, Matthias Stork, Simon Frye und Dr. Carsten Lund. Ein herzlicher Dank für ihre freundliche Unterstützung und besonders für das sorgfältige Redigieren des Manuskripts der Arbeit gilt Frau Hiltrud Martellock. Für die Erstellung der Druckfassung danke ich Herrn Hans-Jürgen Richard.

Meiner Frau Christina Jungkamp, die mir in allen Phasen der Arbeit stets ein wichtiger Rückhalt war, danke ich für die geduldige und liebevolle

Unterstützung. Ein letzter Dank gilt meinen Eltern, die mich von klein auf in all meinen Entscheidungen uneingeschränkt unterstützt und gefördert haben. Ihnen möchte ich diese Arbeit in liebevoller Dankbarkeit widmen.

Münster, im August 2011

Thomas Jungkamp

Inhaltsübersicht

Inhaltsverzeichnis

Abkürzungsverzeichnis

AEUV	Vertrag über die Arbeitsweise der Europäischen Union
BayernLB	Bayerische Landesbank
Bbg	Brandenburg
Drs.	Drucksache
DSGV	Deutscher Sparkassen- und Giroverband
EAEG	Einlagensicherungs- und Anlegerentschädigungsgesetz
ESV	Europäische Sparkassenvereinigung
Helaba	Landesbank Hessen-Thüringen Girozentrale
Hess	Hessen
HSGV	Hanseatischer Sparkassen- und Giroverband
KommVerfMV	Kommunalverfassung für das Land Mecklenburg-Vorpommern
LBB	Landesbank Berlin
LBBW	Landesbank Baden-Württemberg
LV	Verfassung für das Land; Landesverfassung
NordLB	Norddeutsche Landesbank
OSV	Ostdeutscher Sparkassenverband
PrMBl	Preußisches Ministerialblatt
RSGV	Rheinischer Sparkassen- und Giroverband
S-	Satzung
Sa	Sachsen
SaarLB	Landesbank Saar
Sachsen LB	Landesbank Sachsen
SächsKomZG	Sächsisches Gesetz über kommunale Zusammenarbeit
SGVHT	Sparkassen- und Giroverband Hessen-Thüringen
SGVSH	Sparkassen- und Giroverband Schleswig-Holstein
StV OSV	Staatsvertrag über den Ostdeutschen Sparkassenverband
StVHT	Staatsvertrag über eine gemeinsame Sparkassenorganisation in den Ländern Hessen und Thüringen
SVB	Sparkassenverband Bayern
SVBW	Sparkassenverband Baden-Württemberg
SVN	Sparkassenverband Niedersachsen
SVRP	Sparkassenverband Rheinland-Pfalz

SVSaar	Sparkassenverband Saarland
SVWL	Sparkassenverband Westfalen-Lippe
Thür	Thüringen

Die sonst in der Arbeit verwendeten Abkürzungen richten sich, sofern sie nicht allgemeingebräuchlich oder im Text definiert sind, nach *Kirchner,* Hildebert/ *Pannier,* Dietrich, Abkürzungsverzeichnis der Rechtssprache, 6. Auflage, Berlin 2008.

§ 1 Einführung

Das Bankensystem besteht in Deutschland aus drei Säulen. Dies sind neben den gewinnorientierten Privatbanken die mitgliederorientierten Genossenschaftsbanken sowie die aufgabenorientierten öffentlichen Banken.[1] Innerhalb der dritten Säule kommt der Sparkassenorganisation, die aus den Sparkassen und den Institutionen und Unternehmen der Sparkassen-Finanzgruppe besteht, eine tragende Bedeutung zu.

Die Sparkassenorganisation umfasst 431 Sparkassen, 7 Landesbank-Konzerne, 10 LBS Bausparkassen, die DekaBank, die dwp-Bank, 11 Erstversicherergruppen der Sparkassen, die Deutsche Leasing sowie zahlreiche Kapitalbeteiligungsgesellschaften und Spezialkreditinstitute, die zwölf regionalen Sparkassen- und Giroverbände sowie den Deutschen Sparkassen- und Giroverband. Der Verbund unterhält rund 21.700 Geschäftsstellen. Damit sind die Institute der Sparkassen-Finanzgruppe in Deutschland flächendeckend präsent.[2]

Die Institute und Unternehmen der Sparkassenorganisation treten seit 1990 nach außen einheitlich unter der Bezeichnung »Sparkassen-Finanzgruppe« auf. Auch wenn der Begriff anderes suggeriert, sind die einzelnen Unternehmen rechtlich selbstständig. Die Sparkassen-Finanzgruppe verfügt nicht über eine eigene Rechtspersönlichkeit. Sie bildet lediglich ein gemeinsames Dach für die Einzelunternehmen, um einen einheitlichen Marktauftritt der Verbundpartner gewährleisten zu können. Die Rechtsfähigkeit wird weder durch die Sparkassengesetze noch durch eine Eintragung im Vereinsregister oder einen Gesellschaftsvertrag gewährt.[3] Sie stellt auch keinen Konzern i. S. d. § 18 AktG dar, denn dafür fehlt es an einer einheitlichen Leitung i. S. d. Aktienrechts.[4]

Die Sparkassenfinanzgruppe, die durch die Prinzipien der Dezentralität und Subsidiarität geprägt ist, lässt sich in Unternehmen und Einrichtungen der lokalen, der regionalen und der überregionalen Ebene einteilen.[5]

---

1 *Klein,* Sparkassenwesen, S. 114.

2 Zur Sparkassenorganisation http://www.dsgv.de/de/sparkassen-finanzgruppe/organisation/index.html (zuletzt abgerufen am 21.02.2011).

3 Zum Ganzen *Lund,* Private in der Sparkassen-Finanzgruppe, S. 31 ff.

4 *Wagener,* ZfgK 1983, 371 (374); *Lund,* Private in der Sparkassen-Finanzgruppe, S. 34.

5 Zu den Ebenen *Güde,* ZfgK 1992, 370 ff.; *Wittmann,* Der Sparkassenverbund, S. 8 ff.

Der lokalen Ebene sind vor allem die örtlich tätigen Sparkassen, die dem Regionalprinzip unterfallen, und deren Tochterunternehmen zuzuordnen. Stark verkürzt besagt das Regionalprinzip, dass das Geschäftsgebiet einer Sparkasse grundsätzlich auf das Gebiet ihrer Trägerkommune beschränkt ist und sie sich auch an Unternehmen nur beteiligen kann, wenn deren Sitz im Trägergebiet liegt.[6] Diese räumliche Eingrenzung der Geschäftstätigkeit führt zu einer geringen Betriebsgröße. Deswegen sind die örtlichen Sparkassen darauf angewiesen, überregionale Kooperation zu schaffen. Diese Kooperation besteht auf der regionalen Ebene der Sparkassenorganisation in den regionalen Sparkassenverbänden und in den Verbundunternehmen, wie den Girozentralen, Versicherungsunternehmen, Bausparkassen und Fondsanbietern, an denen die Regionalverbände teilweise beteiligt sind. Die Sparkassenverbände und die Verbundunternehmen nehmen subsidiär diejenigen Aufgaben wahr, welche die einzelnen Sparkassen allein nicht oder nur mit unverhältnismäßig hohen Mitteln leisten können.[7] Die überregionale Ebene bilden der Deutsche Sparkassen- und Giroverband e. V., der Deutsche Sparkassen- und Giroverband K. ö. R., die DekaBank Deutsche Girozentrale und weitere, überregional tätige Unternehmen der Sparkassen-Finanzgruppe.

Die Zusammenarbeit der Unternehmen und Einrichtungen, die auch als Sparkassenverbund[8] bezeichnet wird, erstreckt sich bspw. auf eine gemeinsame Geschäftspolitik sowie die Arbeitsteilung in diversen Organisations- und Bankdienstleistungsbereichen.[9] Die Zusammenarbeit erstreckt sich des Weiteren auf eine gemeinsame Produktentwicklung sowie deren Vertrieb und die technische Zusammenarbeit.[10]

Der Fokus dieser Arbeit liegt auf dem Verbandswesen der Sparkassenorganisation.

Das Verbandswesen lässt sich in zwei Ebenen unterteilen.[11] Auf dezen-

---

6 Bsp.: § 3 Abs. 3 SpkG NRW; ausführlich zum Regionalprinzip: *Schepers,* Internet-Banking und sparkassenrechtliches Regionalprinzip, S. 41 ff.

7 Zum Ganzen *Güde,* ZfgK 1992, 370 (370).

8 Ausführlich zum Sparkassenverbund: *Wittmann,* Der Sparkassenverbund, S. 2 ff.

9 *Geiger,* in: Deutscher Sparkassenverlag, Handwörterbuch der Sparkassen, Stichwort: Verbund in der Sparkassenorganisation, S. 258.

10 *Oebbecke,* in: Henneke, Sparkassen, Landes- und Förderbanken nach der Finanzmarktkrise, S. 80 (91 ff.).

11 Die auf europäischer Ebene bestehende Europäische Sparkassenvereinigung (ESV), in der die Sparkassenorganisationen der EU-Länder zusammengeschlossen sind, stellt keine dritte Verbandsebene innerhalb der deutschen Sparkassenverbandsorganisation dar. Die ESV hat gem. Art. 4 der Satzung der ESV die Zielsetzung, ein

traler Ebene agieren derzeit zwölf regionale Sparkassen- und Giroverbände, deren Mitglieder die Sparkassen und deren Trägerkommunen sind.[12] Auf zentraler Ebene steht als Spitzeninstitut der Sparkassen-Finanzgruppe der Deutsche Sparkassen- und Giroverband e. V.[13] Dessen Mitglieder sind u. a. die regionalen Sparkassenverbände. Die Sparkassen selbst sind nur indirekt über die Mitgliedschaft in den Regionalverbänden am Zentralverband beteiligt. Vom Deutschen Sparkassen- und Giroverband e. V. ist der Deutsche Sparkassen- und Giroverband Körperschaft des öffentlichen Rechts rechtlich zu trennen. Dessen Aufgabe besteht in der Trägerschaft der DEKA-Bank.[14] Klassische Verbandsaufgaben nimmt dieser nicht wahr.

Auf beiden Ebenen verfügen die Verbände im Unterschied zu den Verbänden der privaten Bankwirtschaft über einen ausgebauten Verwaltungsapparat. Ferner sind bei den Verbänden der privaten Bankwirtschaft die regionalen Organisationen weniger stark ausgeprägt.[15]

Mittelpunkt für den Kontakt unter den europäischen Sparkassen zu sein, um den Erfahrungsaustausch und eine wirksame Zusammenarbeit zu ermöglichen. Gem. Art. 1 der Geschäftsordnung soll die ESV die Interessen ihrer Mitglieder gegenüber der Europäischen Union vertreten und zu ihr Beziehungen unterhalten. Damit liegt der Schwerpunkt in der Interessenvertretung der europäischen Sparkassen gegenüber der EU und in der Ermöglichung eines Erfahrungsaustausches auf europäischer Ebene. Die ESV ist damit nicht Willensbildungsorgan innerhalb der deutschen Sparkassenorganisation, sondern ein Bindeglied zwischen den unterschiedlichen europäischen Sparkassen.

12 Dies sind: Sparkassenverband Baden-Württemberg, Sparkassenverband Bayern, Sparkassenverband Berlin, Hanseatischer Sparkassen- und Giroverband, Sparkassen- und Giroverband Hessen-Thüringen, Sparkassenverband Niedersachsen, Ostdeutscher Sparkassenverband, Rheinischer Sparkassen- und Giroverband, Sparkassenverband Rheinland-Pfalz, Sparkassenverband Saar, Sparkassen- und Giroverband für Schleswig-Holstein, Sparkassenverband Westfalen-Lippe. Nicht zu den klassischen Sparkassen- und Giroverbänden gehört ferner der Verband der Deutschen freien öffentlichen Sparkassen e. V. In diesem privatrechtlichen Verband sind sechs freie Sparkassen, also kommunal nicht gebundene privatrechtliche Institute, sowie eine öffentlich-rechtliche Sparkasse, die aus einer Freien Sparkasse hervorgegangen ist, zusammengeschlossen. Dieser Verband ist jedoch nicht wie die öffentlich-rechtlichen Sparkassen- und Giroverbände mit der Wahrnehmung öffentlicher Aufgaben betraut. Der Schwerpunkt der Vereinstätigkeit liegt nach § 3 Nr. 2 der Satzung in der Förderung und Unterstützung der besonderen Interessen der privaten öffentlichen Sparkassen.

13 *Ashauer,* WISU 1986, 400.

14 § 2 Abs. 1 Satzung DeKaBank Deutsche Girozentrale; Gesetz über den Deutschen Sparkassen- und Giroverband vom 6.4.1933, Reichsgesetzbl. I S. 166, verk. am 6.4.1933 (BGBl. III 7621-1).

15 Zum Ganzen *Hoffmann,* Kommunalwirtschaft 1967, 250 (253).

Die Darstellung konzentriert sich auf die dezentrale Verbandsebene. Innerhalb dieser Verbandsebene sollen wiederum nur diejenigen Verbände dargestellt werden, die als *Körperschaften des öffentlichen Rechts* organisiert sind.

Von den zwölf bestehenden Sparkassenverbänden sind zehn in der Rechtsform der Körperschaft des öffentlichen Rechts organisiert, deren grundlegende Rechtsverhältnisse in den Sparkassengesetzen der Länder oder in Staatsverträgen und den diese Verträge umsetzenden Transformationsgesetzen geregelt sind. Allein die Verhältnisse des Hanseatischen Sparkassen- und Giroverbands werden nicht in einem Gesetz oder Staatsvertrag geregelt. Dieser wurde nicht als Körperschaft des öffentlichen Rechts, sondern in der Rechtsform eines wirtschaftlichen Vereins gegründet. Die Rechtsfähigkeit erlangte der Verein kraft staatlicher Verleihung gem. § 22 BGB. Die Ursache dieser verschiedenen rechtlichen Ausgestaltung liegt in der unterschiedlichen Entwicklung des Sparkassenwesens in den Freien und Hansestädten Hamburg und Bremen und den anderen Bundesländern. Die Sparkassen in Hamburg waren seit jeher freie Sparkassen in privater Rechtsform und nicht, wie in den anderen Bundesländern, Anstalten des öffentlichen Rechts. In Bremen ist die Sparkasse Bremen ebenfalls in der Rechtsform einer Aktiengesellschaft organisiert, die Sparkasse Bremerhaven ist hingegen eine Anstalt des öffentlichen Rechts, für die das Sparkassengesetz Bremen gilt. Diese freien Sparkassen – und auch die Sparkasse Bremerhaven – organisierten sich sodann im privatrechtlich organisierten Hanseatischen Sparkassen- und Giroverband e. V. Da auf den Hanseatischen Sparkassen- und Giroverband das Vereinsrecht des Bürgerlichen Gesetzbuchs Anwendung findet und eine ergänzende Heranziehung öffentlich-rechtlicher Grundsätze und Normen ausgeschlossen ist, soll dieser Verband nicht näher erläutert werden.

Eine weitere Besonderheit stellt der Berliner Sparkassenverband dar. Gem. § 3 Abs. 5 S. 1 SpkG Berlin nimmt die Landesbank Berlin AG (LBB AG) zugleich die Aufgaben eines Sparkassen- und Giroverbandes wahr. Aufgrund der Einbindung des Verbands in die Organisation der LBB AG hat der Verband keine eigene Rechtspersönlichkeit. Er ist ein unselbstständiger Bestandteil der LBB AG und wurde in die Abteilung »Unternehmensführung und Recht« als »Stabsstelle« eingegliedert.[16] Die LBB AG ist zwar berechtigt, gem. § 3 Abs. 5 S. 2 SpkG Berlin zur Regelung der Angelegenheiten des Sparkassenverbandes eine Geschäftsordnung zu erlassen. Davon hat die LBB AG bisher nach eigener Auskunft aber keinen Gebrauch gemacht. Damit gibt es hinsichtlich der Verhältnisse des Berliner Sparkassen- und Giroverbands keine organisationsrechtlichen Regelungen. Auch dieser Verband soll aus diesem Grund nicht näher erläutert werden.

In der anschließenden Darstellung wird das Recht der regionalen Sparkassen- und Giroverbände, die als Körperschaften des öffentlichen Rechts organisiert sind, systematisch erläutert. Es wurde der Rechtsstand am 31. Dezember 2010 zugrunde gelegt. Zunächst werden historische und rechtliche Grundlagen (1. Teil) erläutert. Sodann werden die äußere Verbandsverfassung (2. Teil), die innere Verbandsverfassung (3. Teil), die Beteiligungen (4. Teil) sowie die Wirtschafts- und Finanzverfassung (5. Teil) ausgeführt.[17]

---

16 Der Verband handelt nach außen durch den Verbandspräsidenten und den Verbandsgeschäftsführer. Im Berliner Verband wird das Amt des Verbandspräsidenten von dem Vorstandsvorsitzenden der LBB AG wahrgenommen. Somit nimmt der Vorstandsvorsitzende der LBB AG neben der Funktion des Bankvorstands zugleich die Funktion eines Girozentralleiters und eines Verbandspräsidenten wahr.

17 Sofern nachfolgend von Sparkassenverbänden gesprochen wird, sind ausschließlich die in öffentlich-rechtlicher Körperschaftsform organisierten Sparkassen- und Giroverbände gemeint.

1. Teil: Historische und rechtliche Grundlagen

§ 2 Entstehung der regionalen Sparkassen und Giroverbände

Die Sparkassen- und Giroverbände in Deutschland entstanden nicht einheitlich, sondern waren das Produkt eines Entwicklungsprozesses.[18] Es ist zwischen der Entwicklung der Sparkassenverbände (A.), der Giroverbände (B.) und der Verschmelzung dieser Verbände (C.) zu unterscheiden.

A. Sparkassenverbände

Zu Beginn des Sparkassenwesens in Deutschland gingen die Sparkassen ohne Kooperationen unabhängig voneinander ihrem Geschäft nach. Während einer im Jahr 1881 angelegten Tagung zur Zinsherabsenkung für Spareinlagen wurde ein Zusammenschluss der regional arbeitenden Sparkassen angeregt, um neben den Bemühungen um eine einheitliche Sparzinspolitik einen gemeinsamen fachlichen Austausch sowie eine gemeinsame Förderung gewährleisten zu können. Ferner sollte ein Gegengewicht zur dezentralen Struktur des Sparkassenwesens geschaffen werden. Auch konnte nur über einen Zusammenschluss eine angemessene Interessenvertretung als Gegenpol zu den Genossenschaftsbanken und den überörtlich tätigen Bankgesellschaften geschaffen werden. Als weiterer Auslöser der Verbandsbildung ist das Bedürfnis nach einer gemeinsamen Abwehrhaltung gegenüber der geplanten Errichtung reichsweiter Postsparkassen zu nennen.[19]

Als erster regionaler Sparkassenverband mit loser Rechtsform wurde in Hagen am 28.09.1881 der Verband der Sparkassen im Rheinland und Westfalen, mit Sitz in Essen, gegründet. Die Generalversammlung und der Vorstand waren die Organe des verbands.[20] Mitglieder waren die Sparkas-

18 Ausführlich zur Geschichte der Sparkassen- und Giroverbände: *Ashauer,* Von der Ersparungscasse zur Sparkassen-Finanzgruppe, S. 162 ff. m. w. N.; *Mura,* Sparkasse 1980, 200 ff., 454 ff.

19 *Fischer,* Sparkasse 1956, 318; Schöttler, Sparkasse 1966, 97; *Mura,* Sparkasse 1980, 200.

20 Zum Ganzen *Mura,* Sparkasse 1980, 200.

sen, die für je 100.000,- Mark Spareinlagen eine Stimme erhielten, die wiederum auf eine Höchstzahl von 25 Stimmen begrenzt waren.[21]

Hervorgerufen durch finanzielle Schwierigkeiten sollte der räumliche Wirkungskreis des Verbands erweitert und Mitglieder aus den anderen preußischen Provinzen aufgenommen werden.[22] Der Name des Verbands wurde zur Erreichung dieses Ziels am 22.06.1882 in »Verband der Sparkassen in Westdeutschland« geändert. Da sich auch diese räumliche Begrenzung als zu eng erwies, wurde bereits Ende 1884 der Verband in den »Deutschen Sparkassenverband e. V., Dortmund« umbenannt. Er verlor damit seinen regionalen Charakter und fungierte ab 1891 in Berlin als Dachverband für die Regionalverbände.[23]

Mit der Gründung des Sächsischen Sparkassenverbands im Herbst 1883 entstand der zweite Sparkassenverband. Diese Verbandsgründung war die Initialzündung für die bis in das Jahr 1908 reichende Gründung weiterer regionaler Sparkassenverbände[24] in anderen preußischen Provinzen und in Württemberg. Diese Verbände wurden in ihrer Mehrzahl als eingetragene Vereine mit der Aufgabe errichtet, ihre Mitglieder zu beraten und deren Interessen zu vertreten.[25]

Da der Sparkassenverband im Rheinland und in Westfalen nunmehr zum Bundesverband umgestaltet worden war, wurde 1891 in Köln über die Frage beraten, ob für beide preußische Provinzen ein Verband gegründet werden oder ob jede Provinz einen eigenständigen Verband erhalten sollte. Trotz der Feststellung einer hinreichenden Leistungsfähigkeit der beiden Provinzen wurde wegen der engen Verflechtung beider Provinzen auf wirtschaftlichem Gebiet ein Verband für beide Provinzen gegründet.[26]

Durch das Nebeneinander von regionalen Verbänden und Deutschem Sparkassenverband, dem bisher neben den Regionalverbänden auch einzelne Sparkassen angehörten, entstand das Problem der Aufteilung der Funktionen

---

21 *Fischer,* Sparkasse 1956, 318; *Heinevetter,* Sparkassengesetz NRW, 2. Aufl., Vorbem. §§ 45-49, Rn. 1.

22 *Fischer,* Sparkasse 1956, 318 (319); *Mura,* Sparkasse 1956, 200 (201).

23 *Mura,* Sparkasse 1980, 200 f.; *Fischer,* Sparkasse 1956, 318; *Schöttler,* Sparkasse 1966, 97; *Heinevetter,* Sparkassengesetz NRW, 2. Aufl., Vorbem. §§ 45-49, Rn. 1.

24 Eine Übersicht über die Gründungen ist zu finden bei: *Ashauer,* Von der Ersparungscasse zur Sparkassen-Finanzgruppe, S. 176.

25 Zum Ganzen *Mura,* Sparkasse 1980, 200 (201); *Schöttler,* Sparkasse 1966, 97.

26 Zum Ganzen *Fischer,* Sparkasse 1956, 318 (319); *Schöttler,* Sparkasse 1966, 97.

zwischen den beiden Ebenen. Man entschied sich im März 1892 dafür, das Regionalprinzip durchzusetzen und den Deutschen Sparkassenverband in einen Verband der Verbände umzugestalten.[27] Dieser Spitzenverband war 1885 an der Verhinderung der Einführung reichsweit tätiger Postsparkassen beteiligt und gab den Anstoß für die Einführung der passiven Scheckfähigkeit der Sparkassen im Jahre 1908.[28]

Während der Hannoversche Verband seit seiner Gründung im Jahr 1887 die freiwillige Verbandsrevision bei den Sparkassen durchführte[29], unterwarfen sich die Sparkassen der anderen Verbände – diesem Vorbild folgend – ab 1892 freiwillig den fachmännischen Prüfungen durch Sparkassenpraktiker im Auftrag der Verbände. Diese Prüfungen wurden zunächst unabhängig von aufsichtsbehördlichen Prüfungen durchgeführt. Den staatlichen Auftrag zur aufsichtsbehördlichen Prüfung erhielten die Verbände erst im Jahre 1925.[30]

Dieser Entwicklung folgend und der Finanzkrise dieses Jahres geschuldet übernahmen die Verbände ab 1931 die gesetzliche Abschlussprüfung als weiteren Bestandteil des Revisionswesens. Im Jahr 1937 wurden die Prüfungen durch einen Erlass des Wirtschaftsministers auf unvermutete Prüfungen ausgedehnt.[31] Die gesetzlich vorgeschriebenen und aufsichtsbehördlich angeordneten Prüfungen als Instrument der Aufsichtsbehörden zur Bewältigung des Prüfungsauftrags werden noch heute auf die Verbände übertragen, weil die Sparkassenaufsichtsbehörden im Gegensatz zu den Sparkassenverbänden kein fachkundiges Personal beschäftigten.[32]

Als weitere Aufgabenfelder kamen die Verbandsstatistik und die regionale Sparkassenwerbung sowie das Aus- und Fortbildungswesen innerhalb der Sparkassenorganisation hinzu. Die ersten verbandseigenen Sparkassenschulen wurden 1920 gegründet.[33]

---

27 *Fischer,* Sparkasse 1956, 318 (319).

28 *Wehber,* ZfgK 2009, 582 (583).

29 *Lawrenz,* Sparkasse 1981, 322 (324).

30 Zum Ganzen *Schöttler,* Sparkasse 1966, 97.

31 Zum Ganzen *Lawrenz,* Sparkasse 1981, 322 (324).

32 *Klüpfel,* Sparkassengesetz BW, § 36, Anm. II., 1 f.

33 *Mura,* Sparkasse 1980, 200 (202); *Mura,* in Deutscher Sparkassenverlag, Handwörterbuch der Sparkassen, Bd. 2, S. 274 ff.

B. Giroverbände

Die ersten regionalen Giroverbände entstanden auf Initiative von *Dr. Johann Christian Eberle,* der den Überweisungsverkehr zwischen den deutschen Sparkassen einführen und entsprechende organisatorische und technische Voraussetzungen schaffen wollte.[34] Hintergrund war die durch die Änderung des Reichsscheckgesetzes eingeführte passive Scheckfähigkeit der Sparkassen, welche diese zur Teilnahme am bargeldlosen Zahlungsverkehr berechtigte. Um die Abwicklung des bargeldlosen Zahlungsverkehrs zwischen verschiedenen Sparkassen gewährleisten zu können, bedurfte es der Errichtung entsprechender Einrichtungen, der Girozentralen.[35]

Neben den bestehenden privatrechtlichen Sparkassenverbänden mussten zunächst öffentlich-rechtliche Giroverbände mit eigener Rechtspersönlichkeit gegründet werden, die für die Girozentralen haften sollten. Da die Sparkassen damals noch nicht rechtsfähig waren, konnten in den Giroverbänden allerdings nur die Kommunen Mitglieder werden. Auf *Eberles* Initiative hin wurde am 05.10.1908 der Giroverband sächsischer Gemeinden in Dresden gegründet. Dieser Verband war für den Giroverkehr von 143 Girokassen zuständig. Seine Verfassung wurde von fast allen in der Folgezeit entstandenen Giroverbänden adaptiert. Als zweiter Giroverband entstand nach sächsischem Muster am 20.04.1912 der Pommersche Kommunale Giroverband in Stettin. Die Gründungswelle setzte sich bis 1916 fort.[36]

Anders verhielt es sich in den westlichen Provinzen. In Westfalen, im Rheinland und in Hessen-Nassau unterhielten die Sparkassen seit langem enge Beziehungen zu den Landesbanken in Düsseldorf, Münster und Wiesbaden, die bereits seit dem Jahr 1912 auch die Funkion von Girozentralen erfüllten. Giroverbände wurden deshalb nicht benötigt. Die Bankenkrise von 1931 machte die Landesbanken in Düsseldorf und Münster jedoch zahlungsunfähig. Die Girozentralfunktion wurde, um den Zahlungsverkehr aufrechtzuerhalten, auf provisorische Einrichtungen übertragen.[37]

---

34 *Mura,* Sparkasse 1980, 200 (201).

35 *Mura,* Sparkasse 1980, 200 (201 f.); *Trende,* Geschichte der deutschen Sparkassen, S. 324 ff.

36 Zum Ganzen *Mura,* Sparkasse 1980, 200 (201 f.); *Schöttler,* Sparkasse 1966, 97 f.

37 Zum Ganzen *Schöttler,* Sparkasse 1966, 97 (98); *Mura,* in Deutscher Sparkassenverlag, Handwörterbuch der Sparkassen, Bd. 2, S. 274 f.

C. Regionale Sparkassen- und Giroverbände

Aus Effizienzgründen sollten die Funktionen beider Verbandstypen von einem Verband wahrgenommen werden. Aus diesem Grund wurden ab dem Jahr 1920 die meisten Sparkassen- und die Giroverbände zusammengeführt.[38]

In dieser Dekade stellte sich heraus, dass der Rheinisch-Westfälische Sparkassenverband die gemeinsame Interessenvertretung der Sparkassen des Rheinlandes und Westfalens nicht leisten konnte. Eine persönliche Kontaktpflege mit den örtlichen Sparkassen, wie sie von den Sparkassen gewünscht wurde, konnte nicht hinreichend aufrechterhalten werden. Aus diesem Grund wurde in der Notverordnung vom 6.11.1931 die Landesregierung ermächtigt, die erforderlichen Maßnahmen zu treffen. Mit Erlass des preußischen Staatsministeriums vom 29.12.1932 wurde mit Wirkung zum 1.1.1933 der Rheinische Sparkassen- und Giroverband in der Rechtsform einer Körperschaft des öffentlichen Rechts gebildet. Der Westfälische Sparkassen- und Giroverband wurde mit Erlass vom 15.05.1933 in seiner neuen Eigenschaft als Giroverband gegründet. Mitglieder konnten nach der neuen Satzung sowohl die Gewährträger als auch die Sparkassen selbst werden, nachdem auch diese durch die preußische Sparkassenverordnung nunmehr die Rechtsfähigkeit erlangt hatten.[39]

Ab dem Jahr 1933 entstanden entweder neue Sparkassen- und Giroverbände oder sie waren das Produkt von Zusammenschlüssen infolge von Veränderungen des räumlichen Zuständigkeitsbereichs. Die neugegründeten Sparkassen- und Giroverbände wurden fast ausschließlich in der Rechtsform der Körperschaft oder Anstalt des öffentlichen Rechts gegründet. Die Organe waren weitgehend in der auch heute vorherrschenden dreigliedrigen Struktur aufgebaut (Verbandsversammlung, Vorstand und Verbandsvorsteher). Die Aufgaben bestanden neben der Haftungsfunktion für die Girozentralen in den klassischen Verbandsaufgaben. In de späteren Jahren weitete sich der Aufgabenbereich jedoch aus. Im vorparlamentarischen Raum der Ländergesetzgebung wirkten sie bei der Neugestaltung und Weiterentwicklung des Sparkassenrechts als Interessenvertreter der Sparkassen und der Kommunen mit.[40]

---

38 *Mura,* Sparkasse 1980, 200 (202).

39 Zum Ganzen *Fischer,* Sparkasse 1956, 318 (319).

40 Zum Ganzen *Mura,* Sparkasse 1980, 200 (202); *Mura,* in Deutscher Sparkassenverlag, Handwörterbuch der Sparkassen, Bd. 2, S. 276.

Die Sparkassen des Landes Lippe hatten nach der Aufnahme der Geschäftstätigkeit des Westfälischen Verbands am 01.10.1933 die Möglichkeit, sich entweder dem Hannoverschen oder dem Westfälischen Verband anzuschließen. Dies führte dazu, dass ein Teil der lippischen Sparkassen dem westfälischen und eine anderer Teil dem niedersächsischen Verband beitraten. 1936 verfügte der Reichsstatthalter in Lippe, dass alle lippischen Sparkassen zum westfälischen Verband gehören sollten. Der Name des Verbands wurde aber erst 1950 in Westfälisch-Lippischer Sparkassen- und Giroverband geändert.[41]

Nach Ende des Zweiten Weltkriegs konnten die Sparkassenverbände in den westlichen Besatzungszonen ihre Tätigkeit fortsetzen. Es wurde allerdings aufgrund der Neugliederung der westlichen Besatzungszone in Länder eine Umstrukturierung erforderlich.[42] Die Sparkassen, die außerhalb der Reichsgrenze von 1937 errichtet worden waren und die in Mittel- und Ostdeutschland errichteten Verbände stellten ihre Tätigkeit im Jahre 1945 ein.[43]

In der sowjetischen Besatzungszone wurden anstelle der ehemaligen Sparkassen- und Giroverbände zum 01.05.1946 neue Sparkassenverband gegründet. Dem sozialistischen Wirtschafts- und Gesellschaftssystem entsprechend sollten diese die Sparkassen beaufsichtigen, kontrollieren und kontrollieren.[44]

Nach der Wiedervereinigung wurde durch Staatsvertrag für die Länder Brandenburg, Mecklenburg-Vorpommern, Sachsen, Sachsen-Anhalt und Thüringen ein neuer länderübergreifender Verband gegründet, da die Sparkassen der einzelnen Länder jeweils für sich keinen leistungsstarken Verband zu unterhalten vermochten.[45] 1992 entstand sodann aus dem Hessischen Sparkassen- und Giroverband als gemeinsame Einrichtung der Länder Hessen und Thüringen der Sparkassen- und Giroverband Hessen-Thürin-

41 Zum Ganzen *Deutscher Sparkassenverlag,* Sparkasse 1957, 233.

42 Zum Ganzen *Ashauer,* Von der Ersparungscasse zur Sparkassen-Finanzgruppe, S. 266 ff.

43 *Mura,* Sparkasse 1980, 200 (202).

44 Zum Ganzen *Ashauer,* Von der Ersparungscasse zur Sparkassen-Finanzgruppe, S. 268.

45 *Schmidt,* S-Wissen für Verwaltungsräte, S. 379.

gen.[46] Der Sparkassenverband Baden-Württemberg entstand 2001 durch eine Fusion des Badischen und des Württembergischen Sparkassenverbands.[47]

Die Landesbank Berlin bildet aus Gründen der besonderen Verhältnisse während der deutschen Teilung einen eigenen Regionalverband.[48]

Nunmehr müssen auch der in Nordrhein-Westfalen bestehende Rheinische Sparkassen- und Giroverband und der Sparkassenverband Westfalen-Lippe gem. § 36 SpkG NRW bis zum 31.12.2012 fusionieren. § 36 Abs. 1, 2 SpkG NRW schreiben vor, dass die Verbände bis zum 01.06.2009 eine unwiderrufliche Vereinbarung abschließen müssen, in der das Verfahren zur Vereinigung beider Verbände bis spätestens zum 31.12.2012 geregelt wird. Durch übereinstimmende Beschlüsse der Verbandsversammlungen müssen die Verbände sodann zu einer Körperschaft des öffentlichen Rechts vereinigt werden. Auf den neu gebildeten Verband müssen alle Rechte und Pflichten ohne Abwicklung als Gesamtrechtsbnachfolger übergehen. Wird ein Antrag auf Genehmigung der Vereinigung nicht bis zum 31.05.2012 vorgelegt, ist die Aufsichtsbehörde gem. Abs. 3 ermächtigt, die für eine Vereinigung erforderlichen Anordnungen nach Anhörung der Verbände durch Rechtsverordnung zu treffen.[49]

Alle regionalen Verbände sind heute Mitglied im Deutschen Sparkassen- und Giroverband e. V., dem Dachverband der regionalen Sparkassenverbände.

§ 3 Rechtsgrundlagen

A. Sparkassenrechtliche Rechtsgrundlagen

Die gesetzlichen Grundlagen für die Sparkassenverbände sind in den Sparkassengesetzen der Länder und in den Transformationsgesetzen zu den Staatsverträgen über die Errichtung des Sparkassenverbands Hessen-Thüringen und des Ostdeutschen Sparkassenverbands enthalten. Normenhierarchisch unter diesen gesetzlichen Grundlagen stehen die Satzungen der

46 Staatsvertrag über die Bildung einer gemeinsamen Sparkassenorganisation Hessen-Thüringen vom 10. März 1992.

47 http://www.sv-bw.de/verband/chronik/index.htm#2002 (zuletzt abgerufen am 21.02.2011).

48 *Schmidt,* S-Wissen für Verwaltungsräte, S. 379.

49 Zur verfassungsrechtlichen Zulässigkeit dieser Regelung siehe § 4 B.

Verbände, zu deren Erlass die Verbände aufgrund der ihnen verliehenen Satzungsautonomie ermächtigt sind.

Gem. Art. 30, 70 GG liegt die Gesetzgebungskompetenz für die organisationsrechtliche Ausgestaltung im Sparkassenwesen bei den Ländern. Zwar weist Art. 74 Abs. 1 Nr. 11 GG dem Bund die konkurrierende Gesetzgebungszuständigkeit für das Recht der Wirtschaft zu. Dieser Kompetenztitel erfasst aber nur Regelungen über das Bankgeschäft oder das Bankenvertrags- und Bankenaufsichtsrecht.[50] Die sparkassenorganisationsrechtlichen Regelungen bleiben ausschließlich dem Landesgesetzgeber vorbehalten.[51] Zu diesen Regelungen gehören auch die Organisation und die Aufgabenstellung der Sparkassenverbände.

Die Länder haben auch das Recht, länderübergreifende Sparkassenstrukturen durch den Abschluss von Staatsverträgen zu schaffen. Dieses Recht ergibt sich aus der grundsätzlichen Kompetenzverteilung der Art. 30, 70 GG.[52] Soweit die Länder im Innenverhältnis zum Gesamtstaat die Gesetzgebungskompetenz inne haben, haben sie auch im spiegelbildlich zu beurteilenden Verhältnis untereinander die Kompetenz zum Abschluss von Vereinbarungen, die sachlich in ihre Gesetzgebungszuständigkeit fallen.[53] Art. 32 Abs. 3 GG greift nicht ein, da die Länder zueinander nicht in einem völkerrechtlichen Verhältnis auswärtiger Beziehungen stehen, sondern als Gliedstaaten eines einheitlichen Bundesstaates agieren.[54]

Zum Erlass der Verbandssatzung werden die Verbände einfachgesetzlich durch die Sparkassengesetze der Länder bzw. durch die Staatsverträge ermächtigt.[55] In Baden-Württemberg[56] und in Niedersachsen[57] wird die

---

50 *BVerwG,* Urt. v. 18.12.1986 – 3 C 39/81 –, in: BVerwGE 75, 292 (299 f.); *Dreier,* in: Dreier, GG, Bd. 2, Art. 74, Rn. 61; *Schlierbach/Püttner,* Sparkassenrecht, S. 33.

51 *BVerwG,* Urt. v. 18.12.1986 – 3 C 39/81 –, in: BVerwGE 75, 292, 299 f.; *Rechel,* NordÖR 2005, 451 (452).

52 *Pernice,* in: Dreier, GG, Bd. 2, Art. 32, Rn. 36; *Rojahn,* in: v. Münch/Kunig, GG, Bd. 2, Art. 32, Rn. 33.

53 *Schmidt,* Kommunale Kooperationen, S. 579.

54 *Rojahn,* in: v. Münch/Kunig, GG, Art. 32, Rn. 33 m. w. N.

55 § 35 SpkG BW; Art. 22 Abs. 1 BaySpkG; § 28 Abs. 2 NdsSpkG; § 33 SpkG NRW; § 25 Abs. 5 SpkG RP; § 41 SpkG Saar; § 36 Abs. 4 SpkG SH; Art. 1 Abs. 4 StaatsV HT; § 1 Abs. 2 StaatsV OSV. Auf den Inhalt und die Grenzen der Satzungsautonomie wird an den entsprechenden Stellen in den folgenden Ausführungen genauer eingegangen.

56 Art. 71 Abs. 1 LVerf BW.

57 Art. 57 Abs. 1 LVerf Nds.

Satzungsautonomie der Sparkassenverbände sogar landesverfassungsrechtlich gewährleistet.[58]

B. Ergänzende Heranziehung des Zweckverbandsrechts

Sofern die sparkassenrechtlichen Regelungen eine abschließende Beurteilung organisationsrechtlicher Probleme nicht erlauben, können die Bestimmungen über kommunale Gemeinschaftsarbeit im Bereich der Wahrnehmung kommunaler Selbstverwaltungsaufgaben ergänzend herangezogen werden.[59]

Dies ist gerechtfertigt, soweit die Sparkassenverbände als sondergesetzliche Zweckverbände (I.) kommunale Selbstverwaltungsaufgaben (II.) im Rahmen der kommunalen Gemeinschaftsarbeit im weiteren Sinne (III.) wahrnehmen. In diesem Fall ist eine hinreichende Vergleichbarkeit der sondergesetzlichen Zweckverbände mit den nach den Gesetzen über kommunale Gemeinschaftsarbeit gegründeten Zweckverbänden nicht nur in der Organisation und der Mitgliederstruktur sondern auch in Bezug auf die wahrzunehmende Aufgabe gegeben.[60]

I. Sparkassenverband als sondergesetzlicher Zweckverband

Die Sparkassenverbände sind der Gruppe der sondergesetzlichen Zweckverbände zuzuordnen. Ihre sondergesetzliche Grundlage bilden die Sparkassengesetze und die die Staatsverträge umsetzenden Transformationsgesetze.[61]

---

58 Dazu § 4 B. I. 3. c).

59 *Donhauser,* Gemeindliche Zusammenarbeit, S. 99 f.; *Oebbecke,* Gemeindeverbandsrecht, Rn. 431; *Wolff/Bachof/Stober,* VerwR, Bd. II, § 91, Rn. 2; *Oebbecke,* in: HbKWP, Bd. 1, § 29, Rn. 39, 99; *Beckmann/Wittmann,* KStZ 2009, 5 (7); a. A. *Klüpfel u. a.,* SpkG BW, S. 293, die die Rechtsverhältnisse der Sparkassenverbände ohne nähere Begründung ausschließlich durch das Sparkassengesetz und die gem. den Sparkassengesetzen erlassenen Satzungen bestimmt wissen möchten.

60 *Donhauser,* Gemeindliche Zusammenarbeit, S. 99.

61 *Klüber,* in: Peters, HbKWP, Bd. 1, 1. Aufl., S. 566; *Seydel,* Zweckverbände, S. 139 f.; *Gönnenwein,* Gemeinderecht, S. 438 f.; *Oebbecke,* Gemeindeverbandsrecht, Rn. 7, 431; *Oebbecke,* in: HbKWP, Bd. 1, § 29, Rn. 39; *Beckmann/Wittmann,* KStZ 2009, 5 (7). Kein Unterschied ergibt sich, wenn sie als auf besonderer gesetzlicher Grundlage basierende Zweckverbandstypen (*Dittmann,* in: Achterberg/Püttner/Würtenberger: Besonderes Verwaltungsrecht Bd. 2, § 18, Rn. 1), Zweckverbände sui generis (*Rothe,* SpkG NRW, § 45, S. 310 f.), abgewandelte Zweckverbandstypen (*Wolff/Bachof/Stober,* VerwR, Bd. II, § 91, Rn. 2; *Klüber,* Gemeinderecht, S. 329, 332 f.) oder als Sonderformen der Zweckverbände (*Wolff/Bachof/Stober,* VerwR, Bd. 3, § 96 VIII, Rn. 128) bezeichnet werden.

Sondergesetzliche Zweckverbände sind durch ein Sondergesetz geschaffene zweckverbandsähnliche Gebilde, die für einen konkreten Fall auf einem bestimmten Gebiet mit seinen speziellen Eigenheiten geschaffen wurden. Die Rechtsverhältnisse des sondergesetzlichen Zweckverbands werden im Unterschied zu den nach den Kooperationsgesetzen gegründeten Zweckverbänden nicht in den Gesetzen über die kommunale Gemeinschaftsarbeit, sondern in den Spezialgesetzen geregelt. Sie bilden neben den Zweckverbänden, die nach den Gesetzen über die kommunale Gemeinschaftsarbeit gebildet werden, die zweite Gruppe der Zweckverbandstypen.[62]

In der detaillierten Regelung der Verhältnisse des sondergesetzlichen Zweckverbands liegt auch der Unterschied zum gesetzlichen Zweckverband, wie er in § 22 GkG NRW/Bbg geregelt ist.[63] Eine systematische Gesamtbetrachtung des GkG der beiden Länder zeigt, dass § 22 lediglich die freiwillige Bildung des Zweckverbands nach den §§ 9 ff. GkG ersetzen soll. Das den gesetzlichen Zweckverband anordnende Gesetz bestimmt lediglich die Gründung des Zweckverbands auf einem bestimmten Gebiet, enthält aber gerade keine Regelungen über dessen Verhältnisse. Diesbezüglich findet das übrige GkG Anwendung.

II. Wahrnehmung kommunaler Selbstverwaltungsaufgaben

Die Sparkassenverbände nehmen überwiegend kommunale Selbstverwaltungsaufgaben wahr. Man kann die Aufgaben in die Förderung des Sparkassenwesens, die Durchführung von Prüfungen und die gutachtliche Beratung der Aufsichtsbehörden unterscheiden.

Die Förderung des Sparkassenwesens gehört ebenso wie die Sparkassentätigkeit selbst zu den kommunalen Selbstverwaltungsaufgaben.[64] Das Betreiben und die Verbesserung des Betreibens können nicht getrennt werden.

Die Versorgung der örtlichen Gemeinschaft mit geld- und kreditwirtschaftlichen Leistungen durch die Sparkassen gehört trotz der Fusionen der Spar-

---

62 Zum Ganzen *Rothe,* Interkommunale Zusammenarbeit, S. 110 f.

63 Danach können auch auf dem Gebiet der freiwilligen Selbstverwaltungsaufgaben Gemeinden, die sich über eine Zusammenarbeit nicht freiwillig einigen, durch Gesetz zu einem Zweckverband zusammengeschlossen werden. In dem Gesetzgebungsverfahren sind die Grundsätze über die Bildung des Pflichtverbands entsprechend anzuwenden.

64 *Seydel,* Zweckverbände, S. 140; *Gönnenwein,* Kommunalrecht, S. 438 f., 497; *Gerick,* Beteiligung der Sparkassen- und Giroverbände, S. 144 f.

kassen zu größeren Einheiten nach wie vor zum kommunalen Wirkungskreis.[65] Dies wird durch entsprechende Regelungen, wie z. B. § 12 Abs. 1 SpkG NRW, wonach die Mitglieder des Verwaltungsrats durch den Gemeinderat bestellt werden, oder § 6 Abs. 2 SpkG NRW, wonach die Satzung der Sparkassen vom Gemeinderat erlassen wird, gestützt.[66]

Ferner verpflichten die Sparkassengesetze die Sparkassen, die kommunale Aufgabenerfüllung des Trägers im wirtschaftlichen, regionalpolitischen, sozialen und kulturellen Bereich zu unterstützen.[67] Auch der Gesetzgeber hat die Errichtung und das Betreiben von Sparkassen stets als eine kommunale, auf die örtlichen Verhältnisse zugeschnittene, dezentrale Aufgabe angesehen.[68] Aus diesem Grund können nur Gemeinden und Gemeindeverbände als Träger öffentliche Sparkassen errichten und betreiben.[69]

Auch die Interessenvertretung und die Beratung der Sparkassen, die Teil des Förderauftrags sind, stellen kommunale Selbstverwaltungsaufgaben dar. Allein der Zusammenschluss der Sparkassen und Träger ermöglicht eine effektive und wirkungsvolle Interessenvertretung und Beratung durch eine Organisation, welche die einzelnen Sparkassen nicht leisten können. Dem steht nicht entgegen, dass die Trägerschaft an der Sparkasse bei den Kommunen verbleibt und nur diese Teilaufgaben durch den Verband wahrgenommen werden.[70] Es bestehen bei kommunalen Zweckverbänden keine Bedenken, die zu übertragende Aufgabe auf abgrenzbare Ausschnitte einer Aufgabe zu beschränken, sofern diese hinreichend bestimmbar sind. Auch solche Aufgaben können Gegenstand einer Zweckverbandsbildung sein, die die Gemeinden bisher nicht wahrgenommen haben oder wahrnehmen konn-

---

65 *SächsVerfGH,* Urt. v. 23.11.2000 – Vf. 62-II-99 –, in: DVBl. 2001, 293 ff.; *Oebbecke,* LKV 2006, 145; *Henneke,* Kommunale Sparkassen, S. 90 m. w. N.

66 *VerfGH NRW,* Urt. v. 11.07.1980 – 8/79 –, in: DÖV 1980, 691 (692).

67 Vgl. bspw. § 4 Abs. 1 S. 2 NdsSpkG.

68 *Schlierbach/Püttner,* Sparkassenrecht, S. 27.

69 Zum Ganzen *VerfGH NRW,* Urt. v. 15.09.1986 – 17/85 –, in: NVwZ 1987, 211 (212); *Fischer,* in: v. Mutius, Selbstverwaltung im Staat der Industriegesellschaft, S. 835 (853); *Ipsen,* Kommunalrecht, § 17, Rn. 727 ff.; *Oebbecke,* LKV 2006, 145 (146).

70 A. A.: *Knemeyer,* in: Weber, Währung und Wirtschaft, S. 645 (652 ff.), der die Interessenvertretung als Aufgabe eines Zweckverbands ausschließt, weil sie aus dem Zusammenschluss entstanden sei bzw. der Zusammenschluss zur Wahrnehmung der Aufgabe erfolge. Erforderlich sei aber für eine Qualifikation als Zweckverband, dass die Aufgabe von den Sparkassen auf den Verband übergehe.

ten.[71] Dies muss auch für die Bildung sondergesetzlicher Zweckverbände gelten.

Auch die Beteiligungen der Verbände sprechen nicht gegen die kommunale Aufgabeneinordnung.[72] Die Beteiligung an Verbundunternehmen sowie die Möglichkeit der Schaffung anderer Einrichtungen ist den Verbänden erlaubt, sofern der Zweck im Zusammenhang mit der Förderung der Sparkassen bei der Erfüllung ihres öffentlichen Auftrags steht.[73] Die Beteiligungen dienen also immer auch der Erhaltung und Förderung der Wettbewerbsfähigkeit der Sparkassen und des Sparkassenverbunds und stehen demnach im Zusammenhang mit der kommunalen Aufgabenstellung »Förderung des Sparkassenwesens«.

Die staatlich veranlassten Prüfungen sind hingegen nicht ausschließlich dem kommunalen Selbstverwaltungsbereich zuzuordnen.[74] Dies spricht aber nicht gegen die Annahme, dass Sparkassenverbände als sondergesetzliche Zweckverbände kommunale Aufgaben wahrnehmen.[75] Neben den staatlichen Prüfungen sind nämlich nach den Satzungen der Verbände auch Prüfungen durchzuführen, die von den kommunalen Trägern oder den Sparkassen selbst veranlasst werden. Diese Prüfungen sind dem kommunalen Selbstverwaltungsbereich zuzuordnen. Aufgrund dieses Mischcharakters des Prüfungsauftrags kann der Prüfungsauftrag nicht insgesamt als Argument gegen die Einordnung des Aufgabenspektrums als kommunale Aufgabe angeführt werden.[76]

Die Beratung der Aufsichtsbehörden gehört jedenfalls auch zum Bereich der kommunalen Selbstverwaltung. In der Position des Beraters der Aufsichtsbehörden nehmen die Verbände gerade nicht eine ausschließlich staatlich zugewiesene Rolle ein. Sie vertreten aber auch nicht einseitig die Interessen der Sparkassen. Sinn und Zweck dieser Aufgabe ist es, als Mittler zwischen der Aufsicht, der einzelnen Sparkasse und – falls erforderlich – dem kom-

71 Zum Ganzen *Oebbecke,* NVwZ 2010, 665 (667).

72 A. A. *Knemeyer,* in: Weber, Währung und Wirtschaft, S. 645 (654).

73 *Lohmiller,* Kapitalbeteiligungsgesellschaften der Sparkassen, S. 154.

74 *BFH* , Urt. v. 27.02.1976 – VI R 97/72 –, Juris Rn. 15.

75 So aber *Knemeyer,* in: Weber, Währung und Wirtschaft, S. 645 (652 ff.).

76 *Dietlein,* Rechtsfragen der Zusammenlegung der Sparkassen- und Giroverbände (unveröffentlicht), S. 38.

munalen Träger aktiv zu werden und in dieser Funktion die Interessen der Sparkassenorganisation in die Staatsaufsicht einfließen zu lassen.[77]

III. Sparkassenverband als Teil der kommunalen Gemeinschaftsarbeit im weiteren Sinne

Die Sparkassen- und Giroverbände sind der kommunalen Gemeinschaftsarbeit im weiteren Sinne zuzuordnen.[78] Die Mitglieder erledigen im körperschaftlichen Verbund auf horizontaler Ebene zueinander diejenigen Selbstverwaltungsaufgaben, welche die einzelnen Mitglieder nicht effizient genug wahrnehmen können.[79] Da in den Verbänden keine kondominialen Strukturen im Sinne einer staatlich kontrollierten Verbandsträgerschaft aufzufinden sind[80], ist das Handeln der Verbände ebenso wie bei kommunalen Zweckverbänden als kooperative Aufgabenwahrnehmung zu qualifizieren. Die Pflichtmitgliedschaft spricht nicht gegen diese Einordnung. Gerade die Regelungen über den gesetzlichen Pflichtverband in Nordrhein-Westfalen und Brandenburg zeigen, dass gesetzliche Pflichtzusammenschlüsse kommunale Gemeinschaftsarbeit darstellen können, sofern sie kommunale Aufgaben zum Gegenstand haben.[81]

IV. Heranziehung kommunalrechtlicher Grundsätze im Sparkassenrecht

Die ergänzende Heranziehung des Zweckverbandsrechts ist aber auch aus folgendem Grund gerechtfertigt:

77 Zum Ganzen *Heinevetter,* SpkG NRW, 2. Aufl., § 47, Rn. 4; *Gerick,* Beteiligung der Sparkassen- und Giroverbände, S. 145.

78 Der Gemeinschaftsarbeit im weiteren Sinne werden solche Formen kommunaler Zusammenarbeit zugeordnet, die nicht die durch die Gesetze über die kommunale Gemeinschaftsarbeit bereitgestellten Handlungs- und Organisationsformen nutzen (*Wolff/Bachof/Stober,* VerwR, Bd. 3, § 96 I 1, Rn. 1).

79 *Igelspacher,* Bundeszuständigkeit im kommunalen Sparkassenwesen, S. 172.

80 Zum Ausschlusskriterium der staatlichen Kontrolle für das Vorliegen von Gemeinschaftsarbeit: *Wolff/Bachof/Stober,* VerwR, Bd. 3, § 96 VIII, Rn. 128; *Igelspacher,* Bundeszuständigkeit im kommunalen Sparkassenwesen, S. 172. Zu den Abgrenzungskriterien: *SächsVerfGH,* Urt. v. 23.11.2000 – Vf. 62-II-99 –, in: DVBl. 2001, 293 ff.

81 Zu den Unterschieden des gesetzlichen zum sondergesetzlichen Zweckverband: § 3 B. I a. E.

Das Sparkassenrecht ist ein in das Kommunalrecht eingebettetes Sonderrecht für Sparkasseneinrichtungen.[82] Für organisationsrechtliche Probleme bei den Sparkassen ist zunächst wegen des Vorrangs des Sparkassenrechts gegenüber dem Kommunalrecht anhand des Sinns und Zwecks der sparkassenrechtlichen Sonderregelungen eine Lösung zu suchen. Sofern dies nicht möglich ist, sind sodann öffentlich-rechtliche, vornehmlich kommunalrechtliche Grundsätze heranzuziehen, die im Lichte des Sparkassenrechts auszulegen und anzuwenden sind.[83]

Wenn für die Sparkassen das Kommunalrecht unter gewissen Umständen ergänzend herangezogen werden kann, so müssen für die Sparkassenverbände diejenigen im kommunalen Bereich geltenden Regeln ergänzend herangezogen werden, die für eine vergleichbare Gemeinschaftsarbeit geschaffen wurden. Dies sind die Gesetze über die kommunale Gemeinschaftarbeit.

Bei einer ergänzenden Heranziehung im Bereich der Selbstverwaltungsaufgaben sind jedoch die Besonderheiten des Sparkassenrechts – ebenso wie bei einer ergänzenden Heranziehung des Kommunalrechts bei den Sparkassen – stets zu berücksichtigen und die Grundsätze des Zweckverbandsrechts im Lichte der sparkassenrechtlichen Sonderregelungen zu interpretieren.

---

82 *Henneke,* Kommunale Sparkassen, S. 56; *Schlierbach/Püttner,* Sparkassenrecht, S. 34.

83 Soweit die indirekte Heranziehung des Kommunalrechts für sparkassenrechtliche Fragen abgelehnt wird, weil das Sparkassenrecht als eine aus dem Kommunalrecht ausgegliederte Spezialmaterie anzusehen sei und ein Rückgriff auf kommunalverfassungsrechtliche Grundsätze wegen der Besonderheiten der Sparkassen als Wirtschaftsunternehmen nicht geboten sei (*OVG Saarlouis,* Urt. v. 18.12.1969 – I R 84/68 –, in: DÖV 1970, 610; *Weides,* DÖV 1984, 41 [44, 51]), kann dem nicht gefolgt werden. Die Sparkassen wurden zwar aus der unmittelbaren Staatsverwaltung ausgegliedert. Sie sind aber aufgrund der geltenden Rechtslage durch kommunale Träger als öffentlich-rechtliche Anstalten und Bestandteil der mittelbaren Kommunalverwaltung verfasst und nehmen somit kommunale Selbstverwaltungsaufgaben wahr. Durch die Versorgung der Bevölkerung mit Kreditdienstleistungen erfüllen sie weiterhin den öffentlichen Auftrag staatlicher Daseinsvorsorge. Angesichts dieser rechtlichen Verflechtung zwischen Kommunen und Sparkassen ist nicht nachvollziehbar, warum der Gesetzgeber das Sparkassenrecht vollständig aus dem Kommunalrecht hätte ausgliedern wollen (*OVG Lüneburg,* Urt. v. 21.11.1986 – 2 A 83/85 –, in: NVwZ–RR 1989, 11 (12); *Schlierbach/Püttner,* Sparkassenrecht, S. 30).

C. Geltung einfachgesetzlicher Regelungen für Gemeindeverbände

Auch wenn die Sparkassenverbände – worauf später einzugehen sein wird[84] – keine Gemeindeverbände i. S. d. Verfassungsrechts sind, schließt dies nicht aus, dass sie als Gemeindeverbände im Sinne einfachgesetzlicher Regelungen einzuordnen sind.

Der Landesgesetzgeber hat in vielen Fällen das Erfordernis eines Gemeindeverbands als Tatbestandsmerkmal statuiert. In der Verwaltungsrealität existieren aber vielfältige Übergänge und Zwischenformen zwischen Gemeindeverbänden im verfassungsrechtlichen Sinne und solchen (sondergesetzlichen) Zweckverbänden, die sich nach dem Gewicht des Aufgabenbestands nicht als Gemeindeverband i. S. d. Art. 28 GG einordnen lassen.

Zur Lösung dieses Problems hat der Gesetzgeber in manchen Fällen – z. B. in § 5 Abs. 2 1. HS GkG NRW – ausdrücklich geregelt, dass die in Frage stehenden Verwaltungsträger Gemeindeverbände sind und Vorschriften, die für Gemeindeverbände gelten, Anwendung finden sollen. Durch eine solche Bestimmung kann der Landesgesetzgeber weder die Anwendung der Landesverfassung noch die Anwendung bundesrechtlicher Vorschriften für Gemeindeverbände i. S. d. Verfassungsrechts begründen. Solche Regelungen ermöglichen aber die Anwendung von Vorschriften, die einen Gemeindeverband erfordern, wenn eine durch den Rechtsanwender durchgeführte Prüfung unter Einbeziehung aller im Einzelfall in Betracht kommenden Gesichtspunkte die Anwendbarkeit im konkreten Einzelfall zulässt.[85]

Für die Sparkassenverbände fehlt eine solche Bestimmung. Selbst eine fehlende Regelung über die Einordnung einer Körperschaft als Gemeindeverband i. S. d. Kommunalrechts bedeutet aber nicht, dass diese nicht als ein Gemeindeverband i. S. d. jeweiligen einfachen Landesrechts eingeordnet werden können.[86] Um die unterschiedlichen und vielfältigen Formen von Verwaltungsträgern in selbstständiger Körperschaftsform hinreichend rechtlich würdigen zu können, hängt die Anwendbarkeit landesrechtlichen Vorschriften für Gemeindeverbände auch in diesem Fall davon ab, ob eine Einzelfallprüfung unter besonderer Berücksichtigung des Sinn und Zwecks der Regelung die jeweilige Körperschaft erfasst.[87] Es ist in diesen Fällen

84 Vgl. § 4 B. I. 3.

85 Zum Ganzen *Oebbecke,* Gemeindeverbandsrecht, Rn. 4.

86 *Oebbecke,* Gemeindeverbandsrecht, Rn. 4.

87 *Schmidt-Aßmann/Röhl,* in: Schmidt-Aßmann/Schoch, BesVerwR, 1. Kap., Rn. 150.

also stets zu fragen, ob Sparkassen- und Giroverbände nach dem Sinn und Zweck des Landesgesetzes erfasst werden sollen. Als Beispiele für eine Einbeziehung der Sparkassenverbände sind das Gesetz über kommunale Gemeinschaftsarbeit in Nordrhein-Westfalen (GkG NRW) und die Solvabilitätsverordnung zu nennen. Die Sparkassenverbände werden als Gemeindeverbände i. S. d. § 23 Abs. 1 GkG NRW eingeordnet, so dass sie berechtigt sind, öffentlich-rechtliche Vereinbarungen abzuschließen.[88] Auch i. S. d. Solvabilitätsverordnung sind sie als Gemeindeverbände anzusehen.[89]

D. Anzuwendendes Landesrecht in länderübergreifenden Verbänden

Da sich die Verbandsgebiete des Sparkassenverbands Hessen-Thüringen und des Ostdeutschen Sparkassenverbands über Ländergrenzen hinweg erstrekken, bedarf es in den Staatsverträgen einer Regelung, welches Landesrecht über den Staatsvertrag hinaus Anwendung findet. Art. 34 des Staatsvertrags Hessen-Thüringen regelt die Anwendung von Landesrecht für bestimmte Fälle. § 7 des Staatsvertrags-OSV bestimmt, dass das Recht des Landes Brandenburg für die Rechtsverhältnisse des Verbands Anwendung findet.

88 *Held/Plückhahn/Klieve,* in: Held/Becker, Kommunalverfassung NRW, Bd. 2, GKG § 23, Erl. 5.1.

89 *Oebbecke,* ZBB 2008, 172 (179).

2. Teil: Äußere Verbandsverfassung

§ 4 Rechtsstellung der Sparkassenverbände

Im Folgenden wird das Verhältnis der Sparkassen- und Giroverbände gegenüber dem Staat näher erläutert. Es werden institutionelle Vorgaben durch das Sparkassenrecht sowie mögliche Garantien des Grundgesetzes und der Landesverfassungen dargestellt. Insbesondere wird untersucht, ob die Sparkassenverbände als Gemeindeverbände i. S. d. Verfassungsrechts eingeordnet werden können.

A. Institutionelle Vorgaben durch das Sparkassenrecht

I. Körperschaft des öffentlichen Rechts

Die Sparkassenverbände wurden in den Sparkassengesetzen und Staatsverträgen als Körperschaften des öffentlichen Rechts[90] ausgestaltet und gehören der mittelbaren Staatsverwaltung an.[91] Da in den Sparkassengesetzen keine Einschränkung hinsichtlich der Rechtsfähigkeit vorgenommen wurde, handelt es sich um vollrechtsfähige Körperschaften.[92] Diese Körperschaften haben grundsätzlich mit den Sparkassen und ihren kommunalen Trägern ausschließlich juristische Personen des öffentlichen Rechts zu Mitgliedern, so dass es sich um Verbands- bzw. Bundkörperschaften handelt.[93] Da die Pflichtmitgliedschaft für alle Sparkassen und deren Träger in einem bestimmten Gebiet angeordnet wurde, besteht wegen des räumlichen Einzugs-

---

90 § 35 S. 1 SpkG BW; Art. 22 Abs. 1 S. 1 BaySpkG; Art. 1 Abs. 1 StaatsV HessThür; § 28 Abs. 2 S. 1 NdsSpkG; § 32 SpkG NRW; § 1 Abs. 2 StaatsV OSV; § 25 Abs. 1 SpkG RP; § 40 S. 2 SpkG Saar; § 35 Abs. 2 SpkG SH.

91 *Wolff/Bachof/Stober,* Verwaltungsrecht, Bd. II, § 84 II, Rn. 12 f.; Landesorganisationsrechtliche Grundlagen finden sich bspw. in: §§ 2 Abs. 2, 37 ff. LVwG BW; §§ 18 ff. LOG Bbg; § 9 Abs. 2, 10 Abs. 1 LOG MV; §§ 18 ff. LOG NRW; §§ 18 ff. LOG Saar; § 2 Abs. 2, 37 ff. LVwG SH.

92 Zur Rechtsfähigkeit: *Wolff/Bachof/Stober,* VerwR, Bd. 3, § 87 I 3, Rn. 18.

93 *Heinevetter,* SpkG NRW, 2. Aufl. 1983, § 48, Rn. 2.1.; *Wolff/Bachof/Stober,* Verwaltungsrecht, Bd. II, § 100 II, Rn. 25; *Koenig,* GewArch 1995, 353 (354); *Gerick,* Beteiligungen der Sparkassen- und Giroverbände, S. 131; Allgemein zur Einteilung der Körperschaften in Gebiets-, Real-, Personal- und Bundkörperschaften: *Wolff/Bachof/Stober,* Verwaltungsrecht, Bd. II, § 84, Rn. 24 ff; *Wolff/Bachof/Stober,* Verwaltungsrechtrecht, Bd. 3, § 87 I 3, Rn. 31 ff.

bereichs eine gewisse Ähnlichkeit zu den Gebietskörperschaften.[94] Entscheidend für die organisationsrechtliche Einordnung als Bundkörperschaften ist jedoch, dass die Sparkassenverbände grundsätzlich nur öffentlichrechtliche Personen zu Mitgliedern haben, so dass ein Durchgriff auf die hinter den Gemeinden stehenden Bürger gerade nicht stattfindet.[95]

II. Selbstverwaltungsrecht

Als Körperschaften des öffentlichen Rechts zählen die Sparkassenverbände zu den Selbstverwaltungskörperschaften.[96]

Selbstverwaltungskörperschaften sind öffentlich-rechtliche Organisationseinheiten, die gegenüber dem staatsunmittelbaren Behördensystem institutionell verselbstständigt, aber gleichwohl in den Staatsverband eingegliedert sind und bestimmte öffentliche Angelegenheiten eigenverantwortlich, also lediglich unter Rechtsaufsicht stehend, verwalten.[97]

Unter diese Begriffsbestimmung können eine Vielzahl unterschiedlicher Erscheinungsformen von Selbstverwaltungsträgern gefasst werden, die nach unterschiedlichen Kriterien geordnet werden können.[98] Dazu zählen neben den Gemeinden und Kreisen bspw. die Hochschulen, Studierendenschaften, berufliche Selbstverwaltungseinrichtungen (wie die Ärzte-, Apotheker-, Rechtsanwalts- oder Steuerberaterkammern), die Industrie- und Handelskammern, Sozialversicherungsträger oder kassenärztliche Vereinigungen.[99]

94 Charakteristisch für den organisationsrechtlichen Begriff der Gebietskörperschaft ist die Gebietshoheit. Private werden wegen der Wahl ihres Wohn- oder Firmensitzes in einem bestimmten Gebiet erfasst (*Wolff/Bachof/Stober,* Verwaltungsrecht, Bd. 3, § 87 I 3, Rn. 31 ff.).

95 Dies schließt jedoch nicht aus, dass die Sparkassenverbände in einem anderen Kontext als Gebietskörperschaften einzustufen sind. Dies gilt bspw. für den europarechtlichen Begriff der Gebietskörperschaft in der Bankenrichtlinie, der lediglich einen räumlich bestimmten Zuständigkeitsbereich zur Erledigung von Verwaltungsaufgaben erfordert (*Oebbecke,* ZBB 2008, 172 (176)).

96 Zur Absicherung des Selbstverwaltungsrechts durch das Grundgesetz und die Landesverfassungen: § 4 B. I. 3.

97 *Wolff/Bachof/Stober,* Verwaltungsrecht, Bd. II, § 84 IV, Rn. 1; *Hendler,* DÖV 1986, 675 (678); *Kluth,* DÖV 2005, 368 (371); *Kluth,* DVBl. 1986, 716 (719); *v Unruh,* VerwArch 2001, 531 (536).

98 *Hendler,* in: Mann/Püttner, HbkWP, Bd. 1, § 1, Rn. 1; *Kluth,* Funktionale Selbstverwaltung, S. 30.

99 *Hendler,* in: Mann/Püttner, HbkWP, Bd. 1, § 1, Rn. 1.

Auch die Sparkassenverbände wirken als Körperschaften des öffentlichen Rechts innerhalb der mittelbaren Landesverwaltung an der Bewältigung öffentlicher Aufgaben mit. Sie sind gemäß den Sparkassengesetzen und Staatsverträgen mit der eigenverantwortlichen, fachweisungsfreien Aufgabenwahrnehmung durch die in ihnen zusammengeschlossenen Kommunen und Sparkassen beauftragt.

Selbstverwaltungskörperschaften werden sodann in kommunale und funktionale Selbstverwaltungsträger unterteilt, die auch als nicht-kommunale Selbstverwaltungskörperschaften bezeichnet werden.

Kommunale Selbstverwaltungskörperschaften sind alle neben Bund und Ländern bestehenden Körperschaften des öffentlichen Rechts, die ihre personelle demokratische Legitimation unmittelbar oder mittelbar auf territorial abgrenzbare Teile des Staatsvolkes zurückführen können, wie dies bei Kreisen, Gemeinden oder kommunalen Zweckverbänden der Fall ist.[100] Den kommunalen Körperschaften werden auch die öffentlich-rechtlichen Körperschaften zugeordnet, deren Vertretungen sich aus Delegierten anderer Kommunalkörperschaften und ausnahmsweise und in beschränktem Umfang auch aus Delegierten nicht-kommunaler juristischer Personen oder natürlichen Personen zusammensetzen.[101] Diese werden ebenso stets durch ein territorial abgrenzbares Staatsvolk demokratisch legitimiert, da die Funktionsträger von den jeweiligen Gemeindevertretungen entsandt werden und Private nur in engen Grenzen mitwirken dürfen. Funktionale Körperschaften sind hingegen gegeben, wenn nur bestimmte Teile des Staatsvolks wegen der Zugehörigkeit zu einer bestimmten Gruppe betroffen sind, die anhand eines sachlichen Kriteriums abgrenzbar sind.[102]

Die Sparkassenverbände sind den kommunalen Selbstverwaltungskörperschaften zuzuordnen. Die Verbandsversammlung setzt sich aus Delegierten

---

100 *Ossenbühl,* in: Isensee/Kirchhof, HbStR, Bd. V, § 105, Rn. 5; *Bovenschulte,* Gemeindeverbände, S. 92.

101 *Bovenschulte,* Gemeindeverbände, S. 92 f. Als Beispiele für kommunale Körperschaften mit Beteiligung nicht-kommunaler Körperschaften oder Privater werden in der Literatur unter anderem Zweckverbände nach den Gesetzen über die kommunale Gemeinschaftsarbeit genannt.

102 *Hendler,* DÖV 1986, 675 (678); *v. Unruh,* VerwArch 2001, 531 (537); *Muckel,* NZS 2002, 118 (121); *Jestaedt,* JuS 2004, 649 (649); *Köller,* Funktionale Selbstverwaltung und ihre demokratische Legitimation, S. 26; *Ossenbühl,* in: Isensee/Kirchhof, HbStR, Bd. V, § 105, Rn. 5; das sachliche Abgrenzungskriterium bei berufsständischen Kammern ist bspw. die Zugehörigkeit zu einer bestimmten Berufsgruppe.

der Trägerkommunen und der Sparkassen zusammen. Die Delegierten der Sparkassen wiederum können mittelbar als Delegierte der Kommunalkörperschaften angesehen werden, weil die Vorstände der Sparkassen entweder durch den Verwaltungsrat der Sparkassen, dessen Mitglieder gemäß den Sparkassengesetzen von den Vertretungen des Trägers bestellt werden, oder durch die Trägervertretung bestellt werden. Darin kommt der Charakter der Sparkassen als kommunale Anstalten zum Ausdruck. Das Staatsvolk ist folglich aufgrund der territorialen Zugehörigkeit zu einer Kommune, die eine Sparkasse betreibt, betroffen. Als sachliches Abgrenzungsmerkmal kann das Betreiben einer Sparkasse nur in Bezug auf die Kommunen und gerade nicht in Bezug auf das Staatsvolk herangezogen werden.

Im schleswig-holsteinischen Sparkassenverband sind allerdings neben den Sparkassen in öffentlich-rechtlicher Anstaltsform auch freie Sparkassen in der privatrechtlichen Rechtsform der Aktiengesellschaft zusammengeschlossen.[103] Die Mitgliedschaft nicht-kommunaler juristischer Personen ändert die Einordnung des schgleswig-holsteinischen Sparkassenverbands als kommunale Körperschaft jedoch nicht. Den kommunalen Körperschaften werden nämlich auch die öffentlich-rechtlichen Körperschaften zugeordnet, deren Vertretungen sich ausnahmsweise und in beschränktem Umfang aus Delegierten nicht-kommunaler juristischer Personen oder natürlichen Personen zusammensetzen.[104] Es wird vorgeschlagen, bei Körperschaften mit einer gemischten Mitgliederstruktur solange von einer kommunalen Selbstverwaltungskörperschaft auszugehen, wie die mitgliedschaftliche Beteiligung kommunaler Körperschaften gesetzlich vorgeschrieben ist und diese mehr als die Hälfte der Mitglieder ausmachen.[105] Als Argument wird angeführt, dass unter diesen Voraussetzungen das Verwaltungshandeln überwiegend durch ein territorial abgrenzbares Staatsvolk demokratisch legitimiert und der Entscheidungsspielraum der Privaten begrenzt ist. Diese Voraussetzungen erfüllt auch der schleswig-holsteinische Sparkassenverband. Es ist eine Pflichtmitgliedschaft der Kommunen gegeben und die öffentlich-rechtlichen

---

103 Dies sind: Bordesholmer Sparkasse AG, Spar- und Leihkasse zu Bredstedt AG, Sparkasse zu Lübeck AG und die Sparkasse Mittelholstein AG.

104 *Bovenschulte,* Gemeindeverbände, S. 92 f. Als Beispiele für kommunale Körperschaften mit Beteiligung nicht-kommunaler Körperschaften oder Privater sind bspw. Zweckverbände nach den Gesetzen über die kommunale Gemeinschaftsarbeit zu nennen. Juristische oder natürliche Personen des Privatrechts können Mitglieder dieser Zweckverbandes werden, wenn die Erfüllung der Verbandsaufgaben dadurch gefördert wird, Gründe des öffentlichen Wohls nicht entgegenstehen und gewisse Mehrheitserfordernisse der Kommunen gewahrt bleiben.

105 *Bovenschulte,* Gemeindeverbände, S. 93 f.

Sparkassen mit ihren Trägern bilden die Mehrheit der Mitglieder. Insgesamt hat der Verband 15 Sparkassen als Mitglieder, wovon vier privatrechtlich organisiert sind.[106] Aus diesem Grund liegt auch in diesem Fall eine kommunale Körperschaft vor.[107]

III. Satzungsautonomie

Die Sparkassenverbände besitzen im Rahmen des Rechts zur Selbstverwaltung Satzungsautonomie.[108] Die Verbände regeln ihre Verhältnisse durch Satzung, die der Genehmigung der Aufsichtsbehörde bedarf.[109]

Die Grenzen der Satzungsautonomie ergeben sich aus der Stellung der Satzungen in der Normenhierarchie. Die Satzungen stehen als abgeleitete Rechtsquelle unter dem einfachen Gesetzesrecht. Dies bedeutet, dass der Vorrang des Gesetzes den Autonomierahmen bildet. Zwingende verfassungsrechtliche und einfachgesetzliche Vorgaben sind einzuhalten. Der Vorrang des Gesetzes ist bei Pflichtverbänden des öffentlichen Rechts besonders strikt einzuhalten, da es den Mitgliedern in diesen Verbänden nicht möglich ist, sich den durch Mehrheitsbeschluss herbeigeführten Bindungen durch Austritt zu entziehen.[110] Die Sparkassengesetze beinhalten bspw. notwendige Vorgaben für die Rechtsverhältnisse des Verbands, die bei der Ausgestaltung einzuhalten sind. Weitere Grenzen ergeben sich bspw. aus den ergänzend anzuwendenden Gesetzen über die kommunale Gemein-

---

106 http://www.sgvsh.de/sfinanzgruppe/sparkassen.html (abgerufen am 11.10.2010).

107 Sofern die schleswig-holsteinische Landesregierung den Plan zur Schaffung von Trägerkapital umsetzt, an dem sich privatrechtliche juristische Personen beteiligen können, bewegt sich der Verband immer mehr in die Richtung einer funktionalen Selbstverwaltungskörperschaft. Endgültig liegt dieser aber wohl erst dann vor, wenn privatrechtliche juristische Personen mehr als 50% des Trägerkapitals erwerben können und diese zusammen mit den freien Sparkassen mehr als 50% der Stimmrechte im Verband innehaben.

108 Zu den Sparkassenverbänden: *Schlierbach/Püttner,* Sparkassenrecht, S. 291; *Knemeyer,* in: Weber, Währung und Wirtschaft, S. 645 (650); allgemein zum Selbstverwaltungsrecht der Körperschaften: *Wolff/Bachof/Stober,* Verwaltungsrecht, Bd. II, § 84, Rn. 37.

109 § 35 SpkG BW; Art. 22 Abs. 1 BaySpkG; § 28 Abs. 2 NdsSpkG; § 33 SpkG NRW; § 25 Abs. 5 SpkG RP; § 41 SpkG Saar; § 36 Abs. 4 SpkG SH; Art. 1 Abs. 4 StaatsV HT; § 1 Abs. 2 StaatsV OSV.

110 Zum Ganzen *Koenig,* GewArch 1995, 353 (356).

schaftsarbeit.[111] Verfassungsrechtlich sind insbes. für die Ausgestaltung der Mitgliedschaftsrechte Vorgaben des Art. 28 Abs. 2 GG und das Demokratieprinzip zu beachten. Die Mitglieder der Sparkassenverbände können sich nämlich – mit Ausnahme der freien Sparkassen – nicht auf Grundrechte berufen.[112] Lediglich den Kommunen und Kreisen werden die Schutzwirkungen des Art. 28 Abs. 2 GG zuteil, die auch eine Abwehr- und Schutzfunktion beinhalten.[113]

In personeller Hinsicht ist die Autonomie auf die Mitglieder beschränkt.[114]

B. Verfassungsrechtliche Garantien der Verbände

Ob die Verbände verfassungsrechtliche Garantien in Anspruch nehmen können, ist bspw. für die Beurteilung der Zulässigkeit der in Nordrhein-Westfalen gesetzlich angeordneten Fusion[115] der beiden Verbände von entscheidender Bedeutung.

I. Keine Verfassungsgarantie der Verbände

1. Fehlende Grundrechtsfähigkeit

Die Sparkassenverbände sind nicht grundrechtsberechtigt.[116] Als juristische Personen des öffentlichen Rechts sind sie nach der gefestigten Rechtsprechung des Bundesverfassungsgerichts[117] und den im Schrifttum ver-

---

111 *Beckmann/Wittmann,* KStZ 2009, 1 (7). Art. 80 Abs. 1 S. 2 GG gilt hingegen nicht analog für Satzungen. Mit der Verleihung der Satzungskompetenz wird der Körperschaft ein Bereich eigener Rechtsetzungskompetenz übertragen. Diese wird durch die demokratische Begründung des satzungsgebenden Organs zugleich aus sich selbst legitimiert. Die Satzungsgebung ist damit eine autonome Rechtsetzung. Der Erlass von Rechtsverordnungen hingegen ist eine heteronome Rechtsetzung. Die Exekutivorgane leiten die Kompetenz nicht von sich selbst, sondern vom Gesetzgeber ab (*Maurer,* Allgemeines Verwaltungsrecht, § 4 Rn. 22).

112 Vgl. § 4 B.

113 *Böhm,* DÖV 2004, 650 (654).

114 *Berger,* NdS. SpkG, § 28, Rn. 8 f.

115 § 36 SpkG NRW.

116 Zum grundrechtlichen Schutz der Sparkassenverbände: *Gerick,* Beteiligung der Sparkassen- und Giroverbände, S. 122 ff.

117 BVerfGE 75, 192 (197); 68, 193 (207); 61, 82 (105); 21, 362 (368 ff.). Es kann ferner kein Bezug zu hinter diesen stehenden natürlichen Personen hergestellt werden. Aus diesem Grund stellen Eingriffe eines Hoheitsträgers in Rechte eines anderen Kompetenzkonflikte und keine grundrechtsrelevanten Sachverhalte dar. Auch ist kein personelles Substrat feststellbar, weil die Grundrechte ihrer verfas-

tretenen Auffassungen[118] grundsätzlich nicht grundrechtsfähig, da sie bei der Wahrnehmung öffentlicher Aufgaben in Ausübung öffentlich-rechtlicher Kompetenzen handeln, die durch Gesetz inhaltlich bemessen und begrenzt sind. Sie handeln gerade nicht in Wahrnehmung ursprünglicher Freiheiten, sondern sie sind in Ausübung der gesetzlich zugewiesenen Aufgaben und in ihrer Funktion als verselbstständigter Verwaltungsträger grundrechtsverpflichtet.[119]

Die durch die Rechtsprechung anerkannte Ausnahme in Tätigkeitsbereichen, in denen sich natürliche Personen dieser Einrichtungen bedienen, um ihre grundrechtliche Freiheit ausüben zu können[120], liegt nicht vor. Hinter den Verbänden stehen keine natürlichen oder juristischen Personen des Privatrechts, sondern die kommunalen Träger und die Sparkassen selbst. Sie dienen nicht dazu, natürlichen Personen ihre Grundrechtsausübung zu gewährleisten. Die Sparkassenverbände dienen als besondere Form der kommunalen Gemeinschaftsarbeit vielmehr ausschließlich dazu, gesetzlich zugewiesene öffentliche Aufgaben wahrzunehmen.

Auch die Beteiligung freier Sparkassen[121] im schleswig-holsteinischen Sparkassenverband ändert daran nichts. Selbst wenn man von einer Grundrechtsfägigkeit freier Sparkassen ausgeht[122], dient der Sparkassenverband nicht dazu, überhaupt die Ausübung grundrechtlichet Freiheiten zu gewährleisten.

---

sungs- und ideengeschichtlichen Herkunft wie auch ihrer funktionalen Eigenart nach den Schutz natürlicher Personen gegenüber der Staatsgewalt bezwecken.

118 Dies fordert eine grundrechtstypische Gefährdungslage, die immer dann gegeben sein soll, wenn der Verwaltungsträger vor dem Hintergrund der vielfach ausdifferenzierten Staats- und Verwaltungsorganisation gegenüber dem eingreifenden Hoheitsträger in einem Außenrechtsverhältnis steht (*Dreier,* in: Dreier, GG, Bd. 1, Art. 19 III, Rn. 55; *Schoch,* Jura 2001, 201 (205)). Bezogen auf die juristischen Personen des öffentlichen Rechts bedeutet dies, dass diese dem Staat in Bezug auf ein konkretes Verhalten als rechtlich selbstständiges Rechtssubjekt wie eine Privatperson gegenübertreten können müssen und nicht eine in die Staatsorganisation eingebundene weisungsabhängige Verwaltungseinheit darstellen dürfen (*Schoch,* Jura 2001, 201 (205)).

119 *Schoch,* Jura 2001, 201 (204).

120 *Krebs,* in: v. Münch/Kunig, GG, Bd. 1, Art. 19, Rn. 38 ff. Anerkannt ist dies bei Kirchen, Rundfunkanstalten und Universitäten.

121 Zur heutigen Organisation der freien Sparkassen in Schleswig-Holstein: *Blisse,* ZSt 2005, 184. Zur geschichtlichen Entwicklung: *Ashauer,* Von der Ersparungscasse zur Sparkassen-Finanzgruppe, S. 79; *Trende,* Geschichte der deutschen Sparkassen, S. 235 ff.

122 Siehe § 4 B. II. 3.

2. Kein institutioneller Schutz durch das Sozialstaatsprinzip

Es wird vertreten, dass das Sparkassenwesen in seinen jeweiligen Ausprägungen – und damit auch die Sparkassen- und Giroverbände – durch das Sozialstaatsprinzip institutionell geschützt sei, weil die sozialstaatliche Verpflichtung zur Erbringung lebensnotwendiger Leistungen den Staat zur institutionellen Absicherung der Teilhaberechte des Bürgers an bankwirtschaftlichen Leistungen verpflichte.[123] Dieser Auffassung ist entgegenzuhalten, dass das Sozialstaatsprinzip nur die existentiell notwendigen Leistungen absichert, zu denen das öffentlich-rechtliche Bankensystem nicht gehört. Außerdem könnte man wohl erst dann einen Anspruch herleiten, wenn die kreditwirtschaftliche Versorgung auch nicht durch genossenschaftliche oder private Banken gewährleistet werden kann.[124] Selbst wenn man den Schutz aber bejahte, würden die Verbände nicht in den Schutzbereich einbezogen, da die Sparkassen die Leistungen ebenso auch ohne die Verbände erbringen könnten.

3. Sparkassenverband als Gemeindeverband

Die regionalen Sparkassenverbände sind weder nach dem Grundgesetz (a) noch nach den Landesverfassungen (b) als Gemeindeverbände zu qualifizieren. In einigen Landesverfassungen wird ihnen jedoch entweder als Zweckverband oder als Körperschaft des öffentlichen Rechts die Selbstverwaltungsgarantie landesverfassungsrechtlich garantiert (c).

a) Kein Gemeindeverband i. S. d. Art. 28 Abs. 2 GG

Die regionalen Sparkassen- und Giroverbände sind keine Gemeindeverbände[125] i. S. d. Art. 28 Abs. 2 S. 2 GG.[126]

---

123 *Stern/Burmeister,* Die kommunalen Sparkassen, S. 95 ff.

124 *Oebbecke,* Rechtsfragen der Eigenkapitalausstattung, S. 54.

125 Zum Begriff des Gemeindeverbands grundlegend: *Hoppe,* Die Begriffe Gebietskörperschaft und Gemeindeverband, S. 38 ff.; *Oebbecke,* Gemeindeverbandsrecht, S. 1 ff.; *Tepe,* Zuständigkeitsverlagerungen zwischen Gemeindeverbandsebenen, S. 39 ff; insbes. zu den Sparkassenverbänden *Oebbecke,* Ist § 36 Sparkassengesetz NW in der Fassung des Arbeitsentwurfes vom 18. Mai 2007 mit Bundes- und Landesverfassungsrecht zu vereinbaren? (unveröffentlicht), S. 18 f.; *Dietlein,* Rechtsfragen der Zusammenlegung der Sparkassen- und Giroverbände (unveröffentlicht), S. 13 ff.

Es wird zwar kontrovers diskutiert, ob Zweckverbände unter den Begriff der Gemeindeverbände i. S. d. Art. 28 Abs. 2 GG zu subsumieren sind.[127] Als Mindestvoraussetzung für einen Gemeindeverband i. S. d. Art. 28 Abs. 2 GG ist jedoch zu fordern, dass er ein aus Kommunalkörpern übergemeindlich zusammengesetzter Verband ist, dem eine gewisse enumerative Aufgabenzuständigkeit zugewiesen sein muss, der in Qualität und Quantität der Aufgaben nicht durch die Zwecksetzung begrenzt sein darf und mit den Aufgaben der Kreise und Gemeinden vergleichbar sein muss.[128] Beide Kriterien werden von den Sparkassen- und Giroverbänden nicht erfüllt.

Eine übergemeindliche, aus Kommunalkörpern zusammengesetzte Mitgliederstruktur ist nur dann erfüllt, wenn der Gemeindeverband durch Kommunalkörper vollständig ausgefüllt ist, die Mitglieder also nur aus Gemeinden oder anderen Gemeindeverbänden bestehen.[129] Den Sparkassenverbänden gehören aber neben den Gemeinden die Sparkassen an, die weder als öffentlich-rechtliche Anstalten noch als privatrechtliche Aktiengesellschaften die Eigenschaft eines Kommunalkörpers erfüllen.

Ferner wurde den Sparkassenverbänden mit der Förderung des Sparkassenwesens sowie der Prüfungs- und Beratungsaufgabe kein allumfassender Aufgabenbereich zugewiesen, der in seinem Gesamtumfang und der Art der Zuweisung mit denen der Gemeinden und Kreisen vergleichbar ist.[130]

---

126 *Stern,* in: Der Kreis, Bd. I, S. 156; *Löwer,* in: von Münch/Kunig, GG, Bd. 2, Art. 28, Rn. 83; *Schmidt-Aßmann/Röhl,* in: Schmidt-Aßmann/Schoch, Besonderes Verwaltungsrecht, S. 110; 163; *Gerick,* Die Beteiligung der Sparkassen- und Giroverbände, S. 131; *Luppert,* Der Kommunale Zweckverband, S. 25; *Dreier,* in: Dreier, GG, Art. 28, Rn. 168.

127 In der Literatur wird für eine Einbeziehung von Zweckverbänden angeführt, dass der Gesetzgeber Verbände nach Belieben statuslos stellen oder in den Genuss des Art. 28 Abs. 2 S. 2 GG kommen lassen könne, wenn man einen mit den Gemeinden und Kreisen vergleichbaren Aufgabenbestand forderte (*Bovenschulte,* Gemeindeverbände, S. 459 ff. m. w. N.).

128 *BVerfG,* Urt. v. 24.07.1979 – 2 BvK 1/78 –, in: BVerfGE 52, 95 (109); *VerfGH NRW,* Urt. v. 26.06.2001 – 28/00, 30/00 –, in: NWVBl. 2001, 340 (343); *Stern,* in: Püttner, HbKWP, Bd. 1, 2. Auf., S. 205 (215); *Knemeyer,* in: v. Mutius, Selbstverwaltung im Staat der Industriegesellschaft, S. 209 (219); *Erichsen,* NWVBl. 1995, 1 (3); *Löwer,* in: v. Münch/Kunig, GG, Bd. 2, Art. 28, Rn. 83; *Pieroth,* in: Jarass/Pieroth, GG, Art. 28, Rn. 29.

129 *Hoppe,* Gebietskörperschaft und Gemeindeverband, S. 42; *Gönnenwein,* Gemeinderecht, S. 377; *Oebbecke,* Gemeindeverbandsrecht, Rn. 3.

130 Vgl. *Tettinger/Schwarz,* in: v. Mangoldt/Klein/Stark, GG, Bd. II, Art. 28, Rn. 241; *Gerick,* Beteiligung der Sparkassen- und Giroverbände, S. 131.

b) Kein Gemeindeverband i. S. d. Landesverfassungen

Die Sparkassenverbände sind auch keine Gemeindeverbände i. S. d. Landesverfassungen. Die Landesverfassung Mecklenburg-Vorpommerns erwähnt den Begriff des Gemeindeverbands in den Regelungen über die kommunale Selbstverwaltung nicht.[131] In den übrigen Landesverfassungen wird der Begriff zwar nicht immer in der gleichen Weise ausgelegt.[132] Im jeweiligen Kontext der Landesverfassungen erfordert er jedoch, dass entweder Gebietskörperschaften mit Hoheitsgewalt vorliegen müssen oder aber Selbstverwaltungsaufgaben wahrgenommen werden, die nach Umfang und Gewicht mit den Aufgaben der kommunalen Körperschaften vergleichbar sind. Diese Kriterien erfüllen die Sparkassenverbände als Bundkörperschaften mit einem eingeschränkten Aufgabenspektrum nicht.

In den Art. 10 ff. BayLV werden Kreise und Bezirke als Gemeindeverbände bezeichnet. Charakteristisch für diese ist, dass sie die unmittelbaren Hoheitsträger über die Bevölkerung ihres Kreises sind.[133] Mit diesen sind die Sparkassenverbände nicht vergleichbar, da ihnen die unmittelbare Hoheitsgewalt fehlt. Der Gemeindeverbandsbegriff des Art. 97 LV Bbg erfordert, dass kommunale Selbstverwaltungsaufgaben wahrgenommen werden, die nach Umfang und Gewicht mit denen der kommunalen Körperschaften vergleichbar sind. Dies folgt aus Abs. 2, der die Gemeinden und Gemeindeverbände in ihrem Gebiet für alle Aufgaben der örtlichen Gemeinschaft für allzuständig erklärt. In Hessen und in NRW folgen diese Anforderungen nach Ansicht des Staatsgerichtshofs und des Verfassungsgerichtshofs aus der grundlegenden verfassungsrechtlichen Funktion der Gemeindeverbände, so dass Zweckverbände, die auf einzelne Aufgaben beschränkt sind, keine Gemeindeverbände sind.[134] Auch in Schleswig-Holstein und in Rheinland-Pfalz gehören Verbindungen kommunaler Körperschaften mit nur begrenz-

---

131 Art. 72 LV MV: Genannt werden nur Gemeinden und Kreise.

132 Siehe: Art. 71 LV BW; Art. 10 ff. BayLV; Art. 97 LV Bbg; Art. 137 HessLV; Art. 57 LV Nds; Art. 78 LV NRW; Art. 49, 50 LV RP; Art. 118 LV Saar; Art. 84 LV Sa; Art. 87 LV LSA; Art. 46 LV SH; Art. 91 ThürLV.

133 *Lindner,* in: Lindner/Möstl/Wolff, Verfassung des Freistaates Bayern, Art. 10, Rn. 20 ff.

134 *VerfGH NRW,* Urt. v. Urteil vom 26. 06. 2001 – 28/00, 30/00 –, in: NVwZ-RR 2001, 617; *HessStGH,* Urt. v. 20. 10. 1999 – P. St. 1294 –, in: DVBl. 1999, 1725 (1726 ff.); *Tettinger,* in: Löwer/Tettinger, Kommentar zur Landesverfassung NRW, Art. 78, Rn. 70 ff.; *Ehlers,* DVBl. 2001, 1601 (1602 f.); *Schönenbroicher,* in: Heusch/Schönenbroicher, Landesverfassung NRW, Art. 78, Rn. 10; *Hinkel,* Verfassung des Landes Hessen, Art. 137, Rn. 1.

tem Aufgabenkreis aus diesem Grund nicht zu den Gemeindeverbänden i. S. d. Landesverfassungen.[135] Der thüringische Verfassungsgerichtshof hat neben dem satzungsmäßig begrenzten Aufgabenkreis als Argument angeführt, dass Zweckverbände wegen des von den Mitgliedern nur abgeleiteten gemeindlichen Selbstverwaltungsrechts keine Gemeindeverbände i. S. des Art. 91 Abs. 2 ThürLV sind.[136] Im Saarland wird wegen der fast vollständigen wörtlichen Übereinstimmung mit Art. 28 Abs. 2 GG unter dem Begriff des Gemeindeverbands ebenfalls nur eine Organisationsform verstanden, deren wesentliche Charakteristika der herkömmlichen Kreisorganisation entsprechen, so dass auch dort Zweckverbände nicht darunter fallen.[137] In Sachsen-Anhalt und in Sachsen fallen die Zweckverbände nicht unter den Gemeindeverbandsbegriff, sondern unter die »anderen Körperschaften« i. S. d. Art. 87 Abs. 5 LV LSA bzw. Art. 82 Abs. 3 SächsLV.[138]

c) Gewährleistung des Selbstverwaltungsrechts für Körperschaften des öffentlichen Rechts

Die Länder Baden-Württemberg[139], Niedersachsen[140] und Sachsen[141] gewährleisten neben den Gemeinden und Gemeindeverbänden namentlich auch den Zweckverbänden und/oder den sonstigen Körperschaften des öffentlichen Rechts ein landesverfassungsrechtlich verbürgtes Selbstverwaltungsrecht.[142]

---

135 *LVerfG SH,* Urt. v. 26.02.2010 – 1/09 –, Juris Rn. 39; *Ernst/Schulz,* Demokratische Legitimation der schleswig-holsteinischen Ämter, S. 13; *Schröder,* in: Grimm/Caesar, Verfassung für Rheinland-Pfalz, Art. 49, Rn. 5.

136 *ThürVerfGH,* Urt. v. 23.04.2009 – 32/05 –, Juris Rn. 102.

137 *Grupp,* in: Wendt/Rixecker, Verfassung des Saarlandes, Art. 118, Rn. 2.

138 *Reich,* Verfassung des Landes Sachsen-Anhalt, Art. 87, Rn. 1. Siehe im Übrigen dazu den folgenden Abschnitt c).

139 Art. 71 Abs. 1 LV BW: »Das Land gewährleistet den Gemeinden und den Gemeindeverbänden sowie den Zweckverbänden das Recht der Selbstverwaltung. (…). Das gleiche gilt für sonstige öffentlich-rechtliche Körperschaften in den durch Gesetz gezogenen Grenzen.«

140 Art. 57 Abs. 1 LV Nds: »Gemeinden und Landkreise und die sonstigen öffentlichrechtlichen Körperschaften verwalten ihre Angelegenheiten im Rahmen der Gesetze in eigener Verantwortung.«

141 Art. 82 Abs. 3 LV Sa: »Andere öffentlich-rechtliche Körperschaften, Anstalten und Stiftungen sind nach Maßgabe der Gesetze Träger der Selbstverwaltung.«

142 Dem Wortlaut des Art. 87 Abs. 5 LV LSA (»Andere Körperschaften des öffentlichen Rechts können für die Wahrnehmung bestimmter öffentlicher Aufgaben gegenüber ihren Mitgliedern durch Gesetz oder auf Grund eines Gesetzes gebildet

Die baden-württembergische Regelung bezweckt durch die Aufnahme der Zweckverbände den institutionellen Schutz kommunaler öffentlich-rechtlicher Mitgliederverbände mit einzelnen übertragenen Aufgaben.[143] Unter dieses Begriffsverständnis fallen neben den kommunalen auch die sondergesetzlichen Zweckverbände. Als Einrichtung dürfen die kommunalen Mitgliederverbände nicht beseitigt werden. Eine individuelle Bestandsgarantie zugunsten jedes einzelnen Zweckverbands besteht allerdings ebenso wenig wie ein Schutz hinsichtlich eines bestimmten Typus des kommunalen Mitgliederverbands. Die institutionelle Garantie sichert zugleich ein Mindestmaß an Eigenorganschaftsbildung und garantiert eine eigene Willensbildung sowie ein Mindestmaß an Eigenverantwortlichkeit.[144]

Die niedersächsische Regelung enthält in Art. 57 Abs. 1 LV Nds ebenfalls eine Selbstverwaltungsgarantie für die Körperschaften des öffentlichen Rechts.[145] Aus der systematischen Stellung des Art. 57 LV Nds wird geschlossen, dass der Körperschaftsbegriff durch die Verbindung zwischen der Körperschaft als Subjekt und der eigenen Verwaltung der jeweiligen Angelegenheit als Objekt der Gewährleistung eine Ausprägung von Eigenständigkeit erfordere, die durch eine eigene Verbandskompetenz und die Freiheit von einer ministerialen Weisungshierarchie gekennzeichnet ist.[146] Diese Voraussetzung erfüllt der Sparkassenverband, da er über einen ihm zugewiesenen Aufgabenkreis verfügt und lediglich der Rechtsaufsicht unterliegt. Garantiert wird jedoch nur, dass die öffentlich-rechtlichen Körperschaften ihre Angelegenheiten im Rahmen der Gesetze unter eigener Verantwortung verwalten. Einen Bestandsschutz mit Verfassungsrang verbürgt diese Regelung ebenfalls nicht. Die Materialien zur beinahe wortgleichen Regelung des Art. 44 Abs. 1 der vorläufigen niedersächsischen Landesver-

---

werden.«) kann hingegen kein verfassungsrechtlich verbürgtes Selbstverwaltungsrecht für Körperschaften entnommen werden (allgemein zu dieser Regelung: *Reich,* Verfassung des Landes LSA, Art. 87, Rn. 7).

143 *Braun,* Kommentar zur Verfassung BW, Art. 71, Rn. 15. Die nicht-kommunalen Körperschaften schützt hingegen Art. 71 Abs. 1 S. 3 LV BW (*Braun,* Kommentar zur Verfassung BW, Art. 71, Rn. 74).

144 *StGH BW,* Urt. v. 06.05.1967 – 1/66 –, in: BWVBl. 1968, 9 (10); *Braun,* Kommentar zur Verfassung BW, Art. 71, Rn. 6, 15.

145 Streitig ist dies in Bezug auf Anstalten und Stiftungen des öffentlichen Rechts (*Hagebölling,* NdS. Verfassung, Art. 57, Rn. 2.2).

146 *Kluth,* DÖV 2005, 368 (371).

fassung[147] zeigen, dass der Gesetzgeber nicht zu solchen Eingriffen befugt sein sollte, die nach deutscher Rechtsentwicklung zum wesentlichen Bestandteil der Selbstverwaltung gehören. Ein Bestandsschutz geht damit nicht einher.[148]

Die Ausführungen zur niedersächsischen Regelung gelten auch für die sächsische Regelung in Art. 82 Abs. 3 LV Sa. Diese Regelung garantiert Körperschaften, die keine Gemeindeverbände sind, ebenfalls ein Mindestmaß an Selbstverwaltung, ohne dass daraus ein individueller Bestandsschutz folgt.

II. Mittelbare Teilhabe an Verfassungsgarantien der Mitglieder

Da die Sparkassenverbände im Wesentlichen nicht durch eigene verfassungsrechtliche Garantien geschützt werden, ist zu prüfen, inwieweit ihnen mittelbar verfassungsrechtliche Garantien ihrer Mitglieder zuteilwerden.

1. Kein mittelbarer Grundrechtsschutz

Auch die kommunalen Träger und die öffentlich-rechtlichen Sparkassen verleihen dem Verband keinen mittelbaren Grundrechtsschutz, denn auch diese sind nicht grundrechtsberechtigt.

a) Fehlende Grundrechtsfähigkeit der kommunalen Träger

Die Grundrechtsfähigkeit der Kommunen wird kontrovers diskutiert.[149] Es besteht zwar eine Schutzbedürftigkeit der Kommunen. Dennoch ist eine Grundrechtsfähigkeit zu verneinen. Die Kommunen bedürfen auch eines Schutzes vor Eingriffen des Staates. Das hinreichende Schutzniveau wird jedoch nicht über die Grundrechte, sondern durch die Garantien des Art. 28 Abs. 2 GG sowie über die finanzverfassungsrechtlichen Vorschriften

147 Im Jahre 1951 wurde für das Land Niedersachsen eine Übergangsverfassung (vorläufige Niedersächsische Verfassung) verabschiedet, die in der Zeit bis zur Wiedervereinigung des zweigeteilten Deutschlands die staatlichen Grundlagen regelte. Mit der Wiedervereinigung Deutschlands entfiel der Vorbehalt der Vorläufigkeit. Auf der Grundlage der vorläufigen Niedersächsischen Verfassung wurde im Jahr 1993 die neue Niedersächsische Verfassung verabschiedet.

148 Vgl. Materialien, Bd. II, S. 13, zitiert nach *NdsStGH*, StGHE 3, 1 (19).

149 Für eine Grundrechtsfägigkeit: *Erichsen*, Kommunalrecht NW, S. 39 f.; dagegen: BVerfGE 75, 192 ff.

erreicht. Die Kommunen stehen dem Staat auch nicht wie Private gegenüber, so dass eine grundrechtstypische Gefährdungslage schwerlich anzunehmen ist. Sie sind vielmehr in das Organisations- und Kompetenzsystem des Staates eingebunden.[150] Gleiches gilt für die Kreise. Auch kommunale Sparkassenzweckverbände als Träger von Sparkassen sind nicht grundrechtsfähig, da sie als Körperschaften des öffentlichen Rechts eine öffentliche Aufgabe erfüllen und den Bindungen des Sparkassengesetzes unterliegen.

b) *Fehlende Grundrechtsfähigkeit der öffentlich-rechtlichen Sparkassen*

Die Sparkassen können sich ebenfalls nicht auf Grundrechte berufen.[151] Die öffentlichen Sparkassen sind Einrichtungen der Daseinsvorsorge in Form kommunaler Anstalten. Sie sind somit als öffentlich-rechtliche juristische Personen in die Staatsorganisation eingebundene Verwaltungsträger, die nach den Sparkassengesetzen einen öffentlichen Auftrag erfüllen. Der Grundrechtsfähigkeit steht deshalb die sich aus der öffentlichen Aufgabenwahrnehmung notwendig ergebende Grundrechtsbindung aus Art. 1 Abs. 3 GG entgegen.[152]

2. Mittelbare Teilhabe an den Garantien des Art. 28 Abs. 2 GG

Die kommunale Selbstverwaltungsgarantie[153], die den Kommunen gem. Art. 28 Abs. 2 GG gewährt wird, wird den Sparkassenverbänden mittelbar durch die Mitgliedschaft der Kommunen zuteil. Einen mittelbaren Bestandsschutz können die Verbände daraus jedoch nicht herleiten (a). Sie werden

---

150 Zum Ganzen *Dürig,* in: Maunz/Dürig, GG, Art. 19, Rn. 46.

151 In der Literatur wurden vereinzelt Versuche unternommen, die Grundrechtsfähigkeit der Sparkassen zu begründen. Angeführt wird, dass die Tätigkeit der Sparkassen aufgrund der besonderen Wettbewerbssituation dem grundrechtlich geschützten »gesellschaftlichen« Lebensbereich zuzuordnen sei (*Strehler,* Sparkasse 1993, 82 (83)). Ferner seien die Sparkassen als Sachwalter der Individualinteressen ihrer Kunden zugleich als Treuhänder der Grundrechte ihrer Kunden anzusehen (*Kirchhof,* DVBl. 1983, 921), und zuletzt sei die Geschäftstätigkeit der Sparkassen unter den grundrechtlichen Schutz der Berufsfreiheit zu stellen, weil durch Beschränkungen ihres Tätigkeitsfeldes das Recht des Bürgers auf gemeinwohlorientierte Kreditversorgung geschmälert werde (*Heinevetter,* SpkG NRW, 2. Auflage, § 2, S. 6; *Strehler,* Sparkasse 1993, 83 f .).

152 *BVerfG,* Beschl. v. 14.04.1987 – 1 BvR 775/84 –, Juris Rn. 18 ff.

153 Allgemein zur kommunalen Selbstverwaltungsgarantie: *Dreier,* in: Dreier, GG, Art. 28, Rn. 85 ff.

lediglich mittelbar im Rahmen eines einfachen Gesetzesvorbehalts vor Zwangsfusionen geschützt (b).

a) Keine mittelbare Bestandsgarantie zugunsten der Sparkassenverbände

Der Zusammenschluss der Kommunen in den Sparkassenverbänden stellt eine besondere Form der kooperativen kommunalen Aufgabenwahrnehmung dar, die in ihrem Bestand jedoch wegen des Zwangscharakters nicht durch die Organisations- bzw. Kooperationshoheit geschützt wird.

Die Organisationshoheit umschreibt die Befugnis der Gemeinden, den Aufbau und das Zusammenwirken ihrer Beschluss- und Vollzugsorgane sowie die gemeindeinternen räumlichen Untergliederungen, gemeindeeigene Einrichtungen und Betriebe eigenverantwortlich zu regeln.[154] Es wird die Wahl der Aufgabenwahrnehmung durch Formen der unmittelbaren oder mittelbaren Kommunalverwaltung geschützt, wobei die mittelbare Wahrnehmung durch öffentlich-rechtliche und privatrechtlich organisierte Rechtsträger geschehen und sogar unter der Beteiligung Privater erfolgen kann.[155] Als Ausprägung der Organisationshoheit garantiert die Kooperationshoheit die Befugnis, Aufgaben des eigenen und des übertragenen Wirkungskreises nach eigener Entscheidung im Zusammenwirken mit anderen Stellen, insbesondere mit anderen Gemeinden, wahrzunehmen.[156] Dabei dient die positive Kooperationshoheit der Sicherung einer freiwilligen Aufgabenwahrnehmung im Verbund mit anderen Gemeinden. Schutz im Hinblick auf Zwangsverbandsbildungen erfahren die Selbstverwaltungsträger durch die negative Kooperationshoheit, nach welcher es ihnen freisteht, sich an solchen Verbundlösungen nicht zu beteiligen.[157] Ein Bestandsschutz im Hinblick auf bestehende Zwangsverbände kann jedoch weder der negativen noch der positiven Kooperationshoheit entnommen werden. Die negative

---

154 *BVerfG,* Beschl. v. 28.10.1958 – 2 BvR 5/56 –, in: BVerfGE 8, 256 (258); Urt. v. 10.12.1974 – 2 BvK 1/73 –, in: BVerfGE 38, 258 (279); Beschl. v. 26.10.1994 – 2 BvR 445/91 –, in: BVerfGE 91, 228 (240); *Dreier,* in: Dreier, GG, Art. 28, Rn. 133; *Tettinger/Schwarz,* in: v. Mangoldt/Klein/Stark, GG, Art. 28 Abs. 2, Rn. 179; *Nierhaus,* in: Sachs, GG, Art. 28, Rn. 53.

155 *Dreier,* in: Dreier, GG, Art. 28, Rn. 135.

156 *BVerfG,* Beschl. v. 27.11.1986 – 2 BvR 1241/82 –, in: NVwZ 1987, 123 (124); *Dreier,* in: Dreier, GG, Art. 28, Rn. 138; *Löwer,* in: v. Münch/Kunig, GG, Art. 28, Rn. 72; zur Einordnung der Kooperationshoheit: *Erps,* Kommunale Kooperationshoheit, S. 62 ff.

157 *Pieroth,* in: Jarass/Pieroth, GG, Art. 28, Rn. 13; *Oebbecke,* in: HbKWP, Bd. 1, § 29, Rn. 16.

Kooperationshoheit schützt den bereits erfolgten Zwangszusammenschluss nicht, da durch eine Auflösung des Verbands der in der Zwangsmitgliedschaft liegende Eingriff in die negative Kooperationshoheit beendet werden würde. Die Mitglieder können sich wegen des Zwangs zur Kooperation auch nicht auf die positive Kooperationshoheit berufen, da diese lediglich freiwillige Zusammenschlüsse schützt. Es besteht auch kein Bedürfnis für eine Einbeziehung der Zwangsverbände in die Schutzwirkungen der Kooperationshoheit, da die Mitglieder eines Zwangsverbands nach dessen Auflösung jederzeit einen neuen, auf freiwilliger Grundlage basierenden Sparkassenverband in privater Rechtsform gründen könnten. Dieser Verband wäre sodann durch die positive Kooperationshoheit geschützt. Daran ändert auch die Entstehungsgeschichte der Verbände als ursprünglich freiwilliger Zusammenschluss nichts. Denn die öffentlich-rechtliche Organisationsform, deren Existenzgrundlagen durch Gesetz geschaffen wurden, kann auch grundsätzlich durch eine Änderung des existenzbildenden Gesetzes verändert oder aufgehoben werden.[158]

Auch der Sparkassenhoheit, die den Kommunen das Recht zum eigenverantwortlichen Betrieb einer Sparkasse zur Versorgung der Gemeindebürger mit Bank- und Finanzdienstleistungen gewährleistet[159], kann kein Bestandsschutz für das Verbandswesen entnommen werden. Den Kommunen würden durch die Auflösung des Verbandswesens nicht die Gründung und der Betrieb von Sparkassen unmöglich gemacht.

b) Mittelbarer Schutz vor gesetzlich angeordneten Fusionen

Am Beispiel des § 36 SpkG NRW, der eine Fusion der beiden nordrheinwestfälischen Verbände vorschreibt, werden die verfassungsrechtlichen Grenzen dargestellt.

Gem. § 36 Abs. 1 müssen die Verbände »bis zum 1. Juni 2009 eine unwiderrufliche öffentlich-rechtliche Vereinbarung abschließen, in der das Verfahren zur Vereinigung beider Verbände auf einen neu gebildeten Verband

158 *Groß,* DVBl. 2002, 1182 (1194).

159 *BVerfG,* Beschl. v. 23.09.1994 – 2 BvR 1547/85 –, in: NVwZ 1995, 370 (371); *VerfGH NW,* Urt. v. 11.07.1980 – 8/79 –, in: DÖV 1980, 691 (692); *Stern/Burmeister,* Kommunale Sparkassen, S. 69 ff.; *Henneke,* Kommunale Sparkassen, S. 65; *Dreier,* in: Dreier, GG, Art. 28, Rn. 151, erkennt den Schutz des Sparkassenwesens als Komponente der Daseinsvorsorge innerhalb der Organisationshoheit an, verneint jedoch das Bedürfnis für eine eigenständige Sparkassenhoheit.

als Gesamtrechtsnachfolger bis spätestens zum 31. Dezember 2012 geregelt wird«.

Abs. 2 sieht vor, dass sich die beiden Verbände »bis spätestens zum 31. Dezember 2012 durch übereinstimmende Beschlüsse ihrer Verbandsversammlungen in der Weise zu einer Körperschaft des öffentlichen Rechts vereinigen, dass alle Rechte und Pflichten beider Verbände ohne Abwicklung auf den neu gebildeten Verband als Gesamtrechtsnachfolger übergehen«.

Abs. 3 ermächtigt die Aufsichtsbehörde, die für eine Vereinigung erforderlichen Anordnungen durch Rechtsverordnung zu treffen, wenn der Antrag auf Genehmigung der Vereinbarung nicht bis zum 31. Mai 2012 vorgelegt wird.

Die angeordnete Fusion wirft die Frage nach der Verfassungskonformität der Regelung auf.

aa) Eingriff in Art. 28 Abs. 2 GG

Die gesetzlich vorgesehene Fusion der beiden Verbände stellt einen Eingriff in die negative Kooperationshoheit der kommunalen Träger dar.[160] Die bisherigen Kooperationspartner müssen mit weiteren Mitgliedern, mit denen bisher keine Kooperation bestand, in einem räumlich ausgedehnten Verband kooperativ kommunale Aufgaben wahrnehmen. Die freiwillige Entscheidung, ob sie mit den jeweils anderen Kommunen und Sparkassen kooperieren wollen, besteht nicht mehr. Durch die Erhöhung der Mitgliederzahl des neuen Sparkassen- und Giroverbands Nordrhein-Westfalen entsteht zugleich eine Minderung der Möglichkeit zur Einflussnahme auf den Verband durch

160 Der Eingriffscharakter kann aufgrund der für das Zivilrecht maßgeblichen Norm des § 20 UmwG dargestellt werden (*Oebbecke,* Ist § 36 Sparkassengesetz NW in der Fassung des Arbeitsentwurfes vom 18. Mai 2007 mit Bundes- und Landesverfassungsrecht zu vereinbaren? (unveröffentlicht), S. 23). Danach erlischt bei der Verschmelzung der übertragene Rechtsträger mit der Eintragung gem. § 20 Abs. 1 Nr. 2 S. 1 UmwG ohne weiteren Zwischenakt. Auch die Organe und die Unternehmensanteile enden mit der Eintragung (*Kallmeyer,* UmwG, § 20, Rn. 13 ff.). § 20 Abs. 1 Nr. 3 S. 1, 1. HS UmwG regelt, dass die Anteilseigner des übertragenen Rechtsträgers durch die Eintragung kraft Gesetzes Inhaber der entsprechenden Anteile an dem übernehmenden Rechtsträger werden. Für die Verschmelzung der Sparkassenverbände bedeutet dies, dass die Mitgliedschaftsrechte in den beiden nordrhein-westfälischen Verbänden erlöschen und gleichzeitig neue Mitgliedschaftsrechte an dem zu errichtenden Verband entstehen (zum Ganzen *Oebbecke,* Ist § 36 Sparkassengesetz NW in der Fassung des Arbeitsentwurfes vom 18. Mai 2007 mit Bundes- und Landesverfassungsrecht zu vereinbaren? (unveröffentlicht), S. 23). Den Eingriff bejaht auch *Dietlein,* in: Rechtsfragen der Zusammenlegung der Sparkassen- und Giroverbände (unveröffentlicht), S. 43 ff.

Ausübung mitgliedschaftlicher Rechte. Der Verfassungsgerichtshof NRW sah in der geringeren Möglichkeit der gemeindlichen Einflussnahme bei erzwungener kooperativer Wahrnehmung von Aufgaben im Vergleich zur Wahrnehmung der Aufgabe durch eine Gemeinde selbst einen Eingriff als gegeben an.[161] Dies muss auch gelten, wenn die erzwungene Wahrnehmung von Aufgaben durch einen größeren Verband als bisher geschehen soll.[162]

Die Sparkassenhoheit wird hingegen von der angeordneten Fusion nicht berührt. Der Zwangszusammenschluss berührt das Recht auf Errichtung und den eigenverantwortlichen Betrieb einer Sparkasse nicht und wirkt sich auf den Betrieb einer Sparkasse auch nicht mittelbar aus.[163]

Eine Verbandsfusion hat auch Auswirkungen auf das Vermögen der beiden Verbände. Die in unterschiedlicher Höhe bestehenden Beteiligungen der Verbände gehen infolge der Gesamtrechtsnachfolge auf den neuen Verband über. Als Folge dessen nivellieren sich die Beteiligungsunterschiede der westfälisch-lippischen und der rheinischen Sparkassen. Ein verfassungsrechtlicher Bestandsschutz kommunalen Vermögens, wie er dem privatrechtlichen Vermögen in Art. 14 GG gewährleistet wird, kann Art. 28 Abs. 2 GG jedoch nicht entnommen werden. Vermögenswerte, die den Gemeinden zur Erfüllung ihrer Verwaltungsausgaben dienen, stehen ihnen nicht zur freien Verfügung, sondern zur Erfüllung ihrer Verwaltungsaufgaben zu.[164] Das Verwaltungsvermögen zeichnet sich demnach durch eine Zweckbindung und eine Finanzierungsfunktion für die aufgabenorientierte Wahrnehmung der übertragenen Aufgaben aus.[165] Da dieses Vermögen nach der Fusion dem neuen Verband zur Erledigung derselben Aufgaben dient und es weiterhin zur Erreichung desselben Zwecks eingesetzt wird, liegt in der vermögensrechtlichen Neuordnung kein Eingriff in Art. 28 Abs. 2 GG.

---

161 *VerfGH NRW,* Urt. v. 11.07.1980 – 8/79 –, in: DÖV 1980, 691 (693).

162 Zum Ganzen *Oebbecke,* Ist § 36 Sparkassengesetz NW in der Fassung des Arbeitsentwurfes vom 18. Mai 2007 mit Bundes- und Landesverfassungsrecht zu vereinbaren? (unveröffentlicht), S. 23 f.

163 *Oebbecke,* Ist § 36 Sparkassengesetz NW in der Fassung des Arbeitsentwurfes vom 18. Mai 2007 mit Bundes- und Landesverfassungsrecht zu vereinbaren? (unveröffentlicht), S. 25.

164 *Schink,* Rechtsnachfolge bei Zuständigkeitsverlagerungen, S. 225 f.

165 *VerfGH NRW,* Urt. v. 26. 06. 2001 – 28/00, 30/00 –, in: NVwZ-RR 2001, 617 (621); *Schink,* Rechtsnachfolge bei Zuständigkeitsverlagerungen, S. 225 f.

bb) Verfassungsrechtliche Rechtfertigung

Der Eingriff in die negative Kooperationshoheit ist gerechtfertigt. Die Regelung des § 36 SpkG NRW stellt eine den Anforderungen des Gesetzesvorbehalts[166] des Art. 28 Abs. 2 GG entsprechende Regelung dar.

Zunächst gehört das Sparkassenwesen nicht zum unantastbaren Kernbereich kommunaler Selbstverwaltung.[167] Der Kernbereich ist ungeachtet der nicht klar definierten Grenzen erst dann betroffen, wenn »die kommunale Selbstverwaltung völlig beseitigt oder derart ausgehöhlt wird, dass die Gemeinde keinen ausreichenden Spielraum zu ihrer Ausübung mehr hat«[168]. Die Fusion höhlt die Selbstverwaltung aber nicht aus. Die Wahrnehmung der Aufgaben der Verbände stand schon bisher nicht unmittelbar den Gemeinden, sondern den Verbänden zu. Ferner behalten die Kommunen auch in dem neu zu bildenden Verband Mitwirkungsrechte, die einen Mitwirkungsspielraum ermöglichen.[169]

---

166 Die in Art. 28 Abs. 2 S. 1 GG als Gesetzesvorbehalt auszulegende Formulierung »im Rahmen der Gesetze« bezieht sich neben der Art und Weise der örtlichen Aufgabenerledigung auch auf die Zuständigkeit sowie alle sonstigen Aspekte der Selbstverwaltung (*BVerfG,* Beschl. v. 23.11.1988 – 2 BvR 1619/83, 2 BvR 1628/83 –, in: BVerfGE 79, 127 (143); *Dreier,* in: Dreier, GG, Art. 28, Rn. 118; *Pieroth,* in: Jarass/Pieroth, GG, Art. 28, Rn. 20; *Tettinger/Schwarz,* in: v. Mangoldt/Klein/Stark, GG, Art. 28, Rn. 187). Auch in Art. 78 Abs. 1 LVerf NRW ist wegen der Formulierung in Abs. 2 anerkannt, dass die Gewährleistung nicht uneingeschränkt erfolgen kann (*VerfGH NRW,* Urt. v. 15.12.1989 – 5/88 –, in: NVwZ 1990, 456 (457)). Den Gemeinden wird analog zu der Wesensgehaltsgarantie bei den Grundrechten eine Kernbereichsgarantie der Selbstverwaltung gewährt, die nicht angetastet werden darf und dem Zugriff des Gesetzgebers entzogen ist (*Pieroth,* in: Jarass/Pieroth, GG, Art. 28, Rn. 22). In dem außerhalb des Kernbereichs liegenden Randbereich ist als Grenze das Verhältnismäßigkeitsprinzip zu beachten (*BVerfG,* Beschl. v. 23.11.1988 – 2 BvR 1619/83, 2 BvR 1628/83 –, in: BVerfGE 79, 127 (143)).

167 *StGH Nds.*, Urt. v. 13.03.1996 – 1/94 –, in: DÖV 1996, 657; *Tettinger/Schwarz,* in: v. Mangoldt/Klein/Stark, GG, Art. 28, Rn. 191; *Dreier,* in: Dreier, GG, Art. 28, Rn. 125 ff.; *Nierhaus,* in: Sachs, GG, Art. 28, Rn. 64.

168 BVerfG, Beschl. v. 07.05.2001 – 2 BvK 1/00 –, in: BVerfGE 103, 332 (366).

169 Zum Ganzen *Oebbecke,* Ist § 36 Sparkassengesetz NW in der Fassung des Arbeitsentwurfes vom 18. Mai 2007 mit Bundes- und Landesverfassungsrecht zu vereinbaren? (unveröffentlicht), S. 28.

Nach inzwischen gefestigten Grundsätzen in der Rechtsprechung des Bundesverfassungsgerichts[170] und des Landesverfassungsgerichts NRW[171] sind zur Rechtfertigung eines im Randbereich liegenden Eingriffs Gründe des Gemeinwohls erforderlich, die nach Maßgabe des Prinzips der Verhältnismäßigkeit überwiegen.

Die Gesetzesbegründung zu § 36 SpkG NRW n. F. führt als Grund für die Fusion zu erwartende Kostensenkungen und eine erhöhte Effizienz der Aufgabenwahrnehmung durch eine Zuständigkeitskonzentration an. Ferner soll eine Fusion zu einer Stärkung des Finanzplatzes NRW durch eine einheitliche und effektivere Interessenvertretung des nordrhein-westfälischen Sparkassenlagers durch den neu zu errichtenden Verband führen.[172] Der Gesetzgeber erwartet eine zentrale Machtverschiebung innerhalb der Sparkassen-Finanzgruppe und einen steigenden Einfluss der nordrhein-westfälischen Sparkassen im Spitzeninstitut der Sparkassenfinanzgruppe, dem Deutschen Sparkassen- und Giroverband e. V.[173]

Unter Berücksichtigung des dem Gesetzgeber im Bereich wirtschaftspolitischer Prognoseentscheidungen zustehenden weiten Einschätzungsspiel-

---

170 *BVerfG,* Beschl. v. 17.01.1979 – 1 BvR 446/77, 1 BvR 1174/77 –, in: BVerfGE 50, 195 (202); Beschl. v. 07.10.190 – 2 BvR 584/76, 2 BvR 598/76, 2 BvR 599/76, 2 BvR 604/76 –, in: BVerfGE 56, 298 (319 f.); Beschl. v. 23.06.1987 – 2 BvR 826/83 –, in: BVerfGE 76, 107 (121 f.); Beschl. v. 23.11.1988 – 2 BvR 1619/83, 2 BvR 1628/83 –, in: BVerfGE 79, 127 (143); Beschl. v. 17.07.1996 – 2 BvF 2/93 –, in: BVerfGE 95, 1 (27); Beschl. v. 07.05.2001 – 2 BvK 1/00 –, in: BVerfGE 103, 332 (366 f.).

171 *VerfGH NRW,* Urt. v. 17.12.1990 – 2/90 –, in: OVGE 42, 270; Urt. v. 06.07.1993 – 9/92, 22/92 –, in: OVGE 43, 245 (248); Urt. v. 09.02.1979 – 13/77 –, in: DÖV 1979, 637; Urt. v. 22.09.1992 – 3/91 –, in: NWVBl. 1993, 7 (9); Urt. v. 13.08.1996 – 23/94 –, in: NWVBl. 1996, 426 (427).

172 LT NRW Drs. 14/6831, S. 2, 46.

173 Diese Auffassung teilt die Presse: *FS,* in: Die Welt, 25.06.2003: Sengera-Rücktritt gibt der Fusion der Sparkassenverbände neuen Auftrieb.

raums[174] stellen diese Gründe im Rahmen einer Verhältnismäßigkeitsprüfung überwiegende Allgemeinwohlbelange dar.

Zunächst stellen die zu erwartenden Effizienz- und Kostensenkungserwartungen durch eine Zuständigkeitskonzentration zulässige Gemeinwohlgründe dar. Seit der Rastede-Entscheidung des Bundesverfassungsgerichts werden Gründe der Kostenersparnis und der Zuständigkeitskonzentration lediglich als Rechtfertigung für eine Verlagerung der kommunalen Aufgaben auf einen zentralen Verwaltungsträger (sog. Hochzonung) als unzulässig erachtet.[175] Die Fusion führt aber nicht zu einer Hochzonung.[176] Die in Rede

---

174 Für das Vorliegen eines legitimen Gemeinwohlinteresses wird dem Gesetzgeber eine gewisse autonome Zwecksetzungskompetenz zugestanden. Zwecksetzungen, die auf Prognoseentscheidungen beruhen und die der Gesetzgeber erschöpfend anhand ihm mit vertretbarem Aufwand zugänglichen Erkenntnisquellen getroffen hat, unterliegen einer nur eingeschränkt überprüfbaren Einschätzungsprärogative. Dieser Prognosevorrang ist gerade hinsichtlich der Beurteilung wirtschaftspolitischer Fragen besonders weit (*SächsVerfGH,* Urt. v. 23.11.2000 – Vf. 62-II-99 –, in: DVBl. 2001, 293 (299)). Verfassungsrechtlich kann allein die fehlerhafte Sachverhaltsermittlung oder die Abwägungsentscheidung dahingehend überprüft werden, ob diese offensichtlich fehlerhaft oder widerlegbar ist oder ob der Zweck selbst seinerseits verfassungsrechtlichen Vorgaben oder Interventionen zuwider läuft (*VerfGH NRW,* Urt. v. 06.07.1993 – 9/92, 22/92 –, in: OVGE 43, 245 (248)). Grundsätzlich ist es ausreichend, wenn die Zwecksetzung unter Ausschöpfung aller zugänglichen Entscheidungsgrundlagen getroffen, der Sachverhalt zutreffend und vollständig erfasst und keine unvertretbaren tatsächlichen Annahmen zur Grundlage der Entscheidung gemacht wurden. Ferner darf die Methode nicht fehlerhaft oder die Prognose sonst eindeutig fehlerhaft gewesen sein (*SächsVerfGH,* Urt. v. 23.11.2000 – Vf. 62-II-99 –, in: DVBl. 2001, 293 (299)).

175 *BVerfG,* Beschl. v. 23.11.1988 – 2 BvR 1619/83, 2 BvR 1628/83 –, in: BVerfGE 79, 127 (153). Art. 28 Abs. 2 GG ist eine organisationsrechtliche Grundentscheidung zu entnehmen, die vorsieht, dass die örtlichen Aufgaben durch die Kommunen dezentral wahrgenommen werden. Diese durch die Verfassung vorgegebene kommunal-dezentrale Aufgabenwahrnehmung geht zwangsläufig mit Einbußen an Wirtschaftlichkeit, Sparsamkeit und Effizienz einher. Gründe der Kostenersparnis und Verwaltungsvereinfachung können ausnahmsweise nur dann eine »Hochzonung« rechtfertigen, wenn ein Verbleib einer Aufgabe zu einem unverhältnismäßigen Kostenanstieg führt.

176 Der Verfassungsgerichtshof Sachsen hat in der Entscheidung zu dem vom Freistaat Sachsen gegründeten und vom Freistaat Sachsen dominierten Sachsen-Finanzverbund ausgeführt, dass bei der Beurteilung, ob ein der Rastede-Entscheidung gleichstehender Aufgabenentzug vorliegt, zwischen der der Gemeindeebene zuzuordnenden kollektiven und kooperativen Ausübung kommunaler Selbstverwaltung und einem vom Staat geschaffenen und maßgeblich beeinflussbaren Kondominium staatlicher und kommunaler Verwaltungsträger unterschieden werden müsse. Nur im letzten Fall liege eine Hochzonung vor (*SächsVerfGH,* Urt. v. 23.11.2000 – Vf. 62-II-99 –, in: DVBl. 2001, 293 (298)). Die Sparkassenverbände stellen jedoch kein Kondominium dar, da der Einfluss des Staates auf eine Rechtsaufsicht beschränkt ist. Wenn die erstmalige kollektiv-kooperative Aufgabenwahrnehmung nicht zu

stehenden Aufgaben waren der unmittelbaren Wahrnehmung durch die Kommunen im Unterschied zur Rastede-Konstellation bereits entzogen und wurden auch bisher schon im Wege der kommunalen Gemeinschaftsarbeit i. w. S. wahrgenommen. Dies soll auch zukünftig durch einen lediglich räumlich ausgedehnten Verband geschehen. Liegt keine Hochzonung vor, sprechen auch keine verfassungsrechtlichen Erwägungen aus Art. 28 Abs. 2 GG gegen eine Berücksichtigungsfähigkeit von Kostenersparnis- und Effizienzgründen. Der Gesetzgeber ist vielmehr in einem staatlich vorgeprägten Sektor mittelbarer Verwaltung gehalten, eine möglichst ressourcenschonende Art der Aufgabenerfüllung zu wählen.[177]

Die Fusion ist als Mittel auch geeignet und erforderlich. Es ist unter Beachtung des dem Gesetzgeber zustehenden Einschätzungsspielraums davon auszugehen, dass eine derartige Kostenersparnis und Effizienzgewinnung durch ein Beibehalten des bisherigen Zustands[178] nicht erreicht werden kann.

Ob die prognostizierte Stärkung des Finanzplatzes NRW durch eine einheitliche und effektive Interessenvertretung, einhergehend mit einem steigenden Einfluss im Spitzenverband der Sparkassenorganisation, einen rechtfertigenden Allgemeinwohlbelang darstellen kann, erscheint hingegen fraglich. Es entsteht durch eine Fusion der beiden Verbände zwar in der Tat die größte Interessengemeinschaft der deutschen Sparkassenorganisation auf regionaler Verbandsebene. In Nordrhein-Westfalen sind mit einer Zahl von insgesamt 108 ansässigen Sparkassen[179] fast ein Viertel der 438 Sparkas-

---

einer Hochzonung führt, dann kann auch die räumliche Ausdehnung einer bestehenden Kooperation nicht zu einer Hochzonung führen.

177 Zum Ganzen *Oebbecke,* Ist § 36 Sparkassengesetz NW in der Fassung des Arbeitsentwurfes vom 18. Mai 2007 mit Bundes- und Landesverfassungsrecht zu vereinbaren? (unveröffentlicht), S. 31; a. A.: *Dietlein,* Rechtsfragen der Zusammenlegung der Sparkassen- und Giroverbände (unveröffentlicht), S. 59, der diese Gründe unter Übertragung der Rastede-Rechtsprechung des Bundesverfassungsgerichts nur dann anerkennen will, wenn eine ordnungsgemäße und nachhaltige Aufgabenerfüllung im Rahmen dezentraler Strukturen inhaltlich nicht mehr gewährleistet werden kann.

178 Zum Kriterium der Erforderlichkeitsprüfung *BVerfG,* Beschl. v. 01.08.1987 – 2 BvR 1013/77, 2 BvR 1019/77, 2 BvR 1034/77 –, in: BVerfGE 49, 24 (58); *Sachs,* in: Sachs, GG, Art. 20, Rn. 152; *Michael,* JuS 2001, 654 (657)).

179 Im Jahr 2009 waren es 74 westfälisch-lippische und 34 rheinische Sparkassen (Stand Dez. 2009). Die Bilanzsumme der nordrhein-westfälischen Sparkassen in Höhe von ca. 263 Mrd. Euro (jeweils Stand 31.12.2008: *RSGV,* Jahresbericht 2008: Bilanzsumme aller Mitgliedssparkassen im RSGV ca. 150 Mrd. Euro; *SVWL,* Bilanz-Pressekonferenz Info 2009: Bilanzsumme der Mitgliedssparkassen SVWL ca. 113 Mrd. Euro) macht ebenfalls mit 24,6% ca. ein Viertel der Gesamtbilanzsum-

sen[180] der gesamten Bundesrepublik konzentriert. Es ist auch nicht auszuschließen, dass die Fusion zumindest in einigen Fällen zu Effektivitätssteigerungen in der einheitlichen Willensbildung der nordrhein-westfälischen Sparkassen führt. Diesen möglicherweise bestehenden Effektivitätssteigerungen steht allerdings ein durch die Fusion herbeigeführter Stimmrechtsverlust in der Verbandsversammlung des Deutschen Sparkassen- und Giroverbands e. V. gegenüber. Die Satzungsregelung über das Stimmrecht sieht in § 9 Abs. 2 S. 2 der Satzung des Deutschen Sparkassen- und Giroverbands e. V. vor, dass jedes Mitglied eine Stimme hat. Nach einer Fusion würde sich der Einfluss der beiden Verbände in der Mitgliederversammlung folglich von derzeit zwei Stimmen auf eine Stimme verkürzen. Ausgeschlossen würde allerdings der theoretische Fall, dass die Sparkassenverbände durch gegenläufige Stimmabgaben den Stimmerfolg der nordrhein-westfälischen Sparkassenorganisation insgesamt gefährden.

Letztendlich überwiegen die genannten Gründe auch im Rahmen einer Angemessenheitsprüfung. Eine Gesamtabwägung zwischen dem betroffenen Rechtsgut und der Eingriffsintensität zur Bedeutung und zum Gewicht des beeinträchtigten Rechtsguts der Allgemeinheit ergibt, dass der Nutzen der Maßnahme zu den dadurch herbeigeführten Beeinträchtigungen nicht außer Verhältnis steht.[181] Der Eingriff in die negative Kooperationshoheit stellt unter Berücksichtigung des schon bestehenden Zwangszusammenschlusses und der Tatsache, dass die einzelnen Verbände die Aufgaben schon als Teil der mittelbaren Verwaltung wahrgenommen haben, keinen substantiellen Verlust an Selbstverwaltung dar.

3. Sonderfall: Die freien Sparkassen in Schleswig-Holstein als Grundrechtsträger

Im schleswig-holsteinischen Sparkassenverband sind mit den kommunalen Sparkassen und Trägern auch freie Sparkassen zusammengeschlossen. Vier

me aller deutschen Sparkassen in Höhe von 1071 Mrd. Euro aus (Stand 31.12.2008: *Deutscher Sparkassen- und Giroverband,* Finanzbericht Stabilität für Deutschland 2008).

180 Sparkassenrangliste 2008, abrufbar unter: http://www.dsgv.de/de/sparkassen-finanzgruppe/organisation/sparkassen/.

181 Allgemein zur Angemessenheit: *BVerfG,* Beschl. v. 09.03.1994 – 1 BvR 1369/90 –, in: BVerfGE 90, 145 (173); *Sachs,* in: Sachs, GG, Art. 20, Rn. 154; *Jarass,* in: Jarass/Pieroth, GG, Art. 20, Rn. 86; *Schulze-Fielitz,* in: Dreier, GG, Art. 20 (Rechtsstaat), Rn. 184.

der fünfzehn schleswig-holsteinischen Sparkassen sind als Aktiengesellschaften organisiert. Davon werden drei ausschließlich von privatrechtlichen juristischen Personen getragen, an einer ist auch die öffentliche Hand beteiligt.[182]

Als vollrechtsfähige juristische Personen des Privatrechts sind sie grundsätzlich gem. Art. 19 Abs. 3 GG grundrechtsberechtigt, soweit sie sich ausschließlich in der Hand von Privaten befinden und die Grundrechte wesensgemäß anwendbar sind.[183] Auch gemischtwirtschaftliche privatrechtliche juristische Personen, an denen neben Privaten auch die öffentliche Hand beteiligt ist, sind nach überwiegender, wenn auch bestrittener Auffassung, grundrechtsfähig.[184]

---

182 In den Fällen der *Sparkasse Lübeck* und der *Spar- und Leihkasse zu Bredstedt* erfolgte der Bankbetrieb bis 2003 in Form einer privatrechtlichen Stiftung, die ihren Bankbetrieb sodann als Sacheinlage in eine Aktiengesellschaft ausgliederten. Die bisherige Stiftung der Sparkasse Lübeck wurde in die privatrechtlich organisierte »Gemeinnützige Stiftung Sparkasse zu Lübeck«, die der Spar- und Leihkasse zu Bredstedt in die »Stiftung Spar- und Leihkasse zu Bredstedt Finanzholding« umgestaltet. Diese Stiftungen sind Mehrheitsaktionäre der Aktiengesellschaften (*Blisse,* ZSt 2005, 184). Die Gemeinnützige Stiftung Sparkasse zu Lübeck hält 74% an der Sparkasse zu Lübek AG (Jahresbericht der Gemeinnützigen Sparkassenstiftung zu Lübeck 2008, S. 2). Die Stiftung Spar- und Leihkasse zu Bredstedt Finanzholding hält 74,9% an der Spar- und Leihkasse zu Bredstedt AG (Stand 31.12.2008: Auskunft der Deutschen Freien Öffentlichen Sparkassen e.V (E-Mail v. 22.10.2009)). Der durch Schaffung einer Aktiengesellschaft ermöglichte Anteilserwerb Dritter wurde seitens der HASPA-Finanzholding genutzt, die sich an der Sparkasse zu Lübeck AG in einem Umfang von 26% und an der Spar- und Leihkasse zu Bredstedt AG in Höhe von 25,1% beteiligte. Die HASPA-Finanzholdung ist die frühere Hamburger Sparkasse, die ihr Bankgeschäft im Jahr 2003 auf die Hamburger Sparkasse AG ausgliederte. Sie behielt die Rechtsform einer juristischen Person alten hamburgischen Rechts bei und ist die alleinige Eigentümerin der Hamburger Sparkasse AG. Die *Bordesholmer Sparkasse AG* wird zu 85% von dem »Wirtschaftsverein Bordesholmer Sparkasse Holding« und zu 15% von der HASPA-Finanzholding gehalten (Auskunft des Verbands der Deutschen Freien Öffentlichen Sparkassen e.V (E-Mail v. 22.10.2009)). Die *Sparkasse Mittelholstein AG* wiederum wird zu 38,3% von der privatrechtlichen »Stiftung Spar- und Leih-Kasse in Rendsburg«, zu 24,7 % von der HASPA-Finanzholding, zu 16,1% von der Stadt Büdelsdorf, zu 14,7% von Privataktionären, zu 4,9% vom Zweckverband Sparkasse Mittelholstein und zu 1,3% von den Mitarbeitern der Aktiengesellschaft getragen (Auskunft der Sparkasse Mittelholstein AG (E-Mail v. 05.11.2009); Auskunft des Verbands der Deutschen Freien Öffentlichen Sparkassen e. V. (E-Mail v. 22.10.2009)).

183 *BVerfG,* Urt. v. 01.03.1979 – 1 BvR 532/77, 1 BvR 533/77, 1 BvR 419/78, 1 BvL 21/78 –, in: BVerfGE 50, 290; (319); Urt. v. 24.01.1984 – 2 BvH 3/83 –, in: BVerfGE 66, 116 (130); *Dreier,* in: Dreier, GG, Art. 19 Abs. 3, Rn. 68; *Sachs,* in: Sachs, GG, Art. 19, Rn. 57 ff.; *Jarass,* in: Jarass/Pieroth, GG, Art. 19, Rn. 17 ff.

184 *Jarass,* in: Jarass/Pieroth, GG, Art. 19, Rn. 18 m. w. N.

Mit der Rechtsprechung des Bundesverfassungsgerichts könnten jedoch Zweifel an der Grundrechtsfähigkeit geäußert werden. In einigen Entscheidungen ist das Bundesverfassungsgericht der Auffassung, dass solche privatrechtlichen juristischen Personen, deren Funktion in der Wahrnehmung gesetzlich zugewiesener und geregelter öffentlicher Aufgaben der Daseinsvorsorge besteht, in dieser Funktion keinen Grundrechtsschutz in Anspruch nehmen können.[185] Dies soll auch für gemischtwirtschaftliche Gesellschaften gelten.[186] Ein öffentlicher Auftrag könnte daraus abzuleiten sein, dass der Wortlaut der Aufgaben der freien und der öffentlich-rechtlichen Sparkassen in den §§ 2, 32 SpkG SH gleich formuliert ist.[187]

185 *BVerfG,* Beschl. v. 20.02.1986 – 1 BvR 859/81, 1 BvR 937/81 –, in: NJW 1987, 2501 (2502); Beschl. v. 07.03.1990 – 1 BvR 266/86, 1 BvR 913/87 –, in: NJW 1990, 1983; Beschl. v. 02.10.1995 – 1 BvR 1357/94 –, in: NJW 1996, 584. Diese Judikatur des Bundesverfassungsgerichts ist in der Literatur auf erhebliche Kritik gestoßen. Sie wird als »hochproblematisch« angesehen, »weil das Kriterium der Wahrnehmung öffentlicher Aufgaben angesichts einer gleitenden Skala von rein staatlich-hoheitlichen bis hin zu eindeutig privaten Agenden außerordentlich diffus« (*Dreier,* in: Dreier, GG, Art. 19 Abs. 3, Rn. 53) sei. Kritisiert wird ferner, dass eine präzise Bestimmung eines Kreises öffentlicher Aufgaben mit dogmatischer Trennschärfe für eine Grundrechtsberechtigung bis heute nicht gelungen sei und auch nicht gelingen könne (*Möllers,* Staat als Argument, S. 319 ff). Die Entziehung einer juristischen Person des Privatrechts ohne kommunale oder staatliche Beteiligung aus der Grundrechtssphäre könne nur durch einen förmlichen Akt der Beleihung erfolgen und sodann dem Bereich der Ausübung von Staatsgewalt zugeordnet werden (*Jarass,* in: Jarass/Pieroth, Art. 19, Rn. 18 f.; *Dreier,* in: Dreier, GG, Art. 19 Abs. 3, Rn. 53; *Krüger,* in: Sachs, GG, Art. 19, Rn. 64).

186 *BVerfG,* Beschl. v. 16.05.1989 – 1 BvR 705/88 –, in: NJW 1990, 1783 (1783).

187 Dem übereinstimmenden Wortlaut der Aufgabenbeschreibung der freien Sparkassen in § 32 SpkG SH und demjenigen des öffentlichen Auftrags der öffentlich-rechtlichen Sparkassen in § 2 S. 1 SpkG SH (zu den Hintergründen: SH LT-Drs. 10/1145, S. 8, 10) könnte zu entnehmen sein, dass in Schleswig-Holstein alle Sparkassen rechtsformenneutral einen öffentlichen Auftrag wahrnehmen und die freien den öffentlich-rechtlichen Sparkassen hinsichtlich der Aufgabenzuweisung gleichgestellt sind (so *Luch,* SH LT, Umdruck 16/4264, S. 20; *OVG Lüneburg,* Entsch. v. 09.05.1968 – V A 40/67 –, in: OVGE 24, 387 (394 f.)). Auch das Bundesverwaltungsgericht hat in seinem Urteil zur Errichtung von Zweigstellen der Hamburger Sparkasse in Schleswig-Holstein klargestellt, dass die Vornahme von Bankgeschäften Gegenstand einer durch Landesrecht »überlassenen« oder »übertragenen« Aufgabe sein kann (*BVerwG,* Urt. v. 14.02.1984 – 1 C 81/78 –, in: NVwZ 1987, 221). Eine solche Sichtweise setzt jedoch voraus, dass die Regelungen für freie Sparkassen im SpkG SH überhaupt wirksam sind. An der Verfassungsgemäßheit werden jedoch wegen einer möglicherweise fehlenden Gesetzgebungskompetenz in Bezug auf freie Sparkassen Zweifel geäußert (*Thiemann,* Rechtsprobleme der Marke Sparkasse, S. 34 f. m. w. N.).

Selbst wenn man aber die Grundrechtsfähigkeit freier Sparkassen bejaht[188], ergeben sich daraus mittelbar für den Sparkassenverband keine stärkeren Schutzgarantien, als sie die öffentlich-rechtlichen Sparkassen mittelbar gewähren können.

Ein mittelbarer Bestandsschutz zugunsten des Sparkassenverbands ergibt sich nicht aus Art. 9 Abs. 1 GG. Nach inzwischen gefestigter Grundrechtsauslegung fallen öffentlich-rechtliche Korporationen generell nicht in dessen Schutzbereich.[189] Auch die Berufsfreiheit aus Art. 12 Abs. 1 GG wird nicht beeinträchtigt. Sie bezweckt bei juristischen Personen den Schutz der zu Erwerbszwecken dienenden Tätigkeiten.[190] Die Tätigkeit der freien Sparkassen wird durch eine Auflösung des Verbands aber nicht beeinträchtigt. Art. 2 Abs. 1 GG schützt nicht vor der Auflösung eines öffentlich-rechtlichen Zwangsverbands. Die Auflösung beendet nämlich lediglich den bestehenden, gerechtfertigten Eingriff in Art. 2 Abs. 1 GG. Selbst wenn man aber wegen des Auffangcharakters einen Eingriff bejahen wollte, könnte dieser wegen des einfachen Gesetzesvorbehalts überwunden werden.

Auch vor einer Fusion schützen die Grundrechte der freien Sparkassen nur bedingt. Eine Fusion des schleswig-holsteinischen Verbands mit bspw. dem niedersächsischen Verband würde zwar einen Eingriff in Art. 2 Abs. 1 GG darstellen, der aber durch eine dem einfachen Gesetzesvorbehalt entsprechende Regelung gerechtfertigt werden könnte.

§ 5 Mitglieder

A. Pflichtmitgliedschaft

I. Pflichtmitglieder

Die Sparkassengesetze und die Verbandssatzungen statuieren eine Pflichtmitgliedschaft der kommunalen Sparkassen sowie der kommunalen Träger.[191]

---

188 *Hafke,* ZfgK 1988, 174 (179).

189 Statt aller: *Jarass,* in: Jarass/Pieroth, Art. 9, Rn. 4.

190 *Jarass,* in: Jarass/Pieroth, GG, Art. 12, Rn. 10.

191 § 37 SpkG BW, § 2 S-SVBW; Art. 22 Abs. 1 BaySpkG, § 1 S-SVB; Art. 1 Abs. 1 StVHT, § 3 S-SGVHT; § 28 Abs. 1 NdsSpkG, § 3 Abs. 1 S-SVN; § 32 Abs. 1 SpkG NRW, § 1 Abs. 1 S-RSGV, § 1 Abs. 1 S-SVWL; § 25 Abs. 1 SpkG RP, § 3 Abs. 1 S-SVRP; § 40 Abs. 1 SpkG Saar, § 3 Abs. 1 S-SVSaar; § 35 Abs. 1 SpkG SH, § 1 Abs. 1 S-SGVSH; § 1 Abs. 1 StVOSV, § 1 Abs. 2 S-OSV. Zu den

Auch der nordrhein-westfälischen und der rheinland-pfälzischen Regelung ist eine Pflichtmitgliedschaft zu entnehmen. Der Wortlaut »die von den Sparkassen und ihren Trägern gebildeten Verbände«[192] ist dahingehend auszulegen, dass alle zum Zeitpunkt des Erlasses des Gesetzes und alle zukünftigen Sparkassen und deren Träger den Verband bilden.[193]

Im schleswig-holsteinischen Verband sind neben den öffentlich-rechtlichen auch die dort ansässigen freien Sparkassen Pflichtmitglieder.[194] Als Pflichtmitglieder werden gem. § 35 Abs. 1 SpkG SH alle »öffentlichen« Sparkassen erfasst. »Öffentliche« Sparkassen sind seit der Neufassung des § 32 Abs. 1 S. 1 SpkGSH auch freie Sparkassen, die von einer Aktiengesellschaft gehalten werden.[195] Die Satzung des Verbands wurde allerdings noch nicht an die neue Gesetzeslage angepasst. Dort steht das Recht des freiwilligen Beitritts gem. § 3 Abs. 2 S. 2 S-SGVSH auch Sparkassen innerhalb des Verbandsgebiets zu, die in anderer Rechtsform als der einer Stiftung oder eines rechtsfähigen Vereins betrieben werden. Danach könnten freie Sparkassen in der Rechtsform einer Aktiengesellschaft frei über ihren Beitritt entscheiden. Die Satzung steht damit im Widerspruch zu der gesetzlich angeordneten Pflichtmitgliedschaft. Sofern eine freiwillige Mitgliedschaft nunmehr überhaupt weiterhin für erforderlich gehalten wird, müsste die Satzung wie folgt geändert werden:

---

kommunalen Mitgliedern zählen im OSV bei Sparkassen der Sachsen-Finanzgruppe neben dieser auch die ehemaligen Träger, § 1 Abs. 2 S-OSV.

192 § 32 Abs. 1, 1. HS SpkG NRW; § 25 Abs. 1 SpkGRP.

193 *Gerick,* Beteiligung der Sparkassen- und Giroverbände, S. 145 f.

194 *Schlierbach/Püttner,* Sparkassenrecht, S. 303; *Luch,* LT SH Umdruck 16/4264, S. 7.

195 § 35 Abs. 1 S. 1 SpkGSH a. F. lautete: »Sparkassen, die von einer Stiftung oder einem rechtsfähigen Verein betrieben werden, sind öffentliche Sparkassen.« Zu dieser Zeit hatten die Sparkasse zu Lübeck und die Spar- und Leihkasse zu Bredstedt die Rechtsform einer Stiftung und die Bordesholmer Sparkasse die Rechtsform eines rechtsfähigen VereinS. Diese waren damit Pflichtmitglieder des SGVSH. Die Sparkasse Mittelholstein AG fiel nicht unter die frühere gesetzliche Vorschrift des § 35 Abs. 1 S. 1 SpkGSH a. F., war aber aufgrund der Regelung des § 3 Abs. 2 S. 2 S-SGVSH dem SGVSH freiwillig beigetreten. Hiernach stand das Recht des Beitritts zum Verband Sparkassen in Schleswig-Holstein zu, die in anderer Rechtsform als der einer Stiftung oder eines rechtsfähigen Vereins betrieben werden. Im Jahr 2003 wurde die Regelung des § 35 Abs. 1 S. 1 SpkG SH a. F. durch § 32 Abs. 1 S. 1 SpkGSH n. F. ersetzt. Der Anwendungsbereich der öffentlichen Sparkassen wurde auch auf Sparkassen in der Rechtsform einer Aktiengesellschaft erweitert, die damit ebenfalls Pflichtmitglieder wurden.

Das Recht des Beitritts zum Verband steht auch Sparkassen in Schleswig-Holstein zu, die in anderer Rechtsform als der einer Stiftung, eines rechtsfähigen Vereins oder einer Aktiengesellschaft betrieben werden.

II. Zulässigkeit der Pflichtmitgliedschaft

Die Pflichtmitgliedschaft ist verfassungsrechtlich nicht zu beanstanden.[196]

Die öffentlich-rechtlichen Sparkassen sind nicht in verfassungsrechtlichen Positionen betroffen, weil sie weder Grundrechte noch Art. 28 Abs. 2 GG für sich in Anspruch nehmen können.[197] Der Zwangszusammenschluss der kommunalen Träger stellt einen Eingriff in die negative Kooperationshoheit[198] der Kommunen dar, der aber durch überwiegende Gründe des Gemeinwohls gerechtfertigt werden kann. Auch wenn in den Sparkassenverbänden als Bundkörperschaften – mit Ausnahme des Sparkassenverbands Schleswig-Holsteins – nur juristische Personen des öffentlichen Rechts zusammengeschlossen sind, kann zur Begründung auf die Rechtsprechung zu den Pflichtmitgliedschaften Privater in öffentlich-rechtlichen Körperschaften Bezug genommen werden.[199] Gesetzlich angeordnete öffentlich-rechtliche Zwangskörperschaften dürfen zur Erfüllung legitimer öffentlicher Aufgaben errichtet werden, die zugleich gemeinsame Angelegenheiten der Pflichtmitglieder sind. Der Pflichtverband muss geeignet und erforderlich sein, um die Aufgaben zu erfüllen und die Grenze der Zumutbarkeit muss gewahrt werden.[200]

---

196 *BFH,* Urt. v. 27.02.1976 – VI R 97/72 –, in: BFHE 118, 339 ff.; *Koenig,* GewArch 1995, 353; *Gerick,* Die Beteiligung der Sparkassen- und Giroverbände, S. 147 ff.; *Böhm,* DÖV 2004, 650 (652 f.); *Berger,* NdsSpkG, § 28, Rn. 4; *Böhm,* DÖV 2008, 547 (548); *Mayen,* in: Dolde u. a., Verfassung – Umwelt – Wirtschaft, S. 475 (476); allgemein zur Pflichtmitgliedschaft: *Löwer,* GewArch 2000, 89 ff.

197 Siehe § 5 B. III. 1.

198 Zur Kooperationshoheit: § 5 B. III. 1. b) aa).

199 *BFH,* Urt. v. 27.02.1976 – VI R 97/72 –, in: BFHE 118, 339, Juris Rn. 13; *Berger,* NdsSpkG, § 28, Rn. 4; so ausdrücklich *Böhm,* DÖV 2004, 650 (652 f.) und *Böhm,* DÖV 2008, 547 (548); *Koenig,* GewArch 1995, 353; *Gerick,* Die Beteiligung der Sparkassen- und Giroverbände, S. 147 ff.

200 Zur Pflichtmitgliedschaft in der IHK: *BVerfG,* Entsch. v. 19.12.1962 – 1 BvR 541/57 –, in: BVerfGE 15, 235; *BVerwG,* Urt. v. 21.07.1998 – 1 C 32/97 –, in: DÖV 1999, 29 (30); im Großen Erftverband: *BVerfG,* Entsch. v. 29.07.1959 – 1 BvR 394/58 –, in: BVerfGE 10, 89 ff.; in der studentischen Krankenversicherung: *BVerfG,* Urt. v. 04.07.1969 – VII C 29.67 –, in: BVerwGE 32, 308; in der verfassten Studentenschaft: *BVerwG,* Urt. v. 26.09.1969 – VII C 65.68 –, in: BVerwGE 34, 69; *BVerwG,* Urt. v. 13.12.1979 – 7 C 58/78 –, in: BVerwGE 59, 231; Ärztekammer: *BVerwG,* Urt. v. 17.12.1981 – 5 C 56/79 –, in: BVerwGE 64,

Der Pflichtzusammenschluss geschah, um die Bewältigung der gemeinsamen Angelegenheiten der Sparkassen sicherzustellen. Die Pflichtmitgliedschaft ist geboten und zumutbar, weil erst die Aufgaben des Verbands zur Förderung des Sparkassenwesens in geeigneter und angemessener Form die Wahrnehmung des öffentlichen Auftrags der Sparkassen fördern.[201] Die überörtliche kooperative Wahrnehmung im Verband ist notwendig, weil die einzelne Sparkasse diese nicht allein wahrnehmen kann. Aus diesem Grund sind auch der mit der Pflichtmitgliedschaft verbundene teilweise Entzug der Aufgaben der Sparkassen und die Übertragung auf die Verbände verfassungsrechtlich nicht zu beanstanden.[202] Durch eine freiwillige Mitgliedschaft wäre die gebotene Objektivität bei der Aufgabenwahrnehmung nicht gewahrt, da finanzstarke Mitglieder durch Austrittsdrohungen die Berücksichtigung ihrer Sonderinteressen zu erzwingen versuchen könnten.[203] In Bezug auf die Prüfungsaufgabe befinden sich die Verbände ferner in einer besonderen Nähe zu den genossenschaftlichen Prüfungsverbänden, bei denen ebenfalls eine Pflichtmitgliedschaft besteht. Diese hat das Bundesverfassungsgericht für zulässig crklärt.[204] Die Sparkassenverbände sind zwar nicht – wie die genossenschaftlichen Prüfungsverbände – zum Ausgleich struktureller Defizite der Rechtsform der Genossenschaft erforderlich. Die Aufgabe kann aber ebenfalls nicht allein durch einzelne Sparkassen erfüllt werden.

Auch der durch die Pflichtmitgliedschaft der freien Sparkassen im schleswig-holsteinischen Verband bestehende Eingriff in den Schutzbereich des Art. 2 Abs. 1 i. V. m. Art. 19 Abs. 3 GG kann mit diesen Allgemeinwohlgründen gerechtfertigt werden.

298; Steuerberaterkammer: *BVerwG,* Urt. v. 24.09.1981 – 5 C 53/79 –, in: BVerwGE 64,115; zu den Sparkassenverbänden aus dieser Rechtsprechung ableitend: *Böhm,* DÖV 2004, 650 (652 f.); *Koenig,* GewArch 1995, 353.

201 *Berger,* NdsSpkG, § 28, Rn. 3.

202 *Gerick,* Die Beteiligung der Sparkassen- und Giroverbände, S. 149 m. w. N.

203 *BVerfG,* Entsch. v. 19.12.1962 – 1 BvR 541/57 –, in: BVerfGE 15, 235 (Juris Rn. 27).

204 *BVerfG,* Beschl. v. 19.01.2001 – 1 BvR 1759/91 –, in: GewArch 2001, 332 ff.

B. Freiwillige bzw. außerordentliche Mitglieder

Eine freiwillige Mitgliedschaft ist im hessisch-thüringischen, im schleswig-holsteinischen und im niedersächsischen Verband vorgesehen.[205] Der Ostdeutsche Sparkassenverband sieht außerordentliche Mitglieder vor.[206]

Dem Sparkassenverband Hessen-Thüringen können auch außerhalb der Länder Hessen und Thüringen ansässige öffentlich-rechtliche Sparkassen gemeinsam mit ihren Trägern mit Zustimmung der beteiligten Landesregierungen beitreten. Außerdem können private Sparkassen durch Vertrag in den Verband aufgenommen werden.[207]

In Schleswig-Holstein können nach der Satzungsregelung des § 3 Abs. 2 S. 1 S-SGVSH Sparkassen außerhalb des Verbandsgebiets aufgenommen werden, wenn dort kein Verband besteht. Öffentlich-rechtliche Sparkassen können jedoch nur gleichzeitig mit ihrem Träger beitreten. Auf die noch nicht der heutigen Rechtslage angepasste freiwillige Beitrittsregelung des § 3 Abs. 2 S. 2 S-SGVSH in Bezug auf die freien Sparkassen in der Rechtsform einer Aktiengesellschaft wurde bereits hingewiesen.[208] Da es in Schleswig-Holstein derzeit keine freien Sparkassen gibt, die nicht als Aktiengesellschaften organisiert sind, kommt einer freiwilligen Mitgliedschaft in Schleswig-Holstein derzeit ebenfalls keine praktische Bedeutung zu.

In Niedersachsen können auch andere Sparkassen aufgenommen werden, öffentlich-rechtliche jedoch nur mit ihrem Träger.[209]

---

205 Art. 1 Abs. 2 StVHT, § 3 Abs. 2 S-SGVHT; § 3 Abs. 2 S-SVN; § 3 Abs. 2 S-SGVSH.

206 § 4 Abs. 2 S-OSV.

207 Nachdem die Rechtsform der Frankfurter Sparkasse am 1. Juli 2007 von einer Aktiengesellschaft in eine Anstalt des öffentlichen Rechts umgewandelt wurde, existieren derzeit keine freien Sparkassen in den Ländern Hessen und Thüringen. Träger der Frankfurter Sparkasse ist nun die Landesbank Hessen-Thüringen. (Vgl. § 1 des Gesetzes zur Errichtung der Frankfurter Sparkasse als Anstalt des öffentlichen Rechts (Fraspa-Gesetz)). Im Unterschied zum schleswig-holsteinischen Recht würde freien Sparkassen in Hessen und Thüringen eine freiwillige Entscheidung über den Beitritt zu dem Sparkassenverband zustehen. In Schleswig-Holstein besteht eine Pflichtmitgliedschaft auch der freien Sparkassen.

208 § 8 A. I. 1.

209 § 3 Abs. 2 S-SVN.

Außerordentliche Mitglieder im ostdeutschen Sparkassenverband können Verbundeinrichtungen der Sparkassen werden, die im Verbandsgebiet tätig sind.[210]

C. Ausscheiden aus dem Verband

Die Pflichtmitgliedschaft erlischt nur dann, wenn die sachlichen Voraussetzungen wegfallen, an welche die Pflichtmitgliedschaft gekoppelt ist. Da die Mitgliedschaft an die Existenz der Sparkassen geknüpft ist, müssten die Sparkassen ihre Tätigkeit folglich einstellen und aufgelöst werden. Die Kommunen scheiden darüber hinaus auch dann aus, wenn sie dauerhaft die Trägerschaft auf einen anderen Träger übertragen, was nur in einigen Sparkassengesetzen vorgesehen ist.[211] Ferner scheiden sie aus, wenn ein Teil des Verbandsgebiets abgetrennt wird und die Sparkassen in das abgetrennte Gebiet fallen. Sodann werden sie Pflichtmitglieder des Verbands, in dessen Gebiet sie nun tätig sind.[212] Die Möglichkeit des freiwilligen Austritts besteht nicht.

Freiwillige oder außerordentliche Mitglieder hingegen können durch Kündigung unter Beachtung der jeweiligen Frist[213] aus dem Verband ausscheiden.[214] Sofern öffentlich-rechtliche Sparkassen freiwillige Mitglieder sind, scheiden diese immer zusammen mit ihrem Träger aus. Ferner scheiden freiwillige Mitglieder ebenso wie die Pflichtmitglieder bei einer Abtrennung des entsprechenden Verbandsgebiets aus.

Scheidet ein Mitglied aus, ist ihm das eingezahlte Stammkapital des Verbands und anderer Verbundeinrichtungen auszuzahlen. Die Rückzahlung kann allerdings nicht vor Ablauf von fünf Jahren nach dem Ausscheiden

---

210 § 4 Abs. 2 S-OSV.

211 Siehe § 13 am Anfang.

212 Dies spiegeln die Satzungsregelungen wider: § 5 S-SGVHT; § 4 Abs. 1 S-SVN; § 24 Abs. 2 S-RSGV; § 4 S-SVRP; § 3 Abs. 4 S-SVSaar; § 4 S-SGVSH; § 4 Abs. 3 S-OSV.

213 Die freiwilligen Mitglieder müssen gem. § 5 Abs. 1 S-SGVHT, § 4 Abs. 1 S-SGVSH die Kündigung zum Schluss eines Kalenderjahres und spätestens bis zum 31.12. des vorangegangenen Kalenderjahres erklären. Auch dem Verband steht nach § 4 Abs. 2 S. 4 S-SGVSH das Kündigungsrecht zu. Die außerordentlichen Mitglieder des OSV können mit einer Frist von 6 Monaten zum Jahresende durch Erklärung mit eingeschriebenem Brief ausscheiden.

214 § 5 Abs. 1 S-SGVHT; § 4 Abs. 3 S-OSV; § 4 Abs. 1 S-SGVSH.

verlangt, aber vorzeitig geleistet werden. Das Stammkapital wird bis zur Auszahlung weiterhin verzinst.[215]

Die Einzelanteile am Stammkapital können nach einigen Satzungen wegen des Ausscheidens einer Mitgliedssparkasse neu festgesetzt werden.[216] Andere Satzungen sehen vor, dass sich das Stammkapital um den Betrag des Anteils der ausscheidenden Sparkasse ermäßigt[217], andere wiederum sehen ein Wahlrecht zwischen diesen Alternativen vor[218].

Die ausscheidenden Sparkassen bleiben für das Geschäftsjahr, in dem sie ausscheiden, regelmäßig umlagepflichtig.[219] In einigen Satzungen ist explizit vorgesehen, dass die ausgeschiedenen Sparkassen an dem Überschuss des laufenden Geschäftsjahres nicht teilnehmen und Ansprüche auf Auszahlung ihrer Anteile an der Sicherheitsrücklage oder Ansprüche auf Rückerstattung etwaig geleisteter Zahlungen aus der subsidiären Innenhaftung nicht bestehen.[220] In einigen Satzungen bestehen auch Nachhaftungsregelungen für ausgeschiedene Mitgliedssparkassen.[221] Die ausscheidenden Mitglieder können danach zur Deckung eines Fehlbetrags herangezogen werden, der in der Bilanz des laufenden oder der folgenden fünf Jahre auftritt, wenn die Ursache für diesen Fehlbetrag in der Zeit vor ihrem Ausscheiden oder im Jahre ihres Ausscheidens liegt. Über diese Voraussetzungen entscheidet entweder ein Schiedsgericht oder die Aufsichtsbehörde. Die Satzung des Sparkassenverbands Westfalen-Lippe sieht vor, dass die ausscheidende Sparkasse für die im Zeitpunkt ihres Ausscheidens begründeten Verbindlichkeiten für einen Zeitraum von fünf Jahren haftet.[222]

---

215 § 31 Abs. 4 S-SVBW; § 6 Abs. 9 S-SGVHT; § 8 Abs. 7 S-SVN; § 6 Abs. 7 S-SVRP; § 5 Abs. 7 S-SVSaar; § 8 Abs. 7 S-SGVSH.

216 § 6 Abs. 9 S-SGVHT; § 5 Abs. 7 S-SVSaar.

217 § 8 Abs. 7 S-SVN.

218 § 24 Abs. 2 S-RSGV; § 6 Abs. 7 S-SVRP; § 8 Abs. 7 S-SGVSH; § 27 Abs. 2 S-SVWL.

219 § 28 Abs. 3 S. 2 S-SGVHT; § 9 Abs. 2 S. 3 S-SVN; § 24 Abs. 2 S. 3 S-RSGV; § 20 Abs. 2 S. 3 S-SVSaar; § 9 Abs. 2 S. 4 S-SGVSH; § 27 Abs. 2 S. 4 S-SVWL.

220 § 29 Abs. 4 S-SGVHT; § 4 Abs. 4 SVN; § 19 Abs. 3 S-SVSaar; § 4 Abs. 2 S-SGVSH.

221 § 7 Abs. 3 S-SGVHT; § 22 Abs. 3 S-SVN; § 7 Abs. 3 S-SVRP; § 6 Abs. 3 S-SVSaar; § 24 Abs. 3 S-SGVSH; § 27 Abs. 2 S. 4 S-SVWL; vgl. § 14 D. IV.

222 § 27 Abs. 2 S. 4 S-SVWL.

§ 6 Aufgaben der Sparkassenverbände

Den Sparkassenverbänden werden in den Sparkassengesetzen und den Staatsverträgen bestimmte, abschließend aufgezählte Aufgaben zugewiesen.[223] Diesen Aufgabenkanon dürfen die Verbände im Rahmen der Satzungsautonomie unter Beachtung des Vorrangs der Aufgaben- und Zweckbegrenzung durch die Landessparkassengesetze näher konkretisieren.[224] Der Vorrang des Gesetzes schließt eine Ausweitung des Aufgabenbestands über die Grenzen des Sparkassengesetzes hinaus aus.[225] In öffentlich-rechtlichen Pflichtkörperschaften ist dies besonders streng zu beachten, da die Verbandsmitglieder durch Mehrheitsbeschlüsse verpflichtet werden können und die daraus resultierenden Mehrausgaben zu tragen haben. Die Mitglieder haben nicht die Möglichkeit, sich durch einen Austritt aus dem Verband diesen Bindungen zu entziehen.[226]

A. Sachliche Zuständigkeit

Die durch Gesetz zugewiesenen Aufgaben lassen sich im Wesentlichen in drei Bereiche unterteilen. Dies sind:

1. die Förderung des Sparkassenwesens einschließlich der Aus- und Fortbildung der Sparkassenmitarbeiter,
2. die Beratung der Sparkassenaufsichtsbehörden sowie
3. die Einrichtung von Prüfungsstellen.

Die Sparkassenverbände können in ihrer Aufgabenstellung und der Pflichtmitgliedschaft als strukturverwandt mit den Industrie- und Handelskammern, den berufsständischen Kammern sowie den genossenschaftlichen Prüfverbänden angesehen werden.[227]

---

223 §§ 36, 36a SpkG BW; Art. 22 BaySpkG; § 29 NdsSpkG; § 34 SpkG NRW; § 25 Abs. 2 SpkG RP; § 42 SpkG Saar; § 35 Abs. 2 SpkG SH; Rn. 1 Abs. 3 StaatsV HT; § 2 Abs. 1 StaatsV OSV.

224 § 6 S-SVBW; § 3 S-SGVB; § 8 S-SGVHT; § 5 S-SVN; § 3 S-OSV; § 2 S-RSGV; § 8 S-SVRP; § 4 S-SGV Saar; § 6 S-SGVSH; § 2 S-SVWL.

225 *Böhm,* DÖV 2008, 547 (548).

226 *Koenig,* GewArch 1995, 353 (356).

227 *Böhm,* DÖV 2004, 650 (652).

I. Förderung des Sparkassenwesens

Die Förderung des Sparkassenwesens besteht nicht nur darin, die tatsächlichen und rechtlichen Rahmenbedingungen für die wirtschaftliche Tätigkeit der Mitgliedssparkassen aufrechtzuerhalten. Die Sparkassenverbände sollen diese fortentwickeln und verbessern.[228] Es handelt sich um eine unbestimmte Aufgabenzuweisung, die eine Vielzahl von Einzelaufgaben umfasst. Die Satzungen enthalten aus diesem Grund einen konkretisierenden Aufgabenkanon, der nicht abschließend ist.[229] Die Aufgaben reichen von einer pluralistischen Interessenvertretung der Mitglieder, Sparkassenangestellten und Sparer bis hin zu einem mit externen Beratern vergleichbaren Dienstleistungsprofil. Charakteristisch für dieses Aufgabenfeld sind neben der Beratung, Interessenbildung und Interessenvertretung die Realisierung der Verbundzusammenarbeit sowie die Entwicklung neuer Geschäfts- und gemeinsamer Werbestrategien. Einen weiteren wesentlichen Schwerpunkt bildet die Aus- und Weiterbildungstätigkeit der Sparkassenmitarbeiter.

Der Förderauftrag erfasst insbesondere die Beratung und Unterrichtung der Sparkassen in allen geschäftspolitischen, geschäftsorganisatorischen, betriebswirtschaftlichen (insbesondere im Rechnungswesen), steuerrechtlichen und rechtlichen Fragen sowie Angelegenheiten der Sparkassenrevision.[230] Die einzelnen Sparkassen können, mit Ausnahme der großen Sparkassen, in diesen Geschäftsbereichen nicht ausreichend Personal vorhalten. Diese Lücke schließen die Verbände durch die Bereitstellung entsprechenden Personals. Durch einen schnellen Rückgriff auf diese Kapazitäten können die Sparkassen ihren Bedarf decken.

Neben der rechtlichen Beratung unterstützen die Verbände die Sparkassen bei der Planung, Steuerung und Kostenrechnung, dem Personalmanagement sowie in der Geschäftsabwicklung durch eine Koordination im Datenverarbeitungsbereich. Im Bereich der Unternehmensstrukturierung und Optimierung sowie bei der marktpolitischen Betreuung der Sparkassen kommt den

---

228 Zum ganzen *Mayen,* in: Dolde, Verfassung – Umwelt – Wirtschaft, S. 675 (677).

229 Dies wird durch die stets vor den Aufgabenkanon vorangestellte Formulierung »insbesondere« deutlich. Die nicht explizit aufgeführten Aufgaben, die aber dennoch innerhalb des gesetzlichen Kompetenzrahmens liegen, können die Verbände ausführen, wenn ein Beschluss der Verbandsversammlung oder des Verbandsvorstands vorliegt (§ 6 Nr. 14 S-SVBW; § 8 Nr. 11 S-SGVHT; § 5 Nr. 10 S-SVN; § 2 Nr. 8 S-RSGV/S-SVWL; § 8 Abs. 1 Nr. 13 S-SVRP; § 4 Abs. 3 Nr. 12 S-SVSaar; § 6 Abs. 1 Nr. 11 S-SGVSH).

230 *Schmidt,* S-Wissen für Verwaltungsräte, S. 381 f.

Verbänden somit gerade im Hinblick auf den stetig steigenden Kostendruck eine erhebliche Bedeutung zu.[231] In der Praxis werden die Fragestellungen entweder durch gezielte Anfragen einzelner Sparkassen an die Verbände herangetragen, in den Ausschüssen diskutiert oder aber sie sind ein Ergebnis einer Sparkassenbefragung durch den Verband.

Ferner entwickeln die Verbände auf der Grundlage einer Analyse des Finanzdienstleistungsbereichs und durch die Anwendung von Marktforschungsinstrumenten das Produkt- und Serviceangebot der Sparkassen fort und entwickeln neue Finanzprodukte und Geschäftsstrategien. Sie sind ferner für die Durchführung von Maßnahmen der Werbung und Öffentlichkeitsarbeit und die Erarbeitung eines einheitlichen kommunikativen Marktauftritts sowie für die Kooperationsentwicklung zuständig.[232] Diese Aufgaben sind bisher ausdrücklich ausschließlich in den Satzungen der nordrhein-westfälischen Verbände festgeschrieben. In den übrigen Verbänden können diese Maßnahmen auf den Kompetenztitel zur »Vervollkommnung des Sparkassenwesens« gestützt werden.

Ferner ist es Aufgabe der Verbände, die Verbundzusammenarbeit zu stärken. Der Förderauftrag ist aus diesem Grund nicht auf die Sparkassen beschränkt. Auch die Förderung des öffentlichen Bauspar- und Versicherungswesens und der übrigen Verbundunternehmen sowie des kommunalen Geld- und Kreditwesens ist in den Satzungen zum Teil vorgesehen.

Die Verbände sollen sich ferner zur Förderung des Sparkassenwesens an Verbundunternehmen beteiligen oder diese selbst gründen, sofern die Sparkassen dies nicht leisten können oder rechtlich daran gehindert sind.[233] Der Verband hat für die Mitgliedssparkassen insofern eine Kapitalbündelungsfunktion inne. Die entsprechenden Unternehmensgremien besetzt er mit unternehmerischer Verantwortung.[234] Beispielhaft seien an dieser

---

231 *Geiger,* Sparkassenorganisation, S. 128.

232 In den grundlegenden Werbe- und Produktstrategien werden die Konzepte auch vom DSGV vorgeschlagen. Bei deren Umsetzung besteht aber keine Weisungsbindung gegenüber den Regionalverbänden. Der DSGV kann nur Empfehlungen abgeben. Die Regionalverbände können von diesen abweichen. Die Empfehlungen der Regionalverbände sind ebenfalls für die Sparkassen nicht verbindlich. Die Entscheidungen zur Umsetzung einzelner Konzepte werden somit autonom in den Sparkassen getroffen (Dazu: *Rampf/Rampf/Riekeberger,* Sparkasse 2010, 38). Zu den kartellrechtlichen Problemen bei der Umsetzung siehe § 5 D.

233 Siehe § 12 A.

234 *Gerlach,* Rolle der Verbände, S. 4, zitiert nach: *Grichnik,* Bankenverbände, S. 95 Fn. 411.

Stelle die Kapitalgeberschaft für die Landesbanken, die öffentlich-rechtlichen Versicherer, die Landesbausparkassen, die DekaBank oder diverse Kapitalbeteiligungsgesellschaften genannt.

Das Sparkassenwesen soll ferner durch Sicherungseinrichtungen gefördert werden. Die Satzungen nennen als Mittel die Bildung und Unterhaltung von Sparkassenstützungsfonds im Rahmen der Sicherungsreserve der Sparkassen-Finanzgruppe und den Erlass weiterer risikobegrenzender Maßnahmen.[235]

Der Förderauftrag umfasst auch eine Interessenvertretungsfunktion, die durch die Verbände auszufüllen ist. Die Regionalverbände sind für die Wahrnehmung und Vertretung der gemeinsamen Angelegenheiten der Mitgliedssparkassen gegenüber öffentlichen Stellen, Wettbewerbern, Gewerkschaften oder Verbraucherschutzorganisationen zuständig. Gegenüber Wettbewerbern werden sie insbesondere auf dem Gebiet des Wettbewerbsrechts tätig. Darüber hinaus gehört die Förderung und Vertretung der Interessen der Sparkassenmitarbeiter und der Sparer zu ihren Aufgaben. Mit der Interessenvertretung eng verbunden ist die Aufgabe, die Beziehungen zu den kommunalen Spitzenverbänden zu pflegen und zu fördern sowie allgemeinwirtschaftliche Belange im Sparkassenwesen wahrzunehmen.

Die Interessenvertretung der Sparkassen durch die Verbände nach außen verlangt im Unterschied zu privaten Interessenvertretern wegen der Zwangsmitgliedschaft die Berücksichtigung des Gesamtinteresses aller Sparkassen. Die Interessenvertretung durch den jeweiligen Regionalverband muss ein Höchstmaß an Objektivität, verbunden mit der Gleichbehandlung aller Verbandsmitglieder, erkennen lassen.[236] Insofern besteht eine Vergleichbarkeit zur Interessenvertretungsaufgabe der Industrie- und Handelskammern.[237] Der Interessenvertretung geht stets innerhalb des Verbands die Meinungs- und Interessenbildung in den Gremien des Verbands voraus. Bei den regionalen Sparkassenverbänden laufen demnach die Abstimmungsprozesse zur Verbundzusammenarbeit zusammen und werden als Meinung einer Region formuliert.[238]

235 Siehe § 10 E. I.

236 *BFH,* Urt. v. 27.02.1976 – VI R 97/72 –, Juris Rn. 13; *Klüpfel u. a.,* SpkG BW, § 35, Anm. 2.

237 *BFH,* Urt. v. 27.02.1976 – VI R 97/72 –, Juris Rn. 15.

238 *Geiger,* Sparkassenorganisation, S. 128.

Die Interessenvertretung erfolgt auch gegenüber Parlament und Regierung bei anstehenden Änderungen der sparkassenrechtlichen Grundlagen.[239] Im Bereich des Sparkassenrechts spielen die regionalen Sparkassenverbände und auch der DSGV e.V. eine wichtige, manchmal entscheidende Rolle, da die Verbände einen Vorschlag unterbreiten können, der regelmäßig als mit der kommunalen Seite abgestimmt präsentiert werden kann. Diesen Vorschlägen können die Ministerialverwaltungen meistens nur dann etwas entgegensetzen, wenn starke Interessen außerhalb des Sparkassenwesens tangiert sind, wie etwa der Verbraucherschutz. Ferner können die Verbände durch ihren hohen Sachverstand Einfluss nehmen, der sich auch in einem Personalbestand von regelmäßig mehr als 300 Mitarbeitern ausdrückt. Dieser Kompetenz steht meistens nur ein einzelnes Referat im Ministerium gegenüber.[240]

Neben der Beratung und Interessenvertretung der Sparkassen bildet das berufliche Bildungswesen einen Schwerpunkt der Verbandsarbeit. Dazu bestehen innerhalb der Regionalverbände rechtlich unselbstständige Sparkassenakademien.[241]

Ferner ist die Förderung des Sparsinns und der Vermögensbildung in der Bevölkerung sowie die Wirtschaftserziehung der Jugend Bestandteil des Förderauftrags.[242]

II. Beratung der Sparkassenaufsichtsbehörden

Ein weiterer Aufgabenbereich ist die Beratung der Sparkassenaufsichtsbehörden. Die laufende Beratung der Aufsichtsbehörden umfasst Stellungnahmen zu allen Fragen, die im Zusammenhang mit dem öffentlichen Sparkassenwesen stehen. Beispielhaft seien neben allgemeinen Entwicklungen im Sparkassenwesen Organisationsfragen, wie eine Satzungsänderung durch Sparkassenträger, die betriebswirtschaftliche Situation einzelner Sparkassen sowie Fragen zu Sparkassenfusionen und zur Übertragung der

239 *Schmidt,* S-Wissen für Verwaltungsräte, S. 383.

240 *Oebbecke,* in: Henneke, Sparkassen, Landes- und Förderbanken nach der Finanzmarktkrise, S. 80 (92 f.).

241 Siehe § 10 C.

242 Ausdrücklich wird die Wirtschaftserziehung der Jugend nur in § 8 Abs.1 Nr. 2 S-SVBW aufgeführt. Die anderen Verbände können diese Tätigkeit aber auf den allgemeinen Kompetenztitel der Förderung des Sparsinns und der Vermögensbildung in der Bevölkerung stützen, da die Heranführung von Kindern und Jugendlichen an den Umgang mit Geld von grundlegender Bedeutung ist.

Trägerschaft an einer Sparkasse, genannt. Die Sparkassengesetze und Satzungen sehen insbesondere die Beratung durch die Erstellung von Gutachten vor. Darüber hinaus haben die Verbände ein Initiativrecht, so dass ein Verband von sich aus mit Initiativen und Vorschlägen an die Aufsichtsbehörden herantreten und die Aufsichtsbehörden über die allgemeinen geschäftspolitischen Anliegen der Sparkassen informieren kann.

Ein wesentlicher Teil des Beratungsauftrags ist die Vorbereitung von Einzelentscheidungen, die durch die Aufsichtsbehörden nach den sparkassenrechtlichen Regelungen zu treffen sind. So obliegt bspw. die Vereinigung von Sparkassen, Erweiterungen des Satzungsgebiets oder die Änderung einer Satzung der Sparkassen einem Genehmigungsvorbehalt. Durch die Einbindung der Sparkassenverbände in diesen Entscheidungsprozess nutzt der Gesetzgeber den in den Verbänden vorhandenen Sachverstand und die personellen Kapazitäten, über die die Aufsichtsbehörden nicht verfügen.

Sofern ein Konflikt zwischen einzelnen Sparkassen und einer Aufsichtsbehörde besteht, haben die Verbände nach der Konzeption des Gesetzgebers eine Mediatorfunktion inne. Diese Funktion ergibt sich aus der Doppelstellung der Verbände, die zum einen die Aufsichtsbehörden beraten sollen, andererseits aber auch die Interessen der Mitgliedssparkassen unterstützen müssen.[243] Ob die gebotene Neutralität in dieser Doppelfunktion in der Praxis stets gewährleistet werden kann, erscheint fraglich.

Der Beratungsauftrag führt dazu, dass Mitgliedssparkassen mittelbar an ihrer eigenen Aufsicht beteiligt sind. Der Einfluss der einzelnen Sparkasse ist zwar sehr begrenzt, da sie allein keinen Einfluss auf die Organe nehmen kann. Gemeinsam könnten die Sparkassen jedoch Einfluss auf die Organe nehmen. Insbesondere darf nicht außer Acht gelassen werden, dass die Sparkassenverbände durch die zu erstellenden Gutachten die Entscheidungen der Aufsichtsbehörden in der Praxis maßgeblich beeinflussen. Rechtspolitisch könnte deswegen eine klare Trennung zwischen der Aufsicht und den zu Beaufsichtigenden vorteilhaft sein. Dies würde bedeuten, dass die Ministerien mehr und ausreichend sachkundiges Personal vorhalten müssten. Da derzeit nur wenige Amtswalter für die Sparkassenaufsicht zuständig sind, würde dies einen erheblichen finanziellen Aufwand bedeuten. Angesichts der Haushaltslage der Länder dürfte nicht damit zu rechnen sein, dass sich ein dahingehender Wille der politischen Entscheidungsträger in der Zukunft entwickelt.

243 *Berger,* § 29, Rn. 13.

III. Prüfung der angeschlossenen Sparkassen

Die Sparkassenverbände haben ferner die Aufgabe, gesetzlich vorgeschriebene und aufsichtsrechtlich angeordnete Prüfungen bei den Mitgliedssparkassen sowie Prüfungen im Auftrag der Sparkassen durchzuführen. Zur Durchführung der Prüfungen sind sie nach den Sparkassengesetzen verpflichtet, Prüfungsstellen einzurichten, die von einem hauptberuflichen Leiter, der öffentlich bestellter Wirtschaftsprüfer sein muss, geleitet werden.[244]

B. Örtliche Zuständigkeit

Der örtliche Zuständigkeitsbereich ist das jeweilige Verbandsgebiet. Das Verbandsgebiet der Verbände umfasst grundsätzlich das Gebiet des gesamten jeweiligen Bundeslands.[245] Dies ergibt sich direkt aus den satzungsrechtlichen Regelungen über das Verbandsgebiet.[246] Indirekt kann dies jedoch auch aus den Sparkassengesetzen geschlossen werden. Sofern der Landesgesetzgeber den Wirkungsbereich des sondergesetzlichen Zweckverbands nicht auf einen abgrenzbaren Bereich innerhalb des Landes einschränkt, bezieht sich der Zuständigkeitsbereich immer auf das gesamte Bundesland.

In den Staatsverträgen zum Hessisch-Thüringischen- und zum Ostdeutschen Sparkassenverband ist das Verbandsgebiet ausnahmsweise ausdrücklich benannt, weil es sich um länderübergreifende Verbände handelt. In Art. 2 Abs. 2 StVHT ist geregelt, dass das Verbandsgebiet das Gebiet der Länder Hessen und Thüringen sowie das Gebiet der weiteren Mitglieder umfasst, die aufgrund einer Zustimmung der Landesregierung des Drittbundeslandes beitreten. In § 1 Abs. 1 StVOSV ist geregelt, dass die Sparkassen der Vertragsländer und ihre Träger Mitglieder sind. Aus dieser Regelung ergibt sich indirekt der Zuständigkeitsbereich.

Eine Besonderheit besteht für die Verbände in Nordrhein-Westfalen. § 32 SpkG NRW erwähnt den von den Sparkassen und ihren Trägern gebildeten Rheinischen- und den Westfälisch-Lippischen Sparkassen- und Giroverband. Die Verbandsgebiete werden im Sparkassengesetz nicht weiter

---

244 Ausführlich zur Organisation und den Aufgaben: § 9 B.

245 *Berger,* Nds. Sparkassengesetz, § 28, Rn. 6; so ausdrücklich in § 2 Abs. 2 S-SVRP geregelt.

246 § 2 Abs. 2 S. 1 S-SVN; § 2 Abs. 2 S-SVRP; § 2 Abs. 2 S-SVSaar; § 2 Abs. 2 S. 1 S-SGVSH.

festgelegt. Indem das Sparkassengesetz die Verbände nennt, greift es aber mittelbar die Verbandsgebiete der bestehenden Sparkassenverbände auf. Der ursprünglich bestehende Rheinisch-Westfälische Sparkassenverband wurde durch die Erlasse des preußischen Staatsministeriums vom 29.12.1932[247] und vom 18.05.1933[248] in die Sparkassen- und Giroverbände Rheinland und Westfalen aufgeteilt. Räumlich wurden ihnen die Provinzen Rheinland und Westfalen zugewiesen.[249] Später kam für den westfälischen Verband das Gebiet Lippe hinzu. Die Satzungen bestimmen aus diesem Grund, dass die Verbandsgebiete die Landesteile Nordrhein und Westfalen-Lippe umfassen.[250]

C. Beurteilungsspielraum bei der Auswahl der Mittel zur Aufgabenerledigung

Bei der Entscheidung, welche Mittel ein Sparkassenverband zur Erledigung der ihm zustehenden Aufgaben einsetzt, steht dem Verband ein weiter Beurteilungsspielraum zu.[251] Die Sparkassengesetze enthalten über das »Ob« und das »Wie« der Aufgabenerledigung keine weiteren Vorgaben. Dies hängt zum einen damit zusammen, dass die Wahl der Mittel von prognostischen und wertenden Elementen geprägt ist. Der Beurteilungsspielraum ist den Verbänden aber vor allem deswegen zuzugestehen, weil es sich bei den Gremien, die über die Mittel zur Aufgabenerfüllung beschließen, um weisungsfreie, pluralistisch besetze Kollegialorgane handelt, die mit sachkundigen Vertretern besetzt sind.[252] Dies bedeutet, dass Gerichte und Aufsichtsbehörden die Entscheidungen über die Auswahl und den Einsatz von Gestaltungsmitteln nur eingeschränkt überprüfen können.

---

247 PrMBl. WiA 1933, S. 370.

248 PrMBl. WiA 1933, S. 271.

249 In § 2 Abs. 1 der Satzung des Rheinischen Sparkassen- und Giroverbandes von 1932 wurde geregelt, dass das Verbandsgebiet die Rheinprovinz umfasst (PrMBl. WiA 1933, S. 371).

250 § 1 Abs. 1 S-RSGV; § 1 Abs. 1 S-SVWL.

251 *VG Münster,* Urt. v. 24.10.2008 – 1 K 2113/07 –, in: NWVBl. 2009, 118 (120); zur Aufgabenerfüllung der IHK: BVerwGE 112, 69 (76).

252 *Mayen,* in: Dolde u. a., Verfassung – Umwelt – Wirtschaft, S. 475 (480) m. w. N.

D. Vergaberechtliche Bindungen bei der Aufgabenwahrnehmung

Im Rahmen der Aufgabenerledigung vergeben die Verbände Aufträge an Unternehmen. Dies gilt bspw. für die Errichtung von Immobilien oder für die Ausstattung der Verbandsmitarbeiter mit EDV.[253] Bei der Auftragsvergabe stellt sich stets die Frage, ob das Vergaberecht des GWB und unterhalb der Schwellenwerte das haushaltsrechtliche Vergaberecht Anwendung finden.

I. Personeller Anwendungsbereich des GWB-Vergaberechts

Die Sparkassenverbände sind als öffentliche Auftraggeber i. S. d. § 98 GWB anzusehen. Sie erfüllen sowohl die Voraussetzungen der Nr. 2, S. 1, 1. Fall als auch der Nr. 3. Aus diesem Grund müssen sie, sofern die zu vergebende Leistung als öffentlicher Auftrag i. S. d. § 99 GWB zu qualifizieren ist und keine weiteren Ausnahmetatbestände des GWB erfüllt sind, das GWB-Vergaberecht beachten.[254]

1. § 98 Nr. 2 GWB

Die Sparkassenverbände sind öffentliche Auftraggeber gem. § 98 Nr. 2 S. 1 GWB. Sie wurden als Körperschaften des öffentlichen Rechts zu dem besonderen Zweck gegründet, im Allgemeininteresse liegende Aufgaben (a) nichtgewerblicher Art (b) zu erfüllen. Ferner besteht ein besonderes öffentliches Beherrschungsverhältnis i. S. d. § 98 Nr. 2 S. 1 GWB (c).

---

253 Bei den kommunalen Zweckverbänden wurde in der letzten Zeit immer wieder die Frage aufgeworfen, ob die Gründung der Verbände dem Vergaberecht unterfällt. Dies wurde verneint (*OLG Düsseldorf,* Beschl. v. 21.06.2006 – VII-Verg 17/06, Verg 17/06 –, in: NZBau 2006, 662 ff.; *Schröder,* NVwZ 2005, 25 ff.; *Müller,* Gemeindehaushalt 2008, 67 ff.). Die Frage stellt sich nicht für die Sparkassenverbände, da diese nicht durch eine Vereinbarung, sondern durch das Organisationsgesetz gebildet werden. Dies stellt einen Akt der Verwaltungsorganisation dar, der dem Vergaberecht nicht unterliegt.

254 In einer organisationsrechtlichen Arbeit kann lediglich der personelle Anwendungsbereich des GWB-Vergaberechts erörtert werden, da es im Übrigen auf die Besonderheiten des Einzelfalls ankommt. Allgemein zum Anwendungsbereich des Vergaberechts: *Lux,* JuS 2006, 969 ff.

a) Im Allgemeininteresse liegende Aufgaben

Die Sparkassenverbände nehmen zumindest einen Teil ihrer Aufgaben im Allgemeininteresse wahr. Der Begriff des Allgemeininteresses wird im Hinblick auf Art. 1 Abs. 9 UAbs. 2 lit. a der Richtlinie 2004/18 in einem europarechtlichen Verständnis und am Zweck der EU-Vergaberichtlinie orientiert ausgelegt.[255] Als Orientierungshilfe hat der Europäische Gerichtshof vorgegeben, dass im Allgemeininteresse liegende Aufgaben eng mit der öffentlichen Ordnung und dem institutionellen Funktionieren des Staates verknüpft sind bzw. der Staat aus Gründen des Allgemeininteresses, welches meistens in einer Versorgungsgarantie besteht, diese Aufgaben selbst erfüllt oder einen entscheidenden Einfluss behalten will.[256] Als Kern des Begriffs wird eine Aufgabenübertragung angesehen, die nicht zur Förderung der *privaten Interessen Einzelner oder einer Gruppe von Betroffenen,* sondern *im Dienste der allgemeinen Öffentlichkeit* und somit im Interesse der Gesamtheit der Bevölkerung wahrgenommen wird.[257] Die Tätigkeit muss der Allgemeinheit darüber hinaus *unmittelbar* zugutekommen.[258] Nach Auffassung des Europäischen Gerichtshofs ist es ausreichend, dass die Erfüllung von im Allgemeininteresse liegenden Aufgaben nur einen relativ kleinen Teil der Gesamttätigkeit ausmacht (sog. Infizierungstheorie).[259] Eine gewisse Indizwirkung soll dabei der Organisationsform zukommen. Liegt eine öffentlich-rechtliche Rechtsform vor, soll diese schon meist untrennbar mit

---

255 Zur Auslegung des Begriffs: *Hailbronner,* in: Grabitz/Hilf, Recht der Europäischen Union, B 4, Der Begriff des öffentlichen Auftraggebers, Rn. 34 f. m. w. N. Sinn und Zweck der Richtlinie ist es, Hemmnisse für den freien Dienstleistungs- und Warenverkehr zu beseitigen und damit die Interessen der in den Mitgliedsstaaten niedergelassenen Wirtschaftsteilnehmer zu schützen. Insbesondere soll eine Bevorzugung inländischer Bieter und Bewerber vermieden werden. Es sind in jedem Einzelfall die rechtliche und tatsächliche Situation der Einrichtung anhand der Umstände zu untersuchen, die zu ihrer Gründung geführt haben und unter welchen Voraussetzungen sie ihre Tätigkeit ausübt (*EuGH,* Urt. v. 27.02.2003 – Rs. C-373/00 (»Truly«) –, in: Slg. 2003, I-1931 (Rn. 43, 66)).

256 *EuGH,* Urt. v. 16.10.2003 – Rs. C-283/00 (»Kommission/Spanien«) –, in: Slg. 2003 I-11697 (Rn. 80); *Otting,* in: Bechtold, Kartellgesetz, § 98, Rn. 18.

257 *Weyand,* Vergaberecht, § 98, Rn. 863.

258 *EuGH,* Urt. v. 15.01.1998 – Rs. C-44/96 (»Mannesmann Anlagenbau Austria«) –, in: Slg. 1998, I-73 (Rn. 65), unter Hinweis auf GA van Gerven in der Rs. C-179/9 (»Merci Convenzionali Porto di Genova«), in: Slg. 1991, I-5889.

259 *EuGH,* Urt. v. 15.01.1998 – Rs. C-44/96 (»Mannesmann Anlagenbau Austria«) –, in: Slg. 1998, I-73 (Rn. 65); *Dietlein,* NZBau 2002, 136 (138).

der Erfüllung von im Allgemeininteresse liegenden Aufgaben verknüpft sein.[260]

Die Sparkassenverbände sind in öffentlich-rechtlicher Rechtsform organisiert. Da der Hanseatische Sparkassen- und Giroverband r. V., der privatrechtlich organisiert ist, allerdings im Wesentlichen die gleichen Aufgaben wie die öffentlich-rechtlich organisierten Verbände wahrnimmt[261], ist die Indizwirkung der Organisationsform allein nicht überzeugend. Vielmehr muss es darauf ankommen, ob die Aufgabenwahrnehmung unmittelbar im Interesse der Gesamtheit der Bevölkerung liegt, oder ob lediglich die Förderung des Interesses Einzelner oder einer Gruppe von Betroffenen unmittelbar bezweckt wird.

Im Rahmen der Förderung des Sparkassenwesens werden die Verbände meist ausschließlich für ihre Mitglieder tätig. Die Beratung der Sparkassen in allen sie betreffenden Bereichen, die Analyse und Entwicklung von Produkten und Werbestrategien sowie die Förderung der Verbundzusammenarbeit geschehen allein im Interesse der Mitglieder und – wenn überhaupt – nur mittelbar im Interesse der Allgemeinheit. Aus der Sicht der Allgemeinheit besteht vielmehr ein unmittelbares Bedürfnis nach der Dienstleistungserbringung durch die Sparkassen. Aus diesem Grund wird lediglich die Sparkassentätigkeit in der Schlusserklärung zum Vertrag von Amsterdam ausdrücklich als eine Aufgabe von allgemeinem wirtschaftlichem Interesse eingestuft.[262]

Die Interessenvertretung nach außen verlangt im Unterschied zu privaten Interessenvertretern wegen der Zwangsmitgliedschaft die Berücksichtigung des Gesamtinteresses aller Sparkassen.[263] Damit liegt, wie der Bundesfinanzhof festgestellt hat, zwar eine Aufgabe vor, die im öffentlichen Interesse liegt und mit den Interessenvertretungsaufgaben der Industrie- und Handelskammern vergleichbar ist. Ob dies dazu führt, dass nach dem maßgeblichen europarechtlichen Begriffsverständnis eine im Allgemeininteresse liegende Aufgabe vorliegt, die über Einzel- oder Partikularinteressen hinausgeht,

260 *Otting,* in: Bechtold, Kartellgesetz, § 98, Rn. 16.

261 Vgl. § 5 der Satzung des Hanseatischen Sparkassen- und Giroverbands r. V.

262 Vertrag von Amsterdam, i. d. f. v. 2.10.1997, S. 37. Erklärung zur Schlussakte, Erklärung zu öffentlich-rechtlichen Kreditinstituten in Deutschland, ABl. 1997 Nr. C 340/1, 138; *Europäische Kommission,* Leistungen der Daseinsvorsorge in Europa, Mitt. d. Komm. v. 20. 9. 2000, KOM (2000) 580 endgültig, Rn. 35; *Krajewski,* ZögU 2010, 75 (88).

263 *BFH* , Urt. v. 27.02.1976 – VI R 97/72 –, Juris Rn. 15.

bleibt allerdings zweifelhaft. Denn die Sparkassenverbände handeln im Unterschied zu den Industrie- und Handelskammern nicht für die gesamte gewerbliche Wirtschaft, sondern nur für die Sparkassen, die lediglich einen beschränkten Teil des öffentlich-rechtlichen Bankensektors repräsentieren. Die Tätigkeit kommt den Bürgern zwar möglicherweise ebenfalls mittelbar zugute, dies reicht aber gerade nicht aus.

Die Tätigkeit der Prüfungsstellen der Sparkassenverbände und die Beratung der Aufsichtsbehörden liegen jedoch im unmittelbaren Interesse der Allgemeinheit. Die gesetzlich vorgeschriebenen Prüfungen werden von den Verbänden im Auftrag der Bundesanstalt für Finanzdienstleistungsaufsicht (BaFin)[264] und im Auftrag der Sparkassenaufsichtsbehörden wahrgenommen. Der Schutzzweck dieser Prüfungen ist auf ein funktionierendes und sicheres Bankensystem gerichtet. Um diesen Auftrag zu erfüllen, bedienen sich die Aufsichtsbehörden im Interesse der Allgemeinheit der Mitarbeiter der Verbände. Auch wenn diese Tätigkeiten nicht den Schwerpunkt der Verbandsarbeit bilden, reicht dies für die Erfüllung des Tatbestandsmerkmals nach der sog. Infizierungstheorie des Europäischen Gerichtshofs aus.

b) Nichtgewerblicher Art

Die Aufgaben werden auch in nichtgewerblicher Art erfüllt.

Nach ständiger Rechtsprechung des Europäischen Gerichtshofs ist für eine nichtgewerbliche Aufgabenwahrnehmung charakteristisch, dass die Aufgabenwahrnehmung in einer Art und Weise erfolgt, die die betreffende Einrichtung von dem Druck wettbewerblicher Rahmenbedingungen entlastet. Das Vergaberecht soll nach seinem Sinn und Zweck dort angewendet werden, wo ein Auftraggeber seine Beschaffungsentscheidung nicht unter Marktbedingungen treffen muss, sondern marktfremde Kriterien das Beschaffungsregime bestimmen können.[265]

---

264 Die BaFin sichert im Rahmen der Solvenzaufsicht die Zahlungsfähigkeit von Banken, Finanzdienstleistungsinstituten und Versicherungsunternehmen. Ferner setzt sie durch ihre Marktaufsicht Verhaltensstandards durch, die das Vertrauen der Anleger in die Finanzmärkte wahren sollen. Zum Anlegerschutz gehört es auch, dass unerlaubt betriebene Finanzgeschäfte bekämpft werden (http://www.bafin.de/cln_171/nn_722598/DE/BaFin/ Aufgaben/aufgaben__node.html?__nnn=true, zuletzt abgerufen am 31.12.2010). Das wesentliche Aufsichtsmittel der BaFin ist, ebenso wie für die Sparkassenaufsichtsbehörden, die gem. § 340k Abs. 1 HGB für alle Kreditinstitute vorgeschriebene Jahresabschlussprüfung.

265 Zum Ganzen *Otting*, in: Bechtold, Kartellgesetze, § 98, Rn. 20.

Die Wertung, ob eine gewerbliche Tätigkeit vorliegt, ist anhand einer Gesamtschau der folgenden, nicht abschließenden Kriterien vorzunehmen:

Als wichtiges Indiz ist anerkannt, dass die Körperschaft in gleicher Weise wie ein Privatunternehmen dem Druck des Wettbewerbs ausgesetzt ist oder über eine staatlich herbeigeführte marktbezogene Sonderstellung verfügt.[266] Handelt die Körperschaft unter normalen Marktbedingungen, wie Nachfragebezogenheit, Wettbewerbsausgesetztheit, Gewinnerzielungsabsicht, das Handeln nach Effizienz- und Wirtschaftlichkeitskriterien sowie die Übernahme der mit der Tätigkeit verbundenen Risiken, so ist von Gewerblichkeit auszugehen.[267] Das Bestehen eines Verlustrisikos verneint der Europäische Gerichtshof schon dann, wenn es wenig wahrscheinlich erscheint, dass die Einrichtung die wirtschaftlichen Risiken trägt.[268]

Als nichtgewerblich werden hingegen Aufgaben angesehen, die der Staat aufgrund des Allgemeininteresses selbst erfüllen will oder aber bei denen er einen entscheidenden Einfluss behalten will und die auf andere Art als durch das Angebot von Waren und Dienstleistungen auf dem Markt erfüllt oder aus öffentlichen Mitteln finanziert werden.[269]

Werden sowohl gewerbliche als auch nichtgewerbliche Tätigkeiten ausgeübt, ist nach der Rechtsprechung des Europäischen Gerichtshofs entscheidend, dass überhaupt eine nichtgewerbliche Tätigkeit ausgeübt wird.[270]

Eine Gesamtschau der Kriterien spricht dafür, dass die Verbände weit überwiegend nichtgewerblich handeln. Sie agieren nicht unter normalen Marktbedingungen. Die Verbände handeln zwar nach Effizienz- und Wirtschaftlichkeitskriterien.[271] Sie handeln jedoch nicht gewinnorientiert und

---

266 *Dreher,* in: Immenga/Mestmäcker, Wettbewerbsrecht, Bd. 2, § 98, Rn. 77.

267 *OLG Rostock,* Beschl. v. 15.06.2005 – 17 Verg 3/05 –, Juris Rn. 36; *Dreher,* in: Immenga/Mestmäcker, Wettbewerbsrecht, Bd. 2, § 98, Rn. 80.

268 *EuGH,* Urt. v. 16.10.2003 – Rs. C-283/00 (»Kommission/Spanien«) –, in: Slg. 2003 I-11697 (Rn. 82).

269 *EuGH,* Urt. v. 22.05.2003 – Rs. C-18/01 (»Korhonen«) –, in: Slg 2003, I-5321 (Rn. 48 ff.); *EuGH,* Urt. v. 10.05.2001 – Rs. C-223/99 (»Agorà und Excelsior«) –, in: NZBau 2001, 403 (Rn. 37).

270 *EuGH,* Urt. v. 15.1.1998 – Rs. C-44/96 (»Österreichische Staatsdruckerei«) –, in: EuZW 1998, 120 (122).

271 Die Verbände müssen überwiegend die Grundsätze der Wirtschaftlichkeit und Sparsamkeit beachten. Vgl. § 25 Abs. 1 S-SVBW; § 27 Abs. 2 S. 2 S-SGVHT; § 19 Abs. 2 S-RSGV; § 25 Abs. 2 S. 2 S-SVRP; § 22 Abs. 2 S-SVWL; § 22 Abs. 1 S-OSV.

sind auch im Gegensatz zu den Sparkassen[272] grundsätzlich nicht selbst nachfrageabhängig am Markt in Konkurrenz zu privaten Wettbewerbern tätig.[273] Ferner werden sie von den öffentlich-rechtlichen Sparkassen finanziert, deren Mittel aufgrund der organisationsrechtlichen Einbindung in die mittelbare Staatsverwaltung als öffentliche Mittel anzusehen sind. Es ist des Weiteren wenig wahrscheinlich, dass die Sparkassenverbände die mit der Tätigkeit verbundenen wirtschaftlichen Verluste tragen müssen. Das Umlagesystem sichert die Finanzierung des ungedeckten Bedarfs durch die Mitgliedssparkassen.[274] Das Haftungssystem der Verbände wiederum ist so ausgestaltet, dass eine beinahe unbeschränkte Innenhaftung der Sparkassen gegenüber den Verbänden besteht.[275]

c) Besonderes öffentliches Beherrschungsverhältnis

Auch ein besonderes öffentliches Beherrschungsverhältnis i. S. d. § 98 Nr. 1, S. 1 GWB liegt vor.

Das Beherrschungsverhältnis ist in drei Fällen gegeben. Zunächst dann, wenn öffentliche Auftraggeber i. S. d. § 98 Nr. 1 und 3 GWB oder deren Sondervermögen die Körperschaft einzeln oder gemeinsam durch Beteiligung oder auf sonstige Weise überwiegend finanzieren, ferner, wenn sie über die Leitung die Aufsicht ausüben, und zuletzt, wenn sie mehr als die Hälfte der Mitglieder eines zur Aufsicht oder Geschäftsführung berufenen Organs bestimmt haben. § 98 Nr. 2 S. 2 GWB stellt sodann klar, dass ein Beherrschungsverhältnis auch dann gegeben ist, wenn die finanzierende, kontrollierende oder die die Organe besetzende Stelle selbst die Voraussetzungen des § 98 Nr. 2 S. 1 GWB erfüllt.

Die Sparkassenverbände werden mittelbar durch öffentliche Auftraggeber finanziert (aa). Eine Kontrolle durch öffentliche Auftraggeber (bb) liegt lediglich in einigen Verbänden vor, eine mehrheitliche Organbesetzung (cc) ist hingegen nicht gegeben.

---

272 Zur Einordnung der Sparkassen als gewerblich handelnde kommunale Unternehmen: *OLG Rostock,* Beschl. v. 21.06.2006 – VII-Verg 17/06, Verg 17/06 –, in: NZBau 2006, 593 ff.

273 *Lund,* Private in der Sparkassen-Finanzgruppe, S. 93.

274 Siehe § 15 B. II.

275 Siehe § 15 E. II.

aa) Überwiegende Finanzierung

Die Sparkassenverbände werden weit überwiegend durch Umlagen finanziert, welche die Mitgliedssparkassen zu tragen haben. Diese Umlagen sind keine Entgelte für eine besondere Gegenleistung, da sie weder geschäftsanfallbezogen noch leistungsbezogen erhoben werden.[276] Damit kommen sie wegen der allgemeinen Bedarfsdeckungsfunktion als Mittel zur »Finanzierung« i. S. d. § 98 Nr. 2 GWB in Betracht.[277]

Eine direkte Finanzierung durch öffentliche Auftraggeber liegt jedoch nicht vor. Die Sparkassen erfüllen selbst nicht die Voraussetzungen eines öffentlichen Auftraggebers i. S. d. § 98 GWB. Sie sind weder Gebietskörperschaften i. S. d. § 98 Nr. Nr. 1 noch sind sie als Verband i. S. d. Nr. 3 zu qualifizieren. Auch eine mediatisierte Staatsgebundenheit nach § 98 Nr. 2 S. 2 GWB scheidet aus, da die Sparkassen als gewerblich tätige kommunale Unternehmen auch nicht unter § 98 Nr. 2 S. 1 GWB subsumiert werden können.[278]

Entscheidend ist vielmehr, ob eine Finanzierung durch Umlagen gesetzlich angeordneter Pflichtmitglieder das Tatbestandsmerkmal der Finanzierung »auf sonstige Weise« erfüllt, auch wenn die Mittel nicht direkt von einem öffentlichen Auftraggeber stammen.[279]

Der Europäische Gerichtshof entschied, dass die Finanzierung der öffentlich-rechtlichen Rundfunkanstalten durch Pflichtbeiträge der Bürger das Tatbestandsmerkmal erfüllt.[280] Dieser Entscheidung ist zu entnehmen, dass das Tatbestandsmerkmal der Finanzierung funktional zu verstehen ist. Ein

---

276 Siehe § 15 B. II.

277 Zu diesem Abgrenzungskriterium: *Bungenberg,* in: Loewenheim/Meessen/Riesenkampff, Kartellrecht, § 98, Rn. 28; *Heyne,* GewArch 2010, 54 (56); zu der Wertung, dass sie keine individuelle Gegenleistung darstellen.

278 Zur Qualifikation der Sparkassen als Unternehmen *OLG Rostock,* Beschl. v. 21.06.2006 – VII-Verg 17/06, Verg 17/06 –, in: NZBau 2006, 593 ff.

279 Zu dieser Diskussion: *EuGH,* Urt. v. 13.12.2007 – Rs. C-337/06 (»Bayerischer Rundfunk, Zweites Deutsches Fernsehen u. a. / GEWA«) –, in: NZBau 2008, 130 ff.; *OLG Düsseldorf,* Beschl. v. 21.07.2006 – VII-Verg 13/06, Verg 13/06 –, in: NZBau 2006, 731 ff.; *Otting,* in Bechtold, Kartellgesetz, § 98, Rn. 26; *Bungenberg,* in Loewenheim/Meessen/Riesenkampff, Kartellrecht, § 98, Rn. 28; *Dreher,* in: Immenga/Mestmäcker, Wettbewerbsrecht, Bd. 2, § 98, Rn. 97 f.; *Heyne,* GewArch 2010, 54 ff.; *Heuvels,* NZBau 2008, 166 ff.; *Dreher,* NZBau 2005, 297 ff.; *Eschenbruch/Hunger,* NZBau 2003, 471 ff.

280 *EuGH,* Urt. v. 13.12.2007 – Rs. C-337/06 (»Bayerischer Rundfunk, Zweites Deutsches Fernsehen u. a. / GEWA«) –, in: NZBau 2008, S. 130 ff.

direktes Kausalverhältnis zwischen der Finanzierung und dem Staat ist für die erforderliche Nähe nicht notwendig. Nach Sinn und Zweck der Vergabevorschriften besteht kein Unterschied zwischen der Einziehung der Mittel durch Gebietskörperschaften mit anschließender Weitergabe an die betreffende Einrichtung und der Übertragung des Einziehungsrechts. Im Falle der Rundfunkanstalten hat es der Europäische Gerichtshof als ausreichend erachtet, dass die Gebühren auf einer gesetzlichen Grundlage beruhen und sie durch einen staatlichen Akt (Beschluss der Kommission zur Ermittlung der Konzentration im Medienbereich, sog. KEK) in ihrer Höhe bestimmt werden. Das Tatbestandsmerkmal setzt auch keinen direkten Einfluss des Staates auf die Durchführung des Vergabeverfahrens voraus. Sofern die Existenz der öffentlichen-rechtlichen Einrichtung selbst vom Staat abhängig ist, erwachse bereits daraus die Gefahr, dass ohne Einhaltung der Vorgaben der europäischen Vergaberichtlinien andere als wirtschaftliche Erwägungen bei der Vergabe von Aufträgen maßgeblich sind und insbesondere ausländische Anbieter benachteiligt würden.[281]

Eine präjudizielle Wirkung kann dieser Entscheidung jedenfalls für diejenigen Zwangsbeitragssysteme entnommen werden, die gesetzlich garantiert sind, in der Höhe durch einen staatlichen Akt festgesetzt werden und von der auftragvergebenden Stelle mit hoheitlichen Mitteln durchgesetzt werden können.[282]

Das Umlagesystem in den Sparkassenverbänden ist jedoch nicht in dieser Art ausgestaltet. Die Umlageerhebung wird den Verbänden durch die Organisationsform der Körperschaften des öffentlichen Rechts ermöglicht. Zum Teil wird das Recht zur Umlageerhebung auch explizit im Sparkassengesetz oder in den Staatsverträgen genannt.[283] Eine genaue Ausgestaltung der Regelungen, insbesondere eine Festsetzung der Höhe der Umlagen, obliegt jedoch der Satzungsautonomie der Verbände, also einer autonomen Entscheidung der Mitglieder. Die satzungsrechtliche Ausgestaltung unterliegt allerdings einem Genehmigungsvorbehalt der Aufsichtsbehörden.

Insofern ist fraglich, ob auch die gesetzliche Ermöglichung einer genehmigungsbedürftigen autonomen Ausgestaltung eines Umlagesystems durch

281 *EuGH,* Urt. v. 13.12.2007 – Rs. C-337/06 (»Bayerischer Rundfunk, Zweites Deutsches Fernsehen u. a. / GEWA«) –, in: NZBau 2008, S. 130 (132).

282 *Heuvels,* NZBau 2008, 166; *Heyne,* GewArch 2010, 54 (55).

283 § 37 Abs. 1 SpkG SH; § 4 Abs. 1 StVOSV.

Pflichtmitglieder eine mittelbare Finanzierung i. S. d. § 98 Nr. 2 S. 1 GWB begründet.

Diese Frage ist zu bejahen. Die gesetzlich angeordnete Pflichtmitgliedschaft bedeutet im Ergebnis eine gesetzliche Finanzierungsverpflichtung in Bezug auf die laufenden Aufwendungen des Verbands. Unabhängig von der jeweiligen autonomen satzungsrechtlichen Ausgestaltung bewirkt die an die Pflichtmitgliedschaft gekoppelte Finanzierungsverpflichtung eine gesetzliche Absicherung der benötigten finanziellen Mittel, da sich die Mitglieder gerade nicht durch einen freiwilligen Austritt der Finanzierungsverantwortung entziehen können. Zwar nimmt der Staat bei einer Genehmigung von Umlageregelungen autonom handelnder Körperschaften keinen direkten Einfluss auf Vergabeentscheidungen.[284] Nach dem Sinn und Zweck der Vergaberichtlinien sollen aber gerade diejenigen Marktteilnehmer erfasst werden, die aufgrund einer staatlich ermöglichten finanziellen »Sorglosstellung« gegenüber privaten Anbietern über finanzielle Vorteile im Wettbewerb verfügen und aus diesem Grund von anderen als vergabekonformen Zwecken bei der Vergabe geleitet werden könnten.[285] Ein direkter Einfluss des Staates ist gerade nicht erforderlich.[286]

Dies führt dazu, dass jede gesetzlich angeordnete Zwangsmitgliedschaft, die mit einer Pflicht zur Finanzierung verbunden ist, eine mittelbare Finanzierung »auf sonstige Weise« darstellt. Lediglich dann, wenn staatliche Selbstverwaltungskörperschaften keine Zwangsmitgliedschaft kennen, sind sie mit den privaten Interessenverbänden vergleichbar und nicht als öffentliche Auftraggeber einzustufen.[287]

---

284 *Dreher,* NZBau 2005, 297 (301 f.).

285 *OLG Düsseldorf,* Beschl. v. 21.07.2006 – VII-Verg 13/06, Verg 13/06 –, in: NZBau 2006, 731 (735); *Heuvels,* NZBau 2008, 166 (167). Das Vergaberecht bezweckt, dass sich die auftragsvergebenden Stellen bei der Beschaffung von Leistungen am Markt von wirtschaftlichen Überlegungen leiten lassen sollen und der europäische Binnenmarkt in die Entscheidung einbezogen wird.

286 *EuGH,* Urt. v. 13.12.2007 – Rs. C-337/06 (»Bayerischer Rundfunk, Zweites Deutsches Fernsehen u. a. / GEWA«) –, in: NZBau 2008, 130 (133) Rn. 52; *Heyne,* GewArch 2010, 54 (55) unter Verweis auf *EuGH,* Urt. v. 01.02.2001 – Rs. C-237/99 (»Kommission/Frankreich«) – , in: NZBau 2001, 215 ff.

287 *Marx,* in: Motzke/Pietzcker/Prieß, Beck'scher VOB/A-Kommentar, § 98, Rn. 27; a. A. noch *VK Mecklenburg-Vorpommern,* Beschl. v. 8.5.2007 – 3 VK 04/07; *VK Arnsberg,* Beschl. v. 25.11.2003 – VK 2-26/2003.

bb) Aufsicht über die Leitung

Eine Aufsicht über die Leitung der Sparkassenverbände i. S. d. § 98 Nr. 1, S. 1, 2. Fall GWB liegt lediglich bei den Verbänden vor, in denen die Aufsichtsbehörden als ultima ratio einen Beauftragten bestellen können, der für alle oder einzelne Aufgaben des Verbands zuständig ist. Dies ist in den Verbänden der Länder Baden-Württemberg, Niedersachsen, Rheinland-Pfalz, Schleswig-Holstein und im Ostdeutschen Sparkassenverband der Fall.

Die Aufsicht über die Leitung durch einen öffentlichen Auftraggeber ist nur dann gegeben, wenn es der öffentlichen Hand durch die Kontrollmöglichkeit ermöglicht wird, die Entscheidung der Einrichtung in Bezug auf die Auftragsvergabe zu beeinflussen. Dabei kann es nicht darauf ankommen, ob die Aufsicht als Fach- oder Rechtsaufsicht ausgestaltet ist. Dem Europarecht sind diese Begriffe sowie deren Abgrenzung fremd. Die Grenzen der jeweiligen Aufsicht sind darüber hinaus im Einzelfall fließend. Aus diesem Grund ist entscheidend, ob die verschiedenen Formen der Aufsicht eine Verbindung der Einrichtung mit der öffentlichen Hand schaffen, die es der öffentlichen Hand ermöglicht, die Entscheidungen der Einrichtungen in Bezug auf öffentliche Aufträge zu beeinflussen. Die Aufsicht muss stets in ihrer Wirkung mit den anderen Alternativen des § 98 Nr. 2 GWB vergleichbar sein. Insofern besteht Einigkeit darüber, dass der Tatbestand der Aufsicht über die Leitung im Falle einer bloß nachprüfenden Kontrolle nicht erfüllt ist.[288]

Der Europäische Gerichtshof sieht diese Anforderungen als erfüllt an, wenn bei einer dauerhaften Kontrolle der laufenden Geschäfte bei schwerwiegenden Verstößen oder Untätigkeit der Organe durch die Bestellung eines Abwicklers oder durch die Befugnis, die Leitungsorgane ihres Amtes zu entheben und einen vorläufigen Verwalter ernennen zu können, korrigierende Eingriffe in den Geschäftsablauf möglich sind. In diesen Fällen ermög-

---

288 Zum Ganzen *EuGH,* Urt. v. 27.02.2003 – Rs. C-373/00 (»Truley«) –, in: NZBau 2003, 287; *BayObLG,* NZBau 2003, 348 (349); *Hailbronner,* in: Grabitz/Hilf, Recht der Europäischen Union, B 4, Der Begriff des öffentlichen Auftraggebers, Rn. 84 f.; *Bungenberg,* in: Loewenheim/Meessen/Riesenkampff, Kartellrecht, § 98, Rn. 31; *Dreher,* in: Immenga/Mestmäcker, Wettbewerbsrecht, Bd. 2, § 98, Rn. 100; *Dreher,* NZBau 2005, 297 (299); *Dietlein,* NZBau 2002, 136 (141); *Eschenbruch/Hunger,* NZBau 2003, 471 (473); a. A. *Heyne,* GewArch 2010, 54 (56).

licht der Gesetzgeber über eine reine Rechtsaufsicht hinaus ein Eingreifen der Aufsichtsbehörde in die Geschäftspolitik.[289]

Den Aufsichtsbehörden steht in allen Verbänden ein jederzeitiges Informationsrecht über die Angelegenheiten der Verbände zu und sie können sämtliche Geschäfts- und Verwaltungsunterlagen nachprüfen sowie Berichte und Akten anfordern. Ferner können sie rechtswidrige Beschlüsse beanstanden, deren Ausführung untersagen und verlangen, dass Maßnahmen, die aufgrund eines solchen rechtswidrigen Beschlusses ergangen sind, rückgängig gemacht werden. Sofern die Verbände dieser Aufforderung innerhalb einer Frist nicht nachkommen, können sie die erforderlichen Maßnahmen anstelle des Verbands selbst vornehmen oder durch einen Beauftragten vornehmen lassen.[290] Sofern es bei diesen Aufsichtsmitteln verbleibt, geht die Aufsicht jedoch nicht über eine reine Rechtsaufsicht i. S. d. Rechtsprechung des Europäischen Gerichtshofs hinaus. Die Aufsichtsbehörde kann stets nur die rechtswidrigen Beschlüsse aufheben und die Rückgängigmachung der Vollziehung bewirken. Das Selbstvornahmerecht der Aufsichtsbehörden ist stets auf die Rückgängigmachung der rechtswidrigen Entscheidung beschränkt. Neue oder andere geschäftspolitische Entscheidungen kann sie gerade nicht treffen. Diese sind stets durch die Verbandsorgane zu treffen. Damit beschränkt sich die Aufsicht auf eine nachprüfende Kontrolle ohne eigenständige Gestaltungsspielräume der Aufsichtsbehörden.[291]

Dies ist allerdings dann anders zu beurteilen, wenn die Aufsichtsbehörden als ultima ratio einen Beauftragten bestellen können, dessen Handeln nicht nur auf die Rückgängigmachung rechtswidriger Beschlüsse beschränkt ist, sondern der in einem bestimmten Bereich selbstständig Entscheidungen treffen kann. Dies ist in den Verbänden der Länder Baden-Württemberg, Niedersachsen, Rheinland-Pfalz, Schleswig-Holstein und im Ostdeutschen Sparkassenverband der Fall.[292] Die Rechte des Beauftragten sind in diesen

---

289 *EuGH,* Urt. v. 01.02.2001 – Rs. C-237/99 (»Kommission/Frankreich«) –, in: Slg. 2001, I-939 (Rn. 54 ff.); *EuGH,* Urt. v. 27.2.2003 – Rs. C-373/00 (»Truly«) –, in: Slg. 2003, I-1931 (Tz. 70).

290 Siehe § 7 C.

291 *Diehl,* in: Müller-Wrede, GWB-Vergaberecht, § 98, Rn. 79, die zumindest die Möglichkeit, Entscheidungen in Bezug auf öffentliche Aufträge zu beeinflussen, für erforderlich erachtet.

292 Vgl. § 48 Abs. 4 SpkG BW i. V. m. § 124 GO BW; § 26 Abs. 4 NdsSpkG; § 29 Abs. 8 S. 1 SpkG RP; § 42 Abs. 2 i. V. m. § 40 Abs. 4 SpkG SH; § 3 Abs. 1 S. 4 StVOSV i. V. m. § 30 Abs. 5 SpkG Bbg.

Verbänden mit denen eines vorläufigen Verwalters vergleichbar, der korrigierende Eingriffe in den Geschäftsablauf vornehmen kann.

cc) Keine mehrheitliche Geschäftsführungs- oder Kontrollorganbesetzung

Ein Beherrschungsverhältnis i. S. d. § 98 Nr. 2, 3. Fall GWB liegt nicht vor. Dafür müsste ein öffentlicher Auftraggeber mehr als die Hälfte der Mitglieder eines zur Geschäftsführung oder zur Aufsicht berufenen Organs bestimmt haben.

Das Tatbestandsmerkmal »Bestimmen« meint das Bestellen einer Person zum Organmitglied. Sofern zu dem Bestellungsakt noch ein getrennter Anstellungsakt hinzukommt, ist allein die Bestellung maßgeblich.[293] Diese Regelung soll die mittelbare Beherrschung der Organe in einer vergebenden Stelle durch einen öffentlichen Auftraggeber erfassen. Dafür muss allerdings eine tatsächliche Bestimmung erfolgt sein. Allein die Möglichkeit dazu genügt nicht.[294] Ferner ist es ausreichend, wenn mehrere öffentliche Auftraggeber zusammen die Mehrheit der Organmitglieder bestimmen.[295] Entscheidend ist demnach, ob öffentliche Auftraggeber die Bestimmung der Mehrheit der Organvertreter vorgenommen haben.

Die zur Geschäftsführung und zur Aufsicht berufenen Organe der Sparkassenverbände werden nicht unmittelbar durch staatliche Stellen bestimmt. Die Geschäftsführungsorgane werden ebenso wie die Mitglieder der verwaltungslenkenden Organe von den Vertretern der Verbandsversammlung (Repräsentativorgan) gewählt. Der Bestellungsakt erfolgt somit durch ein Organ des Verbands im Rahmen der eigenverantwortlichen Willensbildung als Teil der Selbstverwaltungsautonomie.[296]

In einigen Verbänden werden jedoch mehr als die Hälfte der Mitglieder der Verbandsversammlung von der Kommune bestimmt[297], so dass öffentliche Auftraggeber mittelbar im Zusammenwirken die Mitglieder der Geschäftsführungs- und Kontrollorgane bestimmen. Auch in dieser Konstellation ist eine mittelbare Einflussnahme der Kommunen auf eine Vergabeentschei-

---

293 *Dreher,* in: Immenga/Mestmäcker, Wettbewerbsrecht, Bd. 2, § 98, Rn. 102.

294 *Dietlein,* NZBau 2002, 136 (141) m. w. N.; *Dreher,* in: Immenga/Mestmäcker, Wettbewerbsrecht, Bd. 2, § 98, Rn. 105.

295 *Dreher,* in: Immenga/Mestmäcker, Wettbewerbsrecht, Bd. 2, § 98, Rn. 103.

296 Vgl. die Wertung der *VK Mecklenburg-Vorpommern,* Beschl. v. 8.5.2007 – 3 VK 0470 zu den Gremien in der IHK.

297 Dies gilt für den SVBW, RSGV, SVRP, SVSaar und den SVWL. Siehe § 9 A. I.

dung theoretisch möglich.[298] Fraglich ist, ob die mittelbare Bestimmung der Mehrheit der Mitglieder der Geschäftsführungs- und Kontrollorgane über ein mehrheitlich mit Vertretern öffentlicher Auftraggeber besetztes Repräsentativorgan von der Norm erfasst wird.

Der Wortlaut des § 98 Nr. 1 S. 1, 3. Fall GWB erfasst diese Konstellation nicht, da das Repräsentativorgan ausdrücklich nicht genannt wird. Eine Einbeziehung dieser Konstellation kann neben dem klaren Wortlaut auch aus systematischen Gründen nicht erfolgen. Die mehrheitliche Besetzung der bestimmenden Stelle mit Vertretern öffentlicher Auftraggeber wird in S. 2 geregelt. Durch dessen Verweis auf S. 1 wird verdeutlicht, dass die bestimmende Stelle und die auftragvergebende Körperschaft stets zwei unterschiedliche juristische Personen sein müssen.

2. § 98 Nr. 3 GWB

Die Verbände werden jedenfalls von der Auffangfunktion des § 98 Nr. 3 GWB erfasst.

Danach sind alle Verbände öffentliche Auftraggeber, deren Mitglieder öffentliche Auftraggeber nach den Nr. 1 und 2 sind. Die Sparkassenverbände haben zwar neben den als Gebietskörperschaften einzustufenden Trägerkommunen auch die Sparkassen zu Mitgliedern, die als gewerblich tätige kommunale Unternehmen nicht als öffentliche Auftraggeber i. S. d. § 98 Nr. 2 GWB anzusehen sind.[299] Die Nr. 3 verlangt jedoch nicht, dass die Mitglieder ausschließlich öffentliche Auftraggeber sein müssen. Bei einem Zusammenschluss öffentlicher Auftraggeber mit Personen, die keine öffentlichen Auftraggeber sind, ist neben der über- oder untergewichtigen Beteiligung der öffentlichen Auftraggeber an dem Verband die Aufgabenstellung des Verbands für die Einstufung als öffentlicher Auftraggeber entscheidend. Sofern der Verband über die reine Interessenvertretung gegenüber Politik und Öffentlichkeit keine weiteren Aufgaben wahrnimmt, ist nur dann von einem öffentlichen Auftraggeber auszugehen, wenn die öffentlichen Auftraggeber in ihrer Anzahl überwiegen. Nimmt der Verband jedoch

298 Dies könnte dadurch geschehen, dass die durch die Kommunen benannten Vertreter Personen in die Organe wählen, die eine Vergabeentscheidung in ihrem Sinne durchführen würden. Zum anderen könnte eine Einflussnahme dadurch erfolgen, dass die kommunalen Vertreter ankündigen, die derzeitigen Mitglieder im Falle eines bestimmten Vergabeverhaltens nicht erneut wählen zu wollen.

299 Zur Einordnung der Sparkassen: *OLG Rostock*, Beschl. v. 15.06.2005 – 17 Verg 3/05.

eigene öffentliche Aufgaben wahr, ist schon die Beteiligung einiger weniger öffentlicher Auftraggeber ausreichend, um den gesamten Verband zu »infizieren«.[300] Die vergaberechtliche Infizierungsthese, die für eine einzelne Einrichtung gilt, setzt sich somit auf der Ebene der Nr. 3 fort.[301]

Die Sparkassenverbände sind nach diesen Grundsätzen als öffentliche Auftraggeber i. S. d. Nr. 3 anzusehen, weil die Hälfte der Mitglieder öffentliche Auftraggeber sind und sie über einen Aufgabenbestand verfügen, der über die reine Interessenvertretung hinausgeht.

II. Anwendung des haushaltsrechtlichen Vergaberechts unterhalb der Schwellenwerte des § 100 GWB

Sofern bei der Vergabe eines öffentlichen Auftrags durch die Verbände die Schwellenwerte des § 100 GWB nicht erreicht werden, ist das Vergaberecht des GWB nicht anwendbar. Es stellt sich sodann die Frage, ob das haushaltsrechtliche Vergaberecht der Länder anzuwenden ist, welches in § 55 der jeweiligen Landeshaushaltsordnung (LHO) geregelt ist.[302]

Dem Anwendungsbereich des Haushaltsrechts für juristische Personen des öffentlichen Rechts liegt eine Zweiteilung zugrunde. Für landesunmittelbare juristische Personen des öffentlichen Rechts gelten gem. § 105 Abs. 1 LHO grundsätzlich die §§ 1-87 LHO entsprechend sowie die besonderen Vorschriften der §§ 106-110 LHO, soweit nicht durch Gesetz oder aufgrund Gesetzes etwas anderes bestimmt ist.

Der Grundsatz des § 105 LHO wird durch die Regelung des § 112 LHO durchbrochen. Für Unternehmen in der Rechtsform der juristischen Person des öffentlichen Rechts sind abweichend von § 105 LHO lediglich diejenigen Normen der LHO anzuwenden, die in § 112 LHO ausdrücklich genannt sind. Dazu gehört § 55 LHO gerade nicht. Ferner enthalten die länderspezifischen Regelungen des § 112 LHO weitere, namentlich bezeichnete juristische Personen, auf die bestimmte Normen oder das gesamte Haushaltsrecht nicht anzuwenden sind. Von diesem Grundsatz können gem. § 105 Abs. 3

300 Zum Ganzen *Marx,* in: Motzke/Pietzcker/Prieß, Beck'scher VOB/A-Kommentar, § 98, Rn. 16.

301 *Dreher,* in: Immenga/Mestmäcker, Wettbewerbsrecht, Bd. 2, § 98 GWB, Rn. 156, *Otting,* in Bechtold, Kartellgesetz, § 98, Rn. 39.

302 Generell zum Anwendungsbereich des Haushaltsrechts: *Heller,* Haushaltsgrundsätze für Bund, Länder und Gemeinden, S. 420 f.

LHO Ausnahmen durch das zuständige Ministerium zugelassen werden, sofern kein erhebliches finanzielles Interesse des Landes besteht.

Die Länder haben für die Sparkassenverbände keine einheitlichen Ausnahmeregelungen getroffen. Aus diesem Grund kann die Anwendbarkeit des § 55 LHO nicht einheitlich für alle Verbände beurteilt werden.

In den Sparkassengesetzen und Staatsverträgen findet sich zunächst kein genereller Ausschluss der Anwendbarkeit der LHO.[303] In Baden-Württemberg, Bayern, Nordrhein-Westfalen und Brandenburg wird der Anwendungsbereich der LHO auf die Sparkassenverbände jedoch in § 112 LHO generell ausgeschlossen.[304] Diese Verbände unterfallen folglich nicht direkt dem haushaltsrechtlichen Vergaberecht des § 55 LHO. Von der Befugnis nach § 105 Abs. 3 LHO hat bspw. das rheinland-pfälzische Ministerium für Wirtschaft, Verkehr, Landwirtschaft und Weinbau mit Schreiben vom 19.12.1979 Gebrauch gemacht, und den Sparkassenverband gemäß § 105 Abs. 3 LHO von der Anwendung der Bestimmungen der Landeshaushaltsordnung mit Ausnahme des Prüfungsrechts des Landesrechnungshofs befreit.[305]

In Niedersachsen und im Saarland ist für die Sparkassenverbände lediglich die Anwendbarkeit des § 111 LHO durch § 112 Abs. 2 S. 2 LHO ausgeschlossen, im Übrigen ist die LHO anwendbar. In Hessen, Schleswig-Holstein und Thüringen sind für die Sparkassenverbände keine Ausnahmeregelungen enthalten. Ob diese Verbände § 55 LHO unterfallen, hängt demnach davon ab, ob diese dem Grundsatz entsprechend von § 105 LHO erfasst werden oder ob sie ausnahmsweise als Unternehmen in der Rechtsform einer juristischen Person des öffentlichen Rechts von § 112 Abs. 1 erfasst werden.

Ob eine juristische Person des öffentlichen Rechts ein Unternehmen ist, hängt auch im haushaltsrechtlichen Unternehmensbegriff davon ab, ob sie im Wettbewerb mit privatrechtlichen Marktteilnehmern am Markt mit

303 Lediglich das Prüfungsrecht des Landesrechnungshofs ist in Art. 34 StVHT ausgeschlossen. In Art. 23 Abs. 2 S. 3 BaySpkG wird das Staatsministerium des Innern ermächtigt, besondere Vorschriften über die Rechnungslegung des Verbands zu erlassen. Damit werden diese Regelungen zwar ausgeschlossen, die LHO im Übrigen bleibt aber nach dem Sparkassengesetz unberührt.

304 Vgl. § 112 Abs. 1 Nr. 3 LHO BW; § 112 Abs. 2 S. 2 BayLHO; § 112 Abs. 2 S. 2 LHO NRW und LHO Bbg.

305 *Palmen,* in: Dietrich, Sparkassen- und Personalrecht in Rheinland-Pfalz, Bd. 2, § 27, Rn. 25.

eigener Zielsetzung teilnehmen.[306] Im Zweifel ist entsprechend dem Ausnahmecharakter der Regelung des § 112 LHO eine juristische Person des öffentlichen Rechts nicht als Unternehmen anzusehen.[307]

Klassischerweise werden Sparkassen und öffentlich-rechtliche Banken sowie öffentlich-rechtliche Versicherungen als Unternehmen i. d. S. eingestuft, da sie in Konkurrenz zu anderen am Markt tätig sind. Die Sparkassenverbände werden weit überwiegend nicht in Konkurrenz zu anderen am Markt tätig. Dies unterscheidet sie von den Sparkassen, die sie zu Mitgliedern haben. Die Markttätigkeit ist, wenn überhaupt, nur in wenigen Bereichen gegeben. Ob diese geringfügige Tätigkeit am Markt als ausreichend für die Einstufung als Unternehmen i. S. d. Haushaltsrechts anzusehen ist, erscheint zweifelhaft. Aus diesem Grund ist entsprechend dem Regel-Ausnahme-Verhältnis davon auszugehen, dass die Verbände keine Unternehmen i. S. d. Haushaltsrechts sind. Dies gilt jedenfalls für die Länder Hessen, Rheinland-Pfalz, Schleswig-Holstein und Thüringen. In diesen Ländern ist § 55 LHO folglich anzuwenden.

Ob dies auch für die Länder Brandenburg[308], Niedersachsen[309], Nordrhein-Westfalen[310] und Saarland[311] gilt, muss wegen der systematischen Stellung der Ausnahmevorschrift in Bezug auf die Verbände bezweifelt werden. In § 112 Abs. 2 S. 1, 2 der LHO dieser Länder werden die Sparkassenverbände unmittelbar im Anschluss an die Regelungen über Unternehmen und gemeinsam mit Unternehmen in einem Satz genannt. Aus dieser systematischen Stellung ist zu schließen, dass der Gesetzgeber die Sparkassenver-

306 *Nebel,* in: Piduch, Bundehaushaltsrecht, § 112 BHO, Rn. 3a; *Eibelshäuser/Wallis,* in: Engels/Eibelshäuser, Kommentar zum Haushaltsrecht, § 112 BHO, Rn. 8.

307 *Eibelshäuser/Wallis,* in: Engels/Eibelshäuser, Kommentar zum Haushaltsrecht, § 112 BHO, Rn. 8; *Nebel,* in: Piduch, Kommentar zum Bundeshaushaltsrecht, § 112 BHO, Rn. 3a.

308 »Auf Unternehmen in der Rechtsform (...) sind (...) anzuwenden. Dies gilt nicht für die Sparkassen, die Girozentralen sowie die Sparkassen- und Giroverbände im Sinne des Sparkassengesetzes.«

309 »Auf Unternehmen in der Rechtsform (...) sind (...), § 111 unmittelbar anzuwenden. § 111 gilt nicht für die Sparkassen, den Sparkassen- und Giroverband, die Landschaftliche Brandkasse Hannover und die Provinzial Lebensversicherung Hannover.«

310 »Auf Unternehmen in der Rechtsform (...) sind (...) anzuwenden. Dies gilt nicht für die Sparkassen, die NRW.BANK, die LBS Westdeutsche Landesbausparkasse sowie die Sparkassen- und Giroverbände im Sinne des Sparkassengesetzes.«

311 »Auf Unternehmen (...) sind (...), § 111 unmittelbar anzuwenden. § 111 gilt nicht für die unter das Saarländische Sparkassengesetz fallenden juristischen Personen des öffentlichen Rechts.«

bände wie Unternehmen behandeln will. In diesen Ländern ist § 55 LHO folglich nicht anwendbar.

Die haushaltsrechtlichen Grundsätze zur Vergabe öffentlicher Aufträge kommen für die Verbände – für die sie nicht schon unmittelbar über das Haushaltsrecht gelten – mittelbar über die Verbandssatzung zur Anwendung, wenn die Satzung die Verbände bei der Haushaltsführung an die Grundsätze der Wirtschaftlichkeit und Sparsamkeit bindet.[312] Eine wirtschaftliche und sparsame Haushaltsführung kann nur gelingen, wenn die Vergabe von öffentlichen Aufträgen nach haushaltsrechtlichen Vergabegrundsätzen erfolgt.

E. Kartellrechtliche Bindungen bei der Aufgabenwahrnehmung

Die Sparkassenverbände erarbeiten für ihre Mitglieder bspw. Geschäftsstrategien oder sie planen Werbekonzepte für die Sparkassen-Finanzgruppe. Ferner schließen sie gemeinsam mit den angeschlossenen Sparkassen und anderen Verbundpartnern Rahmenvereinbarungen ab. Im Rahmen dieser Tätigkeiten sind die Regionalverbände als Unternehmensvereinigungen Adressaten des Kartellrechts.

Die Anwendbarkeit des Kartellrechts ist zunächst nicht wegen des Vorliegens eines Konzerns ausgeschlossen. Dafür fehlt es innerhalb der Sparkassen-Finanzgruppe an einer einheitlichen Leitungsmacht entsprechend § 18 Abs. 2 AktG. Denn die Geschäftsführung der Sparkassen bleibt nicht nur als bloßes Vollzugsorgan eines gemeinsamen Leitungsorgans übrig[313], sondern die einzelnen Sparkassenvorstände behalten das Recht, selbstständig zu entscheiden[314].

Das europäische sowie das deutsche Kartellrecht verbieten in Art. 101 Abs. 1 AEUV und § 1 GWB Beschlüsse von Unternehmensvereinigungen,

---

312 Vgl. § 25 Abs. 1 S-SVBW; § 27 Abs. 2 S. 2 S-SGVHT; § 19 Abs. 2 S-RSGV; § 25 Abs. 2 S. 2 S-SVRP; § 22 Abs. 2 S-SVWL; § 22 Abs. 1 S-OSV.

313 *Bechtold,* in: Bechtold, Kartellgesetz, § 1, Rn. 75.

314 Vgl. § 23 Abs. 1 S. 1 SpkG BW; § 17 Abs. 1 BaySpkG; § 18 Abs. 1 SpkG Bbg; § 7 Abs. 1 HessSpkG; § 18 Abs. 1 SpkG MV; § 10 Abs. 1 S. 1 NdsSpkG; § 20 Abs. 1 SpkG NRW; § 14 SpkG RP; § 16 Abs. 1 S. 1 SpkG Saar; § 18 Abs. 1 SpK Sa; § 18 Abs. 1 SpkG LSA; § 14 Abs. 2 SpkG SH; § 15 Abs. 1 SpkG Thür.

welche geeignet sind, den Handel zwischen Mitgliedstaaten zu beeinträchtigen und/oder eine Wettbewerbsverfälschung bezwecken oder bewirken.[315]

Die Sparkassenverbände sind Unternehmensvereinigungen.[316] In ihnen sind die Sparkassen und deren Träger vereinigt. Die Sparkassen sind aufgrund ihrer Tätigkeit am Finanzmarkt in Konkurrenz zu den Privat- und Genossenschaftsbanken als Unternehmen anzusehen.[317] Die Kommunen hingegen sind keine Unternehmen. Dies schließt den Charakter der Verbände als Unternehmensvereinigungen aber nicht aus. Zweck dieser Regelungen ist es, alle Verbände zu erfassen, deren Tätigkeit oder die Tätigkeit der angehörenden Unternehmen theoretisch auf Wettbewerbsbeschränkungen abzielen können.[318] Ansonsten könnten Unternehmen durch die Zwischenschaltung von Unternehmensvereinigungen das Verbot kartellrechtswidriger Vereinbarungen zwischen Unternehmen unterlaufen, obwohl die Beschlüsse von Unternehmensvereinigungen den gleichen wettbewerbswidrigen Effekt haben können, wie Vereinbarungen zwischen den angeschlossenen Mitgliedern selbst.[319] Die Mitgliedschaft der Kommunen schließt die Fassung von wettbewerbsbeschränkenden Beschlüssen der Organe der Verbände aber nicht aus. Würden derartige Vereinigungen nicht erfasst, liefe der Schutzzweck der Norm ins Leere.

Die Beschlüsse der Gremien der Regionalverbände sind im Einzelfall dann kartellrechtswidrig, wenn sie das Verhalten der Sparkassen koordinieren oder regeln sollen und die Mitglieder den gemeinsamen Willen zum Ausdruck gebracht haben, sich auf dem Markt in einer bestimmten Weise zu verhalten.[320] Für die Annahme aufeinander abgestimmter Verhaltensweisen

---

315 Ob das europäische oder das deutsche Kartellrecht Anwendung findet, hängt davon ab, ob die Zwischenstaatlichkeitsklausel erfüllt ist (dazu: *Rehbinder,* in: Immenga/Mestmäcker, Wettbewerbsrecht, Bd. 1, Art. 81 EGV, Rn. 262 ff.).

316 Allgemein zum Begriff der Unternehmensvereinigung: *W. Weiß,* in: Calliess/Ruffert, EUV/EGV, Art. 81 EG, Rn. 42 ff.

317 *OLG Rostock,* Beschl. v. 15.06.2005 – 17 Verg 3/05 –, Juris Rn. 25 ff.

318 *EuGH,* Urt. v. 15.05.1975 – RS. 71/74 (»FRUBO/Kommission«) –, in: Slg. 1975, 563, (Juris Rn. 30/31); *W. Weiß,* in: Calliess/Ruffert, EGV/EUV, Art. 81 EG, Rn. 42.

319 Durch Beschlüsse von Vereinigungen werden nämlich die rechtlichen Beziehungen zwischen den Unternehmensvereinigungen und den Beschlussadressaten oder direkt zwischen den Unternehmen auf der Grundlage der Satzung des Verbands geregelt (*Bunte,* in: Langen/Bunte, Kommentar zum deutschen und europäischen Kartellrecht, Bd. 2, Art. 81, generelle Prinzipien, Rn. 33).

320 *Bunte,* in: Langen/Bunte, Kommentar zum deutschen und europäischen Kartellrecht, Bd. 2, Art. 81, generelle Prinzipien, Rn. 45.

ist es insbesondere nicht erforderlich, dass der Beschluss nach nationalem Recht für die Mitglieder verbindlich ist oder dass die Nichtbefolgung mit Sanktionen belegt werden kann. Auch das Verfahren der Willensbildung und die rechtliche Qualifikation sind unerheblich.[321]

Ob dieser Beschluss zu einer Verfälschung des Wettbewerbs und/oder einer Beeinträchtigung des Handels zwischen den Mitgliedsstaaten führt, muss sodann ebenfalls stets im Einzelfall festgestellt werden.

Für die Beschlusspraxis der Verbände und die Durchführung der Beschlüsse durch die Sparkassen bedeutet dies, dass das wettbewerbsrechtliche Risiko der eigenständig handelnden Sparkassen nicht durch abgestimmte Verhaltensweisen in den Sparkassenverbänden ausgeschaltet werden darf.

§ 7 Staatsaufsicht

Die Sparkassenverbände unterstehen als Körperschaften des öffentlichen Rechts der Aufsicht des Landes.[322]

A. Rechtsaufsicht

Die Aufsicht beschränkt sich im Einklang mit der Selbstverwaltungsgarantie der Kommunen aus Art. 28 Abs. 2 GG auf eine Rechtsaufsicht, die die Rechtmäßigkeit von Geschäftsführung und Verwaltung sicherstellt und die Einhaltung der Pflichten der Prüfungsstelle überwacht.[323]

Regelmäßig erstreckt sich die Aufsicht auch auf die Tätigkeit privatrechtlich betriebener Tochterunternehmen der Verbände. Dabei wird jedoch nicht die Erfüllung zivilrechtlicher Verpflichtungen überprüft. Sofern die Unternehmen der Verbände öffentliche Aufgaben in privatrechtlicher Form erfüllen, überprüfen die Aufsichtsbehörden nur, ob die Aufgabenwahrnehmung in Übereinstimmung mit den einschlägigen sparkassenrechtlichen Regelungen

---

321 *Bechtold,* in: Bechtold: Kartellgesetz, § 1, Rn. 14; *Bunte,* in: Langen/Bunte, Kommentar zum deutschen und europäischen Kartellrecht, Bd. 2, Art. 81, generelle Prinzipien, Rn. 33 f.

322 Zur besonderen Aufsicht über die Prüfungsstellen siehe § 9 B. IV.

323 § 48 Abs. 2 SpkG BW; Art. 23 Abs. 1, 3 BaySpkG; Art. 2 Abs. 1, 2, 5 STVHT; § 28 Abs. 3, 4 NdsSpkG; § 41 Abs. 1, 2 SpkG NRW; § 27 Abs. 1SpkG RP; § 46 Abs. 1, 2 SpkG Saar; § 38 Abs. 1, 3 SpkG SH; § 3 Abs. 1, 2 StVOSV. Zu den allgemeinen Grundsätzen der Rechtsaufsicht: *Wolff/Bachof/Stober,* Verwaltungsrecht, Bd. 3, § 87 IV, Rn. 80 ff.; *Knemeyer,* BayVBl. 1986, 36.

erfolgt. Denn die Wahl einer privatrechtlichen Handlungsform führt nicht zu einer Außerkraftsetzung der öffentlichen Bindungen.[324] Zivilrechtliche Verpflichtungen müssen von den Vertragspartnern im Streitfalle im zivilrechtlichen Rechtsweg geltend gemacht werden. In diese Verfahren kann und darf die Rechtsaufsichtsbehörde nicht eingreifen.[325]

Bestimmte Dinge, bspw. Satzungsänderungen, unterliegen nach den Sparkassengesetzen einem Genehmigungsvorbehalt der Aufsichtsbehörden. In der Praxis wird den Aufsichtsbehörden bei den Genehmigungsvorbehalten vielfach eine eigenständige Ermessensentscheidung zugestanden, die den Behörden eigene Zweckmäßigkeitserwägungen ermöglicht.[326] Diese praktische Handhabung der Aufsicht bedarf jedoch im Hinblick auf die Selbstverwaltungsgarantie des Art. 28 Abs. 2 GG einer kritischen Überprüfung, da sie im Bereich der kommunalen Selbstverwaltung mit der verfassungsrechtlich verbürgten Beschränkung auf eine Rechtsaufsicht nicht zu vereinbaren ist.[327]

Im Übrigen sind die für die Aufsicht über Selbstverwaltungskörperschaften geltenden Besonderheiten zu beachten. Es gilt der Grundsatz des selbstverwaltungsfreundlichen Verhaltens, der ein Rücksichtnahmegebot auf die berechtigten Interessen des Selbstverwaltungsträgers beinhaltet und die Aufsichtsbehörde dazu verpflichtet, sich kooperativ-partnerschaftlich zu verhalten.[328] Der Selbstverwaltungstreue sind ferner der Grundsatz der abgestuften Intervention sowie der Vorrang der Eigenaufsicht zu entnehmen.[329] Danach ist die Aufsichtsbehörde regelmäßig zu einer konsensualen Verständigung durch Dialog mit den Verbänden verpflichtet, bevor sie ein Aufsichtsmittel ergreift.[330]

---

324 *Ipsen,* Kommunalrecht, Rn. 885; *Gern,* Kommunalrecht, Rn. 813; *Erichsen,* DVBl. 1985, 943.

325 Zum Ganzen *Klüpfel u. a.,* SpkG BW, § 48, Anm. II, 2.

326 *Heinevetter,* SpkG NRW, Stand August 1992, § 29, Rn. 6, § 46, Anm. 1; *Schlierbach/Püttner,* Sparkassenrecht, S. 284; *Klüpfel u. a.,* SpkG BW, § 48, Anm. II, 3.

327 Kritisch zu Genehmigungsvorbehalten, die über eine rechtsaufsichtliche Unbedenklichkeitserklärung hinausgehen: *Erichsen,* DVBl. 1985, 943 (944) m. w. N.; *Knemeyer,* BayVBl. 1986, 33 (36); *Püttner,* Kommunalrecht, Rn. 150; *Kahl,* Staatsaufsicht, S. 558 f. m. w. N.

328 *Kahl,* Staatsaufsicht, S. 512 ff. m. w. N.

329 Dazu: *Wolff/Bachof/Stober,* Verwaltungsrecht, Bd. 3, § 87 IV, Rn. 82; *Kahl,* Staatsaufsicht, S. 552 ff.

330 *Klüpfel u. a.,* SpkG BW, § 48, Anm. II, 1; Allgemein dazu: *Kahl,* Staatsaufsicht, S. 552 f.

Der Vorrang der Eigenaufsicht räumt der innerverbandlichen Kontrolle Priorität ein. Die Überwachung der Aufgabenwahrnehmung obliegt danach primär den Verbandsorganen und der internen Verbandsrevision. Die Staatsprüfung beschränkt sich hauptsächlich auf die Prüfung der Haushaltspläne, Prüfungsberichte, Haushaltsrechnungen und Jahresberichte. Darüber hinaus wird sie nur aus gegebenem Anlass tätig. Die Staatsaufsicht nimmt damit den Charakter einer Begleit-, Rahmen- und Auffangaufsicht an.[331]

B. Rechtsaufsichtsbehörde

Die zuständige Rechtsaufsichtsbehörde ist in den Ländern grundsätzlich entweder das Innenministerium[332], das Wirtschaftministerium[333] oder das Finanzministerium[334].

Die Rechtsaufsicht über den länderübergreifenden Sparkassenverband Hessen-Thüringen und den Ostdeutschen Sparkassenverband wird von den Vertragsländern turnusmäßig im Wechsel wahrgenommen. Im Ostdeutschen Verband wird sie entsprechend der alphabetischen Reihenfolge im fünfjährigen Wechsel jeweils durch das in einem Vertragsland für die Sparkassenaufsicht zuständige Landesministerium ausgeübt.[335] Im hessisch-thüringischen Verband ist ein turnusmäßiger Wechsel der zuständigen Ministerien in den Staatsvertragsländern nach jeweils 4 Jahren vorgesehen. Allerdings muss bei Satzungsänderungen das Einvernehmen zwischen beiden Ministerien herbeigeführt werden. Über die Aufsicht wurde im Übrigen eine abschließende Verwaltungsvereinbarung getroffen.[336]

In Rheinland-Pfalz wird die Aufsicht abweichend von den anderen Bundesländern durch das fachlich zuständige Ministerium im Einvernehmen mit dem für das Kommunalrecht zuständige Ministerium ausgeübt.[337]

---

331 Zum Ganzen *Kahl,* Staatsaufsicht, S. 554.
332 § 49 Abs. 1 S. 3 SpkG BW; Art. 23 Abs. 1 BaySpkG; § 42 Abs. 1 SpkG SH.
333 § 46 Abs. 1 SpkG Saar.
334 § 28 Abs. 3 i. V. m. § 25 Abs. 2 NdsSpkG; § 39 Abs. 2 SpkG NRW.
335 § 3 Abs. 1 StVOSV.
336 Art. 2 Abs. 1 StVHT.
337 § 28 Abs. 2 SpkG RP.

C. Aufsichtsmittel

Den Aufsichtsbehörden stehen präventive und repressive Aufsichtsmittel zur Verfügung. Die in den Sparkassengesetzen genannten Aufsichtsmittel entsprechen im Wesentlichen denen der allgemeinen Sparkassenaufsicht und der Kommunalaufsicht, so dass deren Grundsätze auch auf die Sparkassenverbandsaufsicht übertragen werden können.[338] Den Aufsichtsbehörden stehen Informations- und Prüfungsrechte, ein Einberufungsrecht der Verbandsorgane, ein Beanstandungs-, Anweisungs- und Ersatzvornahmerecht sowie als ultima ratio das Recht zum Einsatz eines Beauftragten zu. Bei der Wahl der Aufsichtsmittel gilt ebenso wie im Sparkassen- und im kommunalen Aufsichtsrecht der Grundsatz der Verhältnismäßigkeit, so dass stets das den Verband am wenigsten belastende Mittel gewählt werden muss.[339] Ferner dürfen Aufsichtsmittel nur im öffentlichen Interesse ergriffen werden.[340]

Im BaySpkG und im StVHT wird den Aufsichtsbehörden neben einzelnen Befugnissen eine unbestimmte Befugnis zur Anordnung aller Maßnahmen eingeräumt, die erforderlich sind, um den Geschäftsbetrieb des Verbands im Einklang mit Recht und Gesetz zu halten.[341] Diese Generalklausel umfasst insbesondere die klassischen Aufsichtsmittel, die in den anderen Sparkassengesetzen aufgeführt sind.

Die Aufsichtsmittel werden wegen der Vergleichbarkeit mit der Sparkassen- und der Kommunalaufsicht in der gebotenen Kürze dargestellt.

I. Informations- und Prüfungsrecht

Das jeweilige Ministerium kann sich zur Erfüllung der Aufgaben jederzeit über alle Angelegenheiten des Verbands unterrichten, Prüfungen und Besichtigungen durchführen, Berichte anfordern sowie Akten und Unterlagen einsehen. Ferner kann die Aufsichtsbehörde an den Sitzungen der Organe

338 *Berger,* NdsSpkG, § 25, Rn. 2; *Klüpfel u. a.,* SpkG BW, § 48, Anm. I, 3.

339 *Wolff/Bachof/Stober,* Verwaltungsrecht, Bd. 3, § 87 IV, Rn. 82; *Schlierbach/Püttner,* Sparkassenrecht, S. 287.

340 *Klüpfel u. a.,* SpkG BW, § 48, Anm. II, 1.

341 Art. 23 Abs. 2 BaySpkG; Art. 2 Abs. 2 S. 2 StVHT.

des Verbands teilnehmen und dort das Wort ergreifen.[342] Diese Rechte sind stets unter Wahrung des Verhältnismäßigkeitsgrundsatzes auszuüben. Adressat eines Auskunftsersuchens ist das geschäftsführende Organ des Verbands.

II. Einberufung der Organe des Verbands

Im Zusammenhang mit dem Informationsrecht steht das Recht der Aufsichtsbehörde, die Organe des Verbands zur Beschlussfassung über bestimmte Angelegenheiten einzuberufen.[343] Diese Befugnis wird in den Sparkassengesetzen nicht näher durch Tatbestandsvoraussetzungen konkretisiert. Da es jedoch grundsätzlich der Selbstverwaltungskörperschaft überlassen ist, ob und wann sie über bestimmte Angelegenheiten entscheidet, wird man den Wortlaut dahingehend interpretieren müssen, dass es sich um Beschlüsse über solche Angelegenheiten handeln muss, die zu einem rechtmäßigen Handeln oder einer rechtskonformen Organisation des Verbands erforderlich sind und für die ein Beschluss des jeweiligen Organs erforderlich ist. Sofern lediglich eine bestimmte Handlung gefordert wird, für die ein Beschluss eines Organs nicht erforderlich ist, ist die Anweisung das vorzugswürdige Aufsichtsmittel.

III. Beanstandungsrecht

Darüber hinaus kann die Aufsichtsbehörde Beschlüsse und Anweisungen der Verbandsorgane, die gegen geltendes Recht verstoßen, beanstanden, deren Ausführung untersagen und verlangen, dass Maßnahmen, die aufgrund eines solchen Beschlusses ergangen sind, rückgängig gemacht werden.[344]

---

342 § 48 Abs. 3 SpkG BW; Art. 23 Abs. 2 Nr. 1, 2 BaySpkG; Art. 2 Abs. 3 StVHT; § 26 Abs. 1 NdsSpkG; § 41 i. V. m. § 40 Abs. 2 SpkG NRW; § 3 Abs. 1 S. 4 StVOSV i. V. m. § 30 Abs. 2 SpkG Bbg ; § 27 Abs. 7 i. V. m. Abs. 1, 2 SpkG RP; § 46 Abs. 5 S. 1, 3 i. V. m. § 30 Abs. 2 SpkG Saar; § 38 Abs. 2 i. V. m. § 40 Abs. 1 SpkG SH.

343 Art. 23 Abs. 2 Nr. 2 BaySpkG; Art. 2 Abs. 2 StVHT; § 26 Abs. 2 S. 1 NdsSpkG; § 41 Abs. 1 i. V. m. § 40 Abs. 3 SpkG NRW; § 3 Abs. 1 S. 4 StVOSV i. V. m. § 30 Abs. 3 S. 1 SpkG Bbg; § 29 Abs. 7, 2 SpkG RP; § 46 Abs. 5 S. 3 i. V. m. § 30 Abs. 3 S. 1 SpkG Saar; § 38 Abs. 2 i. V. m. § 40 Abs. 1 S. 2 2. HS SpkG SH.

344 § 48 Abs. 4 SpkG BW i. V. m. § 121 Abs. 1 GO BW; Art. 23 Abs. 2 Nr. 3 BaySpkG; § 26 Abs. 2 S. 2 NdsSpkG; § 41 Abs. 1 i. V. m. § 40 Abs. 3 SpkG NRW; § 3 Abs. 1 S. 4 StVOSV i. V. m. § 30 Abs. 3 S. 2 SpkG Bbg; § 29

Die Beanstandung hat in einigen Bundesländern aufschiebende Wirkung, so dass die rechtswidrigen Beschlüsse nicht vollzogen werden dürfen.[345]

In Schleswig-Holstein kann die Aufsichtsbehörde neben dem eigenen Beanstandungsrecht auch den Vorsitzenden der Organe anweisen, rechtswidrige Beschlüsse und Anweisungen zu beanstanden.[346] Das eigene Beanstandungsrecht ist diesem gegenüber aber nicht subsidiär. Es handelt sich lediglich um eine Handlungsalternative.

IV. Anweisungsrecht, Ersatzvornahme

Das Aufsichtsmittel der Anweisung ist für die Fälle des rechtswidrigen Unterlassens einer gebotenen Handlung gedacht. Erfüllt ein Sparkassenverband die ihm nach geltendem Recht obliegenden Pflichten nicht – davon sind auch die rechtmäßig angeordneten Aufsichtsmittel erfasst –, so kann die Sparkassenaufsichtsbehörde den Verband anweisen, innerhalb einer bestimmten Frist das Erforderliche zu veranlassen.[347] Kommt der Verband dieser Anweisung nicht innerhalb der Frist nach, kann die Aufsichtsbehörde anstelle des Verbands das Erforderliche veranlassen und auf Kosten des Verbands selbst durchführen oder durch einen Beauftragten durchführen lassen.[348] Die Weisungsbefugnis bezieht sich auf alle Angelegenheiten, die zum rechtlichen Pflichtenkreis des Verbands gehören.

Um die Ersatzvornahme vornehmen zu dürfen, bedarf es neben der vorhergehenden Anordnung des erfolglosen Ablaufs einer gesetzten Frist. Die Anordnung muss ferner bestandskräftig oder sofort vollziehbar sein. Die Ersatzvornahme betrifft sämtliche Angelegenheiten des Verbands. Sofern man privatrechtliche Angelegenheiten als von der Aufsicht umfasst ansieht,

---

Abs. 7, 3 SpkG RP; § 46 Abs. 5 i. V. m. § 30 Abs. 3 S. 2 SpkG Saar; § 38 Abs. 2 i. V. m. § 40 Abs. 2 S. 2, 4 SpkG SH.

345 § 48 Abs. 4 SpkG BW i. V. m. § 121 Abs. 1 S. 3 GO BW; § 26 Abs. 2 S. 3 NdsSpkG; § 40 Abs. 2 S. 3 SpkG SH.

346 § 38 Abs. 2 i. V. m. § 40 Abs. 2 SpkG SH.

347 § 48 Abs. 4 SpkG BW i. V. m. § 122 GO BW; § 26 Abs. 3 S. 2 NdsSpkG; § 3 Abs. 1 S. 4 StVOSV i. V. m. § 30 Abs. 4 S. 1 SpkG Bbg; § 41 Abs. 1 i. V. m. § 40 Abs. 4 S. 1 SpkG NRW; § 28 Abs. 4 SpkG RP; § 46 Abs. 5 S. 4 i. V. m. § 30 Abs. 4 S. 1 SpkG Saar; § 42 Abs. 2 i. V. m. § 40 Abs. 3 SpkG SH.

348 § 48 Abs. 4 SpkG BW i. V. m. § 123 GO BW; § 26 Abs. 3 S. 2 NdsSpkG; § 3 Abs. 1 S. 4 StVOSV i. V. m. § 30 Abs. 4 S. 2 SpkG Bbg; § 41 Abs. 1 i. V. m. § 40 Abs. 4 S. 2 SpkG NRW; § 46 Abs. 5 S. 4 i. V. m. § 30 Abs. 4 S. 1 SpkG Saar; § 42 Abs. 2 i. V. m. § 40 Abs. 3 SpkG SH.

ist eine Ersatzvornahme nur dann möglich, wenn der Betroffene nicht den Zivilrechtsweg beschreiten kann.[349]

Es wird diskutiert, ob sich dieses an das Kommunalrecht angelehnte Aufsichtsmittel nur auf öffentlich-rechtliche Pflichten bezieht, oder ob auch privatrechtliche Pflichtverletzungen erfasst sind.[350] Da die Erfüllung öffentlicher Aufgaben nicht zwangsläufig in öffentlich-rechtlicher Rechtsform erfolgen muss, liegt es aber nahe, diesen Bereich nicht schon anhand der rechtlichen Qualität des Handelns der Aufsicht zu entziehen, sondern die Aufsichtserstreckung von der Verfolgung öffentlich-rechtlicher Rechte und Pflichten abhängig zu machen.[351]

Bei der Durchführung der Ersatzvornahme erlangt die Aufsichtsbehörde die Stellung eines gesetzlichen Vertreters des Verbands. Die Ausführung wirkt für und gegen den Verband und dieser muss die Maßnahme dulden. Auch die durch einen von der Aufsichtsbehörde beauftragten Dritten abgeschlossenen Rechtsgeschäfte wirken für und gegen den Verband.[352]

V. Bestellung eines Beauftragen

Als ultima ratio können die Aufsichtsbehörden nach einigen Sparkassengesetzen über die Beauftragung eines Dritten zur Ersatzvornahme hinaus einen Beauftragten bestellen, der alle oder einzelne Aufgaben des Verbands auf deren Kosten vornimmt.[353] Voraussetzung dafür ist, dass der Verband den ordnungsgemäßen Geschäftsgang nicht gewährleistet und die anderen Aufsichtsmittel nicht ausreichen, um die Gesetzmäßigkeit der Verwaltung zu sichern.

Auch der Beauftragte hat die Stellung eines Organs des Verbands. Im Unterschied zur Ersatzvornahme ist die Bestellung eines Beauftragten aber nicht auf einzelne Maßnahmen beschränkt, sondern der Beauftragte nimmt für die erforderliche Dauer einen gesamten Aufgabenbereich als Organ des

349 *Gern,* Kommunalrecht, Rn. 814.

350 *Ipsen,* Kommunalrecht, Rn. 885; *Gern,* Kommunalrecht, Rn. 813; *Erichsen,* DVBl. 1985, 943.

351 *Ipsen,* Kommunalrecht, Rn. 885.

352 *Gern,* Kommunalrecht, Rn. 814.

353 § 48 Abs. 4 SpkG BW i. V. m. § 124 GO BW; § 26 Abs. 4 NdsSpkG; § 3 Abs. 1 S. 4 StVOSV i. V. m. § 30 Abs. 5 SpkG Bbg; § 29 Abs. 8 S. 1 SpkG RP; § 42 Abs. 2 i. V. m. § 40 Abs. 4 SpkG SH.

Verbands wahr und kann somit in geschäftlichen Entscheidungen des Verbands Einfluss nehmen.

D. Rechtsschutz gegen Maßnahmen der Aufsichtsbehörde

Maßnahmen der Aufsichtsbehörden gegenüber den Sparkassenverbänden stellen regelmäßig Verwaltungsakte dar.[354] Wegen der Ähnlichkeit der Aufsichtsmittel kann insofern auf die Ausführungen zum Kommunalrecht verwiesen werden.[355] Gegen diese Maßnahmen können die Verbände Rechtsschutz nach den allgemeinen Regelungen ersuchen.

354 *Heinevetter,* SpkG NRW, 2. Aufl., Stand August 1992, § 49, Rn. 2.
355 Zu den Rechtsschutzmöglichkeiten: *Gern,* Kommunalrecht, Rn. 833.

3. Teil: Innere Verbandsverfassung

§ 8 Mitgliedschaftsrechtsverhältnis

Das Mitgliedschaftsrechtsverhältnis ist ein verwaltungsrechtliches Dauerrechtsverhältnis, welches durch gegenseitige Rechte und Pflichten geprägt ist. Da die Sparkassengesetze und Staatsverträge über die Rechtsbeziehungen zwischen Verband und Mitglied grundsätzlich keine Regelungen enthalten, wird der Inhalt maßgeblich durch die Verbandssatzungen sowie durch die Grundsätze zur Mitgliedschaft in Zwangskörperschaften geprägt.

Den Mitgliedern verfassungsrechtlich zulässiger Zwangskörperschaften müssen im Rahmen des Mitgliedschaftsverhältnisses gleichberechtigte Partizipationsrechte eingeräumt werden.[356] Die Zwangsmitgliedschaft begründet kein weisungsgebundenes Unterstellungsverhältnis der Mitglieder gegenüber dem Verband.[357] Anordnungsbefugnisse oder Weisungsrechte stehen den Verbänden gegenüber ihren Mitgliedern grundsätzlich nicht zu. Die sachbezogenen Einwirkungsmöglichkeiten beschränken sich allein auf Beratung, Empfehlung und Anregung. Die Mitglieder müssen jedoch Mehrheitsbeschlüsse der Verbandsorgane gegen sich gelten lassen und insbesondere die daraus resultierenden Finanzierungspflichten tragen. Im Gegenzug dazu sind der Verband und die Verbandsorgane verpflichtet, keine Aufgaben außerhalb des gesetzlich zugewiesenen Kompetenzrahmens wahrzunehmen.[358] Diese Pflichtenbindung schließt es nicht aus, dass einzelne Verpflichtungen, insbesondere die Umlageverpflichtung, durch Verwaltungsakt geltend gemacht werden können.[359]

A. Mitwirkungs-, Beteiligungs- und Teilhaberechte der Mitglieder

Die Verbandsmitglieder haben Mitwirkungs-, Beteiligungs- und Teilhaberechte. Die Satzungen der Verbände sehen vor, dass die Mitglieder nach Maßgabe der Satzungen an der Verbandsleitung durch die Mitwirkung in

---

356 *Böhm,* DÖV 2004, 650 (654).

357 *Heinevetter,* SpkG NRW, 2. Aufl., Stand August 1992, § 47, Anm. 1; *Schlierbach/ Püttner,* Sparkassenrecht, S. 292.

358 *OVG Münster,* Urt. v. 22.06.2009 – 16 A 3137/08 –, in: DVBl. 2009, 1112 ff.; *Koenig,* GewArch 1995, 353 (355 f.); *Mayen,* in: Dolde u. a., Verfassung – Umwelt – Wirtschaft, 475 (476).

359 Zur VA-Befugnis der Verbände bei der Umlageerhebung siehe § 14 B. III.

den Verbandsorganen teilnehmen. Ihnen steht insbesondere das Recht zu, die nach der Satzung vorgesehene Anzahl von Mitgliedern in die Verbandsversammlung zu entsenden und an den Entscheidungen nach Maßgabe des vorgesehenen Stimmrechts mitzuwirken. Ferner steht den Mitgliedern das Recht zu, ihre Verbandsversammlungsmitglieder für den Verbandsvorstand bzw. den Verbandsverwaltungsrat zu nominieren. Auch in den Ausschüssen, Arbeitsgemeinschaften und sonstigen Einrichtungen der Verbände steht den Mitgliedern ein Mitwirkungsrecht zu. Auf die genaue Ausgestaltung dieser Rechte wird in der Darstellung der Organe und der Einrichtungen eingegangen. Die Mitglieder haben nach den Satzungen ferner einen Anspruch auf Benutzung der Einrichtungen des Verbands.

B. Informationsrechte der Mitglieder

Gesetzlich normierte Informationsrechte, z. B. auf Akteneinsichtnahme, sind in den Sparkassengesetzen nicht normiert. Auch die Satzungen enthalten keinen dahingehenden Anspruch. Insbesondere können die Mitglieder auch keinen Informationsanspruch aus den in den meisten Bundesländern bestehenden Informationsfreiheitsgesetzen herleiten. Diese Gesetze gewähren ausschließlich natürlichen Personen Informationsrechte.[360] In der Eigenschaft als Mitglied des Kollegialorgans tritt das Mitglied dem Verband aber nicht als natürliche Person gegenüber, sondern das Mitglied macht Rechte aus einer organschaftlichen Rechtsstellung geltend. Der Kreis der Informationsberechtigten ist in diesen Gesetzen bewusst auf natürliche Personen begrenzt.[361]

Ein Informationsanspruch ergibt sich aber aus der Stellung des Mitglieds in dem Kollegialorgan. Die Grundlage aller Rechte der Mitglieder ist die Mitgliedschaft selbst. Aus dieser erwachsen umfassende Mitwirkungs- und Entscheidungsrechte. Diese schließen neben Teilnahme-, Rede-, Antrags- und Abstimmungsrechten ein Recht auf Einsicht in die Akten ein. Auch wenn diese nicht, wie das Teilnahme- und Abstimmungsrecht, in den Satzungen geregelt ist, so ist das Informationsrecht als Grundlage jedweder

360 Bspw. § 4 Abs. 1 IFG NRW.

361 Zur Ablehung des IFG-Anspruchs eines Organmitglieds *OVG Münster,* Urt. v. 12.6.2003 – 8 A 4282/02 –, in: NVwZ 2003, 1526.

Mitwirkung zu gewähren, wenn es zur pflichtgemäßen Erfüllung der Aufgaben erforderlich ist.[362]

C. Finanzierungspflicht durch die Mitgliedssparkassen

Die Mitgliedssparkassen haben die Pflicht, den Verband mit einem Stammkapital auszustatten und die nicht anderweitig gedeckten Aufwendungen durch die Zahlung einer Umlage zu finanzieren. Diese Finanzierungspflichten werden im 5. Teil der Arbeit ausführlich dargestellt.

D. Abwehranspruch gegen den Verband bei Überschreitung des Kompetenzrahmens

Aufgrund der beschriebenen Zwangsmitgliedschaft können die Pflichtmitglieder auf eine kompetenzüberschreitende Aufgabenwahrnehmung eines Verbands nicht mit einem Austritt reagieren. Die Mitglieder können zwar dic Rcchtsaufsicht benachrichtigen und sie zum Einschreiten auffordern. Sie können die Aufsichtsbehörden aber nicht gerichtlich auf ein Einschreiten in Anspruch nehmen, da ihnen weder ein subjektives Recht auf Einschreiten der Aufsichtsbehörden noch ein allgemeiner Gesetzesvollziehungsanspruch zusteht. Ihnen steht aber selbst ein Abwehr- und Unterlassungsanspruch gegen den Verband zu.

I. Herleitung des Abwehr- und Unterlassungsanspruchs

Um eine Stärkung der Rechtsstellung der Pflichtmitglieder zu bewirken, gewähren die Gerichte Zwangsmitgliedern in Personalkörperschaften in ständiger Rechtsprechung einen gegen die Überschreitung des Kompetenzrahmens gerichteten Abwehr- und Unterlassungsanspruch.[363] Die zu erhe-

---

362 Zum Informationsanspruch eines Bundestagsabgeordneten: BVerfGE 70, 324 (335), eines Gemeinderatsmitglieds: *Stober,* Kommunalrecht in der BRD, § 5 Nr. 3b; *Erichsen,* Kommunalrecht, § 7 A. 1 b) bb), eines Mitglieds der Vollversammlung einer IHK in NRW: *OVG Münster,* Urt. v. 12.06.2003 – 8 A 4282/02 –, in: NVwZ 2003, 1526 (1527). Allgemein zum Informationsanspruch des Mitglieds eines Kollegialorgans: *Wolff/Bachof/Stober,* Verwaltungsrecht, Bd. 3, § 87 II 5, Rn. 62; § 98 II 2, Rn. 14.

363 *BVerwG,* Urt. v. 25.09.1969 – I C 50.65 –, in: BVerwGE 34, 59; Urt. v. 17.12.1981 – 5 C 56/79 – in: BVerGE 64, 298; Beschl. v. 01.03.1984 – 6 P 28/83 –, in: BVerwGE 69, 63, Urt. v. 19.09.2000 – 1 C 29/99 –, in: BVerwGE 112, 69; *BVerwG,* Urt. v. 21.07.1998 – 1 C 32/97 –, in: DÖV 1999, 29 (31); *Dreier,* in: Dreier, GG, Art. 2 I, Rn. 50 m. w. N.; allgemein zu Rechtsschutzfragen gegenüber

bende Mitgliederklage soll das fehlende Austrittsrecht durch eine Gewährleistung der Erfüllung legitimer Aufgaben während der gesamten Dauer des Bestehens des Verbands kompensieren. Das Abwehrrecht wird in Personalkörperschaften der Abwehr- und Schutzfunktion des Art. 2 Abs. 1 GG entnommen. Öffentlich-rechtliche Zwangsverbände dürfen nur zur Wahrnehmung legitimer öffentlicher Aufgaben gegründet werden. Sofern die Zwangsverbände den gesetzlich zugewiesenen Kompetenzrahmen überschreiten, liegt ein ungerechtfertigter Eingriff in Art. 2 Abs. 1 GG vor. Der status negativus des Grundrechts gewährt dem Grundrechtsberechtigten einen Abwehr- und Unterlassungsanspruch. Zum anderen wird der Anspruch der Treuepflicht des Pflichtverbands gegenüber seinen Mitgliedern entnommen.[364]

Sofern man die freien Sparkassen im schleswig-holsteinischen Verband als grundrechtsberechtigt ansieht, ergibt sich für diese ebenso wie für andere Private in Zwangskörperschaften ein grundrechtlich begründeter Anspruch auf Einhaltung des Kompetenzrahmens.

Die kommunalen Sparkassen und die Kommunen sind hingegen nicht grundrechtsfähig. Ein subjektiver Anspruch auf Einhaltung des Kompetenzrahmens ergibt sich für die Sparkassen jedoch aus einem mitgliedschaftlich begründeten Unterlassungsanspruch, basierend auf einer Treuepflicht des Verbands gegenüber seinen Mitgliedern. Diese Treuepflicht folgt aus dem Sparkassengesetz i. V. m. der Verbandssatzung.[365] Das Oberverwaltungsgericht Münster entnahm der Kreisordnung NRW eine allgemeine Treuepflicht, welche den Kreis dazu verpflichtet, keine verbandskompetenzwidrigen Aufgaben wahrzunehmen, um die Mitglieder nicht mit den dadurch

---

Zwangsverbänden: *Laubinger,* VerwArch 74, 175 ff, 263 ff.; *Meßerschmidt,* VerwArch 81, 55 ff.; *Detterbeck,* Zum präventiven Rechtsschutz gegen ultra-vires-Handlungen, S. 4 ff.; *Kluth,* DVBl. 1986, 716 (723 ff.); *Pohle,* Mitgliederklagen, S. 16 ff.; *Wolff/Bachof/Stober,* Verwaltungsrecht, Bd. 3, § 87 II 5, Rn. 63; § 98 II 2, Rn. 11.

364 Zur Treuepflicht in Personalkörperschaften: *OVG Münster,* Entsch. v. 19.08.1968 – V A 608/68 –, in: NJW 1969, 1044 ff.; einschränkende Sichtweise von Meßerschmidt, VerwArch 81, 55 (74 ff.); a. A. *Kluth,* DVBl. 1986, 716 (723 ff.); *Laubinger,* VerwArch 1983, 263 (275 f.); zur Treuepflicht im Verhältnis Kreis-Gemeinde: *OVG Münster,* Urt. v. 22.02.2005 – 15 A 130/04 –, in: DVBl. 2005, 652; *Oebbecke,* Die Verwaltung 42, 247 (250 f.).

365 *OVG Münster,* Urt. v. 22.06.2009 – 16 A 3137/08 –, in: DVBl. 2009, 1112 ff.; *Koenig,* GewArch 1995, 353 (355 f.); *Mayen,* in: Dolde u. a., Verfassung – Umwelt – Wirtschaft, 475 (476).

entstehenden Aufwendungen zu belasten.[366] Dies muss auch für die kommunalen Sparkassen als Umlageverpflichtete in den Sparkassenverbänden gelten.[367] Denn die Sparkassen sind verpflichtet, einen mit der erforderlichen Mehrheit gefassten Beschluss zu akzeptieren und über die Umlage die Mehraufwendungen zur Umsetzung des Beschlusses zu finanzieren. Aus diesen gesetzlichen und satzungsrechtlichen Regelungen über den Kompetenzrahmen, die Willensbildung und die Finanzierung der Verbandsaufgaben ergibt sich eine Pflicht der Verbände gegenüber den Sparkassen, nur innerhalb des vorgegebenen Kompetenzrahmens liegende Aufgaben wahrzunehmen, da andernfalls die Sparkassen aufgrund eines Mehrheitsbeschlusses zur Finanzierung dieser Aufgaben gezwungen werden könnten.[368]

Für die Kommunen ergibt sich ein verfassungsrechtlicher Abwehr- und Unterlassungsanspruch aus Art. 28 Abs. 2 GG.[369] Der vorgegebene Kompetenzrahmen ist aus Sicht der Kommunen verfassungsrechtlich begrenzt. Die Sparkassenverbände nehmen als Pflichtverbände kommunale Selbstverwaltungsaufgaben wahr, welche die einzelnen Mitgliedssparkassen nicht selbst effizient genug erfüllen können. Dies rechtfertigt den durch den Pflichtzusammenschluss bestehenden Eingriff in die negative Kooperationshoheit und den teilweisen Aufgabenverlust örtlicher Selbstverwaltungsaufgaben, der sich als ein Eingriff in die Allzuständigkeit gem. Art. 28 Abs. 2 GG darstellt. Jede Überschreitung dieses Rahmens stellt eine verfassungsrechtlich nicht gerechtfertigte zwangsweise kooperative Aufgabenwahrnehmung dar, die einen Unterlassungsanspruch begründet.

---

366 *OVG Münster,* Urt. v. 22.02.2005 – 15 A 130/04 –, in: DVBl. 2005, 652 (653 f.): Dieser Verpflichtung des Kreises korrespondiert die Verpflichtung der Gemeinde, sich nach § 56 KrO NRW über die Kreisumlage an der Finanzierung der Kreisaufgaben zu beteiligen. Dieses Pflichtensystem wird durch die verbandskompetenzwidrige Aufgabenwahrnehmung, zu deren Finanzierung die Gemeinden über die Kreisumlage herangezogen werden, gestört. Weil der Einwand rechtswidriger Aufgabenwahrnehmung wegen des abgabenrechtlichen Charakters der Umlage gegenüber dem Umlagebescheid nicht erhoben werden kann, begründet die Kreisordnung einen Abwehranspruch unmittelbar gegen die rechtswidrige Aufgabenwahrnehmung als solche.

367 *OVG Münster,* Urt. v. 22.06.2009 – 16 A 3137/08 –, in: DVBl. 2009, 1112 ff.; *VG Münster,* Urt. v. 24.10.2008 – 1 K 2113/07 –, in: NWVBl. 2009, 118 ff.

368 *OVG Münster,* Urt. v. 22.06.2009 – 16 A 3137/08 –, in: DVBl. 2009, 1112 ff.; *Koenig,* GewArch 1995, 353 (355 f.); *Mayen,* in: Dolde u. a., Verfassung – Umwelt – Wirtschaft, 475 (476).

369 *Koenig,* GewArch 1995, 353 (355); *Böhm,* DÖV 2008, 547 (548).

II. Prozessuale Geltendmachung

Der Abwehr- und Unterlassungsanspruch kann als wehrfähige, mitgliedschaftsrechtlich begründete Innenrechtsposition prozessual im Wege der Unterlassungsklage, und, falls die rechtswidrige Aufgabenwahrnehmung beendet ist und ein qualifiziertes Feststellungsinteresse besteht, im Wege der Feststellungsklage durchgesetzt werden (sog. Innenrechtsstreit).[370]

Sofern die Aufgabenwahrnehmung und ein damit einhergehender finanzieller Mittelverbrauch bevorsteht, kann regelmäßig vorläufiger Rechtsschutz nach § 123 VwGO geltend gemacht werden. Die Eilbedürftigkeit ist gegeben, weil der Verbrauch der Mittel im Nachhinein nicht rückgängig gemacht werden kann und damit die Wiederherstellung des status quo ante durch eine Entscheidung in der Hauptsache nicht möglich ist. Insbesondere kann auch die Festsetzung der Umlagehöhe nicht mit dem Argument der rechtswidrigen Aufgabenwahrnehmung angegriffen werden.[371] Handelt es sich allerdings um Mittel, die zwar durch die Mitglieder geleistet, aber noch nicht verbraucht sind – wie etwa in einem Fonds zugunsten der Sparkassenorganisation – so ist die Eilbedürftigkeit erst dann gegeben, wenn ein Verbrauch der Mittel unmittelbar bevorsteht.

§ 9 Organe

Die Sparkassengesetze enthalten als Statusgesetze der Sparkassenverbände alle wesentlichen und zur Konstituierung des Verbands notwendigen Strukturvorgaben.[372] Dazu gehören auch organisationsrechtliche Vorgaben hinsichtlich der Organe. Als pflichtige Organe werden in den Sparkassengesetzen regelmäßig die Verbandsversammlung, der Verbandsvorstand und der Verbandsvorsteher aufgezählt, der in einigen Gesetzen auch als Verbands-

370 Zu den Sparkassenverbänden: *OVG Münster*, Urt. v. 22.06.2009 – 16 A 3137/08 –, in: DVBl. 2009, 1112; *VG Münster*, Urt. v. 24.10.2008 – 1 K 2113/07 –, in: NWVBl. 2009, 118; *Mayen*, in: Dolde u. a., Verfassung – Umwelt – Wirtschaft, 475 (476); zur IHK: *OVG Münster*, Urt. v. 12.06.2003 – 8 A 4282/02 –, in: NVwZ 2003, 1526; allgemein zu den Voraussetzungen von Innenrechtsstreitigkeiten: *Erichsen*, in: Erichsen/Hoppe/v. Mutius, System des verwaltungsgerichtlichen Rechtsschutzes, S. 211 ff.; *Schoch*, in: Ehlers/Schoch, Rechtsschutz im Öffentlichen Recht, § 28; *Hufen*, Verwaltungsprozessrecht, § 21, Rn. 1 ff.

371 Siehe § 15 B. II. 4.

372 *Wolff/Bachof/Stober*, Verwaltungsrecht, Bd. 3, § 87 I 4, Rn. 41.

präsident oder geschäftsführendes Vorstandsmitglied bezeichnet wird.[373] Die Sparkassengesetze in Baden-Württemberg und Nordrhein-Westfalen erlauben es, fakultativ durch Satzungsregelung statt des Verbandsvorstehers einen aus mehreren Mitgliedern bestehenden Verbandsvorstand einzusetzen. Sodann ändert sich die Bezeichnung des Verbandsvorstands in »Verbandsverwaltungsrat«.[374] Die Binnenorganisation, die Zuständigkeiten und das Entscheidungsverfahren in den Organen regeln die Verbände durch Satzung, soweit die Sparkassengesetze keine Vorgaben enthalten.

In den Sparkassengesetzen Bayerns, Niedersachsens und im Staatsvertrag Hessen-Thüringen sind keine Regelungen über pflichtige Organe enthalten. In diesen Fällen obliegt es den Verbänden, im Rahmen der ihnen zustehenden Satzungsautonomie die Organstruktur als Teil des inneren Organisationsgefüges insgesamt durch Satzung zu regeln. In der niedersächsischen und der hessisch-thüringischen Verbandssatzung wurde mit der Verbandsversammlung, dem Verbandsvorstand und dem Verbandsvorsteher bzw. dem geschäftsführenden Vorstandsmitglied ebenfalls eine dreigliedrige Organstruktur gewählt. Nur im bayerischen Verband ist die Organstruktur zweigliedrig. Lediglich die Verbandsversammlung und der Vorstand werden als Organe genannt. Der geschäftsführende Präsident, der dem Verbandsvorsteher in den anderen Verbänden in seiner Aufgabenstellung sehr nahe kommt, wurde nicht als eigenständiges Organ ausgestaltet.[375]

Die Verbände sind frei, in oder aufgrund der Satzung neben den drei genannten weitere Organe oder Unterorgane zu schaffen. Es bedarf dafür weder einer ausdrücklichen Ermächtigung in den Sparkassengesetzen noch ist die Aufzählung der drei Organe in den Sparkassengesetzen als enumerative Aufzählung der zulässigen Organe und somit als gesetzliche Beschränkung der Satzungsautonomie zu verstehen.[376] Einer ausdrücklichen gesetzlichen Ermächtigung zur Errichtung weiterer Organe bedarf es nicht, da den

---

373 § 38 Abs. 1 SpkG BW; § 35 Abs. 1 SpkG NRW; § 25 Abs. 4 SpkG RP; § 43 Abs. 1 SpkG Saar; § 36 Abs. 1 SpkG SH; § 1 Abs. 4 StVOSV.

374 § 38 Abs. 2 SpkG BW; § 35 Abs. 2 SpkG NRW. In Rheinland-Pfalz heißt das Organ Verbandsvorstand generell Verbandsverwaltungsrat, ohne dass dieser Verband ein geschäftsführendes Kollegialorgan hat.

375 Genaueres dazu in § 9 C. III.

376 *Mayen,* in: Dolde u. a., Verfassung – Umwelt – Wirtschaft, S. 475 (484); a. A. *Beckmann/Wittmann,* KStZ 2009, 5 (7), die die Aufzählung i. V. m. der Regelung der Stimmrechte in der Verbandsversammlung als abschließende Aufzählung interpretieren. Jedenfalls fehle es an einer ausdrücklichen Ermächtigung zur Schaffung weiterer Organe.

Verbänden grundsätzlich das Recht zusteht, die Rechtsverhältnisse des Verbands durch Satzung zu regeln. Zu den Rechtsverhältnissen gehört auch die innere Organisation der Verbände, insbesondere die Auswahl und Errichtung der Organe des Verbands.[377] Dieses Recht unterliegt keinem Erlaubnisvorbehalt, sondern wird durch die Satzungsautonomie gedeckt, sofern nicht gesetzliche Vorgaben diese Autonomie ausnahmsweise einschränken.[378] Die Aufzählung der Organe kann nicht als Numerus clausus der möglichen Organe interpretiert werden. Es werden lediglich die Organe benannt, die i. S. e. Mindestbestands für eine ordnungsgemäße Konstituierung und Tätigkeit des Verbands zwingend vorhanden sein müssen.[379] Eine begrenzende Auslegung stünde im Widerspruch zu der Kompetenz der Verbände, Einrichtungen zu schaffen, die gemeinsamen Zwecken der Sparkassenorganisation dienen.[380] Diese Einrichtungen müssen ebenso wie der Verband durch Organe handeln können. Die Entscheidung, ob diese Organe mit den obligatorischen Organen identisch sind oder ob andere Organe oder Unterorgane installiert werden, wird durch die Sparkassengesetze nicht näher konkretisiert.[381] Dies bedeutet, dass keine Einschränkung des Organisationsermessens vorliegen kann.

Auch bei der Kompetenzverteilung zwischen den Organen sind die Verbände grundsätzlich keinen Bindungen durch die Sparkassengesetze unterworfen. Die Kompetenzverteilung ist folglich ebenso im Organisationsstatut durch die Verbände zu regeln. Dabei ist jedoch der Grundsatz zu beachten, dass wesentliche, d. h. für die Mitglieder bedeutsame Entscheidungen der Verbandsversammlung vorbehalten bleiben müssen. Dieser Entscheidungsvorbehalt folgt aus einer entsprechenden Anwendung der Wesentlichkeitstheorie.[382] Diese besagt, dass wesentliche, insbesondere grundrechtsrelevante

377 *Mayen,* in: Dolde u. a., Verfassung – Umwelt – Wirtschaft, S. 475 (484).

378 A. A. *Beckmann/Wittmann,* KStZ 2009, 5 (7).

379 Zum Ganzen *Mayen,* in: Dolde u. a., Verfassung – Umwelt – Wirtschaft, S. 475 (483).

380 Vgl. § 7 S-SVBW; § 3 Abs. 2 Nr. 7 S-SVB; § 9 S-SGVHT; § 6 S-SVN; § 3 Abs. 2 S-OSV; § 2 Abs. 2 S-RSGV; § 8 Abs. 2 S-SVRP; § 4 Abs. 5 S-SVSaar; § 7 S-SGVSH; § 2 Abs. 5 S-SVWL.

381 Zum Ganzen *Mayen,* in: Dolde u. a., Verfassung – Umwelt – Wirtschaft, S. 475 (484).

382 Zu den Sparkassenverbänden: *OVG Münster,* Urt. v. 22.06.2009 – 16 A 3137/08 –, in: DVBl. 2009, 1112 (1117); *Beckmann/Wittmann,* KStZ 2009, 5 (8), allgemein zur Kompetenzverteilung zwischen Organen: *Kluth,* Funktionale Selbstverwaltung, S. 476; a. A. *Mayen,* in: Dolde u. a., Verfassung – Umwelt – Wirtschaft, S. 475 (484), der die Wesentlichkeitstheorie nicht entsprechend anwendet. Dieser Grundsatz könne nicht auf das Verhältnis von Hauptorgan und anderen ausführenden Organen

Entscheidungen des Staates dem Parlament vorbehalten sind und nicht durch Entscheidungen der Exekutive getroffen werden können. Dadurch soll sichergestellt werden, dass diese Entscheidungen ein Höchstmaß an demokratischer Legitimation aufweisen (Parlamentsvorbehalt). Auch unter den Organen einer Körperschaft der mittelbaren Staatsverwaltung besteht eine gewisse Trennung zwischen »Gesetzgebung« und »Exekutivfunktionen«. Auf der Ebene der Organe tritt an die Stelle des Parlaments die repräsentative Vollversammlung als Gesamtheit der Mitglieder, die für den Erlass der Satzung als Regelungsstatut für die eigenen Angelegenheiten des Verbands zuständig ist. An die Stelle der Exekutive tritt das ausführende Organ. Da die Verbandsversammlung über das höchste Legitimationsniveau der Verbandsorgane verfügt, wird auch in den Körperschaften der mittelbaren Staatsverwaltung ein Höchstmaß an demokratischer Legitimation in Bezug auf wesentliche Entscheidungen gewährleistet.[383] Das sachliche Kriterium der Wesentlichkeit bemisst sich sodann anstelle einer grundrechtsindizierten Betroffenheit anhand der Betroffenheit der Mitglieder in ihren eigenen Belangen.[384] Alle Entscheidungen, die über die Zwangskorporation hinaus zu weitergehenden wesentlichen Belastungen der Mitglieder führen, bedürfen einer Entscheidung der Verbandsversammlung.[385]

Da die Satzungen der Verbände nicht alle in der Praxis auftretenden Zuständigkeitsszenarien im Voraus einem bestimmten Organ zuweisen können,

im Bereich der mittelbaren Staatsverwaltung übertragen werden. Beide Organe nähmen Exekutivaufgaben wahr. Eine Trennung zwischen Gesetzgebung und Exekutivfunktionen, wie sie für das Verhältnis von Parlament und Regierung kennzeichnend ist, sei hier nicht gegeben. Welche Entscheidungen welches Organ ausführt, würde ohne entsprechende gesetzliche Regelung der Autonomie der Verbände entsprechend allein das Organisationsstatut regeln.

383 Zum Ganzen *Kluth,* Funktionale Selbstverwaltung, S. 494 ff. m. w. N.

384 *Kluth,* Funktionale Selbstverwaltung, S. 476.

385 Die Regelung des § 18 Abs. 1 S-SVB, die dem Verbandsvorstand alle grundsätzlichen Fragen, soweit sie nicht der Versammlung zugewiesen sind, zur Entscheidung zuweist, ist im Lichte dieses Grundsatzes auszulegen. Dies gilt auch für Regelungen, die es dem Verbandsvortand lediglich fakultativ ermöglichen, der Verbandsversammlung grundsätzliche Fragen vorzulegen. Es ist stets zu fragen, ob die aus Verbandssicht grundsätzlichen Fragen für die Mitglieder wesentlich sind, also ob für diese über die Pflichtmitgliedschaft hinaus weitere wesentliche belastende Verpflichtungen eintreten oder ob wesentliche Strukturfragen des Verbands betroffen sind. Ist dies zu verneinen, kann der Verbandsvorstand entscheiden, ansonsten muss die Verbandsversammlung entscheiden.

enthalten die Satzungen eine Auffangzuständigkeit für diejenigen Fragen, die nicht explizit einem Organ zugewiesen sind.[386]

A. Verbandsversammlung

Die Verbandsversammlung ist das zentrale, kollegial verfasste Repräsentativorgan der Träger der Sparkassenverbände, in der alle Mitglieder zusammengeschlossen sind.[387] Sie wird in einigen Sparkassengesetzen als das oberste Beschlussorgan bezeichnet.[388] Als mitgliedschaftlich verfasste und von den Mitgliedern getragene und gesteuerte Körperschaften üben die Mitglieder in der Verbandsversammlung die ihnen zustehenden Mitwirkungsrechte aus.[389]

I. Binnenorganisation der Verbandsversammlung

1. Zusammensetzung der Verbandsversammlung

Die Mitgliederversammlung setzt sich neben den Vertretern der Sparkassen und der kommunalen Träger aus geborenen Mitgliedern zusammen. Da die Sparkassengesetze keine näheren Regelungen über die Zusammensetzung enthalten, können die Verbände die Zusammensetzung autonom durch Satzung regeln.

Die Sparkassen entsenden nach allen Verbandssatzungen ihren jeweiligen Vorstandsvorsitzenden.[390]

---

386 Dies sind: § 18 Abs. 1 S. 2 S-SVBW: Verbandsvorsteher; § 18 Abs. 1 S-SVB: Verbandsvorstand; § 15 Abs. 1 S. 1 S-SGVHT: Verbandsvorstand; § 18 Abs. 1 S. 1 S-SNGV: Verbandsvorsteher; § 14 Abs. 1 S. 1 S-RSGV: Verbandsvorsteher; § 20 Abs. 3 Nr. 1 S-SVRP: Verbandsvorsteher; § 12 Abs. 1 S. 1 S-SVSaar: Verbandsvorstand; § 19 Abs. 1 S. 1 S-SGVSH; Verbandsvorsteher; § 14 Abs. 2 S. 1 S-SVWL: Verbandsvorstand; § 15 Abs. 2 S. 2 S-OSV: Geschäftsführendes Vorstandsmitglied.

387 Allgemein zur Verbandsversammlung in einer Körperschaft *Wolff/Bachof/Stober,* Verwaltungsrecht, Bd. 3, § 87 III 2, Rn. 69.

388 § 25 Abs. 4 S. 2 SpkG RP; § 43 Abs. 2 S. 1 SpkG Saar; § 36 Abs. 1 Nr. 1 SpkG SH.

389 *Berger,* NdsSpkG, § 28, Rn. 8 ff.; *Klüpfel u. a.*, SpkG BW, § 37, Anm. I, 2.

390 § 9 Abs. 2 lit. b) S-SVBW; § 15 Abs. 1 S-SVB; § 11 Abs. 2 Nr. 2 S-SGVHT; § 11 Abs. 2 lit. b) S-SVN; § 8 Abs. 1 lit a) S-OSV; § 5 Abs. 2 lit c) S-RSGV; § 10 Abs. 2 lit. b) S-SVRP; § 8 Abs. 3 S. 2 S-SVSaar; § 11 Abs. 2 Nr. 2 S-SGVSH; § 5 Abs. 2 lit. b) S-SVWL.

Die Anzahl der kommunalen Vertreter ist hingegen nicht einheitlich geregelt.[391] Während einige Satzungen eine paritätische Entsendung von

391 **SVBW**: Mitglieder sind gem. § 9 S-SVBW der Verbandsvorsteher und je Mitgliedssparkasse und Träger der Vorsitzende des Verwaltungsrats, der Vorsitzende des Vorstands jeder Mitgliedssparkasse und ein weiteres Mitglied des Hauptorgans des Trägers einer Mitgliedssparkasse Vertreter in der Verbandsversammlung. Dieses Mitglied wird nach Anhörung des Verwaltungsrats der Sparkasse vom Träger bestellt. Bei Sparkassen mit mehreren Trägern bestellt die Trägerversammlung einen Abgeordneten je Sparkasse. **SVB**: Die Sparkassen werden gem. § 15 Abs. 1 S-SVB durch ihre Vorstandsvorsitzenden und die Kommunen gem. § 15 Abs. 2 S-SVB nach den für sie geltenden kommunalrechtlichen Vorschriften durch den Hauptverwaltungsbeamten oder dessen Vertreter vertreten. **SGVHT:** Die Trägerkommunen entsenden gem. § 11 Abs. 2 Nr. 1 S-SGVHT den jeweiligen Vorsitzenden der Verwaltung – für die Stadt Frankfurt a. M. den Oberbürgermeister – und für die Sparkassen wird gem. der Nr. 2 der Vorstandsvorsitzende entsandt. **SVN:** Die Verbandsversammlung besteht gem. § 11 Abs. 1 S-SVN aus den Vertretern der Verbandsmitglieder und aus dem Verbandsvorsteher sowie dem Vorstandsvorsitzenden der NordLB. Die Sparkassen werden gem. Abs. 2 S. 1 durch den Vorstandsvorsitzenden und den Vorsitzenden des Verwaltungsrats vertreten. Die braunschweigische Landessparkasse wird als Teil der NordLB für die Zeit ihres vertraglichen Anschlusses an den Verband von dem Verwaltungsratsvorsitzenden und dem Vorstandsvorsitzenden vertreten. **OSV:** Gem. § 8 Abs. 1 S-OSV sind neben dem geschäftsführenden Vorstandsmitglied der jeweilige Vorstandsvorsitzende und der Hauptverwaltungsbeamte der kommunalen Sparkassen Mitglieder. **RSGV:** Die Mitgliederversammlung besteht gem. § 5 Abs. 1 S-RSGV aus den von den Mitgliedssparkassen und den Kommunen entsandten Vertretern, dem Verbandsvorsteher und dem Vorstandsvorsitzenden der WestLB AG. Gem. Abs. 2 entsenden die Sparkassen den Vorsitzenden des Verwaltungsrats oder ein ordentliches Mitglied des Verwaltungsrats sowie den Vorstandsvorsitzenden. Darüber hinaus wird der Hauptverwaltungsbeamte des kommunalen Trägers entsandt. Bei Zweckverbandssparkassen wird der Hauptverwaltungsbeamte eines Zweckverbandsmitglieds entsandt. Die Mitglieder werden von ihren Stellvertretern vertreten. Weitere Vertretungsregelungen in Abs. 3.Mitgliedschaft erlischt, wenn ein Mitglied das vorausgesetzte Amt verliert, Abs. 4. **SVRP:** Gem. § 10 Abs. 1 S-SVRP bilden der Verbandsvorsitzende und dessen Stellvertreter sowie die Vertreter der Verbandsmitglieder die Verbandsversammlung. Diese sind gem. Abs. 2 der Leiter der Verwaltung des Trägers, der Vorstandsvorsitzende der Sparkasse und ein Mitglied des Verwaltungsrats der Sparkasse, welches von der Vertretung des Trägers im Benehmen mit dem Verwaltungsrat gewählt wird. **SVSaar:** Die Verbandsversammlung setzt sich aus den Verwaltungsvorsitzenden und den Vorständen der Sparkassen zusammen, § 8 Abs. 1 S-SVSaar. Der Träger wird gem. Abs. 3 durch den Leiter der Verwaltung oder dessen Vertreter im Amt vertreten, die Sparkassen durch eines der Vorstandsmitglieder. **SGVSH:** Gem. § 11 Abs. 1 S-SGVSH besteht die Verbandsversammlung aus den Vertretern der Verbandsmitglieder, dem Verbandsvorsteher und einem Vorstandsmitglied der HSH Nordbank AG. Die Mitglieder werden durch den Vorsitzenden des Verwaltungs- oder Aufsichtsrats und durch den Vorsitzenden des Vorstands vertreten. Der Vorsitzende der Vertretung des kommunalen Trägers hat ein Teilnahmerecht. Auch die privaten Mitglieder dürfen ein weiteres Mitglied als Gast entsenden, Abs. 4. Alle Teilnehmer der Verbandsversammlung müssen aber die Voraussetzungen eines sachkundigen Mitglieds eines Verwaltungsrats einer

Vertretern aus dem kommunalen und dem Sparkassenlager vorsehen, indem neben dem Vorstandsvorsitzenden der Sparkassen allein der Hauptverwaltungsbeamte der Kommunen[392] oder der Vorsitzende des Verwaltungsrats[393] entsandt wird, sehen andere Satzungen ein personelles Übergewicht der Vertreter des kommunalen Lagers vor. In die Verbandsversammlung wird nach diesen Satzungen zusätzlich zu dem Hauptverwaltungsbeamten ein weiteres Mitglied der Vertretung des Trägers oder aber ein weiteres Mitglied des Verwaltungsrats, das stets von der Vertretung des Trägers zu wählen ist, entsandt. Diesen beiden kommunalen Vertretern steht stets nur der Vorstandsvorsitzende der Sparkasse gegenüber.[394]

Ferner sehen einige Satzungen mit dem Verbandsvorsteher[395] bzw. dem geschäftsführenden Vorstandsmitglied[396] und in wenigen Fällen mit dem

---

Sparkasse nach § 9 Abs. 3 SpkG SH erfüllen. **SVWL:** Gem. § 5 Abs. 1 S-SVWL bilden die von den Sparkassen und ihren Trägern entsandten Vertreter die Verbandsversammlung. Gem. Abs. 2 entsendet jede Mitgliedssparkasse und ihr Träger zwei Mitglieder des Verwaltungsrats, darunter mindestens ein Hauptverwaltungsbeamter, die von der Vertretung des Trägers gewählt werden. Ferner ist das vorsitzende Mitglied des Vorstands Vertreter der Sparkassen.

392 § 15 Abs. 1 S-SVB; §§ 11 Abs. 2 Nr. 1, 2 S-SGVHT; § 8 Abs. 1 S-OSV; § 8 Abs. 1 S. 2, Abs. 3 S-SVSaar.

393 § 11 Abs. 2 S-SVN; § 11 Abs. 2 S-SGVSH. Der Verwaltungsratsvorsitzende ist stets der Hauptverwaltungsbeamte oder eines der Mitglieder der Vertretungen der Kommunen (vgl. § 12 Abs. 1 NdsSpkG; § 8 Abs. 1 SpkGSH).

394 Nach § 9 Abs. 2 S-**SVBW** ist der Vorsitzende des Verwaltungsrats, der gem. § 14 SpkG BW obligatorisch der Vorsitzende des Hauptorgans des Trägers ist, und ein weiteres Mitglied des Hauptorgans des Trägers zu entsenden. § 10 Abs. 2 S-**SVRP** verpflichtet die Verbandsmitglieder zur Entsendung des Leiters der Verwaltung des Trägers und eines Mitglieds des Verwaltungsrats der Sparkasse, das von der Vertretungskörperschaft des Trägers im Benehmen mit dem Verwaltungsrat gewählt wird. Zu entsenden sind gem. § 5 Abs. 2 S-**RSGV** der Vorsitzende des Verwaltungsrats oder ein weiteres Mitglied des Verwaltungsrats und der Hauptverwaltungsbeamten des kommunalen Trägers. Da gem. § 11 SpkG NRW zum Vorsitzenden des Verwaltungsrats ein Mitglied der Vertretung des Trägers oder der Hauptverwaltungsbeamte gewählt werden kann, wird auch durch diese Regelung sichergestellt, dass neben dem Hauptverwaltungsbeamten ein weiteres Mitglied des Verwaltungsrats, welches durch die Vertretung gewählt wurde, entsandt wird. § 5 Abs. 2 S-**SVWL** sieht die Entsendung von zwei Mitgliedern des Verwaltungsrats vor – darunter mindestens ein Hauptverwaltungsbeamter –, die von der Vertretung des Trägers gewählt werden. Ferner ist das vorsitzende Mitglied des Vorstands der Sparkasse zu entsenden.

395 § 9 Abs. 1S-SVBW; § 11 Abs. 1 S-SVN; § 5 Abs. 1 S-RSGV; § 10 Abs. 1 S-SVRP; § 11 Abs. 1 SGVSH.

396 § 8 Abs. 1 S-OSV.

Vorstandsvorsitzenden von Verbundunternehmen[397] weitere geborene Mitglieder der Verbandsversammlung vor.

Für den Verhinderungsfall sind Vertreter zu bestellen. Regelmäßig wird ein Vertreter aus den Verwaltungsräten von einem anderen Verwaltungsratsmitglied vertreten, welches ebenfalls durch die Vertretung des Trägers gewählt wird oder welchem eine Vollmacht erteilt wird. Ein Vorstandsvorsitzender wird stets durch das stellvertretende oder ein anderes Vorstandsmitglied vertreten.[398]

Da die Vertreter in der Verbandsversammlung stets Mitglieder des Verwaltungsrats oder des Vorstands einer Sparkasse sein müssen, erlischt die Zugehörigkeit zur Verbandsversammlung mit dem Ausscheiden aus diesem Amt oder bei dem Entstehen eines Hinderungsgrundes zur Ausübung des jeweiligen Amts.[399]

2. Vorsitzender der Verbandsversammlung bzw. der Verbandsvorsitzende

Die Verbandsversammlungen wählen mit Ausnahme des baden-württembergischen und des saarländischen Verbands einen Vorsitzenden der Verbandsversammlung bzw. den Verbandsvorsitzenden und eine bestimmte Anzahl an Stellvertretern. Die Anzahl der Stellvertreter differiert ebenso wie die Vorgaben, ob diese aus dem Kreis der kommunalen Vertreter oder dem Kreis der Sparkassenvorstände stammen müssen. Auch die Amtszeit ist nicht einheitlich geregelt.[400] Im baden-württembergischen und im saarländi-

---

397 § 9 Abs. 7 S-SHVBW; § 11 Abs. 2 S-SVN; § 5 Abs. 2 S-RSGV; § 11 Abs. 1 S-SGVSH.

398 § 9 Abs. 3 S-SVBW; § 11 Abs. 2 S-SGVHT; § 11 Abs. 3 S-SVN; § 8 Abs. 2 S-OSV; § 5 Abs. 3 S-RSGV; § 10 Abs. 4 S-SVRP; § 11 Abs. 3 S-SGVSH; § 5 Abs. 3 S-SVWL.

399 So ausdrücklich § 9 Abs. 4 S-SVBW; § 5 Abs. 4 S-RSGV; § 5 Abs. 4 S-SVWL.

400 **SVBW**: § 9 Abs. 1 S. 2 S-SVBW: Vorsitzender muss aus der Gruppe der Verwaltungsratsmitglieder in der Verbandsversammlung, die Vertreter (zahlenmäßig nicht vorgegeben) aus der Mitte der Verbandsversammlung stammen; Amtszeit: Dauer der Amtszeit des Verbandsvorstands; Amtsausübung ehrenamtlich; **SVB:** § 19 Abs. 1 Nr. 1-3 S-SVB: 1. Verbandsvorsitzender muss aus Vertretern der kommunalen Trägerkörperschaften der Verbandsversammlung gewählt werden; Amtszeit: vier Jahre; 2. Verbandsvorsitzender ist der Leiter der Geschäftsstelle; 3. Verbandsvorsitzender wird aus Vertretern der kommunalen Trägerkörperschaften gewählt, Amtszeit: vier Jahre; **SGVHT:** § 14 Abs. 2, § 21 S-SGVHT: Verbandsvorsitzender und 2 Stellvertreter werden auf Vorschlag des Verbandsvorstands mit Zweidrittelmehrheit gewählt; **SVN:** § 11 Abs. 5 S. 2: Vorsitzender und 2 Stellver-

schen Verband nimmt der Verbandsvorsteher die Funktion des Vorsitzenden wahr.

Der Vorsitzende der Verbandsversammlung bzw. der Verbandsvorsitzende ist in den meisten Fällen zugleich kraft Amtes der Vorsitzende des Verbandsvorstands.[401] Darüber hinaus ist der Verbandsvorsitzende im hessisch-thüringischen Verband Vorsitzender der Ausschüsse des Verbands[402], so dass bei diesem eine Machtkonzentration festzustellen ist.

Weder der Vorsitzende der Verbandsversammlung noch der Verbandsvorsitzende sind aber eigenständige Organe des Verbands. Sie sind Mitglied der Verbandsversammlung und regelmäßig des Verbandsvorstands. Ihre jeweilige Rechtsstellung wird von den Organen, denen sie angehören, abgeleitet. Sie ist allerdings durch die Zuweisung besonderer Geschäftsleitungsrechte hervorgehoben.

Regelmäßig ist für die Wahl der Vorsitzenden und dessen Vertreter entsprechend den allgemeinen Regeln eine einfache Mehrheit ausreichend.[403] Lediglich im Sparkassenverband Hessen-Thüringen bedarf die Wahl einer Dreiviertelmehrheit.[404] Der Vorsitzende und seine Stellvertreter üben ihre Ämter ehrenamtlich aus.

---

treter werden aus Mitgliedern des Verbandsvorstands für die Dauer ihrer Zugehörigkeit gewählt; **OSV:** § 8 Abs. 3 S-OSV: Vorsitzender ist aus dem Kreis der Hauptverwaltungsbeamten der kommunalen Mitglieder zu wählen und ein Obmann gem. § 17 Abs. 2 S-OSV ist zu dessen Stellvertreter zu wählen; Amtszeit: 4 Jahre; **RSGV:** § 5 Abs. 5 S-RSGV: Vorsitzender und 3 Stellvertreter werden gewählt, davon müssen drei Vorsitzende eines Verwaltungsrats oder Hauptverwaltungsbeamte sein, einer muss Vorstandsvorsitzender einer Sparkasse sein; ein turnusmäßiger Wechsel sieht vor, dass der 1. Stellvertreter in jeder zweiten Wahlperiode ein Vorstandsvorsitzender ist; Amtszeit: Dauer der Wahlzeit der Vertretungen der kommunalen Träger; **SVRP:** § 10 Abs. 3 S-SVRP: Vorsitzender und erster Stellvertreter werden aus dem Kreis der Leiter der Verwaltungen, der zweite Stellvertreter aus dem Kreis der Vorstandsvorsitzenden gewählt; Amtszeit: 5 Jahre; **SGVSH:** § 11 Abs. 7 S-SGVSH: Vorsitzender muss aus dem Kreis der Vorsitzenden eines Verwaltungsrats oder Aufsichtsrats gewählt werden, Stellvertreter aus der Mitte der Verbandsversammlung; Amtszeit: 5 Jahre; **SVWL:** § 5 Abs. 5 S-SVWL: Vorsitzender und zwei Stellvertreter werden gewählt; zwei müssen aus dem Kreis der Verwaltungsräte, einer aus dem Kreis der Vorstände stammen; der erste Stellvertreter muss aus der jeweils anderen Gruppe stammen; Amtszeit: bei Verwaltungsratsmitgliedern Dauer ihrer jeweiligen Wahlzeit, bei Vorständen Dauer der Wahlzeit der Vertretungen der Träger.

401 § 21 Abs. 2 S. 1 S-SGVHT; § 14 Abs. 6 S-SVN; § 11 Abs. 2 S-OSV; § 8 Abs. 1 S. 1 S-RSGV; § 13 Abs. 1 S. 1 S-SVRP; § 8 Abs. 2 S. 1 S-SVWL.

402 § 20 Abs. 2 S-SGVHT.

403 Siehe § 9 A. III. 4.

404 § 21 Abs. 1 S-SGVHT.

II. Zuständigkeiten der Verbandsversammlung

Die Sparkassengesetze enthalten keine Vorgaben über die Zuständigkeiten der Verbandsversammlung. Bei der Gestaltung der Zuständigkeiten ist allerdings der Grundsatz zu beachten, dass für die Mitglieder wesentliche Entscheidungen durch das Repräsentativorgan zu treffen sind. Dies ist in einigen Satzungen ausdrücklich normiert.[405]

In den Satzungen der Verbände sind die Zuständigkeiten der Verbandsversammlungen katalogähnlich aufgeführt.

Die Verbandsversammlungen sind zunächst für Beschlussfassungen über eine Änderung der Verbandssatzung[406] sowie regelmäßig für die Aufstellung der allgemeinen Grundsätze der Verbandsarbeit zuständig[407]. Ferner wählen sie die Mitglieder der weiteren Organe sowie die Personen, die sonstige Wahlämter besetzen. Diese Zuständigkeit beschränkt sich allerdings auf die Bestellung und Abberufung. Für die konkrete Regelung des Anstellungsverhältnisses ist regelmäßig das verwaltungsleitende Organ zuständig.[408] Die Verbandsversammlung ist für die Festlegung und Herabsetzung des Stammkapitals[409] und nach einigen Satzungen für die Festsetzung der jährlich zu erhebende Umlagen zuständig[410]. Andere Satzungen überlassen die Festsetzung der Umlage dem Verbandsvorstand, der die Umlagehöhe als ausführendes Organ nach dem in der Satzung festgelegten Umlageschlüssel zu bestimmen hat.[411] Auch über Beteiligungen oder Einrichtungen, die der Verband eingehen oder schaffen soll, beschließt die Verbandsversamm-

---

405 § 10 Abs. 2 S-SVBW; § 9 Abs. 3 S-SVSaar; § 9 Abs. 2 S-SGVSH.

406 § 10 Abs. 1 Nr. 13 S-SVBW; § 12 Nr. 8 S-SGVHT; § 9 Abs. 3 lit. a) S-OSV; § 6 Abs. 3 lit. a) S-RSGV; § 11 Nr. 10 S-SVRP; § 9 Abs. 2 Nr. 9 S-SVSaar; § 13 Abs. 1 Nr. 7 S-SGVSH; § 6 Abs. 3 lit. a) S-SVWL.

407 § 10 Abs. 1 Nr. 1 S-SVBW; § 12 Nr. 2 S-SGVHT; § 9 Abs. 1 S-OSV; § 6 Abs. 1 S-RSGV; § 11 Nr. 1 S-SVRP; § 6 Abs. 1 S-SVWL (gem. § 9 Abs. 2 lit. a) S-SVWL ist der Verwaltungsrat zuständig, soweit nicht die Verbandsversammlung zuständig ist).

408 § 12 Nr. 2 S-SVB; § 12 Nr. 1 S-SGVHT; § 13 Abs. 1 lit. b)-d) S-SVN; § 9 Abs. 2 S-OSV; § 6 Abs. 2 S-RSGV; § 11 Nr. 2, 3 S-SVRP; § 9 Abs. 1 S-SVSaar; § 13 Abs. 1 Nr. 1, 2, 3 S-SGVSH; § 6 Abs. 2, 3 lit. f), g) S-SVWL.

409 § 10 Abs. 1 Nr. 6, 18 S-SVBW; § 12 Nr. 3 S-SVB; § 12 Nr. 3 S-SGVHT; § 13 Abs. 1 lit. a) S-SVN; § 6 Abs. 3 lit. b) S-RSGV; § 11 Nr. 4 S-SVRP; § 13 Abs. 1 Nr. 5 S-SGVSH; § 9 Abs. 2 Nr. 1 S-SVSaar; § 6 Abs. 3 lit. c) S-SVWL; § 9 Abs. 3 lit. b) S-OSV. Zu den Haftungsbeiträgen: § 17 D. II.

410 § 12 Nr. 6 SGVHT; § 11 Nr. 6 S-SVRP; § 9 Abs. 3 lit. f) S-OSV.

411 Siehe dazu. § 17 B. II. 1.

lung.[412] Sofern die Verbände Träger einer Sparkasse sein können, haben ebenfalls die Verbandsversammlungen über das »Ob« einer Trägerschaft zu beschließen.[413] Ferner erlassen sie die Bestimmungen über die Sparkassenstützungsfonds[414] und entscheiden über die Genehmigung des Jahresabschlusses, die Bestellung des Abschlussprüfers und die Entlastung des Verbandsvorstehers bzw. des Verbandsvorstands.[415] Auch zur Beschlussfassung über die Deckung eines außerordentlichen Bedarfs oder über die Deckung von Fehlbeträgen[416] ist die Versammlung zuständig. Verfügungen über Grundstücke und grundstücksgleiche Rechte erfordern ebenso einen Beschluss der Versammlung.[417] Einige Satzungen sehen ein Beschlussrecht der Versammlung über eine Auflösung des Verbands vor.[418] Zuletzt obliegen den Versammlungen Beschlussfassungen über Angelegenheiten, die dem Gremium vom Vorstand bzw. vom Verwaltungsrat vorgelegt werden.[419]

III. Entscheidungsverfahren in der Verbandsversammlung

Die Sparkassengesetze enthalten keinerlei verfahrensrechtliche Vorgaben für das Repräsentativorgan des Verbands. Die Verbände schaffen sich im

412 § 12 Nr. 5, 6 S-SVB; § 10 Abs. 1 Nr. 12, 18 S-SVBW: mehr als 250.000,- EUR; § 12 Nr. 4 S-SGVHT; § 13 Abs. 1 lit. i) S-SVN; § 11 Nr. 5 S-SVRP; § 9 Abs. 2 Nr. 7 S-SVSaar; § 13 Abs. 1 Nr. 6 S-SGVSH; § 6 Abs. 3 lit. d) S-SVWL; § 9 Abs. 3 lit. e) S-OSV ab 500.000 EUR.

413 § 10 Abs. 1 Nr. 15 S-SVBW; § 13 Abs. 1 lit. l) S-SVN; § 6 Abs. 3 lit. d) S-SVN; § 11 Nr. 5 S-SVRP.

414 § 10 Abs. 1 Nr. 19 S-SVBW; § 12 Nr. 7 S-SVB; § 12 Nr. 12 S-SGVHT; § 13 Abs. 1 lit. k) S-SVN; § 9 Abs. 3 lit. h) S-OSV; § 6 Abs. 3 lit. a) S-RSGV; § 9 Abs. 2 Nr. 6 S-SVSaar; § 6 Abs. 3 lit. b) S-SVWL.

415 § 10 Abs. 1 Nr. 8, 11 S-SVBW; § 12 Nr. 1 S-SVB; § 12 Nr. 5, 7 S-SGVHT; § 12 Abs. 1 lit. e) S-SVN; § 9 Abs. 3 lit. g) S-OSV; § 6 Abs. 3 lit. c) S-RSGV, § 9 Abs. 2 Nr. 2 S-SVSaar; § 13 Abs. 1 Nr. 4 S-SGVSH; § 6 Abs. 3 lit. e) S-SVWL.

416 § 10 Abs. 1 Ntr. 6 S-SVBW; § 12 Nr. 7 S-SGVHT; § 12 Abs. 1 lit. f) S-SVN; § 11 Nr. 9 S-SVRP.

417 § 10 Abs. 1 Nr. 11 S-SVBW.

418 §11 Nr. 11 S-SVRP; § 9 Abs. 2 Nr. 10 S-SVSaar; § 6 Abs. 3 lit. h) S-SVWL; § 9 Abs. 3 lit. j) S-OSV. Da der Verband ein Pflichtverband ist, wäre ein dahingehender Beschluss aber solange unzulässig, wie das höherrangige Statusgesetz das Bestehen des Verbands vorsieht.

419 § 10 Abs. 1 Nr. 21 S-SVBW; § 12 Nr. 15 S-SGVHT; § 13 Abs. 1 lit. n) S-SVN; § 9 Abs. 3 lit. i) S.OSV; § 6 Abs. 3 lit. e) S-RSGV; § 11 Nr. 12 S-SVRP; § 9 Abs. 2 Nr. 11 S-SVSaar; § 13 Abs. 1 Nr. 8 S-SGVSH; § 6 Abs. 3 lit. j) S-SVWL.

Rahmen der Satzungsautonomie vielmehr eigene Regeln.[420] Ergänzend sind Verfahrensgrundsätze des Zweckverbands- oder aber des Kommunalverfassungsrechts entsprechend anzuwenden.[421]

1. Vorbereitung und Ladung

Nach den Satzungen wird die Verbandsversammlung grundsätzlich mindestens einmal im Jahr und im Übrigen nach Bedarf durch den Vorsitzenden oder aufgrund eines Beschlusses des Verbandsvorstands bzw. des Verbandsverwaltungsrats oder aufgrund eines Quorums der Mitgliederversammlung einberufen.[422] Die bayerische Verbandssatzung sieht darüber hinaus vor, dass drei der sieben Bezirksverbände eine außerordentliche Verbandsversammlung einberufen können.[423]

Die Einladung zur Versammlung muss schriftlich erfolgen und die festgesetzte Tagesordnung enthalten. Die Dauer der einzuhaltenden Einladungsfristen differiert in den Verbandssatzungen zwischen 14 Tagen bis hin zu einem Monat. Ferner wird für die Fristberechnung zum Teil auf die Absendung und in anderen Satzungen auf den Zugang abgestellt. Diese Vorgaben sind zum Teil zwingend, zum Teil lediglich Soll-Vorschriften.[424]

Einige Satzungen sehen Fristen für Antragstellungen der Mitglieder an die Verbandsversammlung zu einzelnen Tagesordnungspunkten vor.[425] Ferner

---

420 Allgemein zum Kollegialverfahrensrecht: *Groß,* Das Kollegialprinzip in der Verwaltungsorganisation, S. 280 ff.

421 Vgl. § 3 B. und C.

422 § 12 Abs. 1 S-SVBW; § 13 Abs. 2, 3 S-SVB; § 13 Abs. 1 S-SGVHT; § 7 Abs. 1 S-RSGV; § 12 Abs. 1 S-SVRP; § 12 Abs. 1 S-SVN. Im SVN wird die Verbandsversammlung mindestens alle zwei Jahre, im Übrigen so oft wie dies zur Erfüllung der Aufgaben erforderlich ist, einberufen. Siehe zu den Bezirksverbänden in Bayern § 10 D. III.

423 § 13 Abs. 3 S-SVB.

424 Einladung soll zwei Wochen bzw. wird 14 Tage vor der Sitzung ergehen: § 12 Abs. 2 S-SVBW; § 13 Abs. 2 S-SVB; Zugang der Einladung soll zwei Wochen vor der Sitzung erfolgen: § 13 Abs. 2 S-SGVHT; § 12 Abs. 3 S-SVRP; Zugang muss zwei Wochen vorher erfolgen: § 10 Abs. 1 S-SVSaar; Absendung soll drei Wochen vorher erfolgen: § 12 Abs. 2 S-SVN; Absendung muss 21 Tage vorher erfolgen: § 10 Abs. 2 S-OSV; Absendung soll einen Monat vorher erfolgen: § 12 Abs. 3 S-SGVSH; Absendung muss einen Monat vorher erfolgen: § 7 Abs. 2 S-RSGV; § 7 Abs. 2 S-SVWL.

425 § 10 Abs. 1 S-SVSaar: 10 Tage vor der Sitzung; § 12 Abs. 5 S-SGVSH: 14 Tage; § 7 Abs. 3 S-SVWL: Die Satzung des SVWL sieht eine Frist von 2 Wochen nur für bestimmte Fälle vor.

sind Regelungen zur Ergänzung der Tagesordnung in wenigen Satzungen vorhanden.[426]

Die Verbandsversammlung wird von dem Vorsitzenden der Verbandsversammlung, in Bayern vom ersten Verbandsvorsitzenden und im saarländischen Verband durch den Verbandspräsidenten geleitet.[427]

2. Grundsatz der Nichtöffentlichkeit der Sitzungen

Die Sitzungen der Verbandsversammlungen sind regelmäßig nichtöffentlich. Die Satzungen des niedersächsischen und des schleswig-holsteinischen Verbands sehen einen Ausschluss der Öffentlichkeit nicht generell, sondern nur in Bezug auf geschäftliche Angelegenheiten vor.[428] Dritten kann die Teilnahme an den Sitzungen jedoch ausnahmsweise gestattet werden.[429] Einige Satzungen sehen fakultativ eine an die nicht öffentliche Sitzung anschließende öffentliche Kundgebung vor.[430]

Der generelle Ausschluss der Öffentlichkeit durch Satzungsregelung ohne eine ausdrückliche gesetzliche Grundlage ist in den Sitzungen der Verbandsversammlungen der Sparkassenverbände zulässig, auch wenn dies für nach den Gesetzen über die kommunale Gemeinschaftsarbeit gegründete Zweck-

---

426 § 13 Abs. 2 S-SGVHT: Auf Antrag kann die Tagesordnung zu Beginn der Sitzung durch eine Zweidrittelmehrheit geändert werden; § 17 Abs. 3 S-RSGV: Erforderlich ist eine ¾ Mehrheit; § 7 Abs. 3 S-SVWL: Nur in dringenden Fällen ist eine Änderung mit einfacher Mehrheit zulässig.

427 Vgl. § 13 Abs. 1 S-SVB; § 13 Abs. 9 S-SGVHT; § 11 Abs. 5 S-SVN; § 8 Abs. 4 S-SVSaar.

428 Der Ausschluss dürfte allerdings auch in diesen Verbänden die Regel sein.

429 § 12 Abs. 4 S-SVBW: Öffentlichkeit kann beschlossen werden, der Vorsitzende kann einem solchen Beschluss aber widersprechen; § 13 Abs. 11 S-SGVHT: Dritten kann die Teilnahme gestattet werden; § 12 Abs. 2 S. 2 S-SVN: lediglich die geschäftlichen Angelegenheiten werden in nichtöffentlicher Sitzung erledigt; § 7 Abs. 4 S-RSGV: Nichtöffentlichkeit, Dritten kann ausnahmsweise die Teilnahme gestattet werden; § 12 Abs. 10 S-SVRP: auf Einladung können Dritte teilnehmen; § 10 Abs. 1 S-SVSaar: Verbandspräsident kann ohne Widerspruch der Versammlung Gäste zulassen; § 12 Abs. 3 S-SGVSH: lediglich geschäftliche Angelegenheiten werden in nichtöffentlicher Sitzung behandelt; § 7 Abs. 4 S-SVWL: Nichtöffentliche Sitzung, Dritten kann die Teilnahme gestattet werden; § 10 Abs. 3 S-OSV: Sitzungen sind nichtöffentlich, sofern der Verbandsvorstand nichts anderes entscheidet. In einigen Satzungen haben bestimmte Personen generell ein Teilnahmerecht mit beratender Stimme: § 9 Abs. 7 S. 1, 2 S-SVBW: Verbandsgeschäftsführer und diverse Vorstände von Verbundunternehmen; § 13 Abs. 10 S-SGVHT: Verbandsvorstand; § 7 Abs. 4 S. 2 S-SVWL: Ordentliche Mitglieder des Verbandsvorstands.

430 § 7 Abs. 4 S-RSGV; § 7 Abs. 4 S-SVWL.

verbände kontrovers beurteilt wird.[431] In den Verbandsversammlungen der Sparkassenverbände werden grundsätzlich Fragen diskutiert, die geschäftsbezogene Aktivitäten des Verbands, der Sparkassen selbst und auch der Verbundunternehmen umfassen. Diese wiederum stehen im Wettbewerb mit den anderen Bankfinanzdienstleistungsunternehmen und haben ein Interesse an der Geheimhaltung dieser Daten. Durch den grundsätzlichen Ausschluss der Öffentlichkeit wird somit das berechtigte Interesse an der Geheimhaltung von Geschäftsdaten geschützt.[432] Insbesondere ist es nicht notwendig, dass die Öffentlichkeit nur für geschäftliche Angelegenheiten ausgeschlossen wird, wie es in Niedersachsen und Schleswig-Holstein geregelt ist. Denn auch in diesen Verbänden wurde in der Vergangenheit in den Sitzungen stets die Öffentlichkeit ausgeschlossen, da stets ein Bezug zu den geschäftlichen Angelegenheiten der Sparkassen, der Verbundunternehmen oder des Verbands gegeben war.

3. Beschlussfähigkeit

Die Beschlussfähigkeit ist grundsätzlich gegeben, wenn entweder mehr als die Hälfte der Mitglieder[433] oder mehr als die Hälfte der Gesamtstimmenanzahl[434] anwesend sind. Wenige Satzungen sehen kumulativ die Mehrheit der Mitglieder und der Gesamtstimmenzahl vor.[435] Die bayerische Verbandssatzung erklärt die Verbandsversammlung hingegen ohne Rücksicht auf die vertretenen Stimmen stets für beschlussfähig.[436]

431 Zur kontroversen Diskussion *Oebbecke,* in: HbkWP, Bd. 1, § 29, Rn. 47 m. w. N.; gegen den generellen Ausschluss der Öffentlichkeit führt das *VG Freiburg,* NJW 1974, 762 (763) an, dass es den Kommunen sonst möglich wäre, durch eine Verlagerung von bestimmten Aufgaben auf Zweckverbände die Öffentlichkeit von Sitzungen des Hauptbeschlussorgans auszuschließen.

432 Auch im Kommunalrecht ist anerkannt, dass im Einzelfall dann nichtöffentlich zu verhandeln ist, wenn das öffentliche Wohl oder berechtigte Interessen Einzelner dies erfordern (*VG Freiburg,* Urt. v. 11.10.1973 – VS III 88/72 –, in: NJW 1974, 762 (763)). Da die berechtigten Interessen der Sparkassen in jeder Verhandlung erneut vorliegen, ist die Umkehr des Öffentlichkeitsgrundsatzes gerechtfertigt.

433 § 12 Abs. 3 S. 1 S-SVN; § 7 Abs. 5 S. 1 S-RSGV (diese müssen sich auch in die Anwesenheitsliste eingetragen haben); § 12 Abs. 4 S-SGVSH; § 7 Abs. 7 S-SVWL; § 10 Abs. 5 S-OSV.

434 § 13 Abs. 3 SGVHT; § 12 Abs. 4S. 1 S-SVRP.

435 § 12 Abs. 3 S-SVBW; § 10 Abs. 2 S. 1 S-SVSaar (ferner müssen alle Mitglieder eingeladen worden sein und es muss der Vorsitzende anwesend sein).

436 § 16 Abs. 1 S-SVB.

Die Beschlussfähigkeit ist grundsätzlich festzustellen. Lediglich im rheinischen und im baden-württembergischen Sparkassenverband wird die Beschlussfähigkeit fingiert, solange kein Antrag auf Feststellung der Beschlussunfähigkeit gestellt bzw. die Beschlussfähigkeit angezweifelt wurde.[437] Ebenso wie im Kommunalrecht spricht der Wortlaut der Regelungen dafür, dass die Fiktion nicht nur den Fortbestand der einmal festgestellten Beschlussfähigkeit, sondern auch die von Beginn der Sitzung an nicht gegebene Beschlussfähigkeit erfasst.[438] Im Übrigen gelten die gleichen Grundsätze wie im Kommunalverfassungsrecht.[439]

Ist die Beschlussfähigkeit nicht gegeben, kann innerhalb einer bestimmten Frist eine neue Verbandsversammlung einberufen werden, die ohne Rücksicht auf die Anzahl der vertretenen Stimmen beschlussfähig ist. Die Fiktion gilt allerdings nur, sofern nicht von der ursprünglichen Tagesordnung abgewichen wird und auf die fingierte Beschlussfähigkeit in der zweiten Einladung hingewiesen wird.[440]

4. Abstimmungsverfahren und erforderliche Mehrheiten

Beschlüsse werden grundsätzlich in offener Abstimmung gefasst. Eine geheime Abstimmung kann beantragt werden.[441] Einige Satzungen sehen vor, dass über diesen Antrag in offener Abstimmung zu entscheiden ist, wobei der Antrag als angenommen gilt, wenn ein Viertel der anwesenden Mitglieder diesem Antrag zustimmt.[442]

---

437 § 7 Abs. 5 S. 2 S-RSGV (Beschlussunfähigkeit wird nur auf Antrag festgestellt); § 12 Abs. 3 S. 2 S-SVBW (Beschlussunfähigkeit muss bis zum Beginn einer Abstimmung angezweifelt werden).

438 *Plückhahn,* in: Held/Becker, Kommunalverfassung NRW, Bd. 1, § 49 GO, Ziff. 2.2 m. w. N.

439 *Plückhahn,* in: Held/Becker, Kommunalverfassung NRW, Bd. 1, § 49 GO, Ziff. 1 ff.

440 Frist von 21 Tagen: § 10 Abs. 5 S. 2, 3 S-OSV; Frist von 4 Wochen mit Einladungsfrist von 1 Woche: § 12 Abs. 3 S. 2 S-SVBW; Frist von 4 Wochen: § 13 Abs. 3 S-SGVHT, § 12 Abs. 3 S. 2-4 S-SVN, § 12 Abs. 4 S. 2-3 S-SVRP, § 10 Abs. 2 S. 2-3 S-SVSaar, § 12 Abs. 4 S. 2-4 S-SGVSH; Frist von 2 Wochen mit Einladungsfrist von weiteren 2 Wochen: § 7 Abs. 5 S. 2-4 S-RSGV, § 7 Abs. 7 S. 2-3 S-SVWL.

441 § 12 Abs. 5 S. 1 S-SVBW; § 16 Abs. 2 S. 1 S-SVB; § 13 Abs. 7 S. 1 S-SGVHT; § 10 Abs. 6 S. 10 S-OSV; § 7 Abs. 9 S. 2 S-RSGV; § 12 Abs. 6 S. 5 S-SVRP; § 10 Abs. 4 S. 1 S-SVSaar; § 12 Abs. 8 S. 1 S-SGVSH; § 7 Abs. 9 S. 2 S-SVWL.

442 § 10 Abs. 6 S. 11 f. S-OSV; § 7 Abs. 9 S. 3 S-RSGV; § 7 Abs. 9 S. 3 ff. S-SVWL.

Wahlen hingegen erfolgen grundsätzlich in geheimer Abstimmung.[443] Eine offene Wahl ist nach den Satzungen teils zulässig, wenn kein Mitglied widerspricht[444] und zum Teil zusätzlich nur ein einziger Kandidat benannt ist.[445]

Beschlüsse werden mit der einfachen Mehrheit der Stimmen gefasst. Bei Stimmengleichheit ist der Antrag abgelehnt.[446] Bestimmte Beschlüsse, bspw. zur Änderung der Satzung, bedürfen nach den jeweiligen Satzungen qualifizierter Mehrheiten, die von einer doppelt qualifizierten Mehrheit von zwei Drittel der abgegebenen Stimmen und der Mehrheit der Stimmen sämtlicher Mitglieder[447], über eine Zweidrittelmehrheit der abgegebenen Stimmen der Mitglieder[448] bis hin zu einer drei Viertel Mehrheit der abgegebenen Stimmen[449] reichen.

Im Ostdeutschen Sparkassenverband bedürfen bestimmte Beschlüsse einer doppelt qualifizierten Mehrheit von zwei Drittel der abgegebenen Stimmen und der Mehrheit der abgegebenen Stimmen in mindestens drei Staatsvertragsländern, andere Beschlüsse bedürfen einer drei Viertel Mehrheit der abgegebenen Stimmen und einer Zweidrittelmehrheit der abgegebenen Stimmen in mindestens drei Staatsvertragsländern.[450]

Bei Wahlen ist – soweit die Satzung für einzelne Ämter keine anderen Mehrheiten vorsehen – grundsätzlich gewählt, wer die Mehrheit der abgegebenen Stimmen erhält.[451] Wird diese Mehrheit im ersten Wahlgang nicht erreicht, so findet nach einigen Satzungen eine Stichwahl zwischen den beiden Kandidaten mit den meisten Stimmen statt. Gewählt ist in dieser

---

443 § 12 Abs. 6 S. 1, 2 S-SVBW; § 17 Abs. 1 S. 2 S-SVB. § 13 Abs. 7 S. 2 S-SGVHT; § 12 Abs. 7 S. 5 S-SGVHT; § 10 Abs. 5 S. 1 S-SVSaar; § 12 Abs. 8 S. 2 S-SGVSH; im RSGV ist grundsätzlich ebenso wie bei Beschlüssen offen abzustimmen. Dies ergibt sich aus dem Verweis des § 7 Abs. 3 S-RSGV auf § 50 Abs. 1 S. 1 GO NRW.

444 § 12 Abs. 6 S. 2 SVBW; § 12 Abs. 6 S 5 S-SVRP; § 12 Abs. 8 S. 2 S-SGVSH.

445 § 17 Abs. 1 2 S-SVB; § 10 Abs. 5 S. 2 S-SVSaar.

446 § 12 Abs. 5 S. 2, 3 S-SVBW; § 16 Abs. 2 S. 1 S-SVB; § 13 Abs. 6 S. 1, 2 S-SGVHT; § 10 Abs. 6 S. 9 S-OSV; § 12 Abs. 4 S. 1, 2 S-SVN; § 7 Abs. 9 S. 1 S-RSGV; § 12 Abs. 6 S. 3, 4 S-SVRP; § 10 Abs. 4 S. 3 S-SVSaar; § 12 Abs. 7 S. 12 S-SGVSH; § 7 Abs. 9 S. 1 S-SVWL.

447 § 12 Abs. 5 S. 3 S-SVBW.

448 § 13 Abs. 6 S. 3 S-SGVHT; § 12 Abs. 4 S. 3 S-SVN; § 7 Abs. 9 S. 1 S-RSGV; § 12 Abs. 6 S. 5 S-SVRP; § 12 Abs. 7 S. 2 S-SGVSH; § 7 Abs. 9 S. 1 S-SVWL.

449 § 16 Abs. 2 S. 3 S-SVB.

450 § 10 Abs. 6 S. 13 f. S-OSV.

451 § 12 Abs. 6 S. 2 S-SVBW; § 17 Abs. 2 S. 1 S-SVB; § 12 Abs. 7 S. 1 S-SVRP.

Stichwahl, wer die meisten Stimmen erhält. Bei Stimmengleichheit entscheidet das Los.[452]

Das Stimmrecht der Mitglieder der Verbandsversammlung ist in den Satzungen unterschiedlich geregelt. Es ist sowohl ein reines Kopfstimmrecht[453] (jedes Mitglied hat eine Stimme) als auch ein modifiziertes Kapitalstimmrecht[454] (danach haben die Mitglieder ein Stimmrecht im Verhältnis der Größe der Sparkasse zueinander) sowie eine Kombination aus beiden Systemen zu finden.[455]

---

452 § 12 Abs. 6 S. 3 S-SVBW; § 17 Abs. 2 S. 2 S-SVB; § 12 Abs. 7 S. 2 ff. S-SVRP (zunächst ist ein zweiter Wahlgang erforderlich. Erst wenn dieser erneut keine Mehrheit ergibt, ist eine Stichwahl durchzuführen).

453 § 11 Abs. 4 S-SVN, § 12 Abs. 6 S-SVRP: Jedes Mitglied hat eine Stimme.

454 § 11 Abs. 1 S-SVBW: Das Stimmrecht richtet sich nach festgelegten Beträgen der Bemessungsrundlage. Bis zu einem Betrag von 5 Mrd. EUR steigen die Stimmen in festgelegten Stufen an. Nach oben ist die Stimmenanzahl bei 15 gedeckelt. Auch der Verbandsvorsteher hat eine Stimme; § 14 Abs. 1 S-SVB: Vertreter haben bis zu einem festgelegten Betrag eine Stimme, für jeden weiteren vollen Betrag eine weitere Stimme. Die Ausübung des Stimmrechts ist nur einheitlich möglich; § 10 Abs. 6 SVSaar: Jede angefangene 50.000 EUR am Stammkapital ergibt eine Stimme. Diese Stimmen stehen zu gleichen Teilen den Vertretern der Sparkassen und ihren Trägern zu. Nur die Sparkassen können ihre Stimmen einheitlich ausüben, die Kommunen hingegen sind nicht erwähnt (gleichlautend mit § 43 Abs. 3 S. 1 SpkG Saar); § 12 Abs. 6 SGVSH: Jeder Vertreter führt eine Stimme und für je 1.000.000,- EUR am Stammkapital der entsendenden Sparkasse eine weitere.

455 Grundsätzlich ist in folgenden Satzungen eine Abstimmung nach Köpfen vorgesehen, eine Abstimmung nach Kapitalanteilen kann allerdings beantragt werden: § 13 Abs. 4 SGVHT: für jedes angefangene 1,5 v. H. des Anteils der Sparkasse am Gesamteinlagenbestand je eine Stimme. Die Stadt Frankfurt hat 4/10 der Stimmen der Frankfurter Sparkasse; § 7 Abs. 8 S-RSGV, § 7 Abs. 8 S-SVWL: Jedes Mitglied hat eine Grundstimme und für jedes angefangene 1,5 v.H. an der Bemessungsgrundlage eine weitere Stimme. Bei der Abstimmung nach Kapitalanteilen stimmen grundsätzlich nur die Vertreter der Mitglieder mit, die am Stammkapital beteiligt sind. Im OSV ist das Kapitalstimmrecht der Grundsatz, § 10 Abs. 6 S-OSV i. V. m. § 1 Abs. 4 S. 2 StVOSV. Das Stimmrecht richtet sich grundsätzlich nach Prozentanteilen am Stammkapital des VerbandS. Innerhalb festgelegter Prozentpunkte werden den Vertretern zwischen 200 (unter einem Prozent) und 1000 Stimmen (ab 7 Prozent) zugewiesen. Dem geschäftsführenden Vorstandsvorsitzenden stehen 1000 Stimmen zu, auch wenn der Verband selbst nicht am Stammkapital beteiligt ist. Gem. § 10 Abs. 6 S. 15 S-OSV werden bestimmte Beschlüsse wie eine Satzungsänderung sowie Personenwahlangelegenheiten nach Köpfen durchgeführt. In diesen Fällen hat jedes Mitglied 200 Stimmen.

Sofern die geschäftsleitenden Organe[456] oder Vorstände von Verbundunternehmen[457] geborene Mitglieder der Verbandsversammlung sind, haben sie im Falle der Abstimmung nach Köpfen ebenfalls ein Stimmrecht. Sofern die Abstimmung nach Kapitalstimmrecht erfolgt, haben nur die Vertreter derjenigen juristischen Personen ein Stimmrecht, die am Stammkapital beteiligt sind. Dies bedeutet, dass das geschäftsleitende Organ und die Vertreter von Verbundunternehmen, die nicht am Stammkapital beteiligt sind, im Falle der Abstimmung nach Kapitalanteilen keine Stimme haben.

Die Satzungen beinhalten zum Teil Sonderregelungen für von der üblichen Sparkassenträgerstruktur abweichende Fälle. So beinhaltet die Satzung des Ostdeutschen Sparkassenverbands spezielle Stimmverteilungsregelungen für Zweckverbandssparkassen und für vom Sachsen-Finanzverbund getragene Sparkassen.[458] Sonderregelungen finden sich ferner in der hessisch-thüringischen Verbandssatzung für vereinigte Sparkassen.[459]

Das Kapitalstimmrecht stellt eine zulässige Ausnahme zum streng egalitären Grundsatz demokratischer Wahlrechtsgleichheit dar, der auch in Organen der mittelbaren Staatsverwaltung zu beachten ist.[460] Die Gewichtung der Stimmen nach dem Anteil am Stammkapital bzw. nach dem Verhältnis der Bilanzsummen zueinander ist sachlich gerechtfertigt, da die Sparkassen auch die finanziellen Lasten, die mit der Verbandstätigkeit einhergehen, entsprechend ihrem Anteil am Stammkapital tragen.

Die Mitglieder üben ihre Stimmrechte in eigener Verantwortung aus und sind nicht an Weisungen gebunden. Dieser Grundsatz, der lediglich in

456 § 11 Abs. 1 S. 2 SVBW: Eine Stimme; § 11 Abs. 1, 4S-SVN: Eine Stimme; § 6 Abs. 1, 8 S-RSGV; § 12 Abs. 1, 6 S-SVRP: Verbandsvorsitzender und dessen Stellvertreter haben jeweils eine Stimme; § 12 Abs. 6S.SGVSH: Eine Stimme; § 10 Abs. 6 S. 13 S-OSV: Geschäftsführendes Vorstandsmitglied hat 1000 Stimmen.

457 § 11 Abs. 1 S-SVN; § 6 Abs. 1, 8 S-RSGV; § 12 Abs. 6 SGVSH.

458 § 10 Abs. 6 S. 3 ff. S-OSV: Bei Zweckverbandssparkassen entfällt die Hälfte der Stimmen auf den Hauptverwaltungsbeamten des Zweckverbands und die andere Hälfte wird zu gleichen Teilen auf die Hauptverwaltungsbeamten der anderen kommunalen Mitglieder aufgeteilt. Auf die ehemaligen Träger einer nunmehr vom Sachsen-Finanzverbund getragenen Sparkasse entfallen so viele Stimmen, wie auf der von der Sachsen-Finanzgruppe getragenen Sparkasse. Diese Stimmen sind hälftig zwischen dem Hauptverwaltungsbeamten der Sachsen-Finanzgruppe und Hauptverwaltungsbeamten der ehemaligen Träger aufzuteilen.

459 § 13 Abs. 4 S. 6 S-SGVHT: Eine nach dem 1.7.1992 vereinigte Sparkasse und ihr Träger haben für einen Zeitraum von fünf Jahren seit Wirksamwerden der Vereinigung je eine Stimmenzahl, die der Zahl der Stimmen der an der Vereinigung beteiligten Sparkassen entspricht.

460 *Kluth,* Funktionale Selbstverwaltung, S. 460 ff. m. w. N.

einigen Verbandssatzungen ausdrücklich geregelt ist[461], ergibt sich aus allgemeinen Erwägungen.[462] In die Verbandsversammlungen werden Mitglieder der Verwaltungsräte der Sparkassen und Sparkassenvorstände entsandt. Die Mitglieder der Verwaltungsräte sind nach den Sparkassengesetzen in den Verwaltungsratssitzungen weder Weisungen noch sonstigen Bindungen unterworfen. Sie entscheiden nach den Sparkassengesetzen allein im Rahmen der Gesetze und nach freien, am öffentlichen Wohl orientierten Überzeugungen.[463] Wenn die Mitglieder in den Verwaltungsratssitzungen von Weisungen freigestellt sind, dann müssen sie auch in ihrer Eigenschaft als Verbandsversammlungsmitglied frei von Weisungen sein, da sie die Mitglieder des Verbands in ihrer Funktion als Verwaltungsratsmitglied einer Sparkasse vertreten.[464] Die Sparkassenvorstände unterliegen in ihrer Eigenschaft als Mitglieder der Verbandsversammlung ebenfalls nur allgemein gehaltenen Geschäftsanweisungen, die vom Verwaltungsrat erlassen werden. Im Übrigen leiten sie die Sparkassen in eigener Verantwortung.[465] Dies bedeutet, dass sie in Verbandsversammlungen der Sparkassenverbände grundsätzlich nicht an Weisungen gebunden sind.

Die mit der jeweils erforderlichen Mehrheit getroffenen Beschlüsse binden die Verbandsmitglieder und verpflichten sie, die sich daran anschließenden Folgen zu tragen. Sofern ein Beschluss nach Ansicht eines Mitglieds nicht im Rahmen des sachlich zugewiesenen Aufgabenbereichs der Verbände gefasst wurde, steht den Mitgliedern ein Unterlassungsanspruch zu. Sofern die Mitglieder Kostenfolgen eines rechtswidrigen Beschlusses verhindern

---

461 § 11 Abs. 4 S. 1 S-SVBW; § 13 Abs. 5 S-SGVHT; § 11 Abs. 4 S. 1 S-SVN; § 7 Abs. 6 S-RSGV; § 12 Abs. 6 S. 2 S-SVRP; § 7 Abs. 5 S-SVWL; § 10 Abs. 4 S-OSV i. V. m. § 1 Abs. 5 StVOSV.

462 Ohne nähere Begründung *Schlierbach/Püttner,* Sparkassenrecht, S. 295; allgemein zum Weisungsrecht in kommunalen Zweckverbänden: *VG Kassel,* Beschl. v. 04.08.1983 – III/3 G 1054/83 –, in: HSGZ 1984, 230 (232); *Horbach,* Kommunalwirtschaft 1974, 131 (134); *Oebbecke,* in: Mann/Püttner, HbkWP, Bd. 1 § 29 Rn. 47.

463 Vgl. § 14 Abs. 2 SpkG Bbg; § 5d Abs. 8 S. 2 HessSpkG; § 14 Abs. 2 SpkG MV; § 11 Abs. 2 S. 2 NdsSpkG; § 15 Abs. 6 SpkG NRW; § 7 Abs. 1 S. 2 SpkG RP; § 12 Abs. 6 SpkG Saar; § 14 Abs. 3 SpkG Sa; § 14 Abs. 2 SpkG LSA; § 10 Abs. 4 SpkG SH; § 8 Abs. 2 SpkG Thür.

464 *Horbach,* Kommunalwirtschaft 1974, 131 (134), zur Weisungsbindung der Vertreter der Kommunen in der Zweckverbandsversammlung eines kommunalen Sparkassenzweckverbands.

465 § 18 Abs. 1 SpkG Bbg; § 23 Abs. 1 SpkG BW; § 7 Abs. 1 HessSpkG; § 18 Abs. 1 SpkG MV; § 10 Abs. 1 S. 1 NdsSpkG; § 20 Abs. 1 SpkG NRW; § 14 Abs. 1 SpkG RP; § 16 Abs. 1 SpkG Saar; § 18 Abs. 1 SpkG Sa; § 18 Abs. 1 SpkG LSA; § 14 Abs. 2 SpkG SH; § § 15 Abs. 1 SpkG Thür.

möchten, müssen sie diesen Unterlassungsanspruch durchsetzen, da die Umlagefestsetzung nicht mit dem Argument der rechtswidrigen Aufgabenwahrnehmung angegriffen werden kann.[466]

5. Befangenheitsregelungen

Einige Satzungen sehen ein Beratungs- und Abstimmungsverbot für Verbandsversammlungsmitglieder vor, wenn die Entscheidung dem Mitglied, bestimmten Angehörigen oder einer von dem Mitglied kraft Gesetzes oder Vollmacht vertretenen Person einen unmittelbaren Vor- oder Nachteil bringen kann. Ob ein Interessenwiderstreit vorliegt, entscheidet die Verbandsversammlung oder der Verbandspräsident.[467] Diese Vorschriften finden nur auf Beschlüsse, nicht jedoch auf Wahlen Anwendung.

Die Satzung des rheinland-pfälzischen und des baden-württembergischen Verbands sehen darüber hinaus Unwirksamkeitsregelungen für Entscheidungen in der Satzung vor, die unter Mitwirkung eines ausgeschlossenen Stimmberechtigten ergangen sind.[468]

In den übrigen Verbänden, in denen derartige Regelungen nicht erlassen wurden, sind ebenso wie in kommunalen Zweckverbänden die Befangenheitsregelungen des Kommunalverfassungsrechts entsprechend anzuwenden.[469]

---

466 Dazu § 8 D. und §15 B. II. 4.

467 § 13 Abs. 8 S-SGVHT; § 12 Abs. 8 S-SVRP; § 12 Abs. 7 S. 1 S-SVBW i. V. m. § 18 GO BW; § 10 Abs. 3 S. 2 S-SGBSaar i. V. m. § 19 SpkGSaar.

468 § 12 Abs. 9 S-SVRP, § 12 Abs. 7 S. 1 S-SVBW i. V. m. § 18 Abs. 6 GO BW: Danach ist die Entscheidung unabhängig von der Erheblichkeit der Stimme des ausgeschlossenen Mitglieds rechtswidrig. Sie gilt jedoch als von Anfang an wirksam, wenn sie nicht innerhalb einer bestimmten Frist von dem Vorsitzenden der Verbandsversammlung (dieser hat im SVBW bei rechtswidrigen Beschlüssen ein ausdrückliches Widerspruchsrecht) oder der Aufsichtsbehörde beanstandet wurde. Dies wiederum gilt nicht gegenüber demjenigen, der vor Ablauf der Frist einen förmlichen Rechtsbehelf eingelegt hat und wenn im Verlauf dieses Verfahrens der Mangel festgestellt wird. Die Entscheidung ist unverzüglich unter Vermeidung des Mangels zu wiederholen. In § 12 Abs. 7 S-SVBW wird bestimmt, dass die Mitgliedschaft in Verbundeinrichtungen, zu deren Gunsten oder zu deren Lasten eine Entscheidung zu treffen ist, keine Befangenheit begründet.

469 Zur entsprechenden Anwendung in kommunalen Zweckverbänden: *Oebbecke,* in: HbkWP, Bd. 1, § 29, Rn. 47.

6. Niederschrift

Über die Gegenstände und Ergebnisse der Verbandsversammlung ist eine Niederschrift zu fertigen, die stets von mehreren Vertretern in der Verbandsversammlung zu unterzeichnen ist.[470]

7. Beanstandungspflicht des Vorsitzenden im baden-württembergischen Verband

Lediglich die Satzung des baden-württembergischen Verbands verpflichtet den Vorsitzenden der Verbandsversammlung zum Widerspruch gegen rechtswidrige Beschlüsse.[471] Nach einem Widerspruch ist innerhalb einer bestimmten Frist erneut über den Antrag zu beschließen. Bis dahin hat der Widerspruch entsprechend § 43 Abs. 2 S. 3 GO BW aufschiebende Wirkung, so dass der Beschluss nicht vollzogen werden darf. Ist der in der neuen Sitzung gefasste Beschluss erneut gesetzeswidrig, so muss der Vorsitzende erneut widersprechen, und in entsprechender Anwendung des § 43 Abs. 2 GO S. 5 BW eine Entscheidung der Aufsichtsbehörde herbeiführen.

IV. Demokratische Legitimation der Verbandsversammlung

Die Sparkassenverbände üben im Rahmen der ihnen zugewiesenen öffentlichen Aufgaben Staatsgewalt i. S. d. Art. 20 Abs. 2 GG aus. Der Begriff der Staatsgewalt erfasst nicht nur die Wahrnehmung von Hoheitsbefugnissen, sondern die gesamte öffentliche Verwaltung des Staates, der Gemeinden und der Gemeindeverbände einschließlich der von ihnen getragenen öffentlichen Einrichtungen.[472] Dies gilt sowohl für die obrigkeitliche als auch für

---

470 § 12 Abs. 8 S-SVBW: Unterschriften des Vorsitzenden und des Schriftführers; § 16 Abs. 4 S-SVB: Unterschriften des ersten Verbandsvorsitzenden, geschäftsführenden Präsidenten und des Schriftführers; § 13 Abs. 12 S-SGVHT, § 12 Abs. 6 S-SVN, § 12 Abs. 11 S-SVRP, § 12 Abs. 9 S-SGVSH, § 10 Abs. 7 S-OSV: Unterschriften des Vorsitzenden und eines Mitglieds der Verbandsversammlung; § 7 Abs. 10 S-RSGV, § 7 Abs. 10 S-SVWL: Unterschriften des Vorsitzenden und des Verbandsvorstehers/Vors. des Verbandsvorstands; § 10 Abs. 7 S-SVSaar: Unterschriften des Vorsitzenden, eines Vertreters in der Verbandsversammlung und des Schriftführers.

471 § 12 Abs. 7 S. 1 S-SVBW erklärt § 43 Abs. 2 GO BW für entsprechend anwendbar.

472 *VerfGH NRW,* Urt. v. 15.09.1986 – 17/85 –, in: NVwZ 1987, 211 (212); *Frotscher,* in: v. Mutius, Selbstverwaltung im Staat der Industriegesellschaft, 127 (144); *Böckenförde,* in: Isensee/Kirchhof, HbStR, Bd. II, § 24, Rn. 12; *Böckenförde,* Verfassungsfragen der Richterwahl, S. 71; *Schmidt-Aßmann,* in: Selmer/v. Münch, Gedächtnisschrift für Martens, S. 249 (263).

die schlichte Hoheitsverwaltung und die verwaltungsprivatrechtliche Tätigkeit. Das Demokratieprinzip gilt auch für alle verselbstständigten Verwaltungsträger, insbesondere auch für kommunale Kooperationsformen. Denn der Staat soll sich nicht durch Kompetenzauslagerungen auf Selbstverwaltungsträger, die wie die Sparkassen- und Giroverbände als nicht-gebietskörperschaftliche Verwaltungsträger ausgestaltet sind, den Anforderungen des Demokratieprinzips entziehen können.[473]

Die Kollegialorgane der Sparkassenverbände, die Staatsgewalt ausüben, müssen gem. Art. 20 Abs. 2 i. V. m. Art. 28 Abs. 1 GG demokratisch durch das Staatsvolk legitimiert sein. Dafür ist nicht in jedem Fall eine Legitimation durch eine unmittelbare Volkswahl erforderlich. Das Grundgesetz schreibt die unmittelbare Legitimation gem. Art. 28 Abs. 1 S. 2 GG nur für die Vertretungsorgane als zentrale Führungsinstanz in den Kommunen vor. Es genügt im Übrigen regelmäßig, dass sich die Legitimation mittelbar auf das Volk als Träger der Staatsgewalt durch einen abgeleiteten, mittelbaren Legitimationszusammenhang zurückführen lässt.[474] Dieser Zusammenhang wird durch das Zusammenwirken der sachlich-inhaltlichen[475] und der

473 Zum Ganzen *BVerfG,* Beschl. v. 15.02.1978 – 2 BvR 134/76, 2 BvR 268/76 –, in: BVerfGE 47, 253 (273 f.); Urt. v. 24.07.1979 – 2 BvK 1/78 –, in: BVerfGE 52, 95 (120, 130); *Püttner,* Die öffentlichen Unternehmen, S. 135; *Tettinger/Mann/Salzwedel,* Wasserverbände, S. 10; *Wolff/Bachof/Stober,* Verwaltungsrecht, Bd. 3, § 81 IV 1, Rn. 134; *Schmidt,* Kommunale Kooperationen, S. 81; insofern ist der Auffassung, dass Art. 28 Abs. 1 S. 2 GG nicht für Selbstverwaltungsträger außerhalb des Bereichs der Gebietskörperschaften gelten soll (*BSG,* Urt. .v. 15.11.1973 – 3 RK 57/72 –, in: BSGE 36, 242 (244); *Breuer,* in: v. Mutius, Selbstverwaltung im Staat der Industriegesellschaft, 855 (878)), zu widersprechen. Art. 28 Abs. 1 S. 2 GG stellt lediglich besondere Anforderungen an die Vertretungswahlen in den aufgezählten Gebietskörperschaften. Die Geltung der allgemeinen Vorgaben des Art. 28 Abs. 2 GG wird hierdurch nicht ausgeschlossen. Ferner knüpft Art. 20 Abs. 2 GG an das materielle Kriterium der Ausübung von Staatsgewalt und nicht an formelle Organisationsformen oder innerorganisatorische Ausgestaltungen an (*BVerfG,* Urt. v. 24.07.1979 – 2 BvK 1/78 –, in: BVerfGE 52, 95 (120, 130)).

474 *BVerfG,* Beschl. v. 15.02.1978 – 2 BvR 134/76, 2 BvR 268/76, Juris Rn. 46; *VerfGH NRW,* Urt. v. 15.09.1986 – 17/85 –, in: NVwZ 1987, 211 (212); *Schroeder,* Die Verwaltung 31 (2001), 205 (221); *Koch,* NdsVBl. 2004, 150 (154); *Schmidt,* Kommunale Kooperationen, S. 82.

475 Die sachlich-inhaltliche Legitimation bezieht sich auf das inhaltliche Handeln der Amtswalter und dient dazu, die Ausübung der Staatsgewalt ihrem Inhalt nach vom Volk herzuleiten, indem die Amtswalter auf der Grundlage von Gesetzen inhaltlich in Bezug auf ihre Entscheidungen gebunden werden und einer Aufsicht unterliegen (*BVerfG,* Beschl. v. 24.05.1995 – 2 BvF 1/92 –, in: BVerfGE 93, 37 (67f.); Beschl. v. 05.12.2002 – 2 BvL 5/98, 2 BvL 6/98 –, in: BVerfGE 107, 59 (87 f.); *Schmidt-Aßmann,* AöR 116 (1991), 329 (357)). Vermittelt wird die sachlich-inhaltliche Legitimation durch das parlamentarische Gesetz, welches die Ausübung der Staats-

organisatorisch-personellen[476] Legitimation hergestellt. Diese Legitimationsformen stehen nicht jede starr für sich nebeneinander, sondern ihr Zusammenwirken ist entscheidend.[477] Eine stärkere personell-demokratische Legitimation kann eine schwächere sachlich-inhaltliche demokratische Legitimation ausgleichen und umgekehrt. Dabei ist auch eine Totalsubstitution einer der beiden Legitimationskomponenten möglich.[478] Es ist nicht die Form der Legitimation, sondern deren Effektivität entscheidend. Notwendig ist, dass ein ausreichendes Legitimationsniveau erreicht wird, welches bei den verschiedenen Erscheinungsformen der Ausübung von Staatsgewalt unterschiedlich ausgestaltet sein kann.[479]

Die sachlich-inhaltliche Legitimation der Verbandsversammlungen erfolgt über die Sparkassengesetze sowie die Transformationsgesetze in Bezug auf die Staatsverträge und die in diesen enthaltenen steuernden Regelungen sowie die demokratisch verantwortlich ausgeübte staatliche Aufsicht.

Bei der organisatorisch-personellen Legitimation muss hinsichtlich der Beteiligung Privater in der Verbandsversammlung unterschieden werden.

---

gewalt sowie deren Kontrolle regelt, und durch dessen Bindungswirkung gegenüber den Organen. Zum anderen wird die Legitimation durch Weisungs- und Aufsichtsrechte zur Sicherung der parlamentarischen Verantwortung im Verhältnis zur nachgeordneten Behörde gesichert. Der verantwortliche Minister unterliegt einem Kontroll- und Abberufungsrecht der Volksvertretung (*Böckenförde,* in: Isensee/Kirchhof, HbStR Bd. II, § 24, Rn. 21; *Musil,* DÖV 2004, 116 (117); *Schmidt-Aßmann,* AöR 116 (1991), 329 (358)).

476 Die organisatorisch-personelle Legitimation bezieht sich auf die Rückbindungen der Person des Staatsgewalt ausübenden Amtswalters an den Träger der Staatsgewalt (*Schmidt-Aßmann,* AöR 116 (1991), 329 (360)). Sie wird dadurch erreicht, dass der handelnde Amtsträger individuell durch ein unmittelbar demokratisch legitimiertes Organ in sein Amt berufen wird, oder jedenfalls eine ununterbrochene Legitimationskette zu einem solchen Organ die Berufung legitimiert (*Herzog,* in: Maunz/Dürig, GG, Art. 20, Rn. 49 ff.; *Böckenförde,* in: Isensee/Kirchhof, HbStR, Bd. II, § 24, Rn. 16; *Musil,* DÖV 2004, 116 (117); *Schmidt-Aßmann,* AöR 116 (1991), 329 (360)). Durch das Vorhandensein mehrerer Glieder innerhalb der Legitimationskette, die als Legitimationsvermittler ihrerseits hinreichend demokratisch legitimiert sind, wird die originäre demokratische Legitimation weitergereicht (*Jestaedt,* Demokratieprinzip und Kondominialverwaltung, S. 273). Das Legitimationsniveau verringert sich jedoch mit jedem weiteren Glied in der Kette (*Kluth,* Funktionale Selbstverwaltung, S. 358).

477 BVerfGE 93, 37 (66 f.); *Schmidt-Aßmann,* AöR 116 (1991), 329 (367 f.); *Tettinger/Mann/Salzwedel,* Wasserverbände, S. 14 f.

478 *Dreier,* in: Dreier, GG, Bd. II, Art. 20 (Demokratie), Rn. 117; *Kahl,* AöR 130 (2005), 225 (237).

479 *BVerfG,* Urt. v. 12.10.1993 – 2 BvR 2134/92, 2 BvR 2159/92 –, in: BVerfGE 89, 155 (182); *Wolff/Bachof/Stober,* Verwaltungsrecht, Bd. 3, § 81 IV 1, Rn. 155 ff.

1. Demokratische Legitimation von Verbandsversammlungen ohne private Beteiligung

Soweit die Verbandsversammlungen keine Vertreter privater juristischer Personen zu Mitgliedern haben, ist eine ununterbrochene Legitimationskette gegeben. Entsandt werden Hauptverwaltungsbeamte, Mitglieder der Vertretungen der Trägerkommunen, der Verwaltungsräte oder des Kreditausschusses der Sparkassen sowie Vertreter der Vorstände der Sparkassen. Die Hauptverwaltungsbeamten der Kommunen werden entweder durch Direktwahl des Gemeindevolks oder aber durch den Rat gewählt, der seinerseits durch eine Wahl legitimiert ist. Die weiteren Vertreter, die aus den Vertretungsorganen der Kommunen, den Verwaltungsräten oder den Kreditausschüssen stammen, werden jeweils durch die Vertretungen der Kommune gewählt.[480]

Die Sparkassenvorstände werden entweder vom Verwaltungsrat der Sparkasse oder von der Trägervertretung bestellt.[481] Beide Organe sind ihrerseits personell demokratisch legitimiert. Neben den Hauptverwaltungsbeamten der Kommunen werden in den Verwaltungsrat weitere Vertreter entsandt,

480 Vertreter in der Verbandsversammlung: § 9 Abs. 2 S-**SVBW**: Vorsitzender des Verwaltungsrats, welcher gem. § 14 SpkG BW der Vorsitzende des Hauptorgans des Trägers ist, der Vorstandsvorsitzende der Sparkassen, ein weiteres Mitglied des Hauptorgans der Trägerkommune, welches von der Trägerkommune bestellt wird; § 15 S-**SVB**: Vorstandsvorsitzender der Sparkassen, Kommunen werden durch den Vertreter der Kommunen nach den kommunalrechtlichen Vorschriften vertreten; § 11 S-**SGVHT**: Vorsitzender der Verwaltung des Gewährträgers, Vorstandsvorsitzender der Sparkassen; § 11 Abs. 2 S-**SVN**: Vorsitzender des Verwaltungsrats, welcher gem. § 12 NdsSpkG der Hauptverwaltungsbeamte der Kommunen ist, sowie der Vorstandsvorsitzende der Sparkassen; § 8 Abs. 1 S-**OSV**: Vorstandsvorsitzender, Hauptverwaltungsbeamte der Trägerkommunen; § 10 Abs. 2 S-**SVRP**: Leiter der Verwaltung des Trägers, Vorstandsvorsitzender, ein von der Vertretung der Trägerkommune gewähltes Mitglied des Verwaltungsrats; § 8 Abs. 3 S-**SVSaar**: Leiter der Verwaltung des Trägers, ein Vorstandsmitglied; § 5 Abs. 2 S-**SVWL**: zwei Mitglieder des Verwaltungsrats, wovon mindestens einer Hauptverwaltungsbeamter des Trägers sein muss und die von der Vertretung gewählt werden, Vorstandsvorsitzender der Sparkassen.

481 Vom *Verwaltungsrat* zu bestellen: § 24 Abs. 1 S. 3 SpkG BW; Art. 11 Abs. 1 BaySpkG (Genehmigung der Aufsichtsbehörde erforderlich); § 8 Abs. 1 SpkG Hessen; § 9 Abs. 2 NdsSpkG (mit Zustimmung des Trägers); § 15 Abs. 2 lit. a) SpkG NRW; § 10 Abs. 2 Nr. 2 lit. a) SpkG SH; § 8 Abs. 2 Nr. 1 SpkG Bbg; § 8 Abs. 2 Nr. 1 SpkG MeckVorp; § 8 Abs. 2 Nr. 1 SpkG Sa; § 8 Abs. 1 Nr. 1 SpkG LSA; § 16 Abs. 1 S. 1 SpkG Thür (auf Vorschlag des Leiters der Verwaltung des Trägers). Von dem *Vertretungsorgan der Trägerkommune* zu bestellen: § 12 Abs. 1 SpkG RP (auf Vorschlag des Verwaltungsrats); § 15 Abs. 1 S. 1 SpkG Saar (nach Anhörung des Verwaltungsrats).

die den kommunalen Trägervertretungen angehören. Gewählt oder bestellt werden diese Vertreter gem. den Sparkassengesetzen von den Vertretungen des Trägers, in Bayern sowohl durch die Vertretungen als auch durch die Aufsichtsbehörden.[482] Die Räte und Kreistage sind unmittelbar durch Wahl legitimiert. Damit ist stets eine Legitimationskette gegeben.

Das Legitimationsniveau der personellen Legitimation der Vertreter in den Verbandsversammlungen ist jedoch ebenso wie bei den kommunalen Zweckverbänden abgesenkt. Die Herauslösung einzelner Aufgaben auf einen zusätzlichen Hoheitsträger führt dazu, dass dessen Tätigkeit in der Öffentlichkeit weniger wahrgenommen wird. Die Herstellung der Zusammenhänge zwischen der politischen Entscheidung und der ursprünglichen Wahlentscheidung der Bürger wird erschwert, weil das politische Entscheidungssystem für den Bürger schwerer greifbar ist. Dies kann dazu führen, dass die handelnden Politiker bei Fehlentscheidungen von der sog. Diffusion der politischen Verantwortung[483] profitieren und eine Verantwortung vor dem Bürger erschwert wird.[484] Dieses Legitimationsdefizit kann jedoch im Rahmen der mittelbaren Legitimation durch den Legitimationsmodus der Akzeptanz durch das Volk ausgeglichen werden.[485] Diese Akzeptanz stellen die Verbände durch die regelmäßige öffentliche Rechenschaftsablegung und das Vorhandensein einer transparenten Legitimationskette her.[486]

2. Demokratische Legitimation von Verbandsversammlungen mit Beteiligung Privater

In die Verbandsversammlungen des schleswig-holsteinischen und des rheinischen Sparkassenverbands werden neben den Vertretern der Kommunen und der Sparkassen auch Vertreter privater juristischer Personen entsandt.

Dem schleswig-holsteinischen Verband gehören Vertreter der Vorstände und der Aufsichtsräte der als Aktiengesellschaften organisierten freien Sparkas-

---

482 § 15 SpkG BW; Art. 8 BaySpkG; § 5b SpkG Hessen; § 13 NdsSpkG; § 12 SpkG NRW; § 6 SpkG RP; § 10 SpkG Saar; § 9 SpkG SH; § 11 SpkG Bbg; § 11 SpkG MeckVorp; § 11 SpkG Sa; § 11 SpkG LSA; § 11 SpkG Thür.

483 *Scharpf,* Politische Vierteljahresschrift 26 (1985), 323 (349).

484 Zum übertragbaren Problem in kommunalen Zweckverbänden *Oebbecke,* Zweckverbandsbildung, S. 48 f.; *Schroeder,* Die Verwaltung 31 (2001), 205 (224).

485 *Schmidt-Aßmann,* AöR 116 (1991), 329 (369).

486 Zu diesen Kriterien *Schroeder,* Die Verwaltung 31 (2001), 205 (221, 232); *Nordholtz,* Niedersächsisches Gesetz über kommunale Zusammenarbeit, S. 198 ff.

sen[487] sowie ein von der HSH-Nordbank AG zu benennendes Mitglied des Vorstandes der Verbandsversammlung mit Stimmrecht an.[488] Dem rheinischen Sparkassenverband gehört neben den kommunalen Vertretern und den Vertretern der Sparkassen der Vorstandsvorsitzende der WestLB AG der Verbandsversammlung mit Stimmrecht an.[489]

Die Vertreter der freien Sparkassen, der HSH-Nordbank AG sowie der WestLB AG verfügen nicht über ein ausreichendes demokratisches Legitimationsniveau. Dieses Problem ist mit der Diskussion um die Legitimation der Kollegialorgane der kommunalen Zweckverbände mit privater Beteiligung[490], oder mit der Problematik der Mitbestimmung im öffentlichen Dienst[491] vergleichbar.

Da jedem Mitglied eines Kollegialorgans die »virtuelle Voll-Entscheidungsgewalt« zukommen kann[492], könnte man für von Kollegialorganen zu treffende Verwaltungsentscheidungen eine umfassende personelle Legitimation aller Mitglieder des Entscheidungsorgans fordern.[493] Auch wenn diese Forderung eine konsequente Umsetzung des Prinzips der ununterbrochenen Legitimationskette darstellt und eine unangreifbare Entscheidungsfindung gerade im Hinblick auf den potentiellen Stichwahlentscheid sichert, ist dies abzulehnen. Geht man mit den eingangs beschriebenen Grundsätzen demokratischer Legitimation davon aus, dass ein hinreichendes Legitimationsniveau und die Effektivität der Legitimation entscheidend sind, ist ein starres Beharren auf der organisatorisch-personellen Legitimation und einer damit einhergehenden durchgängigen demokratischen Legitimation aller Kollegialorganmitglieder verfassungsrechtlich nicht geboten.[494] Ferner ist zu

---

487 Dies sind: Bordesholmer Sparkasse AG, Spar- und Leihkasse zu Bredstedt AG; Sparkasse zu Lübeck AG; Sparkasse Mittelholstein AG. Entsandt wird gem. § 11 Abs. 2 S-SGVSH der Vorsitzende des Aufsichtsrats und des VorstandS.

488 Vgl. §§ 11 Abs. 1, 12 Abs. 6 S-SGVSH; § 36 Abs. 2 SpkG SH eröffnet die Möglichkeit, diese Regelung in der Verbandssatzung zu erlassen.

489 §§ 5 Abs. 1, 7 Abs. 8 S-RSGV.

490 *Oebbecke,* VerwArch 81 (1990), 349 (351); *Püttner,* Kommunalrecht, Rn. 447; *Bovenschulte,* Gemeindeverbände, S. 543 f.

491 Zu diesem Problemkreis: *BVerfG,* Beschl. v. 15.02.1978 – 2 BvR 134/76, 2 BvR 268/76 –, in: BVerfGE 47, 253 ff; ausführlich: *Demuth,* Bundesverfassungsgericht und die Mitbestimmung im öffentlichen Dienst.

492 *Leisner,* Mitbestimmung im öffentlichen Dienst, S. 40; *Püttner,* DVBl. 1984, 165 (167); *Battis/Kersten,* DÖV 1996, 584 (591).

493 *VerfGH NRW,* Urt. v. 15.09.1986 – 17/85 –, in: NVwZ 1987, 211 (212); *Püttner,* DVBl. 1984, 165 (167); *Ehlers,* JZ 1987, 218 (222).

494 Zum Ganzen *Tettinger/Mann/Salzwedel,* Wasserverbände, S. 13 f.

berücksichtigen, dass die freien Sparkassen Zwangsmitglieder sind und ihnen als Ausgleich für die Pflichtmitgliedschaft Beteiligungsrechte im Verband zustehen müssen.[495] Diese Vorgabe könnte nicht erreicht werden, wenn sie mangels demokratischer Legitimation nicht an der Willensbildung teilhaben dürften.

Das Bundesverfassungsgericht hat in der Entscheidung zur demokratischen Legitimation der Wasserverbände[496] betont, dass das Demokratieprinzip außerhalb der unmittelbaren Staatsverwaltung und der in ihrem sachlich-gegenständlichen Aufgabenbereich nicht beschränkten gemeindlichen Selbstverwaltung[497] entwicklungsoffen ist für andere, vom Erfordernis lückenloser personeller demokratischer Legitimation abweichende Organisationsformen. Für abgegrenzte Bereiche der öffentlichen Aufgabenerledigung können besondere Organisationsformen der Selbstverwaltung geschaffen werden, in denen der für einen sachgerechten Interessenausgleich erforderliche verwaltungsexterne Sachverstand aktiviert werden kann. Voraussetzung dafür ist, dass die Aufgaben und Handlungsbefugnisse der Organe in einem formellen Gesetz vorherbestimmt sind und die Aufsicht durch personell demokratisch legitimierte Amtswalter durchgeführt wird.[498]

Auch die Sparkassenverbände zählen zur mittelbaren Staatsverwaltung und nehmen Aufgaben außerhalb der sachlich gegenständlich nicht beschränkten gemeindlichen Selbstverwaltung wahr. Denn der Gesetzgeber hat den sachlich-gegenständlichen Aufgabenbereich der Sparkassenverbände durch eine abschließende Aufzählung der Aufgaben in den Sparkassengesetzen beschränkt.

Fraglich ist, innerhalb welcher Grenzen die Abweichungen von den Grundsätzen zur demokratischen Legitimation erlaubt sind.

---

495 Siehe § 8.

496 *BVerfG,* Beschl. v. 05.12.2002 – 2 BvL 5/98, 2 BvL 6/98 –, in: DVBl. 2003, 923.

497 Der sachlich gegenständliche Aufgabenbereich nicht beschränkter kommunaler Selbstverwaltung ist der aus der Allzuständigkeit folgende sachlich-gegenständlich nicht weiter eingegrenzte, umfassende Aufgabenkreis der Selbstverwaltung der Gemeinden aus Art. 28 Abs. 2 GG (*BVerfG,* Beschl. v. 05.12.2002 – 2 BvL 5/98, 2 BvL 6/98 –, in: DVBl. 2003, 923 (925)).

498 Zum Ganzen *BVerfG,* Beschl. v. 05.12.2002 – 2 BvL 5/98, 2 BvL 6/98 –, in: DVBl. 2003, 923 (926).

a) Entsprechende Anwendung der Beleihungsgrundsätze

Indem das Bundesverfassungsgericht die Entwicklungsoffenheit des Demokratieprinzips auf bestimmte Aufgabenbereiche begrenzt und bestimmte Aufgaben ausnimmt, ist eine gewisse Anlehnung an die Rechtsfigur der Beleihung zu erkennen.[499] Auch in der Literatur wird über eine entsprechende Anwendung der Grundsätze der Beleihung als Legitimationsmodus diskutiert. Die Verwaltungsrechtsdogmatik hat in der Vergangenheit für die Beleihung Schranken entwickelt, die die Legitimationsdefizite der Beleihung begrenzen sollen. Diese Kriterien sollen für die Legitimation der Teilhabe Privater an autoritativen Entscheidungen öffentlich-rechtlicher Organisationen herangezogen werden können.[500] Diese Grenzen sind eingehalten, wenn die Beteiligung Privater in einem Organisationsgesetz vorgesehen ist und der Einrichtung nur einzelne, enumerierte Aufgaben zugewiesen werden. Ferner muss die Einrichtung einer demokratisch legitimierten Aufsicht unterstehen.[501]

Diese Voraussetzungen werden in Bezug auf den schleswig-holsteinischen Sparkassenverband erfüllt. Die Beteiligung der Vertreter der freien Sparkassen ist im Sparkassengesetz Schleswig-Holstein ebenso vorgesehen wie die Beteiligung eines Vorstandsmitglieds der HSH-Nordbank AG. § 37 Abs. 2

499 *Lange,* Beteiligung Privater an Anstalten des öffentlichen Rechts, S. 196, Fn. 69.

500 *Britz,* VerwArch 91 (2000), 418 (432 f.); *Lübbecke,* Kommunalunternehmen, S. 79. Eine unmittelbare Anwendung der Beleihung scheidet aus, weil diese Rechtsfigur für die Übertragung staatlicher Aufgaben auf einen Privaten zur eigenverantwortlichen Wahrnehmung im eigenen Namen gedacht ist. Bei einer Mitwirkung Privater an Verwaltungsentscheidungen innerhalb eines Organs einer öffentlich-rechtlichen Organisation sind diese Voraussetzungen nicht gegeben. In beiden Fällen stellen sich aber die gleichen Legitimationsprobleme. Sofern die Beleihungskriterien im übertragenen Sinne gegeben sind, ist nach dieser Auffassung eine Legitimation gegeben.

501 *Britz,* VerwArch 91 (2000), 418 (433). Teilweise wird darüber hinaus gefordert, dass ebenso wie bei der Beleihung eine Einbindung in ein über die Rechtsaufsicht hinausgehendes Weisungsgeflecht vorliegen müsse. Sofern die laufende Wahrnehmung der Verwaltungsaufgaben den Einrichtungen jedoch als eigene, unentziehbare Angelegenheit übertragen werde, und die Vertreter in den Organen gerade keinem Weisungsrecht unterliegen würden, sei eine entsprechende Anwendung der Beleihungsgrundsätze zweifelhaft (*Lübbecke,* Kommunalunternehmen, S. 79). Gerade ein Weisungs- und Aufsichtsgeflecht, welches über die reine Rechtsaufsicht hinausgeht, ist bei kommunalen Selbstverwaltungskörperschaften wegen Art. 28 Abs. 2 GG aber gerade nicht zulässig. Für kommunale Körperschaften muss aus diesem Grund eine Fachaufsicht genügen. Speziell zum Problem der demokratischen Legitimation der Beteiligung Privater in Zweckverbänden nach dem GkG *Stork,* DVBl. 2011, 69 ff.

SpkG SH bestimmt, dass die Verbandsversammlung aus Vertretern der Mitglieder besteht. § 36 Abs. 1 SpkG SH sieht vor, dass alle öffentlichen Sparkassen im Land Schleswig-Holstein Mitglieder in dem Verband sind. Zu diesen gehören gem. § 33 Abs. 1 S. 1 SpkG SH auch die privaten Sparkassen. § 36 Abs. 2 S. 2 SpkG SH eröffnet die Möglichkeit, in der Satzung einen Vertreter des Vorstands der HSH-Nordbank AG in der Verbandsversammlung vorzusehen. Den Sparkassenverbänden werden auch nur bestimmte Aufgaben und keine Regelungskomplexe zugewiesen. Ferner steht der Verband unter Rechtsaufsicht, so dass die Voraussetzungen im übertragenen Sinne vorliegen.

Das Sparkassengesetz Nordrhein-Westfalen hingegen sieht eine Beteiligung Privater in den Organen des Verbands nicht vor. Die Beteiligung des Vorstandsvorsitzenden der WestLB AG kann demnach durch dieses Legitimationsmodell nicht gerechtfertigt werden.

b) Prinzip der doppelten Mehrheit

Das Bundesverfassungsgericht hat für den Bereich der unmittelbaren Staatsverwaltung im Beschluss zum schleswig-holsteinischen Mitbestimmungsgesetz entschieden, dass ein hinreichendes Legitimationsniveau bei gemischt besetzten Kollegialorganen durch das »Prinzip der doppelten Mehrheit« gewährleistet werden kann. Dies gilt jedenfalls für Maßnahmen im Binnenbereich des Beschäftigungsverhältnisses. Lediglich im Bereich der schwerpunktmäßigen Erledigung von Amtsaufgaben gegenüber dem Bürger sei eine uneingeschränkte Legitimation erforderlich.[502]

Auch die Sparkassenverbände entscheiden lediglich über Maßnahmen, die den Binnenbereich des Mitgliedschaftsverhältnisses betreffen. Belastende Entscheidungen im Außenverhältnis gegenüber dem Bürger gehören nicht zu ihren Aufgaben. Deshalb kann das Prinzip der doppelten Mehrheit die Organentscheidungen der Sparkassenverbände legitimieren.[503]

Dieses Prinzip fordert nicht nur die Legitimation des *Organs* durch die Mehrheit demokratisch legitimierter Mitglieder (Konfliktmodell)[504],

---

502 Zum Ganzen *BVerfG*, Beschl. v. 05.12.2002 – 2 BvL 5/98, 2 BvL 6/98 –, in: DVBl. 2003, 923 (926); *BVerfG*, Beschl. v 24.05.1995 – 2 BvF 1/92 –, in: BVerfGE 93, 37 (67 f.).

503 *Mayen*, in: Dolde u. a., Verfassung – Umwelt – Wirtschaft, 475 (488 f.).

504 Auf das Konfliktmodell wird anschließend in § 9 A. IV. 2. c) eingegangen.

sondern darüber hinaus die Legitimation der durch die Organe zu treffenden *Entscheidung*. Dies ist der Fall, wenn die Entscheidung von der Mehrheit der vorgeschriebenen demokratisch legitimierten Mitglieder getragen wird.[505] Dieses Prinzip ist durch eine verbindliche Verfahrensregelung in der Satzung sicherzustellen.[506]

Da im rheinischen Sparkassenverband der Vertreter der WestLB AG einer von 104 Mitgliedern der Verbandsversammlung ist[507] und er nur im Falle der Abstimmung nach Köpfen ein Stimmrecht hat, ist das Prinzip der doppelten Mehrheit in jedem Fall gewahrt. Da denklogisch die Einhaltung in jedem Fall gegeben ist, wird man wohl auf eine Satzungsregelung, die dieses Prinzip vorschreibt, verzichten können.

In Schleswig-Holstein gibt es derzeit 15 Sparkassen.[508] Davon sind vier als Aktiengesellschaft organisiert. Die Stimmrechte der Mitglieder werden nach der Regelung der §§ 12 Abs. 6 i. V. m. § 8 Abs. 2 ff. S-SGVSH berechnet. Eine Satzungsregelung, die das Prinzip der doppelten Mehrheit vorschreibt, ist nicht gegeben. Nach Auskunft des schleswig-holsteinischen Verbands sind in der Verbandsversammlung ca. 800 Stimmen vertreten. Aufgrund ihres Stammkapitalanteils verfügen die Privaten in der Verbandsversammlung über ca. 10% der Stimmen.[509] Der Vorstandsvorsitzende der HSH-Nordbank AG hat nach der Satzungsregelung im Falle der Abstimmung nach Köpfen eine Stimme. Die übrigen ca. 90% der Stimmen werden von

505 *BVerfG,* Beschl. .v 24.05.1995 – 2 BvF 1/92 –, in: BVerfGE 93, 37 (67 f.); Beschl. v. 05.12.2002 – 2 BvL 5/98, 2 BvL 6/98 –, in: BVerfGE 107, 59 (88); *Böckenförde,* in: Isensee/Kirchhof, HbStR, Bd. II, § 24 Rn. 19, Fn. 28; *Papenfuß,* Personelle Grenzen der Autonomie öffentlich-rechtlicher Körperschaften, S. 162 f.; auf das Problem der einfachen Mehrheitsentscheidung durch nicht legitimierte Mitglieder in Zweckverbänden weist auch *Schroeder,* Die Verwaltung 34 (2001), 205 (223), hin.

506 *Tschentscher,* Legitimation der Dritten Gewalt, S. 84: Für eine entsprechende Regelung bestehen nach *Tschentscher* mehrere Möglichkeiten: Die Legitimierten könnten zu einer En-bloc-Abstimmung verpflichtet werden, ihnen könnte eine verbriefte Vetoposition eingeräumt werden oder aber es erfolgt eine Herabstufung der Mitgliedschaft der nicht Legitimierten auf einen bloß beratenden Stimmanteil, verbunden mit unverbindlichen Beteiligungsbefugnissen.

507 Pressemitteilung des RSGV vom 25.06.2010.

508 Siehe http://www.sgvsh.de/sfinanzgruppe/sparkassen.html (zuletzt abgerufen am 10.12.2010).

509 Nach Auskunft des SGVSH halten die privaten Sparkassen folgende Anteile am Stammkapital: Die Bordesholmer Sparkasse AG 0,9%, Spar- und Leihkasse zu Bredstedt AG 0,3%, Sparkasse zu Lübeck AG 6,1%, Sparkasse Mittelholstein AG 3,1%. Die Stimmrechte korrespondieren nach dieser Auskunft mit diesen Anteilen. Die vier größten der elf öffentlich-rechtlichen Sparkassen in Schleswig-Holstein halten zusammen über 60% der Stimmen.

den öffentlich-rechtlichen Sparkassen und ihren Trägern ausgeübt. Dies bedeutet, dass die privaten Mitglieder für eine Beschlussfassung weitere ca. 40% der Gesamtstimmen benötigen, um eine Entscheidung durchzusetzen. Die Mehrheit der demokratisch legitimierten Stimmen liegt jedoch bei über 45% der Gesamtstimmen, so dass die doppelte Mehrheit nicht in jedem Fall vorliegen muss. Um eine derartige Entscheidung auszuschließen, ist nach Art. 20 Abs. 2 GG i. V. m. dem Prinzip der doppelten Mehrheit in der Verbandssatzung eine klarstellende Satzungsregelung zu treffen, die das Prinzip der doppelten Mehrheit verbindlich festschreibt. Solange dies nicht geschieht, ist die Verbandssatzung, dem Prinzip der doppelten Mehrheit folgend, anhand des Demokratieprinzips verfassungskonform dahingehend auszulegen, dass jeglicher Beschluss den Anforderungen des Prinzips der doppelten Mehrheit genügen muss.

Ein demokratischer Defekt einer Entscheidung kann bei diesem Prinzip nicht eintreten. Dieses stellt eine konsequente Anwendung des organisatorisch-formalen Demokratiemodells auf die zu treffende Entscheidung dar.[510] Die nicht demokratisch legitimierten Mitglieder können weder allein noch gemeinsam mit einer Minderheit der demokratisch legitimierten Mitglieder eine Entscheidung durchsetzen. Sie dürfen zwar mitberaten und auch abstimmen. In diesem Modell muss das Votum der nicht demokratischen Mitglieder aber ohne maßgebliche Bedeutung bleiben. Es ist ihnen lediglich möglich, gemeinsam mit einer Minderheit der demokratisch legitimierten Mitglieder eine Entscheidung zu verhindern. Damit setzt sich dieses Legitimationsmodell in Widerspruch zum Sinn und Zweck der Einbeziehung privaten Sachverstands. Wenn die Sachkunde eingeschränkt legitimierter Vertreter einen anerkannten Grundsatz für deren Beteiligung in Kollegialorganen darstellt, muss sich dies auch im Entscheidungsergebnis niederschlagen können. Die konsequente Anwendung dieses Prinzips läuft auf ein an die nicht vollständig legitimierten Mitglieder adressiertes Verbot hinaus, einzelne in vollem Umfang demokratisch legitimierte Mitglieder durch eine Überzeugung mit sachlichen Argumenten von der »Legitimiertenbank« auf die Seite der »Autonomenbank« zu ziehen.[511] Es stellt sich nicht anders dar, als wenn sich das Kollegialorgan ausschließlich aus dem Personenkreis der personell Legitimierten zusammensetzte oder die Privaten eine lediglich beratende Stimme besäßen.[512]

510 Zum Ganzen *Tschentscher,* Demokratische Legitimation der dritten Gewalt, S. 84.
511 Zum Ganzen *Wittreck,* Verwaltung der Dritten Gewalt, S. 124.
512 *Tettinger/Mann/Salzwedel,* Wasserverbände, S. 17 f.

c) Konfliktmodell

Der Einführung einer verbindlichen Verfahrensregelung oder einer verfassungskonformen Auslegung der Verbandssatzung bedarf es nicht, sofern man lediglich auf die Legitimation des *Kollegialorgans,* und nicht auf die darüber hinaus erforderliche Legitimation der *Entscheidung* von Kollegialorganen abstellt. Diesen Ansatz verfolgt das Konfliktmodell. Danach ist das Organ demokratisch legitimiert, wenn sich eine Mehrheit demokratisch legitimierter Mitglieder im Konfliktfall gegen die nicht demokratisch legitimierten Mitglieder durchsetzen kann, da ihnen die »potentielle Gestaltungshoheit« zusteht.[513] Eine Verantwortlichkeit gegenüber dem Staatsvolk i. S. e. Rechenschaftszuweisung ist gegeben.[514]

Diese Voraussetzungen sind sowohl im rheinischen als auch im schleswigholsteinischen Sparkassenverband erfüllt.

Einen Vorteil des Konfliktmodells bietet die Unabhängigkeit der Beurteilung der Demokratiekonformität von einzelnen Abstimmungen. Denn ist die demokratische Legitimation *des Gremiums* kraft einer Mehrheit demokratisch legitimierter Mitglieder erst festgestellt, bedarf es für die Beurteilung der Verfassungsmäßigkeit der Einzelentscheidungen keiner Berechnung wirksam gewordener Einflüsse und keiner Sicherung durch weitergehende Verfahrensregelungen.[515] Ob die getroffene Entscheidung auch durch die legitimierten Mitglieder getragen wurde, ist gerade nicht entscheidend.[516] Eine einfache Mehrheitsentscheidung wird vielmehr dem legitimierten Organ als Ganzes zugerechnet.[517] Kritisch zu sehen ist allerdings, dass in der Verwaltungswirklichkeit in vielfältig besetzten Kollegialorganen theoretisch zu bildende Mehrheiten für eine effektive Entscheidungsfindung oft keinen begrenzenden Rahmen bilden können. Da aber in diesem Modell eine Beteiligung Privater und der Niederschlag der verfassungsrechtlich notwendigen Beteiligungsrechte privater Zwangsmitglieder in der Entscheidungsfindung nicht ausgeschlossen ist, ist es das überzeugendere Modell.

---

513 Dazu: *K. Ipsen,* DÖV 1971, 469 (474); *Böckenförde,* Verfassungsfragen der Richterwahl, S. 74 ff.; *Britz,* VerwArch 91 (2000), 418 (432); *Wittreck,* Verwaltung der Dritten Gewalt, S. 121 f.

514 *Britz,* VerwArch 91 (2000), 418 (432).

515 *Tschentscher,* Demokratische Legitimation, S. 82.

516 Genau aus diesem Grund wird dieses Modell zum Teil abgelehnt (*Tettinger/Mann/Salzwedel,* Wasserverbände, S. 13 f.).

517 Zum Ganzen *Wittreck,* Verwaltung der Dritten Gewalt, S. 124.

V. Ausschüsse der Verbandsversammlungen

Die Verbandsversammlungen können zur eigenen Entlastung Unterorgane in Form von beschließenden und beratenden Ausschüssen bilden. Einer ausdrücklichen gesetzlichen Ermächtigung in den Sparkassengesetzen bedarf es dazu nicht.[518] Da in den Ausschüssen nicht alle Mitglieder mit Sitz und Stimme vertreten sein können, ist die Zahl der Sitze – ebenso wie im Kommunalrecht – nach sachlichen Kriterien durch die Verbandsversammlung zu bestimmen.[519]

B. Verwaltungsleitendes Organ

Der Verbandsvorstand ist das verwaltungsleitende Organ (Lenkungsorgan) innerhalb des Verbands.[520] Im westfälisch-lippischen und im rheinland-pfälzischen Verband wird das verwaltungsleitende Organ als Verbandsverwaltungsrat bezeichnet.[521] In der Sache bestehen jedoch keine Unterschiede. Daher wird im Folgenden grundsätzlich der Begriff Verbandsvorstand verwendet.

Im bayerischen Sparkassenverband nimmt der Verbandsvorstand aufgrund der zweigliedrigen Organstruktur neben den verwaltungsleitenden zugleich die geschäftsleitenden Aufgaben wahr. Auf die sich daraus ergebenden Besonderheiten wird in § 9 D. eingegangen. Die Binnenorganisation und die verwaltungsleitenden Aufgaben sowie das Entscheidungsverfahren werden bereits an dieser Stelle dargestellt.

---

518 Vgl. die allgemeinen Ausführungen am Anfang von § 9.

519 *Mayen,* in: Dolde u. a., Verfassung – Umwelt – Wirtschaft, 475 (485 f.); zu den Ausschüssen im Gemeinderat: *Kirchhof/Plückhahn,* in: Held/Becker, Kommunalverfassung NRW, Bd. 1, § 58 GO, Erl. 4.

520 So ausdrücklich in § 36 Abs. 1 Nr. 2 SpkG Saar; *Heinevetter,* SpkG NRW, 2. Aufl. 1983, § 48 Rn. 4.

521 Der SVWL hat von dem Wahlrecht Gebrauch gemacht, auf der Ebene des Verbandsvorstehers ein Kollegialorgan zu errichten. Deshalb ändert sich die Bezeichnung des Verbandsvortands, § 35 Abs. 2 SpkG NRW. In Rheinland-Pfalz heißt der Verbandsvorstand stets Verbandsverwaltungsrat, § 25 Abs. 4 Nr. 2 SpkG RP.

I. Binnenorganisation

1. Mitglieder des Verbandsvorstands

Da die Sparkassengesetze keine Vorgaben enthalten, regeln die Verbände die Zusammensetzung des Vorstands in ihrer Satzung im Rahmen der ihnen zustehenden Satzungsautonomie.

Die Satzungen sehen teilweise geborene Vertreter, deren Mitgliedschaft an ein bestimmtes Amt geknüpft wird, und von der Verbandsversammlung zu wählende weitere Mitglieder vor. Die geborenen Mitglieder sind regelmäßig das Vorsitzende Mitglied der Verbandsversammlung bzw. der Verbandsvorsitzende und das geschäftsleitende Organ. Teilweise sind darüber hinaus Vorsitzende des Vorstands von Verbundunternehmen, die keine Mitglieder des Verbands sind, sowie Landes- oder Bundesobmänner weitere geborene Mitglieder des Vorstands. Da die Sparkassengesetze nicht ausschließen, dass Verbandsfremde in den Organen der Verbände vertreten sind, sind derartige Regelungen vom Organisationsermessen der Verbände gedeckt. Es stellt sich vielmehr die Frage, ob eine hinreichende demokratische Legitimation des Organs gegeben ist.[522]

Die Anzahl der in den Satzungen vorgesehenen weiteren Mitglieder der Vorstände variiert. Sie stammen regelmäßig aus dem Kreis der in der Verbandsversammlung vertretenen Verwaltungsratsmitglieder und dem Kreis der Sparkassenvorstände.[523]

---

522 *OVG Münster*, Urt. v. 22.06.2009 – 16 A 3137/08 –, in: DVBl. 2009, 1112 (1116 f.).

523 § 13 Abs. 1, 2 S-**SVBW**: Geborenes Mitglied: Verbandsvorsteher als Vorsitzender; 24 weitere Mitglieder: davon 15 Vorsitzende von Verwaltungsräten oder Trägerabgeordnete der Mitgliedssparkassen, 9 Vorstandsvorsitzende einer Sparkasse; unter diesen weiteren Mitgliedern müssen sich stets der Vorsitzende der Verbandsversammlung und dessen Stellvertreter befinden. § 19 Abs. 1 S-**SVB**: Geborene Mitglieder: Erster Verbandsvorsitzender als Vorsitzender des Vorstands, Leiter der Geschäftsstelle, dritter Verbandsvorsitzender, Vorsitzender des Vorstands der Bayerischen Landesbank AöR, Bezirksverbandsvorsitzende, Vorsitzender des Fachbeirats; Weitere Mitglieder: je zwei Vertreter des Bayerischen Städtetages und des Bayerischen Landkreistags, ein Vertreter des Bayerischen Gemeindetags; sieben Sparkassenvorstände, die von den Bezirksverbänden gem. § 24 Abs. 2 lit a) S-SVB gewählt werden. § 14 Abs. 1, 2 S-**SGVHT**: Geborene Mitglieder: Verbandsvorsitzender (stammt aus dem Kreis der Verwaltungsratsmitglieder), geschäftsführendes Vorstandsmitglied, drei stellvertretende Verbandsvorsitzende (Landesobmann ist ein geborener Stellvertreter, die beiden anderen sind aus dem Kreis der Verwaltungsratsmitglieder zu wählen); 23 weitere Mitglieder: 11 aus dem Kreis der Verwaltungsratsmitglieder; 12 Vorstandsvorsitzende. § 14 Abs. 1, 2 S-**SVN**: Geborene

Für jedes weitere Mitglied ist ein Stellvertreter zu wählen. Die geborenen

---

Mitglieder: Verbandsvorsteher, Vorsitzender des Vorstands der NordLB AöR, Landesobmann der Sparkassen; 16 weitere Mitglieder: davon müssen 9 Vorsitzende oder stellvertretende Vorsitzende von Verwaltungsräten, 7 Vorsitzende oder stellvertretende Vorsitzende von Sparkassen sein; § 11 Abs. 1 S-**OSV**: Geborene Mitglieder: geschäftsführendes Vorstandmitglied, Verbandsobmann, Vorsitzender des Kommunalausschusses; weitere Mitglieder: aus jedem Staatsvertragsland 2 Mitglieder aus der Gruppe der Hauptverwaltungsbeamten, darunter der Vorsitzende der Verbandsversammlung, die durch Landesbeirat auf Vorschlag der kommunalen Spitzenverbände gewählt werden; 2 Mitglieder, darunter der Stellvertreter des Vorsitzenden der Verbandsversammlung, werden durch den Landesbeirat aus dem Kreis der Obmänner gewählt; ein weiteres Mitglied des Verbandsobmännerausschusses; drei Vertreter der kommunalen Spitzenverbände. Stellvertreter des geschäftsführenden Vorstandsmitglieds nimmt mit beratender Stimme teil. § 8 Abs. 1-3 S-**RSGV**: Geborene Mitglieder: Vorsitzendes Mitglied der Verbandsversammlung als Vorsitzender; Landesobmann; Verbandsvorsteher, Vorstandsvorsitzender der WestLB AG, Bundesobmann der Sparkassenvorstände im DSGV e.V., sofern er dem Vorstand einer Mitgliedssparkasse angehört; ist Landesobmann zugleich Bundesobmann, gehört auch stv. Landesobmann dem Vorstand an; 18 weitere Mitglieder: 12 aus dem Kreis der Verwaltungsratsvorsitzenden oder Hauptverwaltungsbeamten, 6 aus dem Kreis der Vorstandsvorsitzenden. § 13 Abs.1 S-**SVRP**: Geborene Mitglieder: Verbandsvorsitzender als Vorsitzender und beiden stellvertretende Vorsitzende; 14 Weitere Mitglieder aus der Gruppe der Leiter der Verwaltungen der Träger, deren Vertreter oder gewählte Mitglieder von Verwaltungsräten, deren Träger in sieben Fällen Mitglied im Landkreistag oder dem Gemeinde- und Städtebund angehören müssen, in sieben weiteren Fällen dem Städtetag oder Gemeinde und Städtebund angehören müssen; darunter müssen mindestens 4 gewählte Mitglieder von Verwaltungsräten der Sparkassen und 7 Vertreter der Vorstandsvorsitzenden sein. Verbandsvorsteher, Verbandsgeschäftsführer und Prüfungsstellenleiter nehmen mit beratender Stimme teil. § 11 Abs. 1 S-**SVSaar:** Geborene Mitglieder: Verbandspräsident als Vorsitzender, Vorsitzende des Vorstands der SaarLB AöR, Landesobmann, Vorsitzende des Vorstands der Saarland Versicherungsgesellschaft AG. Weitere Mitglieder: Vertreter der Verbandsmitglieder in der Verbandsversammlung, die Vorsitzende des Verwaltungsrats oder des Vorstands sind. Sofern sie nicht geborene Mitglieder sind, setzen sich weitere Mitglieder aus mindestens vier Vorsitzenden des Verwaltungsrats einschließlich etwaiger stellvertretender Vorsitzender und aus zahlenmäßig nicht vorgegebenen Vorsitzenden des Vorstands zusammen. Weiteres Mitglied kann der stellvertretende Vorsitzende des Verwaltungsrats einer Zweckverbandssparkasse sein, wenn der Verwaltungsratsvorsitzende nicht gleichzeitig weiteres Mitglied ist. Verbandsgeschäftsführer hat beratende Stimme. § 14 Abs. 1, 2 S-**SGVSH**: Geborene Mitglieder: Verbandsvorsteher als Vorsitzender, Landesobmann der Sparkassen, Vorsitzender der Verbandsversammlung, acht weitere Mitglieder: Vier Vorsitzende eines Verwaltungs- oder Aufsichtsrats und vier Vorsitzende des VorstandS. § 8 Abs. 1-3 S-**SVWL**: Geborene Mitglieder: Vorsitzendes Mitglied der Verbandsversammlung als Vorsitzender und die beiden Stellvertreter; 16 weitere Mitglieder: 10 aus der Gruppe der Verwaltungsratsmitglieder, 6 aus der Gruppe der Vorstände.

Mitglieder werden regelmäßig durch ihre Stellvertreter vertreten.[524]

Auch die Amtszeit ist in den Satzungen unterschiedlich geregelt. Die geborenen Mitglieder des Verbandsvorstands bleiben für die Dauer der jeweiligen Wahlzeit für das Amt, an welches das Mandat geknüpft wird, im Amt. Die Wahlzeit der weiteren Mitglieder beträgt entweder vier oder fünf Jahre oder wird an die Wahlzeit des jeweiligen Vertreters in der Vertretung der Trägerkommune oder in der Verbandsversammlung gekoppelt.[525]

Die Mitgliedschaft im Verbandsvorstand endet regelmäßig immer dann, wenn die Vertreter aus dem die Mitgliedschaft begründenden Amt ausscheiden, die Wählbarkeit zu diesem Amt nicht mehr gegeben ist oder das von ihm vertretene Mitglied aus dem Verband ausscheidet.[526] Die Bestellung der Mitglieder des Verbandsvorstands kann durch die Verbandsversammlung aus wichtigem Grund widerrufen bzw. das Mitglied kann aus wichtigem Grund abberufen werden. Die Sparkassengesetze sehen zwar ein Abberufungsrecht aus wichtigem Grund lediglich für die Mitglieder des Verwaltungsrats einer Sparkasse vor.[527] Einige Verbandssatzungen enthalten jedoch eine Abberufungsregelung für Vorstandsmitglieder.[528] In den anderen Verbänden folgt ein Abberufungsrecht aus wichtigem Grund aus allgemeinen Erwägungen. Der Verbandsvorstand ist das Kontroll- und Len-

---

524 § 13 Abs. 2 S. 2 S-SVBW; § 14 Abs. 2 S. 3 S-SGVHT; § 14 Abs. 2 S. 4 S-SVN; § 8 Abs. 3 S-RSGV (Stellvertreter des Vorsitzenden werden aus Vertretern des Vorstands gewählt); § 13 Abs. 3 S-SVRP; § 11 Abs. 1 S-SVSaar; § 14 Abs. 3 S-SGVSH; § 8 Abs. 2 S. 2, Abs. 3 S. 2 S-SVWL; § 11 Abs. 1 S. 2 ff. S-OSV.

525 § 13 Abs. 6 S-**SVBW**: 5 Jahre; § 19 Abs. 1 S-**SVB**: Lediglich Sparkassenvorstände werden gewählt, alle anderen Mitglieder sind geborene Mitglieder. Es besteht für weitere Mitglieder keine Wahlzeit, so dass sie für die Dauer ihres Vorstandsamts Mitglied des Vorstands sind; § 14 Abs. 2 S. 1 S-**SGVHT**: 4 Jahren; § 14 Abs. 2 S-**SVN**: 4 Jahre; § 9 Abs. 2 S-**OSV**: 4 Jahre; § 5 Abs. 2 S. 2 S-**RSGV**: Dauer der Wahlzeit der Vertretung des kommunalen Trägers; § 13 Abs. 2 S-**SVRP**: 5 Jahre; § 11 Abs. 2 S-**SVSaar**: Amtszeit weiterer Mitglieder endet mit Abschluss der Verbandsversammlung, die über Entlastung für das dritte Rechnungsjahr nach Beginn der Amtszeit beschließt, wobei das Rechnungsjahr, in dem die Amtszeit beginnt, nicht mitgerechnet wird. § 14 Abs. 4 S-**SGVSH**: 4 Jahre; § 8 Abs. 2 S-**SVWL**: Dauer der jeweiligen Wahlzeit des Vertreters in der Verbandsversammlung.

526 § 13 Abs. 5 S-SVBW; § 19 Abs. 3 S-SVB; § 14 Abs. 6 S-SGVHT; § 14 Abs. 3 S-SVN; § 11 Abs. 3 S-OSV; § 5 Abs. 4 S-RSGV; § 13 Abs. 4 S-SVRP; § 11 Abs. 3 S-SVSaar; § 14 Abs. 7 S-SGVSH; § 8 Abs. 4 S-SVWL.

527 Vgl. § 19 Abs. 5 SpkG BW; § 10 Abs. 2 BaySpkG; § 14 Abs. 3 SpkG Bbg; § 5d Abs. 11 HessSpkG; § 13 Abs. 4 SpkG NRW; § 7 Abs. 2 SpkG RP; § 12 Abs. 7 SpkGSaar; § 9 Abs. 5 S. 2 SpkG SH; § 12 Abs. 4 ThürSpkG.

528 § 13 Abs. 5 S. 1, 2. HS S-SVBW; § 19 Abs. 3 S-SVB; § 14 Abs. 6 S. 3 S-SGVHT; § 13 Abs. 4 S. 2 S-SVRP; § 11 Abs. 3 S. 2 S-SVSaar; § 14 Abs. 7 S. 2 S-SGVSH.

kungsorgan des Verbands. An dessen Funktionsfähigkeit hat die Verbandsversammlung ein besonderes Interesse. Bei einer gravierenden Beeinträchtigung der Tätigkeit des Verbandsvorstands durch grobe Pflichtverletzungen eines Mitglieds muss die Verbandsversammlung als Entsendungsorgan durch eine Abberufung die Funktionsfähigkeit wiederherstellen können.[529]

Die Mitglieder des Verbandsvorstands sind grundsätzlich ehrenamtlich tätig. Sie erhalten nach den meisten Satzungen ein Sitzungsgeld und/oder eine Aufwandsentschädigung sowie Reisekostenerstattung.[530]

Die bayerische Verbandssatzung enthält als einzige eine besondere Inkompatibilitätsregelung für die Vertreter im Verbandsvorstand.[531] Diese Regelung ist der Zusammensetzung des bayerischen Verbandsvorstands geschuldet, der nicht mit einer bestimmten Anzahl der in der Verbandsversammlung vertretenen Verwaltungsratsmitglieder und den Sparkassenvorständen, sondern mit zu wählenden Vertretern der kommunalen Spitzenverbände und mit von den Bezirksverbänden zu wählenden Sparkassenvorständen besetzt wird.

2. Vorsitzender des Verbandsvorstands

Der Vorsitzende des Verbandsvorstands ist kraft Amtes entweder der Vorsitzende der Verbandsversammlung[532], der mit diesem weitgehend vergleichbare Verbandsvorsitzende[533] oder der Verbandsvorsteher bzw. Verbandspräsident[534]. Im bayerischen Verband leitet der erste Verbandsvorsitzende, der auch der Verbandsversammlung vorsteht, den Verbandsvorstand.[535]

529 Vgl. die grundlegenden Normen § 86 VwVfG, § 314 BGB.

530 § 13 Abs. 9, 10 S-SVBW; § 19 Abs. 5 S-SVB; § 14 Abs. 4 S-SGVHT; § 15 Abs. 7 S-SVN; § 12 Abs. 2 lit. q) S-OSV;§ 14 Abs. 1 Nr. 15 S-SVRP; § 11 Abs. 5 S-SVSaar; § 16 Abs. 1 Nr. 11 S-SGVSH; § 12 Abs. 2 S-SVWL; § 12 Abs. 2 S-RSGV. Gem. § 35 Abs. 4 ff. SpkG NRW sind die Aufwandsentschädigungen zu veröffentlichen.

531 § 19 Abs. 2 S-SVB: Mitglieder dürfen nicht Unternehmer, persönlich haftende Gesellschafter, Aufsichtsrats-, Vorstandsmitglieder oder Angestellte einer der in Art. 1 Abs. 2 BaySpkG aufgezählten Unternehmung sein. Sie dürfen ferner nicht für Verbände und Zentralen solcher Unternehmen tätig sein. Nur die Vertreter solcher Verbände und Geldanstalten werden davon ausgenommen, bei denen die Gegenseitigkeit gewahrt ist.

532 § 14 Abs. 6 S-SVN; § 11 Abs. 2 S-OSV; § 8 Abs. 1 S. 1 S-RSGV; § 8 Abs. 2 S. 1 S-SVWL.

533 § 21 Abs. 2 S. 1 S-SGVHT; § 13 Abs. 1 S. 1 S-SVRP.

534 § 18 Abs. 3 S. 1 S-SVBW; § 14 Abs. 1 S. 1 S-SGVSH; § 11 Abs. 1 S-SVSaar.

535 § 19 Abs. 1 Nr. 1 S-SVB.

Regelmäßig wird der Vorsitzende der Verbandsversammlung auch in seiner Funktion als Vorsitzender des Verbandsvorstands durch die stellvertretenden Vorsitzenden in der Verbandsversammlung vertreten. Lediglich im rheinischen Verband sind anstelle der Stellvertreter in der Verbandsversammlung Mitglieder des Verbandsvorstands als Stellvertreter zu wählen.[536] Auch der Verbandsvorsitzende[537] und der Verbandsvorsteher bzw. Verbandspräsident[538] wird in seiner Funktion als Vorsitzender des Verbandsvorstands durch seine Stellvertreter vertreten. Der erste Verbandsvorsitzende im bayerischen Verband wird durch den dritten Verbandsvorsitzenden vertreten.[539]

Damit werden mit Ausnahme des schleswig-holsteinischen Verbands in allen Verbänden sowohl die Verbandsversammlung als auch der Verbandsvorstand von einer Person geleitet.

II. Zuständigkeiten

Die wesentlichen Aufgaben des Verbandsvorstands bestehen in verwaltungsleitenden und kontrollierenden Tätigkeiten. Die einzelnen Zuständigkeiten sind in Aufgabenkatalogen in den Satzungen aufgeführt.[540]

Der Verbandsvorstand bereitet zur Vorbereitung der Sitzungen der Verbandsversammlung die Tagesordnung und die Beschlüsse der Verbandsversammlung vor und legt die Stimmenzahl jedes Verbandsversammlungsmitglieds fest.[541] Während er nur in einigen Verbänden für die Vorbereitung

---

536 § 14 Abs. 6 2. HS S-SVN: Vertreter ist einer der Stellvertreter; § 11 Abs. 2 S-OSV: Stellvertreter des Vorsitzenden in der Verbandsversammlung wird Stellvertreter im Verbandsvorstand; § 8 Abs. 3 S. 1S-RSGV: Es werden aus dem Kreis der Vorstandsmitglieder 3 Stellvertreter nach denselben Regeln gewählt, die für die Wahl der Stellvertreter in der Verbandsversammlung gelten; § 8 Abs. 2 S. 1 S-SVWL: die beiden Stellvertreter in der Verbandsversammlung sind dessen Stellvertreter im Verbandsvorstand.

537 § 21 Abs. 4 i. V. m. § 14 Abs. 2 S-SGVHT; § 13 Abs. 1 S. 1 S-SVRP.

538 § 17 Abs. 3 S; § 19 Abs. 5 i. V. m. § 16 Abs. 1 Nr. 1 S-SGVSH; § 11 Abs. 1 S. 7 S-SVSaar: die Vertreter werden stets vom Vorstand aus seiner Mitte gewählt.

539 § 19 Abs. 1 Nr. 3 S-SVB.

540 § 14 S-SVBW; § 18 S-SVB (der bayerische Verbandsvorstand ist zugleich auch das geschäftsleitende Organ; auf die sich daraus ergebenden Besonderheiten wird in § 9 D. eingegangen); § 15 S-SGVHT; § 12 S-OSV; § 9 S-RSGV; § 14 S-SVRP; § 12 S-SVSaar; § 16 S-SGVSH; § 9 S-SVWL.

541 § 14 Abs. 1, 2 Nr. 12 S-SVBW; § 18 Abs. 3 Nr. 4 S-SVB; § 15 Abs. 2 Nr. 9 S-SGVHT; § 12 Abs. 1 S-OSV; § 9 Abs. 1 S-RSGV; § 14 Abs. 1 Nr. 1, 2 S-SVRP; § 12 Abs. 1 S. 1 S-SVSaar; § 16 Abs. 1 S. 1 S-SGVSH; § 9 Abs. 1 S-SVWL.

der Wahl des Verbandsvorstehers und des Verbandsgeschäftsführers zuständig ist[542], regelt er nach allen Satzungen das Anstellungsverhältnis des Verbandsvorstehers, des Stellvertreters, des Verbandsgeschäftsführers und der anderen hauptamtlich leitenden Bediensteten und Führungsträger nach der erfolgten Wahl bzw. Bestellung.[543] Auch die Bestellung und Abberufung der vom Verband zu entsendenden Mitglieder in die Gremien von Verbundunternehmen oder Unternehmen und Einrichtungen, an denen der Verband beteiligt ist, fällt in dessen Zuständigkeitsbereich.[544] Ferner unterrichtet er die Verbandsversammlung über alle wichtigen Angelegenheiten.

Im Sparkassenverband Rheinland-Pfalz bestimmt der Verbandsvorstand die Richtlinien der Verbandspolitik. Im Sparkassenverband Westfalen-Lippe ist der Verbandsverwaltungsrat zuständig, soweit nicht die Verbandsversammlung zuständig ist.[545]

Teilweise sind die Vorstände für die Aufstellung der Prüfungsordnung der Prüfungsstelle[546] sowie für die Regelung der Preispolitik der Prüfungsstelle und der Akademie zuständig.[547] Darüber hinaus regeln sie in einigen Fällen die zu leistenden Aufwandsentschädigungen und Sitzungsgelder für die Gremienmitglieder der Verbände.[548]

In einigen Verbänden ist der Vorstand für die Ausarbeitung von Grundsätzen über die Aufstellung und Ausführung des Budgets sowie für die Überwachung der Einhaltung dieser Vorgaben zuständig.[549] Er berät in den

542 § 14 Abs. 2 Nr. 17 S-SVBW; § 15 Abs. 2 Nr. 1 S-SGVHT; § 12 Abs. 2 lit. a) S-OSV; § 16 Abs. 1 Nr. 1 S-SGVSH.

543 § 14 Abs. 2 Nr. 18-20 S-SVBW; § 18 Abs. 3 Nr. 3, 7a S-SVB; § 15 Abs. 2 Nr. 13 S-SGVHT; § 16 Abs. 1 lit. e) S-SVN; § 12 Abs. 2 lit. b), c) S-OSV; § 9 Abs. 2 lit. c) S-RSGV; § 14 Abs. 1 Nr. 10, 11, 12 S-SVRP; § 12 Abs. 2 Nr. 3, 8 S-SVSaar; § 16 Abs. 1 Nr. 4 S-SGVSH; § 9 Abs. 2 lit. e), f) S-SVWL.

544 § 14 Abs. 2 Nr. 23, 25, 2 S-SVBW; § 15 Abs. 2 Nr. 5 S-SGVHT; § 16 Abs. 1 lit. b) S-SVN, § 12 Abs. 2 lit. e) S-OSV; § 9 Abs. 2 lit. b) S-RSGV; § 14 Abs. 1 Nr. 9 S-SVRP; § 16 Abs. 1 Nr. 2 S-SGVSH; § 9 Abs. 2 lit. d) S-SVWL.

545 § 14 Abs. 1 S. 1 S-SVRP; § 9 Abs. 1 S-SVWL.

546 § 14 Abs. 2 Nr. 21 S-SVBW; § 18 Abs. 3 Nr. 4a S-SVB; § 15 Abs. 2 Nr. 11 S-SGVHT; § 16 Abs. 1 lit. i) S-SVN; § 12 Abs. 2 Nr. 6 S-SVSaar.

547 § 14 Abs. 2 Nr. 22 S-SVBW; § 18 Abs. 3 Nr. 4a S-SVB; § 15 Abs. 2 Nr. 10 S-SGVHT; § 14 Abs. 1 Nr. 13 S-SVRP; § 12 Abs. 1 Nr. 6 S-SVSaar; § 9 Abs. 2 lit. g) S-SVWL.

548 § 14 Abs. 2 Nr. 13 S-SVBW; § 18 Abs. 3 Nr. 6 S-SVB; § 15 Abs. 2 Nr. 19 S-SGVHT; § 16 Abs. 1 lit. k) S-SVN; § 14 Abs. 1 Nr. 15 S-SVRP.

549 § 9 Abs. 3 lit. b) S-RSGV; § 9 Abs. 2 lit. c) S-SVWL.

meisten Verbänden den Stellenplan[550] und ist für die Entgegennahme und Feststellung des ausgefertigten Haushalts- bzw. Budgetplans zuständig.[551] In den meisten Verbänden setzt er im Anschluss daran die durch die Sparkassen zu entrichtenden Umlagen zur Finanzierung der Verbandstätigkeit fest.[552] Im Ostdeutschen Verband ist er darüber hinaus für die Fortschreibung der mittelfristigen Unternehmensplanung zuständig.[553]

Sofern eine Änderung der Verbandsstruktur die Änderung der Stammkapitalanteile erforderlich macht, legt der Verbandsvorstand die neuen Anteile sowie die zu leistenden Stammkapitalbeiträge anhand der in der Satzung getroffenen Regelungen fest.

Des Weiteren unterbreitet er in einigen Verbänden den Vorschlag für die Bestellung des Abschlussprüfers und ist gleichzeitig für die Zustimmung zum Jahresabschluss und die Stellungnahme zum Prüfungsbericht zuständig.[554] Sofern die Satzungen Ausschüttungen auf das eingezahlte Stammkapital vorsehen, legt er am Ende eines Geschäftsjahres die jeweils auszuschüttenden Beträge unter Anwendung der Satzungsregelungen fest.[555]

Der Verbandsvorstand ist ferner vielfach für die Verwaltung des Verbandsvermögens zuständig. In einigen Verbänden verwaltet er die regionalen Sparkassenstützungsfonds[556] oder ist für Verfügungen über Grundstücke

---

550 § 14 Abs. 2 Nr. 24 S-SVBW; § 18 Abs. 3 Nr. 2 S-SVB; § 15 Abs. 2 Nr. 15 S-SGVHT; § 16 Abs. 1 lit. d) S-SVN; § 14 Abs. 1 Nr. 3 S-SVRP; § 16 Abs. 1 Nr. 3 S-SGVSH.

551 § 14 Abs. 2 Nr. 7 S-SVBW; § 18 Abs. 3 Nr. 1, 7 S-SVB; § 20 Abs. 1 S-SVN; § 22 Abs. 3 S-OSV; § 19 Abs. 1 S-RSGV; § 25 Abs. 2 S-SVRP (hier ist die Verbandsversammlung für die Beschlussfassung zuständig); § 18 Abs. 3 S-SVSaar; § 16 Abs. 1 Nr. 6 S-SGVSH; § 22 Abs. 1 S-SVWL.

552 § 15 Abs. 2 Nr. 15 S.SGVHT; § 16 Abs. 1 lit. f) S-SVN; § 12 Abs. 2 lit. k), l) S-OSV; § 9 Abs. 3 lit. c) S-RSGV; § 12 Abs. 2 Nr. 7 S-SVSaar; § 16 Abs. 1 Nr. 6 S-SGVSH; § 9 Abs. 3 lit. c) S-SVWL (nach Beratung im Hauptausschuss).

553 § 12 Abs. 2 lit f) S-OSV.

554 § 14 Abs. 2 Nr. 7, 32 S-SVBW; § 12 Abs. 2 lit. g), h) S-OSV; § 9 Abs. 3 lit. f) S-RSGV; § 14 Abs. 1 Nr. 4, 5 S-SVRP; § 12 Abs. 2 Nr. 11, 12 S-SVSaar; § 16 Abs. 1 Nr. 7 S-SGVSH; § 9 Abs. 3 lit. e), f) S-SVWL (nach Beratung im Hauptausschuss).

555 § 14 Abs. 2 Nr. 1 S-SVBW; § 15 Abs. 2 Nr. 2, 6 S-SGVHT; § 16 Abs. 1 lit. c) S-SVN; § 12 Abs. 2 lit. i) S-OSV; § 9 Abs. 3 lit a) S-RSGV; § 14 Abs. 1 Nr. 6 S-SVRP; § 12 Abs. 2 Nr. 2 S-SVSaar; § 16 Abs. 2 Nr. 5 S-SGVSH; § 9 Abs. 3 lit. a), b) S-SVWL (nach Beratung im Hauptausschuss).

556 § 14 AvS. 2 Nr. 6 S-SVBW; § 14 Abs. 1 Nr. 16 S-SVRP; § 12 Abs. 1 Nr. 5 S-SVSaar.

und grundstücksgleiche Rechte sowie für Baumaßnahmen zuständig.[557] Teilweise entscheidet der Verbandsvorstand über die Aufnahme von Darlehen[558] oder die Übernahme von Bürgschaften.[559] Auch in Fragen rund um die Eingehung von Beteiligungen und die Besetzung der Organe in den mit den Verbänden verbundenen Unternehmen und Einrichtungen ist der Vorstand überwiegend zuständig.[560] Sofern der Verband einmal aufgelöst werden sollte, ist der Verbandsvorstand in den Fällen, in denen die Satzung eine Liquidation erwähnt, für diese zuständig.[561]

Einige Verbandsvorstände erarbeiten darüber hinaus allgemeine Regelungsvorschläge, die für die Mitgliedssparkassen relevant sind. So erarbeiten sie in Baden-Württemberg ein Satzungsmuster für Sparkassen und Geschäftsanweisungen für Vorstände und Kreditausschüsse und sprechen Empfehlungen für die Beleihungsgrundsätze, die Bewertung von Sicherheiten sowie für die Vergütungen und Aufwandsentschädigungen von Vorständen und Aufsichtsräten der Sparkassen aus.[562]

Der Verbandsvorstand hat in einigen Verbänden über die ausdrücklich genannten Zuständigkeitsbereiche hinaus die Auffangzuständigkeit für alle Angelegenheiten des Verbands inne, die nicht anderen Organen zugewiesen sind.[563]

Neben der verwaltungsleitenden Funktion erfüllen die Vorstände aber auch Kontrollfunktionen. Überwiegend überwachen sie die Tätigkeit der Geschäftsführung. Dazu ist das geschäftsführende Organ gegenüber dem

557 § 14 Abs. 2 Nr. 30 S-SVBW (ab 250.000 EUR); § 18 Abs. 3 Nr. 8 S.SVB; § 15 Abs. 2 Nr. 16, 17 S-SGVHT (Baumaßnahmen bis 1 Mio EUR); § 16 Abs. 1 lit. g) S-SVN; § 12 Abs. 2 lit. n) S-OSV; § 9 Abs. 4 lit. c) S-RSGV; § 14 Abs. 1 Nr 8 S-SVRP; § 12 Abs. 2 Nr. 9 S-SVSaar; § 16 Abs. 1 Nr. 8 S-SGVSH; § 9 Abs. 4 lit. a) S-SVWL.

558 § 14 Abs. 2 Nr. 31 S-SVBW (bis zu 250.000 EUR); § 16 Abs. 1 lit. h) S-SVN (bis zur im Haushaltsplan vorgesehenen Höhe); § 9 Abs. 3 lit. e) S-RSGV; § 12 Abs. 2 Nr. 10 S-SVSaar; § 16 Abs. 1 Nr. 9 S-SGVSH; § 9 Abs. 3 lit d) S-SVWL (zur Deckung eines außerordentlichen Bedarfs nach Beratung im Hauptausschuss).

559 § 15 Abs. 2 Nr. 18 S-SGVHT; § 12 Abs. 2 Nr. 10 S-SVSaar.

560 § 14 Abs. 2 Nr. 10 S-SVBW (bis zu 150.000 EUR); § 15 Abs. 2 Nr. 3, 4 S-SGVHT; § 12 Abs. 2 lit. d) S-OSV; § 9 Abs. 4 lit. d) S-RSGV; § 14 Abs. 7 S-SVRP; § 9 Abs. 4 lit. c) S-SVWL.

561 § 15 Abs. 2 Nr. 20 S-SGVHT; § 12 Abs. 2 lit. r) S-OSV; § 9 Abs. 4 lit. e) S-RSGV; § 14 Abs. 1 Nr. 17 S-SVRP; § 12 Abs. 2 Nr. 13 S-SVSaar; § 9 Abs. 4 lit. b) S-SVWL.

562 § 14 Abs. 2 Nr. 4, 5 S-SVBW.

563 § 18 Abs. 1 S-SVB (alle grundsätzlichen Fragen, soweit sie nicht einem anderen Organ zugewiesen sind); § 15 Abs. 1 S. 1 S-SGVHT; § 12 Abs. 1 S. 1 S-SVSaar.

Vorstand regelmäßig rechenschaftspflichtig und der Vorstand ist über alle wichtigen Angelegenheiten der Geschäftsführung zu unterrichten.[564] In Baden-Württemberg überwacht der Vorstand ferner die Tätigkeit der Verbandsversammlung, weshalb dieser über den Gang der Geschäfte zu informieren ist.[565]

In einigen Verbänden ist der Vorstand darüber hinaus oberste Dienstbehörde und nimmt gegenüber dem geschäftsführenden Organ die Funktion eines Dienstvorgesetzten war.[566]

Für seine Tätigkeit ist der Vorstand regelmäßig der Verbandsversammlung verantwortlich und hat ihr gegenüber Rechenschaft abzulegen.[567]

III. Entscheidungsverfahren im Verbandsvorstand

Der Verbandsvorstand wird vom Vorsitzenden[568] nach Bedarf sowie dann einberufen, wenn ein Quorum, welches aus drei bis zehn Mitgliedern oder einem Drittel der Mitglieder besteht, die Beschlussfassung über einen bestimmten Gegenstand beantragt.[569] Einige Satzungen sehen darüber hinaus eine bestimmte Mindestanzahl an Sitzungen pro Jahr vor.[570] Der Verbandsvorstandssitzung geht eine schriftliche Einladung voraus, welche die Tagesordnung enthalten muss und innerhalb bestimmter Fristen an die Mitglieder des Vorstands versandt oder diesen zugegangen sein soll oder muss. Auf die

---

564 § 15 Abs. 3 S-SGVHT; § 18 Abs. 1 S. 2 S-SVN; § 15 Abs. 2 S. 2 S-OSV; § 14 Abs. 1 S. 2 S-RSGV; § 14 Abs. 1 S. 1, Abs. 2 S-SVRP; § 15 Abs. 2 S. 3 S-SVSaar; § 19 Abs. 1 S. 3 S-SGVSH; § 9 Abs. 2 lit. b), § 14 Abs. 3 S-SVWL.

565 § 14 Abs. 1 S-SVBW.

566 § 15 Abs. 4 S-SGVHT; § 12 Abs. 3 S-OSV.

567 § 18 Abs. 4 S-SVB; § 15 Abs. 1 S-SGVHT; § 16 Abs. 2 S-SVN; § 9 Abs. 1 S. 1 S-RSGV; § 14 Abs. 3 S-SVRP; § 12 Abs. 1 S. 2 S-SVSaar; § 16 Abs. 2 S-SGVSH; § 9 Abs. 1 S-SVWL.

568 § 15 Abs. 4 S-SVRP regelt den Fall, dass kein Vorsitzender oder ein Stellvertreter im Amt ist. Sodann kann die Einladung durch mindestens drei Verwaltungsratsmitglieder unter Angabe bestimmter Verhandlungsgegenstände ergehen.

569 3 Mitglieder: § 15 Abs. 1 S-SVN, § 13 Abs. 1 S-OSV; § 10 Abs. 1 S-RSGV, § 10 Abs. 1 S-SVWL; 4 Mitglieder: § 13 Abs. 1 S-SVSaar, § 15 Abs. 1 S.SGVSH; 5 Mitglieder: § 20 Abs. 1 S-SVB; 10 Mitglieder: § 16 Abs. 1 S-SGVHT; ein Drittel der Mitglieder: § 16 Abs. 1 S-SVBW, § 15 Abs. 1 S-SVRP.

570 Vierteljährlich: § 15 Abs. 1 S-SVN; 2 Mal im Jahr:§ 15 Abs. 1 S-SVRP, § 13 Abs. 1 S-SVSaar, § 13 Abs. 1 S-OSV; halbjährlich: § 15 Abs. 2 S-SGVSH.

Einhaltung dieser Fristen kann einheitlich in dringenden Fällen verzichtet werden.[571]

Die Sitzungen der Verbandsvorstände sind ebenso wie die Sitzungen der Verwaltungsräte der Sparkassen nicht öffentlich. Der Vorsitzende kann jedoch regelmäßig entweder zu einzelnen Punkten der Tagesordnung oder zur ständigen Teilnahme an der Sitzung Mitarbeiter hinzuziehen oder Dritte, wie Sachverständige, Mitarbeiter von Verbundunternehmen oder Vertreter der Mitglieder, zu den Beratungen einladen.[572] Ferner sehen einige Satzungen die ständige Teilnahme von Personen mit beratender Stimme vor.[573]

Beschlussfähig ist der Verbandsvorstand, wenn mindestens die Hälfte der Mitglieder oder die in der Satzung festgelegte Mitgliederanzahl anwesend ist. Einige Satzungen sehen zusätzlich die Anwesenheit bestimmter Mitglieder vor. Der Vorstand des bayerischen Sparkassenverbands ist ebenso wie die Verbandsversammlung stets unabhängig von der Anzahl der anwesenden Mitglieder beschlussfähig.[574]

---

571 Soll 5 Tage vorher zugegangen sein: § 20 Abs. 1 S-SVB; Soll 1 Woche vorher ergehen: § 16 Abs. 2 S-SVBW; soll 1 Woche vorher zugegangen sein: § 15 Abs. 2 S-SVRP, § 13 Abs. 2 S-SVSaar, § 15 Abs. 2 S-SGVSH; Muss/Soll 2 Wochen vorher abgesandt werden: § 15 Abs. 2 S-SVN, § 10 Abs. 2 S-RSGV, § 10 Abs. 2 S-SVWL; Soll 2 Wochen vorher zugehen: § 16 Abs. 2 S-SGVHT; Muss 21 Tage vorher abgesandt worden sein: § 13 Abs. 2 S-OSV.

572 § 16 Abs. 6 S-SVBW; § 16 Abs. 4 S-SGVHT; § 13 Abs. 3 S-OSV; § 15 Abs. 8 S-SVN; § 10 Abs. 3 S-RSGV; § 15 Abs. 5 S-SVRP; § 13 Abs. 3 S-SVSaar; § 10 Abs. 3 S-SVWL.

573 § 10 Abs. 3 S-RSGV: Verbandsgeschäftsführer, sein Stellvertreter und Leiter der Prüfungsstelle; § 10 Abs. 3 S-SVWL: ordentliche und stellvertretenden Mitglieder des Vorstands (der den Verbandsvorsteher als Kollegialorgan ersetzt) und Leiter der Prüfungsstelle mit beratender Stimme teil.

574 § 16 Abs. 3 S-SVBW; § 20 Abs. 2 i. V. m. § 16 Abs. 1 S-SVB; § 16 Abs. 3 S-SGVHT: Verbandsvorsitzender oder dessen Stellvertreter und mindestens 14 weitere Vorstandsmitglieder oder deren Stellvertreter; § 15 Abs. 3 S-SVN: mindestens 10 Mitglieder; § 10 Abs. 4 S-RSGV: Vorsitzender, mindestens 12 Mitglieder und der Verbandsvorsteher; § 15 Abs. 3, S-SVRP: mehr als die Hälfte der Mitglieder und darunter der Verbandsvorsitzende oder dessen Stellvertreter. Abs. 4 beinhaltet eine Sonderregelung für den Fall, dass kein Vorsitzender oder Stellvertreter im Amt ist; § 13 Abs. 3 S-SVSaar: alle Mitglieder müssen eingeladen worden sein, Vorsitzender und mindestens die Hälfte der Mitglieder müssen anwesend sein; § 15 Abs. 3 S-SGVSH: Verbandsvorsteher oder dessen Stellvertreter und mindestens 5 Vorstandsmitglieder; § 10 Abs. 5 S-SVWL: mindestens die Hälfte der stimmberechtigten Mitglieder und entweder vorsitzendes Mitglied oder dessen Stellvertreter darunter; § 13 Abs. 4 S-OSV: mehr als die Hälfte der stimmberechtigten Mitglieder.

Die Beschlussfähigkeit ist grundsätzlich festzustellen. Lediglich im baden-württembergischen Verband wird die Beschlussfähigkeit fingiert, wenn diese nicht bis zum Beginn einer Abstimmung angezweifelt wurde.[575] Sofern die Beschlussfähigkeit nicht gegeben ist, kann innerhalb bestimmter Fristen zur Erledigung der gleichen Tagesordnung eine neue Sitzung einberufen werden. Diese ist sodann unabhängig von der anwesenden Mitgliederanzahl beschlussfähig, sofern darauf in der Einladung hingewiesen wurde.[576]

Die Beschlüsse werden grundsätzlich in offener Abstimmung gefasst. Es kann jedoch nach vielen Satzungen eine geheime Abstimmung beantragt oder beschlossen werden.[577] Die gilt auch für Wahlen, sofern dafür keine Sonderregelungen in den Satzungen enthalten sind.[578]

Nach allen Satzungen kann der Vorstand in geeigneten Fällen oder bei besonderer Dringlichkeit im Wege schriftlicher Umfrage abstimmen lassen, wenn kein Mitglied – zum Teil innerhalb bestimmter Fristen nach Absendung der Mitteilung – die Behandlung in einer Sitzung wünscht oder dieser Verfahrensart widerspricht. Andere Reglungen machen die Gültigkeit solcher Beschlüsse von einer zustimmenden Zweidrittelmehrheit oder von der Zustimmung aller Mitglieder abhängig.[579] Im bayerischen Verband können in dringenden Angelegenheiten die drei Verbandsvorsitzenden und ein Landesobmann durch einstimmigen Beschluss erforderliche Entscheidungen anstelle des Vorstands treffen. Im baden-württembergischen und im schles-

575 § 16 Abs. 3 S. S. 2 i. V. m. § 12 Abs. 3 S. 2 S-SVBW. Im RSGV wird die Beschlussfähigkeit des Vorstands im Gegensatz zur Verbandsversammlung nicht fingiert, sondern sie muss ebenfalls festgestellt werden.

576 § 16 Abs. 3 S. 2 i. V. m. § 12 Abs. 3 S. 3-5 S-SVBW: innerhalb von 4 Wochen mit Einladungsfrist von mindestens 1 Woche; § 16 Abs. 3 S-SGVHT, § 15 Abs. 3 S-SVN; § 15 Abs. 3 S-SVRP, § 13 Abs. 3 S-SVSaar, § 15 Abs. 3 S-SGVSH, § 13 Abs. 4 S-OSV: binnen 2 Wochen; § 10 Abs. 4 S-RSGV, § 10 Abs. 5 S. 2 i. V. m. § 7 Abs. 7 S. 2-4: innerhalb einer Woche mit Einladungsfrist von einer weiteren Woche.

577 § 16 Abs. 5 S. 2 S-SVBW: in der Regel wird offen abgestimmt; § 20 Abs. 2 S. 1 i. V. m. § 16 Abs. 1 S. 1 S-SVB; § 16 Abs. 5 S. 5 S-SGVHT, § 15 Abs. 4 S. 2 S-SVN: die Abstimmung ist geheim durchzuführen, wenn ein Mitglied es verlangt; § 15 Abs. 6 S. 4 S-SVRP, § 13 Abs. 5 S. 1-2 S-SVSaar: geheime Abstimmung kann beschlossen werden.

578 § 16 Abs. 5 S. 5 S-SVBW, § 15 Abs. 6 S. 5 i. V. m. § 12 Abs. 7 S. 6 S-SVRP: Wahlen sind geheim durchzuführen, können aber offen durchgeführt werden, wenn kein Mitglied widerspricht; § 13 Abs. 6 S-SVSaar: Wahlen erfolgen offen, sofern kein Antrag auf geheime Wahl gestellt wird.

579 § 16 Abs. 4 S-SVBW; § 20 Abs. 2 S-SVB; § 16 Abs. 7 S-SGVHT; § 13 Abs. 6 S-OSV; § 15 Abs. 6 S-SVN; § 10 Abs. 7 S-RSGV; § 15 Abs. 7 S-SVRP; § 13 Abs. 7 S-SVSaar; § 15 Abs. 6 S-SGVSH; § 10 Abs. 7 S-SVWL.

wig-holsteinischen Verband kann in Fällen besonderer Dringlichkeit sogar der Verbandsvorsteher entscheiden.[580]

Es gilt im Verbandsvorstand einheitlich das Stimmrecht nach Köpfen.[581] Beschlüsse werden grundsätzlich durch die Mehrheit der abgegebenen Stimmen gefasst, bei Stimmengleichheit ist der Antrag abgelehnt. Für bestimmte Entscheidungsgegenstände gilt eine Zweidrittelmehrheit.[582]

Sofern bei Wahlen die erforderliche einfache Mehrheit der anwesenden Stimmen nicht erreicht wird, sehen die Satzungen teilweise weitere Wahldurchgänge, eine Stichwahl zwischen den beiden Kandidaten mit den meisten Stimmen und/oder einen Losentscheid vor.[583]

---

580 § 21 Abs. 2 S-SVB; § 18 Abs. 4 S-SVBW: Gründe dafür sind in der nächsten Sitzung mitzuteilen; § 19 Abs. 2 S-SGVSH: Eilentscheidungen bedürfen hier der Genehmigung des Verbandsvorstands.

581 § 16 Abs. 5 S. 1 S-SVBW; § 16 Abs. 5 S. 2 S-SGVHT; § 10 Abs. 6 S. 1 S-RSGV; § 13 Abs. 4 S. 2 S.SVSaar.

582 § 16 Abs. 5 S. S. 3, 4 S-SVBW; § 20 Abs. 2 S. 1 i. V. m. § 16 Abs. 2 S. 1, 3 S-SVB: Zweidrittelmehrheit der Mitglieder für Feststellung eines Stützungsfalles nach Maßgabe der Stützungsfondssatzungen sowie für folgende Maßnahmen; § 16 Abs. 5 S. 1, 3, 4 S-SGVHT: Zweidrittelmehrheit der Mitglieder für Beschlüsse über Verfügungen über Grundstücke sowie über die Übernahme von Bürgschaften und die Aufnahme von Darlehen; § 15 Abs. 4 S. 1, 4 S-SVN: Zweidrittelmehrheit der Mitglieder für Beschlüsse Aufnahme von Darlehen bis zur im Haushaltsplan vorgesehenen Höhe; § 10 Abs. 6 S. 1, 2 S-RSGV: Zweidrittelmehrheit für Aufnahme von Darlehen und Verfügungen über Grundstücke sowie Beteiligungsfragen; § 15 Abs. 6 S. 1 S-SVRP; § 13 Abs. 5 S. 3 SVSaar; § 15 Abs. 4 S. 1, 2: Zweidrittelmehrheit für Verfügungen über Grundstücke und Aufnahme von Darlehen; § 10 Abs. 6 S-SVWL: Zweidrittelmehrheit für Aufnahme von Darlehen und Verfügungen über Grundstücke sowie Liquidation bei Auflösung des Verbands bedürfen Zweidrittelmehrheit der Mitglieder; § 13 Abs. 5 S. 1, 2 S-OSV: Zweidrittelmehrheit der Mitglieder für Kooperationsvertrag nach § 3 Abs. 3 S. 3 der Satzung, Wirtschaftplan und die Fortschreibung der mittelfristigen Unternehmensplanung einschließlich der Beteiligungen.

583 § 16 Abs. 5 S. 7 ff. S-SVBW: Es findet zwischen den beiden Kandidaten mit den meisten Stimmen eine Stichwahl statt. Gewählt ist derjenige, der die meisten Stimmen erhält. Bei Stimmengleichheit entscheidet das Los; § 15 Abs. 4 S. 2 2. HS S-SVN: Im Falle der Stimmengleichheit entscheidet das vom Vorsitzenden zu ziehende Los; § 15 Abs. 6 S. 5 i. V. m. § 12 Abs. 7 S-SVRP: Wird die einfache Mehrheit nicht erreicht, findet ein zweiter Wahlgang statt, in welchem eine einfache Mehrheit zu erreichen ist. Wird diese erneut verfehlt, so findet eine Stichwahl zwischen den beiden Bewerbern mit den meisten Stimmen statt, bei denen die höchste Stimmenzahl ausreichend ist. Wird erneut eine Stimmengleichheit erreicht, entscheidet das vom Vorsitzenden zu ziehende Los, § 13 Abs. 6 S. 2 S-SVSaar: einfache Mehrheit der abgegebenen Stimmen.

Die Mitglieder geben ihre Stimmen in eigener Verantwortung und nach freier Überzeugung ab. Sie sind an Weisungen nicht gebunden.[584]

In einigen Verbänden gilt für Mitglieder des Verbandsvorstands ein Beratungs- und Abstimmungsverbot. In Zweifelsfällen entscheidet der Vorstand über den Ausschluss in nichtöffentlicher Sitzung.[585] Andere Satzungen sehen ein Mitwirkungsverbot für Sparkassenvorstände bei der Beschlussfassung über die Anstellungsverhältnisse des Leiters der Prüfungsstelle, seiner Stellvertreter und im Falle Bayerns der versorgungsberechtigten Amtsträger der Prüfungsstelle vor.[586]

Auch über die Sitzungen des Verbandsvorstands ist eine Niederschrift zu fertigen, in welche regelmäßig der Beratungsgegenstand und das Abstimmungsergebnis aufzunehmen und von bestimmten Personen zu unterzeichnen ist.[587]

IV. Ausschüsse und Beiräte des Verbandsvorstands

Die Verbandsvorstände können nach den Satzungen Ausschüsse bilden, um diesen zur Vorbereitung oder zur Entscheidung bestimmter Angelegenheiten, für die sie zuständig sind, zu übertragen.[588] Einige Satzungen sehen ferner zur Unterstützung des Vorstands die Bildung von Beiräten vor.[589] Die Ausschüsse und Organe sind jeweils Unterorgane des Verbandsvorstands.

---

584 § 16 Abs. 5 S. 5 S-SGVHT; § 15 Abs. 4 S. 5 S-SVN; § 10 Abs. 5 S-RSGV; § 15 Abs. 6 S. 3 S-SVRP; § 13 Abs. 4 S. 2 S-SVSaar; § 15 Abs. 4 S-SGVSH; § 10 Abs. 4 S-SVWL. In den anderen Verbänden gelten die gleichen Erwägungen wie zur Weisungsfreiheit der Vertreter in der Verbandsversammlung.

585 § 16 Abs. 7 S-SVBW, § 16 Abs. 5 S. 6 S-SGVHT, § 15 Abs. S. 2 S-SVRP verweisen auf die jeweils für die Verbandsversammlung geltenden Befangenheitsregelungen und deren Rechtsfolgen; § 20 Abs. 3 S-SVB schließt diejenigen Mitglieder aus, die durch Entscheidungen in ihren eigenen Belangen unmittelbar berührt werden; § 13 Abs. 4 S. 4 S-SVSaar verweist auf das Mitwirkungsverbot des § 19 SpkGSaar.

586 § 20 Abs. 4 S-SVB; § 10 Abs. 6 S. 3 S-RSGV.

587 § 16 Abs. 7 S. 1 i. V. m. § 12 Abs. 8 S-SVBW; § 20 Abs. 2 S. 1 i. V. m. § 16 Abs. 4 S-SVB; § 16 Abs. 6 S. 1 S-SGVHT; § 15 Abs. 5 S-SVN; § 13 Abs. 7 S-OSV; § 10 Abs. 8 S-RSGV; § 15 Abs. 8 S-SVRP; § 13 Abs. 8 S-SVSaar; § 15 Abs. 5 S-SGVSH; § 10 Abs. 8 S-SVWL.

588 § 15 S-SVBW; § 21 S-SVB; § 18 S-SGVHT; § 17 S-SVN; § 14 S-OSV; § 11 S-RSGV; § 16 S-SVRP; § 14 S-SVSaar; § 18 S-SGVSH; § 11 S-SVWL.

589 § 15 Abs. 2 S-SVBW.

1. Freiwillige Ausschüsse und Beiräte des Verbandsvorstands

Ausschüsse und Beiräte können grundsätzlich durch einen einfachen Mehrheitsbeschluss des Verbandsvorstands eingerichtet werden. Allein im Sparkassenverband Baden-Württemberg ist zur Übertragung einer Aufgabe auf einen Ausschuss eine Zweidrittelmehrheit erforderlich.[590]

An die Zahl der Ausschussmitglieder werden mit Ausnahme der bayerischen Regelung, die eine Mindestanzahl von drei Ausschussmitgliedern fordert[591], keine Mindestanforderungen oder Höchstgrenzen gestellt. In Bezug auf die Mitglieder der Untergremien wird regelmäßig vorgeschrieben, dass beschließenden Ausschüssen nur Mitglieder des Verbandsvorstands angehören können. Beratenden Ausschüssen können auch Nicht-Vorstandsmitglieder, wie Sachverständige oder Mitarbeiter des Verbands, angehören.[592] Uneingeschränkt können lediglich im baden-württembergischen und im rheinischen Verband fachlich geeignete Personen, die nicht dem Verbandsvorstand angehören, in den Ausschüssen und Beiräten mitwirken. Die Regelung des rheinischen Verbands sieht für diesen Fall jedoch vor, dass die Anzahl der Personen, die nicht Vorstandsmitglieder sind, geringer sein muss, als die Anzahl der Vorstandsmitglieder.[593] In der Satzung des Ostdeutschen Verbands ist die Zugehörigkeit Dritter in den Ausschüssen des Verbandsvorstands explizit ausgeschlossen. Diese dürfen nur zur Beratung hinzugezogen werden.[594]

In einigen Verbänden steht bestimmten, explizit bezeichneten Personen ein Teilnahmerecht mit beratender Stimme in allen Ausschüssen zu.[595]

590 § 15 Abs. 1 S. 3 S-SVBW; die Übertragung kann jedoch mit einfachem Beschluss widerrufen werden.

591 § 21 Abs. 1 S. 1 S-SVB.

592 § 21 Abs. 1 S. 2 S-SVB; § 18 Abs. 1 S. 3 S-SGVHT § 17 S. 1, 2 S-SVN; § 16 Abs. 1 S. 1 S-SVRP; § 14 Abs. 1 S. 1 S-SVSaar; § 17 Abs. 1 S. 1, 2 S-SGVSH; § 11 Abs. 1 S-SVWL.

593 § 15 Abs. 1 S. 2 S-SVBW; § 11 Abs. 1 S. 2 S-RSGV.

594 § 14 Abs. 2 S. 3 S-OSV.

595 § 15 Abs. 1 S. 6 S-SVBW: sofern der Verbandsvorsteher nicht Vorsitzender des Ausschusses ist, haben er und jene Personen ein Teilnahmerecht, die an den Sitzungen des Verbandsvorstands ein Teilnahmerecht haben; § 11 Abs. 2 S. 2 S-RSGV: Vorsitzender des Verbandsvorstands, Verbandsvorsteher, Verbandsgeschäftsführer; § 16 Abs. 2 S. 2 S-SVRP: Vorsitzender des Verwaltungsrats; § 11 Abs. 3 S. 2 S-SVWL: Vorsitzender des Verwaltungsrats sowie die ordentlichen und stellvertretenden Mitglieder des Verbandsvorstands sowie der Leiter der Prüfungsstelle.

Jede Sitzung der Ausschüsse wird durch einen Vorsitzenden geleitet. Teilweise wird der Vorsitzende aus der Mitte der Ausschussmitglieder gewählt[596], in anderen Fällen ist der Verbandsvorsteher qua Amt[597] oder infolge eines satzungsrechtlich eingeräumten Wahlrechts Vorsitzender[598]. Im hessisch-thüringischen Verband wird nach vorbereitenden und entscheidenden Ausschüssen sowie lediglich unterstützenden Ausschüssen differenziert. Während in vorbereitenden und entscheidenden Ausschüssen der Verbandsvorsitzende oder ein anderes vom Vorstand bestimmtes Vorstandsmitglied den Vorsitz führt, hat in unterstützenden Ausschüssen das geschäftsführende Vorstandsmitglied oder ein von diesem bestimmter Verbandsgeschäftsführer den Vorsitz inne.[599]

Grundsätzlich werden die Ausschüsse jeweils für die Dauer der Wahlzeit des Vorstands gebildet[600], sofern es sich nicht um ständige Ausschüsse handelt.

Das Entscheidungsverfahren in den Ausschüssen richtet sich zum Teil nach den Regeln, die für den Verbandsvorstand gelten. Dies gilt insbesondere für das Stimmrecht nach Köpfen und die ausnahmsweise erforderlichen qualifizierten Mehrheiten. In Baden-Württemberg wird die Regelung über das Verfahren insgesamt für entsprechend anwendbar erklärt.[601] Ferner kann der Vorstand in vielen Verbänden eine Geschäftsordnung zur Regelung der weiteren Verfahrensfragen erlassen.[602]

2. Pflichtige Ausschüsse des Verbandsvorstands

Als pflichtige Ausschüsse werden in einigen Verbandssatzungen der Hauptausschuss[603] und der Präsidialausschuss[604] bzw. das Präsidium des

596 § 11 Abs. 2 S. 1 S-RSGV; § 16 Abs. 2 S. 1 S-SVRP; § 11 Abs. 3 S. 1 S-SVWL.

597 § 15 Abs. 1 S. 4 S-SVBW; § 14 Abs. 2 S-SVSaar.

598 § 14 Abs. 3 S-OSV; § 17 Abs. 2 S-SGVSH.

599 § 18 Abs. 2 S. 1 S-SGVHT.

600 Dies stellen einige Satzungen ausdrücklich klar: § 11 Abs. 1 S. 1 S-RSGV; § 11 Abs. 1 S. 1 S-SGVRP.

601 § 16 Abs. 8 S-SVBW; § 16 Abs. 1 S. S. 3 i. V. m. § 15 Abs. 6 S-SVRP; § 11 Abs.1 S. 5 i. V. m. § 10 Abs. 6 S-RSGV.

602 § 17 Abs. 1 S. 1 S-SGVHT; § 17 S. 3 S-SVN; § 14 Abs. 2 S. 1 S-OSV; § 11 Abs. 1 S. 1 S-RSGV; § 14 Abs. 3 S-SVSaar.

603 § 11 Abs. 1 S. 3 S-RSGV; § 11 Abs. 2 S-SVWL.

604 § 14 Abs. 1 S-OSV.

Verbandsvorstands[605] aufgeführt. Während der Hauptausschuss und das Präsidium des Verbandsvorstands Beratungs- und Entscheidungskompetenzen besitzen, obliegen dem Präsidialauschuss ausschließlich Unterstützungs- und Beratungsaufgaben.

a) Hauptausschuss

Der Hauptausschuss ist in den Satzungen der nordrhein-westfälischen Verbände als pflichtiger Ausschuss vorgesehen.[606] Zuständig ist er im westfälisch-lippischen Sparkassenverband für Budgetfragen[607] sowie zur Beratung derjenigen Angelegenheiten, die nach der Satzung vom Vorstand nach Beratung im Hauptausschuss entschieden werden. Die weiteren Aufgaben regelt eine vom Verwaltungsrat erlassene Geschäftsordnung.[608] Dem Hauptausschuss gehören neben dem vorsitzenden Mitglied des Verbandsverwaltungsrats und dessen Stellvertretern je zwei Mitglieder aus der Gruppe der Vertreter der Verwaltungsratsmitglieder und der Vertreter der Sparkassenvorstandsmitglieder an, die vom Verbandsverwaltungsrat für die Dauer der jeweiligen Wahlzeit aus seiner Mitte gewählt werden. Aus der Mitte des Hauptausschusses werden der Vorsitzende und dessen Stellvetreter gewählt.[609]

Die Aufgaben und die Zusammensetzung des Hauptausschusses sind in der Satzung des rheinischen Verbands nicht näher konkretisiert. Geregelt ist aber, dass er ausschließlich aus der Mitte der Verbandsmitglieder gebildet wird. Vorsitzender des Hauptausschusses ist dort qua Amt der Vorsitzende des Verbandsvorstands.[610]

---

605 § 17 S-SGVHT.

606 § 11 Abs. 1 S. 3 S-RSGV; § 11 Abs. 2 S-SVWL.

607 § 11 Abs. 2 S. 2 S-SVWL: Beratung der Budgetangelegenheiten für das kommende Haushaltsjahr, Entgegennahme der Berichte über die Einhaltung des Budgets im laufenden Rechnungsjahr und die Beratung etwaiger Nachtragsbudgets.

608 § 2 der Geschäftsordnung des Hauptausschusses. Dazu gehören bspw. die Festsetzung der Einzelanteile am Stammkapital, deren Verzinsung, die Festlegung der außerordentlichen und ordentlichen Umlagen, der Rückgriff auf das Vermögen, Bestimmung des Abschlussprüfers, Stellungnahme zum Abschlussbericht, Verfügungen über Grundstücke, Regelung der Anstellungsbedingungen der Mitglieder des Verbandsvorstands und der weiteren leitenden Angestellten des Verbands sowie Bestimmung der Grundzüge der Preispolitik der Einrichtungen des Verbands und die Hergabe von Hafteinlagen durch die Westfälisch-Lippische Sparkassenförderungsgesellschaft mbH.

609 § 1 Abs. 1 der Geschäftsordnung für den Hauptausschuss.

610 § 11 Abs. 1 S. 3 S-RSGV.

Die Verfahrensregelungen in der Geschäftsordnung des Hauptausschusses des westfälisch-lippischen Verbands sind mit den Verfahrensregelungen im Verbandsverwaltungsrat vergleichbar.

b) Präsidialausschuss/Präsidium des Verbandsvorstands

Der Präsidialausschuss bzw. das Präsidium des Verbandsvorstands haben primär eine Vorbereitungs-, im Ostdeutschen Verband eine Unterstützungs- und im hessisch-thüringischen Verband zusätzlich eine Entscheidungsfunktion.

Der Präsidialausschuss und das Präsidium haben die Aufgabe, die Vorstandssitzungen vorzubereiten. Im Ostdeutschen Verband hat der Ausschuss darüber hinaus die Aufgabe, das geschäftsführende Vorstandsmitglied in allen Fragen von verbandspolitischer Bedeutung zu unterstützen. Eine Entscheidungskompetenz hat der Präsidialausschuss nicht. Dem Präsidium des Verbandsvorstands können darüber hinaus eigenständige Entscheidungsbefugnisse für bestimmte Angelegenheiten zustehen, die der Verbandsvorstand diesem zur abschließenden Entscheidung überträgt. Diese Angelegenheiten dürfen aber nicht von grundsätzlicher Bedeutung sein.[611]

Der Präsidialausschuss im Ostdeutschen Verband wird aus der Mitte des Verbandsvorstands bestellt. Dieser besteht überwiegend aus geborenen Mitgliedern.[612] Auch die Mitglieder des Präsidiums des Verbandsvorstands des hessisch-thüringischen Verbands bestehen überwiegend aus geborenen Mitgliedern, die grundsätzlich dem Verbandsvorstand angehören.[613] Lediglich die stellvertretenden Landesobmänner als geborene Mitglieder

611 § 17 Abs. 2 S-SGVHT; § 14 Abs. 1 S-OSV.

612 Mitglieder des Präsidialausschusses im OSV: Vorsitzender des Vorstands, dessen Stellvertreter, geschäftsführendes Vorstandsmitglied, Verbandsobmann, Vorsitzender des Kommunalausschusses, je einem Mitglied des Vorstands aus dem Kreise der Hauptverwaltungsbeamten und dem Kreise der Vorstände der Sparkassen, die in einer Arbeitsgemeinschaft der Vorstände zum Obmann gewählt wurden. Die Zusammensetzung muss die Mitgliedschaft eines Vertreters aus jedem Vertragsland gewährleisten.

613 Mitglieder des Präsidiums des Verbandsvorstands des SGVHT: Verbandsvorsitzender, geschäftsführendes Vorstandsmitglied, kommunaler stellvertretender Vorstandsvorsitzender, Landesobmann, ein weiteres, vom Verbandsvorstand zu berufendes Verbandsvorstandsmitglied aus dem Kreise der Vorsitzenden oder stellvertretenden Vorsitzenden des Verwaltungsrats der Sparkassen sowie die stellvertretenden Landesobmänner. Sofern die stellvertretenden Landesobmänner nicht zum Verbandsvorstand gehören, beruft der Vorstand eine entsprechende Anzahl weiterer Mitglieder aus dem Kreis der Vorstandvorsitzenden der Sparkassen.

müssen dem Vorstand nicht zwangsläufig angehören. Für diesen Fall muss eine entsprechende Anzahl weiterer Vorstandsmitglieder aus dem Kreis der Vorstände der Sparkassen bestellt werden.

V. Demokratische Legitimation

Sofern die Mitglieder des verwaltungsleitenden Organs und der Unterorgane aus der Mitte der Verbandsversammlung gewählt werden und diesen ausschließlich Vertreter der Gruppe der Verwaltungsratsmitglieder oder der Vorstände von Sparkassen angehören, ist eine demokratische Legitimation gegeben. Sofern allerdings – wie im Rheinischen und im Saarländischen Verband – auch Vertreter von privaten Verbundunternehmen geborene Mitglieder sind, muss die Zusammensetzung den bereits dargestellten Legitimationsanforderungen genügen.[614] Dies ist sowohl im rheinischen als auch im saarländischen Verbandsvorstand der Fall. Im rheinischen Verbandsvorstand ist der Vorstandsvorsitzende der WestLB AG eines von 22 Mitgliedern, im saarländischen Verband ist der Vorstandsvorsitzende der Saarland Versicherungsgesellschaft AG eines von insgesamt 17 stimmberechtigten Mitgliedern. Sowohl die Anforderungen des Konfliktmodells als auch die Anforderungen des in der Rechtsprechung vertretenen Prinzips der doppelten Mehrheit sind aufgrund des Kopfstimmrechts stets erfüllt.

C. Geschäftsleitendes Organ

Als geschäftsleitendes Organ (Direktionsorgan) ist in den Sparkassengesetzen und Satzungen der Verbände grundsätzlich ein monokratisches Organ vorgesehen. Das baden-württembergische und das nordrhein-westfälische Sparkassengesetz räumt den Verbänden die Möglichkeit ein, in ihrer Satzung an die Stelle des monokratischen Organs ein aus mehreren Mitgliedern bestehendes Kollegialorgan treten zu lassen.[615] Von diesem Wahlrecht hat bislang nur der Sparkassenverband Westfalen-Lippe Gebrauch gemacht.

---

614 Vgl. § 8 A. IV. 2.
615 § 38 Abs. 1 S. 1 SpkG BW; § 35 Abs. 2 SpkG NRW.

I. Monokratisches Organ

1. Organisation

Die überwiegende Anzahl der Verbände hat ein monokratisch organisiertes geschäftsleitendes Organ. Dieses Organ wird als Verbandsvorsteher[616], geschäftsführendes Vorstandsmitglied[617] oder als Verbandspräsident[618] bezeichnet.

Das geschäftsführende Organ wird überwiegend durch die Verbandsversammlung in der Regel für die Dauer von sechs Jahren gewählt.[619] Die Person ist hauptamtlich für den Verband tätig.[620] Über die Anstellungsbedingungen entscheidet der Verbandsvorstand. Die Beschlüsse, die den Verbandsvorsteher betreffen, führt regelmäßig der stellvertretende Vorsitzende des Verbandsvorstands aus.

Die Stellvertretung ist in den Verbänden unterschiedlich geregelt. Regelmäßig wird der Verbandsvorsteher jedoch in Angelegenheiten der Geschäftsführung von einem Verbandsgeschäftsführer oder einem gewählten stellvertretenden Verbandsvorsteher vertreten.

Das monokratisch organisierte geschäftsleitende Organ ist regelmäßig zugleich Mitglied der Verbandsversammlung und des Verbandsvorstands bzw. des Verbandsverwaltungsrats.[621] In einigen Verbänden übernimmt das geschäftsleitende Organ qua Satzung den Vorsitz in der Verbandsversamm-

616 § 17 Abs. 1 S-SVBW; § 19 S-SVN; § 13 S-RSGV; § 20 S-SVRP; § 19 S-SGVSH.

617 § 22 S-SGVHT; § 16 S-OSV.

618 § 15 S-SVSaar.

619 § 17 Abs. 1 S. 1 S-SVBW; § 18 Abs. 2 S-SVN; § 12 Abs. 2 lit. a) S-OSV (Vorschlag zur Bestellung durch Verbandsvorstand); § 6 Abs. 2 lit. d) S-RSGV; § 20 Abs. 1 S-SVRP (Amtsdauer wird mit jeder Wahl bestimmt; Wahl auf Vorschlag des Verbandsvorstands oder eines Mitglieds der Verbandsversammlung); § 15 Abs. 1 S-SVSaar (auf Vorschlag des Verbandsvorstands); § 19 Abs. 2 SGVSH (für 5 Jahre auf Vorschlag des Verbandsvorstands). Ohne eine Wahl der Verbandsversammlung wird das geschäftsführende Vorstandsmitglied durch den Vorstand gem. § 18 Abs. 3 Nr. 3 S-SVB, § 15 Abs. 2 Nr. 13 S-SGVHT bestellt.

620 § 17 Abs. 1 S-SVBW; § 18 Abs. 2 S-SVN; § 8 Abs. 3 S-OSV; § 13 Abs. 1 S-RSGV; § 25 Abs. 5 SpkG RP, § 20 Abs. 1, 2 S-SVRP; § 15 Abs. 1 S-SVSaar; § 19 Abs. 3 S-SGVSH (für eine Dauer von 5 Jahren).

621 Vgl. die Ausführungen zur Zusammensetzung der Verbandsversammlung in § 8 A. I. 1. und zur Zusammensetzung des Verbandsvorstands in § 8 B. I. 1. Lediglich im Sparkassenverband Westfalen-Lippe sind die Mitglieder des geschäftsleitenden Organs nicht zugleich Mitglieder der anderen Organe, was u. a. damit zu erklären ist, dass der Verbandsverwaltungsrat den Verbandsvorstand kontrolliert (§ 9 Abs. 2 lit. b) S-SVWL).

lung, im Verbandsvorstand und in den Ausschüssen.[622] In diesen Verbänden ist eine deutliche Machtkonzentration auf das geschäftsleitende Organ in Bezug auf die Willensbildung in den Verbänden zu erkennen.[623] Andere Sparkassengesetze wiederum verbieten diese Ämterhäufung ausdrücklich und verhindern eine derartige Konzentration.[624] Im saarländischen Verband ist der Verbandsvorsteher darüber hinaus zur Teilnahme an allen Verwaltungsrats- und Kreditausschusssitzungen der Mitgliedssparkassen berechtigt. Er kann den Verbandsgeschäftsführer und Leiter der Prüfungsstelle hinzuziehen und ist berechtigt, in diesen Sitzungen das Wort zu ergreifen.[625]

Darüber hinaus vertritt das geschäftsleitende Organ den Verband regelmäßig in den Organen und Gremien aller oder einzelner Unternehmen, bei denen der Verband Träger ist oder in deren Gremien der Verband nach den jeweiligen Satzungen Vertreter entsendet.[626] Ferner vertritt es neben den Landesobmännern der Regionalverbände den Verband im Gemeinsamen Ausschuss des DSGV e.V., der auf Grundlage der Satzung über den überregionalen Ausgleich der Sparkassenstützungsfonds eingerichtet wurde und der Gewährung von Mitteln zum überregionalen Ausgleich der regionalen Stützungsfonds zustimmen muss.[627]

Während das geschäftsleitende Organ in einigen Verbänden zugleich der Leiter der Geschäftsstelle ist[628], wird das geschäftsleitende Organ in anderen Verbänden durch einen oder mehrere Verbandsgeschäftsführer unterstützt. Als Leiter der Geschäftsstelle erledigt dieser zusammen mit den Mitarbeitern der Geschäftsstelle die laufenden Geschäfte der Verbandsverwaltung sowie die ihm durch den Verbandsvorsteher nach Maßgabe der Geschäftsanweisung im Rahmen des Geschäftsverteilungsplans oder im

---

622 § 18 Abs. 3 S-SVBW; § 15 Abs. 2 S-SVSaar.

623 *Kuhr,* Kommunale Sparkassen in der Bundesrepublik Deutschland, S. 123.

624 § 35 Abs. 2 S. 1 SpkG NRW; § 25 Abs. 4 SpkG RP; § 36 Abs. 1 SpkG SH. Er nimmt aber in diesen Fällen entweder als Mitglied (§ 5 Abs. 1, § 8 Abs. 1 S-RSGV; § 11 Abs. 1, § 14 Abs. 1 S-SGVSH) oder mit beratender Stimme an den Sitzungen der Organe teil (§ 20 Abs. 2 S-SVRP).

625 § 15 Abs. 5 S-SVSaar.

626 § 23 Abs. 4, § 24 Abs. 3S-SVBW: Vorsitzender des Verwaltungsrats der LBS und der LBBW und seiner Ausschüsse; § 22 Abs. 2 S-SGVHT: wird in alle Gremien entsandt.

627 § 2 S. 1, § 7 S. 1 Satzung für den überregionalen Ausgleich der Sparkassenstützungsfonds.

628 Im bayerischen und im hessisch-thüringischen Verband leitet der geschäftsführende Präsident bzw. das geschäftsführende Vorstandsmitglied die Geschäftsstelle, § 9 Abs. 2 S-SVB, § 25 Abs. 1 S-SGVHT.

Einzelfall zugewiesene Angelegenheiten.[629] Der Verbandsgeschäftsführer ist in diesen Verbänden kein eigenständiges Organ, sondern als leitender Angestellter des Verbands Teil der Geschäftsführung. Darüber hinaus kann der Verbandsgeschäftsführer Mitarbeiter des Verbands mit einzelnen Angelegenheiten oder bestimmten Aufgabenbereichen beauftragen.[630]

Der Verbandsvorsteher wird grundsätzlich durch den Verbandsvorstand bestellt und angestellt.[631] Lediglich im baden-württembergischen Verband wird der Verbandsgeschäftsführer von der Verbandsversammlung gewählt. Die Anstellung obliegt sodann dem Vorstand.[632]

2. Aufgaben

Die Aufgaben des geschäftsleitenden Organs bestehen in der Leitung der Geschäfte des Verbands und in der Durchführung der Beschlüsse der anderen Organe, soweit diese nicht ausdrücklich einem anderen Verbandsorgan zugewiesen sind.[633] Ferner hat dieses Organ die Weisungsbefugnis inne, führt die unmittelbare Aufsicht über den Geschäftsbetrieb aus und sorgt für die Einhaltung der Dienst- und Geschäftsanweisungen.[634] Regelmäßig ist dieses Organ Dienstvorgesetzter der Bediensteten.[635] Damit ist das geschäftsleitende Organ für die abschließende Erledigung personeller Angelegenheiten zuständig, soweit sie nicht dem verwaltungsleitenden Organ zugewiesen sind, wie bspw. bei den Anstellungsverträgen der leitenden Angestellten des Verbands. Überwiegend steht dem geschäftsleitenden Organ auch die Entscheidungsbefugnis in solchen Angelegenheiten zu, die keinem anderen Organ zugewiesen wurden.[636] Ferner kann der Verbandsvor-

629 § 18 Abs. 2, 19 S-SVBW; § 22 Abs. 3 S-SGVHT; § 18 Abs. 4 S-SVN; § 16 Abs. 1 S-RSGV; 21 Abs. 2 S-SVRP; § 17 Abs. 2 S-SVSaar; § 21 Abs. 2 S-SGVSH.

630 § 18 Abs. 2 S-SVBW; § 19 Abs. 3 S-SVN; § 14 Abs. 5 S-SVWL.

631 § 16 Abs. 1 lit. e) S-SVN; § 9 Abs. 2 lit. c) S-RSGV § 21 Abs. 2 S. 3 S-SVRP; § 12 Abs. 2 Nr. 8 S-SVSaar; § 16 Abs. 1 Nr. 4 S-SGVSH.

632 § 19 Abs. 2 S. 1 S-SVBW.

633 § 18 Abs. 3 S-SVBW; § 16 Abs. 1 S-OSV; § 25 Abs. 4 S-SVRP; § 15 Abs. 2 S-SVSaar; § 19 Abs. 1 S-SGVSH.

634 § 18 Abs. 5 S-SVBW; § 20 Abs. 2 S-SVRP; § 18 Abs. 1 S-SVN; § 14 Abs. 2 S-SVWL; § 20 Abs. 3 S-SVRP.

635 § 22 Abs. 2 S-SVBW; § 9 Abs. 3 S-SVB; § 18 Abs. 3 S-SVN; § 16 Abs. 1 S-OSV; § 20 Abs. 3 S-SVRP; § 15 Abs. 3 S-SVSaar; § 19 Abs. 4 S-SGVSH; § 14 Abs. 2 S-SVWL.

636 Zur Auffangzuständigkeit: § 18 Abs. 1 S. 2, § 22 Abs. 2 S-SVBW; § 18 Abs. 1 S. 1 S-SVN; § 15 Abs. 2 S. 2 S-OSV; § 14 Abs. 1 S. 1 S-RSGV; § 20 Abs. 3 Nr. 1 S-SVRP; § 19 Abs. 1 S. 1 S-SGVSH; § 14 Abs. 2 S. 1 S-SVWL.

steher dem Verbandsvorstand Angelegenheiten zur Entscheidung übertragen.[637] Im baden-württembergischen und im schleswig-holsteinischen Verband hat der Verbandsvorsteher ferner ein Eilentscheidungsrecht in Bezug auf Beschlüsse des Verbandsvorstands.[638]

Das geschäftsleitende Organ muss das verwaltungsleitende Organ über wichtige Verbandsangelegenheiten informieren. Ferner ist es in Bezug auf die getroffenen Entscheidungen nach den meisten Satzungen gegenüber dem verwaltungsleitenden Organ rechenschaftspflichtig.[639]

Das geschäftsleitende Organ vertritt den Verband regelmäßig gerichtlich und außergerichtlich.[640] Im Hessisch-Thüringischen Verband hat das geschäftsleitende Organ lediglich in laufenden Geschäftsangelegenheiten das Recht zur Vertretung des Verbands. In allen anderen Angelegenheiten wird der Verband durch den Vorstand und dieser durch den Verbandsvorsitzenden vertreten.[641] Das Zeichnungsrecht kann nach den meisten Satzungen an Mitarbeiter übertragen werden.[642]

Besondere Regelungen bestehen zum Teil für Verpflichtungserklärungen. Während Verpflichtungserklärungen nach der Satzung des rheinischen Verbands der Schriftform bedürfen[643], sind sie im hessisch-thüringischen Verband generell nur dann verbindlich, wenn sie vom Verbandsvorsitzenden und vom geschäftsführenden Vorstandsmitglied unterschrieben werden.[644]

637 § 16 Abs. 1 lit. p) S-SVN; § 12 Abs. 2 lit. s) S-OSV; § 9 Abs. 1 S-RSGV; § 12 Abs. 2 Nr. 14 S-SVSaar; § 16 Abs. 1 Nr. 13 S-SGVSH; § 9 Abs. 3 lit. e) S-SVWL.

638 § 18 Abs. 4 S-SVBW; § 19 Abs. 2 S-SGVSH.

639 § 15 Abs. 3 S-SGVHT; § 18 Abs. 1 S. 2 S-SVN; § 14 Abs. 1 S. 2 S-RSGV; § 14 Abs. 1 S. 1, Abs. 2 S-SVRP; § 15 Abs. 2 S. 3 S-SVSaar; § 19 Abs. 1 S. 3, Abs. 2 S-SGVSH; § 9 Abs. 2 lit. b), § 14 Abs. 3 S-SVWL; § 15 Abs. 2 S. 2, § 16 Abs. 2 S-OSV. Im Übrigen wird auf die allgemeine Auskunftspflicht gegenüber der Verbandsversammlung in Bezug auf wichtige Angelegenheiten verwiesen: § 19 Abs. 2 SVBW; § 9 Abs. 2 SVSaar; § 13 Abs. 2 SGVSH.

640 § 18 Abs. 1 S. 1 S-SVBW; § 19 Abs. 1 S-SVN; § 16 Abs. 1 S-OSV; § 14 Abs. 3 S-RSGV; § 20 Abs. 3 Nr. 4 S-SVRP; § 16 SVSaar; § 20 Abs. 1 S-SGVSH. Der bayerische Sparkassenverband wird wegen der zweigliedrigen Organstruktur gerichtlich und außergerichtlich durch den geschäftsführenden Präsidenten vertreten. Dies gilt jedoch nicht für Angelegenheiten der Bezirksverbände. In diesen wird der Verband durch den Bezirksverbandsvorsitzenden vertreten, § 5 Abs. 1 S-SVB.

641 § 23 Abs. 1 S-SGVHT.

642 § 18 Abs. 1 S-SVBW; § 23 Abs. 1 S-SGVHT § 19 Abs. 1 S-SVN; § 14 Abs. 3 S-RSGV; § 20 Abs. 3 Nr. 3, 4 S-SVRP; § 16 S-SVSaar; § 20 Abs. 1 S-SGVSH; § 16 Abs. 1 S-OSV.

643 § 14 Abs. 4 S-RSGV.

644 § 23 Abs. 2 S-SGVHT.

Nach anderen Satzungen müssen lediglich Verpflichtungserklärungen, die Beschlüsse des Vorstands umsetzen, vom Vorsitzenden oder einem weiteren Mitglied des Vorstands gegengezeichnet werden.[645] Ferner sind spezielle Regelungen für Rechtsgeschäfte mit dem Verbandsvorsteher zu finden, die dieser mit sich selbst abschließen müsste (Insichgeschäft gem. § 181 BGB). In diesen Fällen vertreten nach einigen Satzungen der Vorsitzende und ein weiteres Mitglied des Verbandsvorstands den Verband.[646] In den anderen Verbänden muss der Stellvertreter anstelle des Verbandsvorstehers handeln, sofern dem Verbandsvorsteher nicht ausdrücklich der Abschluss dieser Geschäfte gestattet ist.

Sofern die satzungsrechtlichen »Formvorschriften« und die Regelungen über die gemeinschaftliche Vertretung bei Verpflichtungsgeschäften nicht eingehalten werden, stellt sich – ähnlich wie bei den teilweise vergleichbaren Regelungen der Gemeindeordnungen über die Vertretung der Gemeinden bei Verpflichtungsgeschäften[647] – die Frage nach den Rechtsfolgen. Verstöße gegen die satzungsrechtlich angeordnete gemeinschaftliche Vertretung führen stets zur schwebenden Unwirksamkeit des Geschäfts nach den §§ 177 ff. BGB. Dies gilt unabhängig davon, ob es sich um privatrechtliche oder öffentlich-rechtliche Rechtsgeschäfte handelt. Verstöße gegen die satzungsrechtlich vorgeschriebene Schriftform führen bei öffentlich-rechtlichen Verträgen gem. § 59 Abs. 1 VwVfG i. V. m. § 125 BGB sowie bei sonstigen öffentlich-rechtlichen Verpflichtungserklärungen in entsprechender Anwendung des § 125 S. 1 BGB zur Nichtigkeit[648], da von § 125 BGB auch Satzungsregelungen erfasst werden.[649] Bei privatrechtlichen Verpflichtungserklärungen hingegen führen Verstöße gegen die satzungsrechtlich vorgeschriebene Schriftform nur dann gem. § 125 S. 1 BGB zur Nichtigkeit, wenn dem Landesgesetzgeber die Kompetenz zum Erlass von privatrechtlichen Formvorschriften zusteht, arg. ex Art. 55 EGBGB. Sofern dies nicht der Fall ist, sind die Formvorschriften als Teil der Zuständigkeits- und Vertretungsregelungen anzusehen, so dass deren Nichtbeachtung zur Anwendung der §§ 177 ff. BGB führt.[650] Grundsätzlich fehlt den Ländern

---

645 §19 Abs. 1 S-SVN; § 16 Abs. 3 S-OSV; § 20 Abs. 1 S-SGVSH.

646 § 14 Abs. 3 S-RSGV.

647 *Gern,* Deutsches Kommunalrecht, Rn. 370 m. w. N.

648 *OVG Lüneburg,* Urt. v. 28.04.2005 – 1 LB 270/02 –; *OVG Koblenz,* Urt. v. 17.12.1997 – 8 A 12998/96 –, in: NVwZ 1998, 655.

649 Art. 2 EGBGB bestimmt, dass Gesetz im Sinne des Bürgerlichen Gesetzbuchs jede Rechtsnorm ist, also auch Satzungsrecht.

650 *BGH,* Urt. v. 10.05.2001 – III ZR 111/99 –, in: NJW 2001, 2626.

die Kompetenz zum Erlass derartiger Formvorschriften. Gem. Art. 99 EGBGB können die Länder jedoch im Bereich des öffentlichen Sparkassenwesens von den Vorschriften des Bürgerlichen Gesetzbuches abweichende Vorschriften schaffen.

3. Demokratische Legitimation

Eine hinreichende personelle demokratische Legitimation ist sowohl im Falle der Wahl durch die Verbandsversammlung als auch im Falle der Bestellung durch den Verbandsvorstand gegeben, da diese Organe ihrerseits demokratisch legitimiert sind.[651]

II. Kollegialorgan

1. Binnenorganisation

Der Sparkassenverband Westfalen-Lippe hat von dem im Sparkassengesetz eingeräumten Wahlrecht, statt eines Einzelorgans ein Kollegialorgan einzusetzen, Gebrauch gemacht. Das geschäftsleitende Kollegialorgan führt die Bezeichnung »Verbandsvorstand«, die Bezeichnung des verwaltungsleitenden Organs änderte sich in »Verbandsverwaltungsrat«.[652]

Der Verbandsvorstand besteht aus zwei Mitgliedern, dem Vorsitzenden des Vorstands, der die Bezeichnung »Präsident« führt, und dem weiteren Mitglied des Vorstands, das die Bezeichnung »Vizepräsident« führt. Die ordentlichen Mitglieder des Vorstands werden für fünf Jahre von der Verbandsversammlung gewählt.[653] Aus wichtigem Grund kann die Bestellung widerrufen werden. Der Widerruf bleibt bei einem Streit über die Wirksamkeit solange unwirksam, bis rechtskräftig darüber entschieden wurde. Für die ordentlichen Mitglieder können Stellvertreter gewählt werden, die vom Verbandsverwaltungsrat zu bestellen sind.[654] Die ordentlichen Mitglieder sind im Hauptamt anzustellen. Die Regelungen über die Anstellungsbedingungen trifft der Verbandsverwaltungsrat. Gem. § 35 Abs. 5 SpkG NRW sind die im Geschäftsjahr gewährten Bezüge jedes einzelnen Mitglieds des Verbandsvorstands an geeigneter Stelle zu veröffentlichen.

---

651 Vgl. § 9 A. IV. und § 9 B. V.

652 § 38 Abs. 1 S. 1 SpkG BW; § 35 Abs. 2 SpkG NRW.

653 § 6 Abs. 2 lit. c) S-SVWL.

654 § 13 S-SVWL.

Betrachtet man die Geschäftsführungssituation vor und nach der Schaffung des Kollegialorgans, stellt man fest, dass die Schaffung des Kollegialorgans eine Zusammenführung der Kompetenzen des ehemaligen Verbandsvorstehers und des ehemaligen Verbandsgeschäftsführers beinhaltet. Die Willensbildung hat sich jedoch grundlegend geändert. Während der Verbandsgeschäftsführer früher den Weisungen des Vorstehers unterstand, ist nunmehr im Konfliktfall Einstimmigkeit zwischen den Akteuren der Geschäftsführung erforderlich.

2. Aufgabe

Der Verbandsvorstand hat die Aufgabe, den Verband nach Maßgabe des geltenden Rechts zu leiten. Die Mitglieder des Vorstands leiten die Geschäftsstelle nach Maßgabe des vom Vorsitzenden zu erlassenen Geschäftsverteilungsplans. Er ist zur Übertragung seiner Befugnisse für bestimmte Geschäftsbereiche berechtigt. In den Bereichen, die der Verbandsversammlung oder dem Verwaltungsrat zugewiesen sind, ist der Vorstand an die gefassten Beschlüsse gebunden. Im Übrigen entscheidet der Vorstand in allen nicht der Verbandsversammlung und dem Verbandsverwaltungsrat vorbehaltenen Angelegenheiten. Ferner ist er verpflichtet, den Verwaltungsrat bzw. die Verbandsversammlung über alle wichtigen Angelegenheiten zu informieren.[655]

Ferner vertritt der Vorstand den Verband durch zwei seiner Mitglieder. Die stellvertretenden Mitglieder stehen den ordentlichen Mitgliedern gleich.[656] Bei Rechtsgeschäften mit einem ordentlichen Mitglied des Verbandsvorstands wird der Verband durch das vorsitzende Mitglied und ein weiteres Mitglied des Verwaltungsrats vertreten.[657]

3. Entscheidungsverfahren

Der Verbandsvorstand tritt regelmäßig zu Sitzungen zusammen. Die Beschlüsse bedürfen der Mehrheit der abgegebenen Stimmen. Sofern stellvertretende Mitglieder bestellt wurden, nehmen diese mit beratender Stimme teil.[658] Da der Vorstand nur aus zwei ordentlichen Mitgliedern mit gleichem

655 §§ 14, 18 Abs. 1 S-SVWL.
656 § 15 Abs. 1 S-SVWL.
657 § 15 Abs. 2 S-SVWL.
658 § 14a S-SVWL.

Stimmrecht besteht, führt die Regelung dazu, dass Einstimmigkeit erforderlich ist.

4. Demokratische Legitimation

Der Verbandsvorstand verfügt über eine hinreichende demokratische Legitimation. Eine ununterbrochene Legitimationskette ist gegeben. Die Mitglieder werden von der Verbandsversammlung gewählt, die im Sparkassenverband Westfalen-Lippe ausschließlich aus seinerseits hinreichend personell demokratisch legitimierten Mitgliedern besteht.

D. Sonderfall bayerischer Sparkassenverband

Die Satzung des bayerischen Sparkassenverbands sieht eine zweigliedrige Organstruktur vor. Neben der Verbandsversammlung als Repräsentativorgan besteht als zweites Organ der Verbandsvorstand.[659] Dieser vereint die Funktionen eines verwaltungsleitenden und eines geschäftsleitenden Organs, wobei der Vollzug der Beschlüsse der Verbandsversammlung, des Vorstands und seiner Ausschüsse innerhalb des Verbandsvorstands dem zweiten Verbandsvorsitzenden, dem geschäftsführenden Präsidenten, obliegen.[660] Er ist zugleich hauptamtlicher Leiter der Geschäftsstelle.[661] Er vertritt den Verband mit Ausnahme der Angelegenheiten der Bezirksverbände und bestimmten Angelegenheiten der Prüfungsstelle gerichtlich und außergerichtlich.[662] Insofern ist auch im bayerischen Verband eine Trennung nach verwaltungsleitenden und geschäftsleitenden Aufgaben vorzufinden. Diese Aufgabentrennung wird jedoch nicht organisatorisch durch die Zuweisung an unterschiedliche Organe manifestiert, sondern diese Aufgaben werden innerhalb eines Organs verschiedenen Organmitgliedern zugewiesen. Der geschäftsführende Präsident ist somit in seiner Stellung – abgesehen von der Eigenschaft als drittes Organ – mit den geschäftsleitenden Organen der anderen Verbände vergleichbar. Insbesondere ist es auch diesen Verbänden nicht fremd, dass das geschäftsleitende Organ Teil des verwaltungsleitenden Organs ist.

---

659 Zur Binnenorganisation des bayerischen Verbandsvorstands § 9 B. I., zu den verwaltungsleitenden Aufgaben § 9 B. II. und zum Entscheidungsverfahren § 9 B. III.

660 § 5 Abs. 1 S. 1 S-SVB; § 19 Abs. 1 Nr. 3 S-SVB.

661 § 9 Abs. 2 S-SVB; § 18 Abs. 3 Nr. 3 S-SVB.

662 § 5 S-SVB.

§ 10 Einrichtungen, Arbeitsgemeinschaften und Ausschüsse der Verbände

Die Verbände unterhalten zum Zwecke der Erfüllung ihrer Aufgaben durch die Satzung vorgeschriebene Einrichtungen. Die Satzungen gestatten es darüber hinaus, weitere, nicht näher bezeichnete Einrichtungen zu schaffen.[663] Die Mitglieder haben aus dem Mitgliedschaftsverhältnis einen Anspruch auf Benutzung der Einrichtungen des Verbands im Rahmen der für sie geltenden Regelungen.

Zu den Einrichtungen zählen neben der Geschäftsstelle und der Prüfungsstelle die Sparkassenakademie sowie die Arbeitsgemeinschaften und Ausschüsse der Vertreter der kommunalen Träger und der Sparkassen. Zu den Einrichtungen sind ferner die Sparkassenstützungsfonds und die Reservefonds zu zählen.

A. Geschäftsstelle

Die Geschäftsstelle erledigt die laufenden Geschäfte des Verbands, soweit nicht die Prüfungsstelle oder die Organe des Verbands zuständig sind.[664] Dazu gehören insbesondere die Beratung der Sparkassen in ihren Angelegenheiten und die Abgabe gutachtlicher Stellungnahmen gegenüber den Aufsichtsbehörden. Zum Teil sind die Geschäftsstellen darüber hinaus für die Aus- und Fortbildung der Mitarbeiter in der Sparkassenorganisation zuständig. In diesem Fall unterhalten sie eine Sparkassenakademie als Einrichtung der Geschäftsstelle.[665] Im bayerischen Verband gehört die Vorbereitung der Beschlüsse der Verbandsversammlung, des Vorstands und der Ausschüsse ebenfalls zu den Aufgaben der Geschäftsstelle.[666] Die Bearbeitung der Angelegenheiten erfolgt nach den Geschäftsanweisungen und Beschlüssen der Organe sowie den Weisungen des geschäftsleitenden Organs. Die Geschäftsstelle wird entweder durch den Verbandsgeschäfts-

---

663 Vgl. § 7 S-SVBW; § 3 Abs. 2 Nr. 7 S-SVB; § 9 S-SGVHT; § 6 S-SVN; § 3 Abs. 2 S-OSV; § 2 Abs. 2 S-RSGV; § 8 Abs. 2 S-SVRP; § 4 Abs. 5 S-SVSaar; § 7 S-SGVSH; § 2 Abs. 5 S-SVWL.

664 § 9 S-SVB; § 25 S-SGVHT; § 7 Abs. 1 S-SVN; § 19 S-OSV; § 16 S-RSGV; § 21 S-SVRP; § 17 Abs. 2 S-SVSaar; § 21 Abs. 2 S-SGVSH; § 18 S-SVWL.

665 § 9 Abs. 1 S-SVB; § 25 Abs. 2 S-SGVHT; zur Sparkassenakademie § 10 C.

666 § 9 Abs. 1 S-SVB.

führer[667] oder durch das geschäftsleitende Organ, in Bayern durch den geschäftsführenden Präsidenten[668] geleitet. Innerhalb der Geschäftsstelle werden Abteilungen, Ressorts, Dezernate oder Kompetenzcenter für bestimmte Bereiche gebildet, denen jeweils leitende Angestellte vorstehen.

B. Prüfungsstelle

I. Organisation der Prüfungsstellen

Die Sparkassenverbände sind nach den Sparkassengesetzen verpflichtet, zur Wahrnehmung des Prüfungsauftrags Prüfungsstellen zu errichten. Die Prüfungsstellen müssen sich als Abschlussprüfer registrieren und in das Register für Prüfungsstellen der Sparkassenverbände nach § 40a WPO eintragen lassen. Sie können gem. § 58 Abs. 2 S. 1 WPO i. V. m. § 2 Abs. 2 S. 1 der Satzung der Wirtschaftsprüferkammer freiwillig Mitglieder der Wirtschaftsprüferkammer werden.

Die Prüfungsstellen sind monokratisch organisiert. Sie werden von einem Prüfungsstellenleiter geleitet, der Wirtschaftsprüfer sein muss und der regelmäßig durch das verwaltungsleitende Organ mit einfacher Mehrheit bestellt wird. Lediglich die bayerische Satzung sieht für die Bestellung und die Abberufung eine Zweidrittelmehrheit vor. Im hessisch-thüringischen Verband bestellt der Verbandsvorsitzende, im niedersächsischen Verband der Verbandsvorsteher jeweils nach Anhörung des verwaltungsleitenden Organs den Leiter.[669] Ferner bedürfen Bestellung und Abberufung des Leiters und des Stellvertreters in den meisten Ländern der Zustimmung der

667 § 19 S-SVBW; § 16 Abs. 1 S-RSGV; § 21 Abs. 2 S-SVRP; § 17 Abs. 2 S-SVSaar; § 21 Abs. 2 S-SGVSH.

668 § 9 Abs. 2 S-SVB.

669 § 18 Abs. 3 Nr. 7a S-SVB (durch Verbandsvorstand mit Zweidrittelmehrheit erforderlich); § 15 Abs. 2 Nr. 13 S-SGVHT (Leiter wird vom Verbandsvorsitzenden nach Anhörung des Verwaltungsrats bestellt); § 16 Abs. 1 lit e) S-SVN (Leiter wird vom Verbandsvorsteher nach Anhörung des Verbandsvorstands bestellt); jeweils vom verwaltungsleitenden Organ mit einfacher Mehrheit: § 12 Abs. 2 lit. b) S-OSV; § 9 Abs. 2 S-RSGV; § 14 Abs. 1 Nr. 10 S-SGVRhPf; § 42 Abs. 2 S. 4 SpkG Saar; § 16 Abs. 1 Nr. 4 S-SGVSH; § 9 Abs. 2 lit. f) S-SVWL.

Rechtsaufsichtbehörde.[670] Der Prüfungsstellenleiter ist Fachvorgesetzter der Mitarbeiter der Prüfungsstelle.

II. Unabhängigkeit der Prüfungsstellen

Die Prüfungsstellen nehmen in der Verbandsorganisation eine Sonderstellung ein. Sie sind in den Verband als Einrichtung organisatorisch eingegliedert. Im Gegensatz zu den anderen Einrichtungen sind sie bei der Durchführung der Prüfungen jedoch von den Organen des Verbands funktionell unabhängig und fachlich weisungsfrei.[671] Hintergrund dieser weitgehenden Unabhängigkeit ist die Regelung des § 340k Abs. 3 HGB und deren Umsetzung in den Sparkassengesetzen und Satzungen. Das HGB schreibt vor, dass für die Abschlussprüfung durch die Prüfungsstellen der Sparkassenverbände »sichergestellt sein [muss], dass der Abschlussprüfer die Prüfung unabhängig von den Weisungen der Organe des Sparkassen- und Giroverbands durchführen kann.« Es soll sichergestellt sein, dass Art, Umfang und das Ergebnis der Prüfungen aufgrund eines unabhängigen Prüfungsvorgangs gewonnen wird.

In Umsetzung dieser Vorgaben gewähren die Sparkassengesetze und die Satzungen den Prüfungsstellen eine Freiheit von fachlichen Weisungen der Organe des Verbands. Der Prüfungsauftrag ist durch die Prüfungsstellen in eigener Verantwortung und unabhängig von Weisungen der Organe des Sparkassenverbands durchzuführen.[672] Auch die Satzungen sehen eine fachliche Weisungsfreiheit vor, indem sie entweder die Weisungsfreiheit ausdrücklich auf die »Durchführung« oder die »Ausübung der Prüfungstätigkeit« beschränken oder aber ausschließlich Weisungen der Organe untersagen, die sich auf den »Umfang, die Art und Weise oder das Ergebnis der Prüfungen« beziehen. Im Übrigen bleiben die Befugnisse der Organe

---

670 § 36a Abs. 1 SpkG BW; Art. 22 Abs. 2 S. 2 BaySpkG (gem. § 18 Abs. 3 Nr. 7a S-SVB mit Zweidrittelmehrheit des Vorstands); Art. 1 Abs. 4 S. 3 StVHT: Nur die Abberufung bedarf der Zustimmung; § 2 Abs. 5 S. 6 StVOSV; § 25 Abs. 3 S. 2 SpkG RP; § 42 Abs. 2 S. 4 SpkG Saar; § 35 Abs. 3 S. 3 SpkG SH. In Niedersachsen und Nordrhein-Westfalen bestehen keine Vorgaben durch die Sparkassengesetze.

671 Lediglich die bayerische Verbandssatzung bestimmt, dass die Prüfungsstelle des SVB organisatorisch selbstständig ist (§ 22 Abs. 2 S-SVB).

672 § 36a Abs. 2 S. 1 SpkG BW; § 22 Abs. 2 BaySpkG; § 29 Abs. 3 Nr. 4 NdsSpkG; § 33 SpkG NRW; § 25 Abs. 3 S. 3 SpkGRP; § 42 Abs. 3 SpkG Saar; § 35 Abs. 3 S. 4 SpkG SH; § 2 Abs. 5 StVOSV; Art 1 Abs. 4 S. 2 StVHT.

jedoch unberührt.[673] Da sich die Fachweisungsfreiheit stets nur auf die Organe des Verbands bezieht, bleibt das Recht des Prüfungsstellenleiters, als Fachvorgesetzter sowohl fachliche als auch organisatorische Anweisungen innerhalb der Prüfungsstelle zu erteilen, bestehen.

Folglich gilt die Fachweisungsfreiheit im Verhältnis zwischen Prüfungsstelle und Verband nur für die Wahrnehmung der gesetzlichen oder von der Rechtsaufsichtsbehörde angeordneten Prüfungen oder Aufträge der Sparkassen an die Prüfungsstelle. In Fragen der organisatorischen Einordnung in den Verband und soweit Aufgaben wahrgenommen werden, bei denen die Prüfungsstelle nicht in ihrer Eigenschaft als Prüfungseinrichtung tätig wird, besteht hingegen eine Weisungsbindung des Leiters der Prüfungsstelle an Weisungen der Organe.[674]

III. Aufgaben der Prüfungsstellen

Es ist die Aufgabe der Prüfungsstellen, gesetzlich vorgeschriebene und aufsichtsrechtlich angeordnete Prüfungen bei den Mitgliedssparkassen sowie Prüfungen im Auftrag der Sparkassen durchzuführen.[675] Zu den durchzuführenden Prüfungen zählt insbesondere die Prüfung des Jahresabschlusses und des Geschäftsberichts einschließlich des Lageberichts nach § 340k HGB.[676] Das Ziel der Prüfungen liegt sparkassenaufsichtsrechtlich zum einen in der Prüfung der rechtskonformen Abwicklung der Geschäfte und in der Aufdeckung von Fehlern und Mängeln. Daneben sollen präventive Anregungen zur Verbesserung geben werden. Das finanzaufsichtsrechtliche Ziel gem. § 29 KWG liegt in der Prüfung der wirtschaftlichen Verhältnisse und der Beurteilung der wirtschaftlichen Gesamtsituation der Sparkassen.[677]

---

673 § 21 Abs. 3 S-SVBW; § 10 Abs. 2 S-SVB; § 26 Abs. 2 S. 2 S-SGVHT; § 7 Abs. 2 S. 2 S-SVN; § 20 Abs. 1 S. 1 S-OSV; § 17 Abs. 3 S-RSGV; § 22 Abs. 1 S-SVRP; § 17 Abs. 3 S-SVSaar; § 21 Abs. 3 S-SGVSH; § 19 Abs. 3 S-SVWL.

674 *Klüpfel u. a.*, SpkG BW, § 36, Anm. II. 2.

675 Zum historischen Hintergrund der Übertragung der Prüfungsaufgaben auf die Verbände: § 2 A.

676 Die Sparkassengesetze sehen alternativ zur Jahresabschlussprüfung durch die Verbände zum Teil die Beauftragung eines öffentlich bestellten Wirtschaftsprüfers vor. Diese Alternative erlangte in der Praxis bisher keine Bedeutung.

677 *Winter,* in: Boos/Fischer/Schulte-Mattler, Kreditwesengesetz, § 29, Rn. 5.

Neben die gesetzlichen Prüfungen treten unvermutete Sonderprüfungen im Auftrag der Sparkassenaufsichtsbehörde oder Prüfungen aus Anlass von Unregelmäßigkeiten.

Die Prüfungsstellen führen ferner unvermutete Prüfungen im Auftrag der BaFin gem. § 44 Abs. 1 S. 2 KWG durch. Diese Prüfungen haben im Unterschied zur Abschlussprüfung einen konkret definierten Prüfungsauftrag, in dem die zu prüfenden Geschäftsbereiche, Einzelgeschäfte, Vorgänge, Tatsachen oder Verhältnisse durch eine Prüfungsanordnung gegenüber dem zu prüfenden Institut und im Prüfungsauftrag an die beauftragte Stelle vorgegeben werden.[678] Sie können ohne konkreten Anlass in Auftrag gegeben werden. Beschränkt wird das Prüfungsrecht lediglich durch die Verfolgung aufsichtsrechtlich zulässiger Ziele sowie den Grundsatz der Verhältnismäßigkeit. Die eingesetzten Mittel müssen somit zur Erreichung der aufsichtsrechtlich relevanten Ziele geeignet und erforderlich sein und dürfen nicht gegen das Übermaßverbot verstoßen.[679]

Einen weiteren Komplex der Prüfungen bilden die Prüfungen im Auftrag der Mitgliedssparkassen. Dabei handelt es sich nicht um aufsichtsrechtliche Prüfungen, sondern um Organisationsprüfungen und sonstige Prüfungen, die durch den Verwaltungsrat der Sparkassen im Rahmen der gesetzlichen Überwachungsfunktion veranlasst werden können.

Bei den Prüfungen sind die Prüfungsstellen an die für Wirtschaftsprüfungsgesellschaften geltenden Berufsgrundsätze gebunden und müssen unter Beachtung der für Wirtschaftsprüfungsgesellschaften geltenden Prüfungsstandards[680] sowie ergänzenden Verwaltungsvorschriften bzw. Runderlasse[681] der aufsichtführenden Ministerien prüfen.[682]

678 *Braun,* in: Boos/Fischer/Schulte-Mattler, Kreditwesengesetz, § 44, Rn. 23 ff.

679 Zum Ganzen *Braun,* in: Boos/Fischer/Schulte-Mattler, Kreditwesengesetz, § 44, Rn. 42.

680 Die maßgeblichen Grundlagen für die Ausübung der Prüfungstätigkeit bilden das Gesetz über eine Berufsordnung der Wirtschaftsprüfer (Wirtschaftsprüferordnung (WPO)), die Richtlinien für die Berufsausübung der Wirtschaftsprüfer und vereidigten Buchprüfer sowie die Fachgutachten und Stellungnahmen der Fachausschüsse des Instituts der Wirtschaftsprüfer auf dem Gebiet der Rechnungslegung und Prüfung.

681 Dies sind: Verwaltungsvorschrift des Innenministeriums über die Prüfung der öffentlich-rechtlichen Sparkassen vom 7.5.2007; Bekanntmachung des Staatsministeriums des Innern vom 1.3.1976 in der Fassung der Bekanntmachung Nr. I B 1 – 3062 – 9/5 v. 25.5.1988 (AllMBl 1988, S. 377); Erl. des hessischen Ministeriums für Wirtschaft, Verkehr und Landesentwicklung v. 31.10.1996 – III b 21 – 38 h 08.175 – Gült.-Verz. 54 – (StAnz. 1996, S. 4200); Runderl. des niedersächsischen

Die Prüfungsstellen unterliegen bei den Prüfungen den besonderen Prüferpflichten gegenüber der BaFin gem. § 29 KWG[683]. Während des Prüfungsvorgangs bestehen gem. § 29 Abs. 3 KWG unverzügliche Meldepflichten an die BaFin sowie die Deutsche Bundesbank. Diese bestehen dann, wenn bei einer Prüfung Tatsachen aufgefallen sind, die die Einschränkung oder Versagung des Bestätigungsvermerks rechtfertigen, den Bestand des Instituts gefährden oder dessen Entwicklung wesentlich beeinträchtigen sowie bei Verstößen gegen KWG-rechtliche Zulassungsvoraussetzungen oder bei schwerwiegenden Verstößen des Geschäftsleiters. Sinn und Zweck der unverzüglichen Berichterstattungspflicht noch vor Abschluss der Prüfung ist eine frühzeitige Information der Bankenaufsicht über drohende Gefahren oder Missstände und eine umgehende Entscheidungsermöglichung

---

Ministeriums für Finanzen v. 27.6.1996 (NdS. MBl 1996, S. 1233); Runderl. des nordrhein-westfälischen Finanzministeriums v. 12.12.1996 – SK 10 – 05 2.10 III B 2 (NW MBl 1996, S. 415); Erl. des Mininsters für Wirtschaft, Verkehr und Landwirtschaft v. 16.10.1969 – II B/2-326/69-Re/Ro – i. d. f. der Anordnung des Mininsters für Wirtschaft v. 8.12.1987 – C/5-286/87-Bec/Ro –; Runderl. der Innenministeriums v. 8.12.2008 – IV 309 – 164.263.01 – (Amtsbl. SH S. 1171); Runderl. des Ministers der Finanzen v. 27.6.1991 (Abl. f. Brandenburg 1991, S. 405). Sächsische Sparkassenprüfungsverordnung vom 1.9.2003 (GVBl S. 388). Darin sind vor allem konkretisierende Regelungen zum Inhalt und Aufbau der Prüfberichte, zur Prüfungsfeststellung, Schlussbesprechung und Übersendung der Prüfberichte geregelt.

682 § 36a SpkG BW, § 21 S-SVBW; § 10 S-SVB; § 2 Abs. 5 StVHT, § 26 S-SGVHT; § 7 S-SVN; § 20 S-OSV; § 17 S-RSGV; § 22 S-SVRP; § 42 Abs. 2 SpkGSaar, § 17 Abs. 3 S-SVSaar; § 35 Abs. 3 SpkG SH, § 21 Abs. 3 S-SGVSH; § 19 S-SVWL.

683 Die Jahresabschlussprüfung erstreckt sich danach auch auf die wirtschaftlichen Verhältnisse der Sparkasse, die aus der Sicht der BaFin eine Beurteilung der wirtschaftlichen Gesamtsituation der Institute einschließlich aller Risiken ermöglichen soll. Diesbezügliche Vorgaben ergeben sich aus der Prüfungsberichtsverordnung der BaFin (i. d. f. d. Bek. v. 23. November 2009, BGBl. I, S. 3793). Sie schreibt detaillierte Berichtsausführungen zur geschäftlichen Entwicklung, zur Vermögens-, Liquiditäts- und Ertragslage, zu den nicht bilanzwirksamen Geschäften, zur Werthaltigkeit von Krediten, zur Risikovorsorge und Risikolage, zur Angemessenheit von Rückstellungen und Rechnungsabgrenzungsposten und weiteres vor (dazu: *Winter,* in: Boos/Fischer/Schulte-Mattler, Kreditwesengesetz, § 29, Rn. 5). Ferner ist die Beachtung der bankaufsichtsrechtlichen Anzeige- und Meldepflichten sowie die Einhaltung des § 18 KWG über die Offenlegung der Kreditunterlagen zu prüfen. Im Übrigen sind die Verpflichtungen nach dem Geldwäschegesetz sowie das Depotgeschäft gem. § 29 Abs. 2 KWG Gegenstand der Prüfungen. Bei der Depotprüfung ist die Buchführung, Depotabstimmung und Verwahrung einschließlich der Erfüllung der Lieferverpflichtungen sowie die Verwaltung der Wertpapiere einschließlich Einhaltung der sich aus den §§ 128, 135 AktG ergebenden Mitteilungspflichten und die Ausübung des Stimmrechts zu überprüfen, sofern diese nicht ohnehin nach § 36 WpHG in Rahmen der Prüfung der Einhaltung der Meldepflichten nach § 9 WpHG und der Verhaltensregeln für Wertpapierdienstleistungsunternehmen nach §§ 36 ff. WpHG geprüft werden.

hinsichtlich des weiteren Vorgehens.[684] Nach § 29 Abs. 3 S. 2 KWG haben die Sparkassenverbände der BaFin oder der Deutschen Bundesbank auf Verlangen den Prüfungsbericht zu erläutern und sonstige bei der Prüfung bekannt gewordene Tatsachen mitzuteilen, die gegen eine ordnungsmäßige Durchführung der Geschäfte des Instituts sprechen.

Für die durch die Prüfungsstellen vorzunehmenden Prüfungen gelten die Ausschlussgründe des § 319 Abs. 2, 3 und 5 sowie die des § 319a HGB auch für alle Mitarbeiter der Prüfungsstellen entsprechend, die das Ergebnis der Prüfung beeinflussen können.[685] Ferner ist in der Satzung des Ostdeutschen Sparkassenverbands explizit geregelt, dass die mit der Prüfung befassten Mitarbeiter keine Aufgaben der verbandspolitischen Interessenvertretung wahrnehmen dürfen.[686]

Die entstehenden Aufwendungen im Rahmen der Prüfungstätigkeit werden zu einem großen Teil durch Prüfungsgebühren gedeckt, die aus Grund- und Zeitgebühren bestehen und regelmäßig vom Verbandsvorstand festgelegt werden.[687]

IV. Aufsicht über die Prüfungsstelle

1. Staatsaufsicht

Die Prüfungsstellen unterliegen weder dem Berufsrecht der WPO noch der Berufsaufsicht durch die Wirtschaftsprüferkammer. Vielmehr sind die zuständigen Landesbehörden zur Aufsicht berufen.[688] Die Aufsicht erstreckt sich bei den Prüfungseinrichtungen der Sparkassenverbände ausschließlich auf die Einhaltung der Pflichten, die sich aus dem durch die Sparkassengesetze und Satzungen zugewiesenen Aufgaben ergeben.

---

684 *Winter,* in: Boos/Fischer/Schulte-Mattler, Kreditwesengesetz, § 29, Rn. 5: Der Redepflicht des Prüfers nach § 321 Abs. 1 S. 3 HGB, die erst nach Abschluss der Prüfungen besteht, geht die Meldepflicht des § 29 KWG demnach zeitlich voraus.

685 Böcking/Löw/Wohlmannstetter, in: Schmidt, Münchener Kommentar zum HGB, Bd. 4, § 340k, Rn. 14.

686 § 20 Abs. 1 S-OSV.

687 *Weber,* in: Faißt, Verbandsrevision, S. 52.

688 Vgl. § 36b SpkG BW; Art. 23 Abs. 3 BaySpkG; Art. 2 Abs. 5 StVHT; § 28 Abs. 4 NdsSpkG; § 41 Abs. 3 SpkG NRW; § 3 Abs. 3 StVOSV; § 29 Abs. 8 SpkG RP; § 46 Abs. 2 SpkG Saar; § 42 Abs. 3 SpkG SH. Dem Berufsrecht und der Berufsaufsicht unterfallen aber die bei der Prüfungsstelle arbeitenden Wirtschaftsprüfer, dazu: *Backhaus,* in: Hense/Ulrich, WPO-Kommentar, § 57h, Rn. 4.

Zur Wahrnehmung des Prüfungsauftrags kann die Aufsichtsbehörde Untersuchungen bei der Prüfungseinrichtung durchführen und dazu Dritte heranziehen. Als Aufsichtsmittel können diejenigen Anordnungen getroffen werden, die erforderlich sind, um die Einhaltung der Pflichten sicherzustellen.

Sofern die Aufsichtsbehörde von einer zuständigen Stelle eines anderen Mitgliedsstaats der europäischen Gemeinschaft konkrete Hinweise auf Pflichtverstöße erhält, besteht eine Untersuchungspflicht. Es sind erforderlichenfalls geeignete Maßnahmen anzuordnen, die den Pflichtverstoß beenden und die hinweisende Stelle ist über das Ergebnis zu informieren.

Bei erheblichen Pflichtverstößen kann die Aufsichtsbehörde sogar vom Sparkassenverband die Abberufung des Leiters der Prüfungsstelle und seines Stellvertreters verlangen.

Die Sparkassengesetze stellen auch an die Qualifikation der aufsichtsführenden Mitarbeiter bestimmte Anforderungen. Diese müssen in den für die Abschlussprüfung relevanten Bereichen über entsprechende Kenntnisse verfügen. Ferner dürfen diese in den letzten drei Jahren vor ihrer Beauftragung nicht Mitglied der Wirtschaftsprüferkammer gewesen sein. Im hessisch-thüringischen Verband dürfen die Personen darüber hinaus keine Stimmrechte in einer Prüfungsgesellschaft ausgeübt haben, kein Mitglied eines Verwaltungs- oder Leitungsorgans einer Prüfungsgesellschaft noch bei einer Prüfungsgesellschaft angestellt oder sonst mit einer Prüfungsgesellschaft verbunden gewesen sein.

Die Prüfungsbehörde ist zur Veröffentlichung eines jährlichen Arbeitsprogramms und eines Tätigkeitsberichts verpflichtet, der insbesondere über möglicherweise getroffene Sanktionen informiert.

Hinsichtlich der durch die Prüfungen und die angeordneten Maßnahmen angefallenen Aufwendungen besteht regelmäßig eine Kostentragungspflicht durch die Verbände. Zum Teil ist diese auf diejenigen Kosten beschränkt, die durch die Beauftragung von Dritten entstanden sind. Da in Nordrhein-Westfalen zwei Verbände bestehen, werden die Kosten nach einem in einer Rechtsverordnung zu bestimmenden Verteilungsschlüssel und einem zu bestimmenden Umlageverfahren auf die Verbände umgelegt.[689]

---

689 Vgl. § 36b SpkG BW; Art. 23 Abs. 3 BaySpkG; Art. 2 Abs. 5 StVHT; § 28 Abs. 4 NdsSpkG; § 41 Abs. 3 SpkG NRW; § 3 Abs. 3 StVOSV; § 29 Abs. 8 SpkG RP; § 46 Abs. 2 SpkG Saar; § 42 Abs. 3 SpkG SH.

2. Qualitätskontrollen nach der Wirtschaftsprüferordnung

Die Prüfungsstelle ist darüber hinaus gem. § 57h Abs. 1 S. 1 WPO als gesetzlicher Abschlussprüfer der Sparkassen zur Durchführung einer Qualitätskontrolle verpflichtet.[690] Diese dient dazu, die Einhaltung der Regelungen zur Qualitätssicherung nach Maßgabe der gesetzlichen Vorschriften und der Berufssatzung bei der Durchführung einzelner Aufträge zu überprüfen. Die Teilnahme am System der Qualitätskontrolle setzt die Mitgliedschaft in der Wirtschaftsprüferkammer gem. § 58 Abs. 2 WPO voraus. Maßstab und Reichweite der Qualitätskontrolle werden jedoch nicht wie sonst durch eine Satzung der Wirtschaftprüferkammer, sondern in entsprechender Anwendung von § 57a Abs. 2 WPO durch die nach Landesrecht zuständige Aufsichtsbehörde bestimmt. Der Turnus der Qualitätskontrolle beträgt grundsätzlich sechs Jahre. Prüft die Prüfungsstelle Sparkassen, die durch die Ausgabe von Schuldtiteln einen organisierten Markt i. S. d. § 2 Abs. 5 WpHG in Anspruch nehmen, beträgt der Turnus drei Jahre.

Die Qualitätskontrolle wird durch bei der Wirtschaftsprüferkammer registrierte Wirtschaftsprüfer in eigener Praxis oder Wirtschaftsprüfungsgesellschaften (Prüfer für Qualitätskontrolle) durchgeführt. Unter den Voraussetzungen des § 57 h Abs. 2 WPO können sich auch Prüfungsstellen von Sparkassen- und Giroverbänden als Prüfer für die Qualitätskontrolle registrieren lassen. Diese können sodann natürlich nur Prüfungsstellen anderer Verbände prüfen.

Das Verfahren zur Auswahl des Prüfers ist anhand der entsprechend anzuwendenden Regelung des § 57 a Abs. 6 WPO durchzuführen. Danach reicht die zu prüfende Person drei Vorschläge an die Kommission für Qualitätskontrolle, die unter der Angabe von Gründen ein Ablehnungsrecht hat. Insbesondere gilt die Befangenheitsvorschrift des § 57 Abs. 4 WPO auch für die Auswahl des Prüfers der Qualitätskontrolle bei den Verbänden entsprechend. Der Prüfer wird sodann eigenständig von der zu prüfenden Person beauftragt.

---

690 § 57a Abs. 1 Satz 1, Abs. 3 bis 5, Abs. 6 Satz 1 bis 9, Abs. 7 bis 8, §§ 57b bis 57d, § 66a Abs. 1 Satz 1, Abs. 3 Satz 1 bis 3, Abs. 5 Satz 1, Abs. 6 Satz 5, §§ 66b und 136 gelten entsprechend für die Qualitätskontrolle bei Prüfungsstellen der Sparkassen- und Giroverbände, soweit diese Mitglieder der Wirtschaftsprüferkammer sind und das Landesrecht hinsichtlich der Verpflichtung zur Durchführung der Qualitätskontrolle nichts anderes vorsieht.

Wurden bei der Qualitätsprüfung Verletzungen, die auf Mängeln des Qualitätssicherungssystems beruhen, festgestellt oder wurde die Qualitätskontrolle nicht nach Maßgabe der §§ 57a bis 57d und den Anweisungen der Landesbehörde durchgeführt, findet § 57e Abs. 2 mit der Maßgabe entsprechende Anwendung, dass anstelle der Kommission für die Qualitätskontrolle die nach Landesrecht zuständige Aufsichtsbehörde über belastende Maßnahmen gegenüber den Prüfungsstellen entscheidet. Dazu sind der Aufsichtsbehörde unverzüglich die Tatsachen und Schlussfolgerungen mitzuteilen, die Grundlage solcher Maßnahmen sein können.

Erkennt die Wirtschaftsprüferkammer, dass eine Teilnahmebescheinigung über die Qualitätskontrolle nach § 57a Abs. 6 S. 7 WPO widerrufen oder eine Teilnahmebescheinigung nach § 57a Abs. 6 S. 9 WPO nicht erteilt werden soll, so sind § 57a Abs. 6 S. 10 und § 57e Abs. 2 S. 8 WPO mit der Maßgabe anzuwenden, dass der Vorgang der nach Landesrecht zuständigen Aufsichtsbehörde zur Entscheidung vorzulegen ist.

C. Sparkassenakademie

Die Verbände betreiben Sparkassenakademien, die teils den Geschäftsstellen angeschlossen, teils besondere Einrichtungen des Verbands ohne eigene Rechtspersönlichkeit sind.[691] Den Akademien obliegen im Rahmen des anzuwendenden Rechts, insbesondere im Rahmen einer vom Verbandsvorstand zu erlassenden Akademieordnung bzw. Akademiesatzung, die Aus- und Weiterbildung der Mitarbeiter der Mitgliedssparkassen und die Abnahme der dazu erforderlichen Fachprüfungen. Sie nehmen die Aufgaben einer zuständigen Stelle nach den Vorschriften des Berufsbildungsgesetzes und der Durchführungsverordnung wahr.[692] Die Akademien werden stets durch einen Akademieleiter geleitetet, der vom Verbandsvorstand zu bestellen ist. Sie finanzieren den Großteil der erforderlichen Aufwendungen durch Gebühren oder Entgelte, die den Sparkassen und Teilnehemrn für die Teilnahme an den Fortbildungen in Rechnung gestellt werden.

691 Sparkassenakademie ist unselbstständiger Teil der Geschäftsstelle: § 9 Abs. 1 Nr. 1 S-SVB; § 25 Abs. 2 S-SGVHT; § 23 Abs. 1 S-SVRP; Sparkassenakademie ist unselbstständige Einrichtung des Verbands: § 7 Abs. 1 S-SVN; § 17 Abs. 2 S. 3 S-SVSaar; § 20 Abs. 1 S-SVWL; § 20 Abs. 2 S-OSV.

692 § 20 Abs. 2 S. 2 S-SVWL; § 21 Abs. 4 S-OSV.

D. Arbeitsgemeinschaften und Ausschüsse der Verbände

Die Verbände sehen teilweise in ihren Satzungen Arbeitsgemeinschaften, Ausschüsse oder Fachbeiräte der Gruppe der kommunalen Träger und der Gruppe der Sparkassenvorstände vor. Diese Einrichtungen dienen dem Erfahrungsaustausch untereinander und der Beratung des Verbands unter besonderer Berücksichtigung der jeweiligen gruppenspezifischen Belange. Sie sind somit zugleich ein gruppenspezifisches Interessenvertretungsgremium gegenüber dem Verband, der objektiv das Gesamtinteresse zu vertreten hat.

I. Arbeitsgemeinschaften und Ausschüsse der Sparkassenvorstände

Das Sparkassenlager kann seine Interessen und seine fachliche Beratung regelmäßig über ein zweistufiges System in die Organe des Verbands einbringen.

1. Arbeitsgemeinschaften der Sparkassenvorstände

Auf dezentraler Stufe bilden alle Vorstände der Sparkassen innerhalb eines bestimmten Gebiets Arbeitsgemeinschaften oder Bezirkskonferenzen. Lediglich in Schleswig-Holstein ist diese Arbeitsgemeinschaft nicht in mehrere Bezirke unterteilt. Die Satzung des Ostdeutschen Verbands sieht in jedem Vertragsland zwei, im Freistaat Sachsen drei Arbeitsgemeinschaften vor. In diesen regionalen Arbeitsgemeinschaften sollen fachliche Angelegenheiten untereinander beraten und die Zusammenarbeit auf Bezirksebene gewährleistet werden. In jeder Arbeitsgemeinschaft wird ein Vorsitzender, der die Bezeichnung (Bezirks-)Obmann trägt, und dessen Stellvertreter gewählt. Bei Abstimmungen hat jede Sparkasse eine Stimme.[693]

2. Fachausschüsse/ Obmännerausschuss

In einigen Verbänden werden für bestimmte fachliche Angelegenheiten Fachausschüsse gebildet. Beispielsweise existieren im Sparkassenverband Westfalen-Lippe die Fachausschüsse Markt/Vertrieb, Banksteuerung und der Fachausschuss Organisation/Prozesse. Jede Bezirksarbeitsgemeinschaft

693 § 19 Abs. 1 S. 2, 1 S-SGVHT; § 17 S-OSV; § 15 Abs. 1 S-RSGV; § 17 S-SVRP (der Ausschuss wird in Rheinland-Pfalz als Fachausschuss bezeichnet); § 18 Abs. 1 S-SGVSH; § 16 Abs. 1 S-SVWL.

entsendet meist eine gewisse Anzahl von Personen in diese Ausschüsse. Es ist nicht unüblich, dass der Obmännerausschuss den Vorsitzenden und dessen Stellvertreter bestimmt, um die Arbeit der Fachausschüsse steuern zu können. Die Fachausschüsse diskutieren Handlungsoptionen und bereiten praxisnahe Konzepte vor, die sie dem Obmännerausschuss nach fachlicher Beratung vorschlagen.[694]

Den Obmännerausschüssen gehören die Obmänner der Bezirksarbeitsgemeinschaften zusammen mit ihren Stellvertretern an. Teilweise werden von den Bezirksarbeitsgemeinschaften weitere zu wählende Mitglieder entsandt.[695] Auch der Obmännerausschuss wählt regelmäßig einen Vorsitzenden, den Landesobmann, und dessen Stellvertreter. Dieser vertritt die Belange der regionalen Sparkassenvorstände im Landesobmännerausschuss des DSGV e.V.[696] Ferner ist er Mitglied im Gemeinsamen Ausschuss des DSGV e.V., der auf Grundlage der Satzung über den überregionalen Ausgleich der Sparkassenstützungsfonds eingerichtet wurde. Dessen Aufgabe es ist, die Gewährung von Mitteln zum überregionalen Ausgleich der regionalen Stützungsfonds zu überprüfen.[697] Aufgabe des Obmännerausschusses ist der Erfahrungsaustausch untereinander auf zentraler Ebene sowie die Beratung des Verbandsvorstands in wichtigen Fragen der Sparkassenpraxis.[698] Ferner werden die von den Fachausschüssen angeregten Projekte im Obmännerausschuss nach der Durchführung beraten und nach erfolgreichem Abschluss den Sparkassen zur Verwirklichung empfohlen. Der Ausschuss wird nach Bedarf einberufen, oder wenn ein Quorum bestehend aus einem Drittel der Mitglieder die Einberufung verlangt.[699] Näheres wird in

694 Zum Ganzen *Ilg,* Die Sparkassenzeitung, Beilage Dezember 2010, S. B10.

695 § 19 Abs. 1 S. 1, Abs. 2-4 S-**SGVHT**: Bezirksobmänner und deren Stellvertreter bilden Bezirksobmännerausschuss; § 18 S-**OSV**: Obmänner und deren Stellvertreter bilden den Verbandsobmännerausschuss; § 15 Abs. 2 S-**RSGV**: Nur die Obmänner bilden den Obmännerausschuss; § 18 Abs. 2 S-**SVRP**: Bezirksobmänner, deren Stellvertreter sowie sechs von den Bezirksarbeitsgemeinschaften zu gleichen Teilen zu wählende Mitglieder bilden den FachausschusS. § 18 Abs. 2 S-**SGVSH**: Da in Schleswig-Holstein nur eine Arbeitsgemeinschaft existiert, bilden der Landesobmann und dessen Stellvertreter sowie weitere Sparkassenvorstände den Obmännerausschuss; § 16 Abs. 2 S-**SVWL**: Obmänner und ihre Stellvertreter bilden den Obleuteausschuss.

696 § 13 Abs. 3 S-DSGV.

697 § 2 S. 1, § 7 S.1 Satzung für den überregionalen Ausgleich der Sparkassenstützungsfonds.

698 § 15 Abs. 2 S-RSGV; § 19 Abs. 1 S. 1, Abs. 2-4 S-SGVHT; § 18 Abs. 1 S-SVRP; § 18 Abs. 3 S-SGVSH; § 16 Abs. 2 S. 2 S-SVWL.

699 § 19 Abs. 4 S-SGVHT; § 18 Abs. 4 S-SVRP.

einigen Verbänden durch Richtlinien über die Arbeitsgemeinschaften und den Obmännerausschuss, in einer Satzung oder einer Geschäftsordnung geregelt.[700]

II. Ausschuss der kommunalen Träger

Als Antagonist zum Obmännerausschuss ist in einigen Verbandssatzungen ein Trägerausschuss/Kommunalausschuss vorgesehen.[701] Den Trägerausschüssen gehören regelmäßig die kommunalen Mitglieder des Verbandsvorstands und zum Teil weitere Personen an, oder aber die kommunalen Spitzenverbände schlagen Vertreter vor, die bestimmte personelle Voraussetzungen erfüllen müssen.[702] Diese Ausschüsse haben ebenfalls die Aufgabe, den Erfahrungsaustausch zwischen den kommunalen Trägern zu pflegen und den Verband in wichtigen Sparkassenangelegenheiten, unter besonderer Berücksichtigung der kommunalen Belange, zu beraten.[703] Sofern Verbandsvorsitzende dem Ausschuss angehören, führen diese den Vorsitz.[704] Im Übrigen wählen die Ausschüsse regelmäßig einen Vorsitzenden. Für das Verfahren kann sich der Trägerausschuss eine Geschäftsordnung geben.[705]

700 § 15 Abs. 3 S-RSGV; § 17 Abs. 2, § 18 Abs. 6 S-SVRP; § 18 Abs. 4 S-SGVSH; § 16 Abs. 3 S-SVWL.

701 § 20 S-SGVHT; § 18a S-OSV; § 15 Abs. 4 S-RSGV; § 19 S-SVRP; § 17 S-SVWL.

702 § 15 Abs. 4 S. 1 S-**RSGV**: Vertreter der Kommunen im Verbandsvorstand; § 20 Abs. 1 S-**SGVHT**: über die kommunalen Vertreter im Verbandsvorstand hinaus gehören diesem der Verbandsvorsitzende und dessen Stellvertreter sowie die fünf Präsidenten der kommunalen Spitzenverbände in Hessen und Thüringen an; § 18a S-**OSV**: Dem Kommunalausschuss gehören je ein von den in den Ländern bestehenden kommunalen Spitzenverbänden entsandter Vertreter an; § 19 Abs. 2 S-**SVRP**: Verbandsvorsitzender, dessen Stellvertreter und zehn weitere Mitglieder, von denen fünf vom Landkreistag, vier vom Städtetag und eines vom Gemeinde- und Städtebund vorgeschlagen werden. Die weiteren Mitglieder müssen dem Verwaltungsrat einer Sparkasse angehören; mindestens die Hälfte von ihnen sollen daneben Mitglied des Verwaltungsrats des Verbands sein. Unter den weiteren Mitgliedern sollen sich die Vorsitzenden der kommunalen Spitzenverbände befinden; § 17 S. 1 S-**SVWL**: Vertreter der kommunalen Träger im Verbandsverwaltungsrat bilden den Trägerausschuss.

703 § 18a Abs. 1 S. 2 S-OSV; § 15 Abs. 4 S. 2 S-RSGV; § 20 Abs. 3 S-SGVHT; § 19 Abs. 1 S-SVRP; § 17 S. 2 S-SVWL.

704 § 20 Abs. 2 S-SGVHT; § 19 Abs. 3 S-SVRP.

705 § 15 Abs. 4 S-RSGV; § 19 Abs. 6 S-SVRP; § 17 S. 3 S-SVWL.

III. Bezirksverbände und der Fachbeirat im Bayerischen Verband

Anstelle der auf der ersten Ebene getrennt voneinander agierenden Arbeitsgemeinschaften der Sparkassenvorstände und der Trägerausschüsse existieren in Bayern in den sieben bayerischen Regierungsbezirken Bezirksverbände als »Sparkassenverbände im Kleinen«. Auf zweiter Ebene existiert im bayerischen Verband der Fachbeirat, der die Funktion der Obmännerausschüsse erfüllt. Er berät den Verband und andere Einrichtungen der Sparkassen-Finanzgruppe Bayern in wichtigen Sparkassenfragen. Eine Einrichtung, die den Verband auf der zweiten Ebene in ausschließlich kommunalen Fragen fachlich berät, ist in der bayerischen Verbandssatzung ebenfalls nicht vorgesehen.

1. Bezirksverbände

Die Verbandsmitglieder des bayerischen Sparkassenverbands bilden innerhalb eines Bezirks den Bezirksverband. Der Bezirksverband ist eine rechtlich unselbstständige Untergliederung des Verbands mit selbstständigem Satzungsrecht und eigener Finanzgebarung. Die Satzung darf der Satzung des bayerischen Sparkassenverbands nicht widersprechen, wobei ausdrücklich festgeschrieben wurde, dass es nicht in Widerspruch zur Satzung steht, wenn jedes Mitglied des Bezirksverbands je eine Stimme erhält.[706]

Die Organe des Bezirksverbands sind die Bezirksversammlung und der Vorstand.[707] Der Bezirksversammlung gehören die Mitglieder des Bezirksverbands an. Der Vorstand besteht aus dem Vorsitzenden, dem stellvertretenden Vorsitzenden (Bezirksobmann) und gegebenenfalls weiteren Mitgliedern. Zum Vorsitzenden kann nur ein gesetzlicher Vertreter einer kommunalen Trägerkörperschaft gewählt werden. Zum stellvertretenden Vorsitzenden (stellvertretender Bezirksobmann) kann nur ein Vorstandsmitglied einer Sparkasse gewählt werden.[708]

Die Bezirksverbände haben die Aufgabe, den Verband im Bereich eines Regierungsbezirks zu unterstützen und den Erfahrungsaustausch und die Meinungsbildung in den Bezirksverbandsversammlungen und in den Fachberatungen der Sparkassenvorstände zu pflegen. Sie sind berechtigt, gegen-

706 § 22 S-SVB.
707 § 23 Abs. 1 S-SVB.
708 § 23 Abs. 2 S-SVB.

über dem Verbandsvorstand, dem Fachbeirat und der Geschäftsstelle des Verbands Anträge zu stellen.[709]

Ferner wählt die Bezirksverbandsversammlung eines jeden Bezirksverbands ein Vorstandsmitglied einer Sparkasse für die Dauer von vier Jahren zum Mitglied des Verbandsvorstands. Es werden zwei Vertreter bestellt. Sie benennen außerdem Mitglieder des Sparkassenbeirats der Bayerischen Landesbank und sind berechtigt, dem Verbandsvorstand Verbandsvertreter zur Entsendung in die Generalversammlung der Bayerischen Landesbank vorzuschlagen.[710]

2. Fachbeirat

Der Fachbeirat setzt sich aus den Bezirksobmännern – also aus Sparkassenvorständen[711] – zusammen. Aus ihrer Mitte wählen sie auf die Dauer von vier Jahren einen Landesobmann zum Vorsitzenden sowie mindestens einen stellvertretenden Landesobmann. Der Vorsitzende ist Mitglied im Vorstand des bayerischen Sparkassenverbands sowie im Verwaltungsrat und der Generalversammlung der Bayerischen Landesbank.

Der Fachbeirat hat neben der Pflege des Erfahrungsaustausches die Aufgabe, den Verband und die anderen Einrichtungen der bayerischen Sparkassen-Finanzgruppe in wichtigen Sparkassenfragen zu beraten und die vertrauensvolle Zusammenarbeit mit den Sparkassen und den kommunalen Trägern zu fördern. Ferner bestellt der Fachbeirat je ein Vorstandsmitglied einer Sparkasse zum Mitglied und zum stellvertretenden Mitglied des Verwaltungsrats der Bayerischen Landesbank. In grundsätzlichen Fragen der Sparkassenpraxis und der Aus- und Weiterbildung der Sparkassenmitarbeiter ist dem Fachbeirat vor einer Entscheidung des Vorstands Gelegenheit zur Meinungsäußerung zu geben.

Der Fachbeirat wird bei Bedarf durch den Vorsitzenden einberufen oder wenn der geschäftsführende Präsident, der Vorstand der Bayerischen Landesbank oder der Versicherungskammer Bayern oder die Mehrheit der Mitglieder dies beantragen. Für das weitere Verfahren werden im Wesentlichen die Bestimmungen über das Verfahren in der Verbandsversammlung für anwendbar erklärt. Vertreter des Verbands, der Bayerischen Landesbank,

709 § 24 Abs. 1 S-SVB.
710 § 24 Abs. 2 S-SVB.
711 § 23 Abs. 2 S. 2 S-SVB.

der Versicherungskammer Bayern und der Landesbausparkasse können an den Sitzungen mit beratender Stimme teilnehmen und Anträge zur Tagesordnung stellen.[712]

IV. Landeskonferenzen und Landesbeiräte im Ostdeutschen Sparkassenverband

Um die Vertretung der länderspezifischen Interessen der vier beteiligten Bundesländer im Ostdeutschen Sparkassenverband und die ortsnahe Umsetzung der Verbandsarbeit gewährleisten zu können, bestehen neben den schon erwähnten Ausschüssen der Sparkassenvorstände, den Obmännerausschüssen und den Trägerausschüssen in jedem Vertragsland des Ostdeutschen Sparkassenverbands eine Landeskonferenz und ein Landesbeirat.

Mitglieder der Landeskonferenzen sind die Hauptverwaltungsbeamten der kommunalen Mitglieder, die Vorstandsmitglieder der Sparkassen und in Sachsen der Vorstand der Sachsen-Finanzgruppe. Die Landeskonferenzen werden von dem geschäftsführenden Vorstandsmitglied des Sparkassenverbands mindestens einmal im Jahr schriftlich mit einer Frist von 14 Tagen einberufen. Stimmberechtigt sind die in der Landeskonferenz vertretenen Hauptverwaltungsbeamten und die Vorstandsvorsitzenden mit grundsätzlich jeweils 200 Stimmen. Die Beschlussfähigkeit ist gegeben, wenn mindestens die Hälfte der Stimmen vertreten ist. Sofern dies nicht der Fall ist, kann eine neue Sitzung einberufen werden, die stets beschlussfähig ist.

Die Landeskonferenzen wählen den Landesbeirat. Dieser setzt sich aus zehn Mitgliedern zusammen. Fünf Mitglieder werden auf Vorschlag des kommunalen Lagers für die Dauer von vier Jahren gewählt. Bis zu zwei dieser Vertreter dürfen den kommunalen Spitzenverbänden angehören. Weitere fünf Vertreter, darunter die Obmänner, werden auf Vorschlag der Vorsitzenden der Sparkassenvorstände gewählt. Die Mitglieder des Landesbeirats wählen sodann ein auf Vorschlag der kommunalen Spitzenverbände gewähltes Mitglied zum Vorsitzenden und ein auf Vorschlag der Arbeitsgemeinschaften der Sparkassenvorstände gewähltes Mitglied zu dessen Stellvertreter. Der Landesbeirat hat die Aufgabe, den Verband zu landesspezifischen Besonderheiten des Sparkassenwesens zu beraten und die Erfüllung der Verbandsaufgaben auf Landesebene zu unterstützen. Dazu hat jeder Landesbeirat in der Verbandsversammlung ein Anhörungsrecht und ein Antrags-

712 Vgl. § 25 S-SVB.

recht. Ferner wählt er vier Mitglieder des Verbandsvorstands. Davon werden zwei Mitglieder auf Vorschlag der kommunalen Spitzenverbände oder der Gruppe der Vertreter der Hauptverwaltungsbeamten und weitere zwei Mitglieder aus dem Kreis der Obmänner gewählt. Beschlüsse des Landesbeirats bedürfen einer Dreiviertelmehrheit der Mitglieder des Landesbeirats. Jedes Mitglied hat eine Stimme. Das geschäftsführende Vorstandsmitglied nimmt mit beratender Stimme an den Sitzungen teil. Das Landesministerium der Finanzen, der Wirtschaft und des Innern sowie die IHK und die Handelskammer können ebenfalls einen Vertreter mit beratender Stimme entsenden.[713]

E. Sondervermögen

I. Sparkassenstützungsfonds der Regionalverbände

Die Regionalverbände unterhalten als Bestandteil des Verbandsvermögens Sparkassenstützungsfonds.[714] Diese regionalen Stützungsfonds bilden zusammen mit der Sicherungsreserve der Landesbanken und Girozentralen sowie dem Sicherungsfonds der Landesbausparkassen die Grundlage des sog. Haftungsverbunds der Sparkassen-Finanzgruppe. Dieser Haftungsverbund stellt eine institutssichernde Einrichtung i. S. d. § 12 Einlagensicherungs- und Anlegerentschädigungsgesetz (EAG) dar, so dass die Sparkassen vom Anschluss an ein Einlagensicherungssystem nach dem EAG befreit sind.[715]

713 Insgesamt zu den Landeskonferenzen und Landesbeiräten § 6 S-OSV.

714 Ausführlich zum Haftungsverbund der Sparkassenfinanzgruppe: *Pehla,* Der Haftungsverbund der Sparkassen-Finanzgruppe, S. 2 f.; Zu den Sparkassenstützungsfonds § 1 Abs. 1, § 2 der Mustersatzung für die Sparkassenstützungsfonds der Regionalverbände.

715 Dazu: *Steuer,* WM 1998, 2449 (2452); *Pehla,* Der Haftungsverbund der Sparkassen-Finanzgruppe, S. 100 ff.; *Pehla,* ZfgK 2006, 298 (298). Möglicherweise sind in der Zukunft Umstrukturierungen des Haftungsverbunds vorzunehmen. In der jüngsten Vergangenheit soll es Überlegungen der EU-Kommission gegeben haben, neben den bestehenden Sicherungssystemen weitere Institutssicherungssysteme aller Bankengruppen zu schaffen. Inzwischen soll die Kommission aber aufgrund des Widerstands der Sparkassen signalisiert haben, dass sie ihr Institutssicherungssystem unter Verzicht auf ein weiteres Sicherungssystem behalten dürfen. Bedingung soll allerdings sein, dass die acht Landesbanken aus dem Haftungsverbund der Sparkassen-Finanzgruppe ausscheiden. Dies würde bedeuten, dass die Sicherungsreserve der Landesbanken als Haftungsmasse aus dem Haftungsverbund ausscheidet, im Gegenzug allerdings erhebliche Haftungsrisiken der derzeit finanziell angeschlagenen

Für jeden Sparkassenstützungsfonds, die Sicherungsreserve der Landesbanken und den Sicherungsfonds der Landesbausparkassen besteht eine Satzung. Die Satzungen der regionalen Sparkassenstützungsfonds werden auf der Grundlage einer Mustersatzung des DSGV e. V. von den Regionalverbänden erlassen. Die Sparkassenstützungsfonds sind sodann untereinander für den Fall, dass ein Stützungsfonds allein einen Stützungsfall nicht tragen kann, über die vom DSGV e. V. erlassene Satzung für den überregionalen Ausgleich der Sparkassenstützungsfonds miteinander verbunden. Den eigentlichen Haftungsverbund stellt letztlich die vom DSGV e. V. erlassene Satzung für den Haftungsverbund zwischen den Sparkassenstützungsfonds und der Sicherungsreserve der Landesbanken und Girozentralen sowie dem Sicherungsfonds der Landesbausparkassen her, welche die jeweiligen Sicherungseinrichtungen miteinander verbindet.[716]

1. Organisationsrechtliche Einordnung, Aufgabe und Organisation

Die regionalen Sparkassenstützungsfonds sind rechtlich unselbstständige, organisatorisch jedoch verselbstständigte Einrichtungen der Verbände.[717] Sie sind Funktionseinheiten der Verbände mit einer eigenen Aufgabe, im Außenverhältnis rechtlich aber nicht vom Verband zu unterscheiden. Die Stützungsfonds haben als Einrichtungen der Verbände kein eigenes Vermögen, verfügen aber im Innenverhältnis zu den Verbänden über die Mittel des Fonds als Sondervermögen. Sie sind in diesem Charakteristikum mit der nicht-rechtsfähigen Anstalt vergleichbar, unterscheiden sich aber zugleich dadurch, dass sich die Verselbstständigung auf die Vermögensmasse beschränkt und sich nicht zugleich auf personelle und sachliche Mittel bezieht.[718]

Landesbanken nicht mehr durch den Haftungsverbund abgedeckt werden müssten (*Stock/Drost,* Handelsblatt v. 17.11.2010, S. 4).

716 Vgl. Mustersatzung für die Sparkassenstützungsfonds der Regionalverbände, Satzung für den überregionalen Ausgleich der Sparkassenstützungsfonds, Satzung der Sicherungsreserve der Landesbanken und Girozentralen, Satzung für den Sicherungsfonds der Landesbausparkassen, Satzung für den Haftungsverbund zwischen den Sparkassenstützungsfonds und der Sicherungsreserve der Landesbanken und Girozentralen sowie dem Sicherungsfonds der Landesbausparkasse (abrufbar unter http://www.dsgv.de/de/sparkassen-finanzgruppe/haftungsverbund/haftungsverbund_8.html, zuletzt abgerufen am 14.12.2010).

717 *OVG Münster,* Urt. v. 22.06.2009 – 16 A 3137/08 –, in: DVBl. 2009, 1112 (1116).

718 Zum Ganzen *Mayen,* in: Dolde u. a., Verfassung – Umwelt – Wirtschaft, 475 (482) qualifiziert den Reservefonds als nicht-rechtsfähiges Sondervermögen und wendet auf dieses die Grundsätze für die nicht-rechtsfähige Anstalt an. Dazu auch *Wolff/*

Aufgabe der Stützungsfonds ist es, die Mitgliedssparkassen zu schützen, indem bei drohenden oder bestehenden wirtschaftlichen Schwierigkeiten insbesondere deren Liquidität und Solvenz gewährleistet wird. Der Stützungsfonds schützt in gewissem Umfang zugleich Einlagen der Kunden und Schuldverschreibungen der Mitgliedssparkassen im Besitz der Kunden, ohne jedoch den Kunden einen Direktanspruch einzuräumen.[719]

Die Entscheidung, ob ein Stützungsfall vorliegt und welche Maßnahmen zu ergreifen sind, trifft der Verbandsvorstand. Er kann jedoch einen Stützungsfondausschuss bilden und diesem seine Aufgaben übertragen. Diesem sollten der Vorsitzende der Verbandsversammlung, der Verbandsvorsteher und der Landesobmann angehören. Der Prüfungsstellenleiter hat eine beratende Stimme.[720] Ferner ist nach den Grundsätzen für das Risikomonitoring der Sicherungseinrichtungen der Sparkassen-Finanzgruppe für jeden Stützungsfonds ein Monitoringausschuss zu bilden, der für die Bewertung und Beurteilung der Risikofaktoren zuständig ist.[721]

2. Mittelaufbringung

Die Mittel für die Sparkassenstützungsfonds werden von den Mitgliedssparkassen im Rahmen der Verbandsumlage aufgebracht.[722] Die konkret zu leistenden Beiträge werden anhand der Grundsätze für die risikoorientierte Beitragsbemessung der Sicherungseinrichtungen der Sparkassen-Finanzgruppe bestimmt, die Bestandteil der Satzungen der Stützungsfonds sind. Anfallende Erträge sind Bestandteil des Fondsvermögens.[723]

Das Gesamtvolumen des Stützungsfonds besteht, sofern der Verbandsvorstand keine höheren Barmittelgrenzen festlegt, mindestens zu einem Drittel aus Barmitteln und in der verbleibenden Höhe aus einer Nachschuss-

---

Bachof/Stober, Verwaltungsrecht, Bd. II, § 98, Rn. 12, in Bezug auf die Bundespost als ehemaliges Sondervermögen des Bundes. Allgemein zur nicht-rechtsfähigen Anstalt des öffentlichen Rechts: *Wolff/Bachof/Stober,* Verwaltungsrecht, Bd. 3, § 88 II 2, Rn. 28.

719 § 2 Mustersatzung für die Sparkassenstützungsfonds der Regionalverbände.

720 § 17 Mustersatzung für die Sparkassenstützungsfonds der Regionalverbände.

721 § 18 Mustersatzung für die Sparkassenstützungsfonds der Regionalverbände.

722 § 1 Abs. 2 Mustersatzung für die Sparkassenstützungsfonds der Regionalverbände.

723 § 15 Mustersatzung für die Sparkassenstützungsfonds der Regionalverbände. Ausführlich zu den Grundsätzen der risikoorientierten Beitragsbemessung: *Pehla,* Der Haftungsverbund der Sparkassen-Finanzgruppe, S. 90 ff.

pflicht.[724] Die Mitgliedssparkassen sind jährlich zur Leistung von Barmitteln verpflichtet, die mindestens 15% des Einzahlungs-Solls betragen, soweit der Fonds 65% des Einzahlungs-Solls nicht erreicht hat. Ab Erreichung dieser Grenze sind Barmittel in Höhe von 7,5% des Einzahlungs-Solls zu leisten. Ferner kann der Fonds durch Sonderumlagen ergänzt oder aufgefüllt werden.[725]

Eine besondere Auffüllpflicht besteht dann, wenn bei Eintritt eines Stützungsfalls die Barmittel des Einzahlungs-Solls nicht erreicht werden und die vorhandenen Mittel zur Abwicklung des Stützungsfalls nicht ausreichen. In diesem Fall sind die Barmittel auf das erforderliche Maß, maximal auf das Einzahlungs-Soll, aufzufüllen.[726] Werden durch die Inanspruchnahme des Fonds die Barmittel in Höhe des Einzahlung-Solls erschöpft und besteht noch weiterer Bedarf, greift die Nachschusspflicht auf erstes Anfordern bis zur Höhe des Gesamtvolumens abzüglich der bereits geleisteten Barmittel. Reicht auch diese zur Abwicklung nicht aus, kann der überregionale Ausgleich angerufen werden.[727]

Die Mustersatzung sieht vor, dass die Zahlungspflichten nicht zu einer substantiellen Gefährdung einer Mitgliedssparkasse führen dürfen. Diese ist unverzüglich durch die betroffene Sparkasse geltend zu machen und sodann vom Verbandsvorstand festzustellen. Die Sparkasse kann ganz oder teilweise von ihren Pflichten befreit oder die Leistung gestundet werden. Der Ausgleich erfolgt innerhalb des Stützungsfonds.[728] Werden mehrere Sparkassen substantiell gefährdet, kann der überregionale Ausgleich angerufen werden[729]

Wann der Fall einer substantiellen Gefährdung vorliegt, ist in den Satzungen nicht näher geregelt. Diese Problematik ist mit der Diskussion um die Höchstgrenze der Inanspruchnahme der Mitgliedssparkassen für Verbandsumlagen vergleichbar.[730] Auch hier wird stets im Einzelfall zu entscheiden sein.

---

724 § 16 Abs. 1 Mustersatzung für die Sparkassenstützungsfonds der Regionalverbände.
725 § 16 Abs. 2 Mustersatzung für die Sparkassenstützungsfonds der Regionalverbände.
726 § 16 Abs. 3 Mustersatzung für die Sparkassenstützungsfonds der Regionalverbände.
727 § 16 Abs. 4 Mustersatzung für die Sparkassenstützungsfonds der Regionalverbände.
728 § 16 Abs. 5 Mustersatzung für die Sparkassenstützungsfonds der Regionalverbände.
729 § 16 Abs. 6 Mustersatzung für die Sparkassenstützungsfonds der Regionalverbände.
730 Siehe § 15 B. II. 5.

3. Präventivmaßnahmen

Da die Sicherungseinrichtungen ausdrücklich das Ziel verfolgen, Risiken und Gefährdungslagen bei den Mitgliedssparkassen frühzeitig zu erkennen und entsprechende Gegenmaßnahmen einzuleiten[731], unterhalten die Sparkassenstützungsfonds ein präventiv ausgerichtetes Risikomonitoringsystem. Das Risikomonitoring wird näher in den Grundsätzen für das Risikomonitoring der Sicherungseinrichtungen der Sparkassen-Finanzgruppe geregelt, die Bestandteil der Mustersatzung sind. Dieses System sieht vor, die Sparkassen anhand eines Kennzahlensystems aus betriebswirtschaftlichen und aufsichtsrechtlichen Kennzahlen in Monitoringstufen von »grün«, »gelb« und »rot« einzustufen. »Grün« bedeutet, dass es keine besonderen Anhaltspunkte für eine erhöhte Risikolage gibt. Bei »gelb« liegen Anhaltspunkten vor, die eine besondere Beobachtung erfordern und bei »rot« liegen konkrete Merkmale für eine besonderen Risikolage vor, die eine intensive Beobachtung und Begleitung erfordern.[732] Neben das quantitative Instrument tritt ein qualitatives, welches aus Risikoberichten der Abschlussprüfer und der Geschäftsleitung sowie weiteren öffentlich zugänglichen Informationen besteht.[733]

Der einzurichtende Risikomonitoringausschuss hat die Aufgabe, die Ergebnisse des Risikomonitorings zu bewerten und aufzubereiten.[734] Die Monitoringergebnisse müssen gem. § 4 Abs. 3 der Mustersatzung dem Transparenzausschuss gemeldet werden, der nach § 11 Abs. 3 der Satzung für den Haftungsverbund zwischen den Sparkassenstützungsfonds, der Sicherungsreserve der Landesbanken und Girozentralen sowie dem Sicherungsfonds der Landesbausparkassen beim Deutschen Sparkassen- und Giroverband e. V. zu bilden ist.

Ferner steht den Verbänden nach § 5 Mustersatzung das Recht zur Überprüfung der wirtschaftlichen Situation der Mitgliedssparkassen durch die Prüfungsstellen zu, um die Gefahr eines Stützungsfalles einschätzen zu können. Diese Prüfungen sind mindestens einmal jährlich verpflichtend durchzuführen. Den Mitgliedssparkassen obliegen nach § 6 Mustersatzung allgemeine Sorgfaltspflichten, die in Abs. 2 näher konkretisiert werden. Die

---

731 Vgl. § 4 Abs. 1 der Mustersatzung für die Sparkassenstützungsfonds der Regionalverbände.

732 Ziff. II. Grundsätze für das Risikomonitorung. Zu den Instrumenten des Risikomonitorings Ziff. III. Grundsätze für das Risikomonitoring.

733 Ausführlich zum Risikomonitoring: *Pehla,* Der Haftungsverbund der Sparkassen-Finanzgruppe, S. 93 ff.

734 Ziff. IV. Grundsätze für das Risikomonitoring.

Beachtung dieser Pflichten wird im Rahmen der Abschlussprüfung überprüft. Über die Beachtung der allgemeinen Sorgfaltspflichten hinaus werden den Mitgliedssparkassen in § 7 Abs. 1 Mustersatzung Informationspflichten über bestimmte risikorelevante Tatsachen auferlegt. Ferner werden in Abs. 2 bestimmte Stellen, wie die BaFin oder die Bundesbank, berechtigt, den Verband umfassend über Entwicklungen zu informieren, die den Bestand oder die Entwicklung der Mitgliedssparkassen wesentlich beeinträchtigen. Dem Verband wiederum steht ein entsprechendes Recht zur Informationseinholung bei diesen Stellen zu.

Sofern Hinweise auf eine besondere Risikolage vorliegen, sind die Sparkassen zudem verpflichtet, die zur Erklärung und Aufhellung relevanten Informationen dem Verband auf Verlangen zugänglich zu machen[735] und Prüfungen zuzulassen[736].

Der Verbandsvorsteher muss den Verbandsvorstand oder den Stützungsfondsausschuss über die jährlichen Prüfungen und solche aus Anlass von besonderen Risikolagen unterrichten, sofern diese eine besondere Risikolage bestätigen. Zur Erörterung dieser Risikolage können der Vorstand oder der Stützungsfondsausschuss eine Sitzung mit dem Verwaltungsrat und dem Vorstand der Sparkasse einberufen und die Erarbeitung eines Konzepts zur Neustrukturierung oder die Einleitung zweckdienlicher Maßnahmen, die sowohl in personellen als auch in sachlichen Maßnahmen bestehen können, verlangen. Der Deutsche Sparkassen- und Giroverband e. V. ist über das Risiko und etwaige Auflagen ohne Nennung der betroffenen Sparkasse schriftlich zu unterrichten.[737]

4. Feststellung und Abwicklung eines Stützungsfalls

Ein Stützungsfall liegt gem. § 3 der Mustersatzung bei drohenden oder bestehenden wirtschaftlichen Schwierigkeiten einer Mitgliedssparkasse insbesondere dann vor, wenn die Sparkasse aus eigener Kraft nicht in der Lage ist, einen den eigenen Bestand gefährdenden Verlustausweis oder eine Zahlungseinstellung zu vermeiden. Die Norm enthält in Abs. 2 gewisse Regelbeispiele. Das Vorliegen des Stützungsfalls wird nach vorheriger Einschaltung der Prüfungsstelle gem. § 3 Abs. 3 der Mustersatzung durch

---

735 § 8 Mustersatzung für die Sparkassenstützungsfonds der Regionalverbände.

736 § 9 Mustersatzung für die Sparkassenstützungsfonds der Regionalverbände.

737 § 10 Mustersatzung für die Sparkassenstützungsfonds der Regionalverbände.

den Verbandsvorstand mit einer Mehrheit von zwei Dritteln seiner Mitglieder festgestellt. Der Verbandsvorstand stellt es dem Deutschen Sparkassen- und Giroverband e. V. frei, zu der Sitzung Vertreter zu entsenden, die zur Entscheidungsfindung anzuhören sind. Ferner unterrichtet er den Deutschen Sparkassen- und Giroverband e. V, und nach den Regelungen der Sparkassengesetze auch die Aufsichtsbehörde, schriftlich über das Vorliegen eines Stützungsfalls sowie über alle in Aussicht genommenen Stützungsmaßnahmen.

Ein Anspruch der Mitgliedssparkassen auf Gewährung von Stützungsmaßnahmen ist nach § 20 der Mustersatzung ausgeschlossen. Die Entscheidung über die Gewährung von Stützungsmaßnahmen stellt vielmehr eine Ermessensentscheidung dar.[738] In Bezug auf Art und Umfang der Stützungsmaßnahmen steht dem Verbandsvorstand ein Entschließungs- und Auswahlermessen zu. Im Einzelfall kann jedoch das Entschließungsermessen auf Null reduziert sein, bspw. wenn die Mitgliedssparkasse die auferlegten Pflichten ordnungsgemäß umsetzt und genügend Mittel im Fonds vorhanden sind oder eine Selbstbindung eingetreten ist, weil in einem vergleichbaren Fall eine Stützungsmaßnahme gewährt wurde.[739] Hinsichtlich des Auswahlermessens verbleibt jedoch grundsätzlich ein Entscheidungsspielraum.[740]

Zur Abwicklung eines Stützungsfalls wird zunächst ein Restrukturierungs- und Sanierungskonzept im Auftrag des Verbands durch die Mitgliedssparkasse selbst oder von sachkundigen Dritten erstellt.[741] Auf Basis dieses Konzepts können Stützungsmaßnahmen gewährt werden, die allerdings von Auflagen[742] abhängig gemacht werden können, zu deren Erfüllung die Mitgliedssparkasse unverzüglich verpflichtet ist.[743] Art und Umfang der durchzuführenden Stützungsmaßnahmen und der Auflagen werden von dem Verbandsvorstand mit einer Mehrheit von zwei Dritteln seiner Mitglieder bestimmt.[744]

---

738 *Pehla,* Der Haftungsverbund der Sparkassen-Finanzgruppe, S. 157 ff.

739 *Pehla,* Der Haftungsverbund der Sparkassen-Finanzgruppe, S. 158.

740 Zum Ganzen *Pehla,* Der Haftungsverbund der Sparkassenfinanzgruppe, S. 159. Zu Rechtsschutzfragen der Mitgliedsparkasen: S. 160 f.

741 § 13 Abs. 1 Mustersatzung für die Sparkassenstützungsfonds der Regionalverbände.

742 Zur Frage, wie die »Auflagen« im Recht der Nebenbestimmungen zu qualifizieren sind: *Pehla,* Der Haftungsverbund der Sparkassen-Finanzgruppe, S. 173 ff.

743 § 13 Abs. 2 Mustersatzung für die Sparkassenstützungsfonds der Regionalverbände.

744 § 12 Abs. 1 Mustersatzung für die Sparkassenstützungsfonds der Regionalverbände.

Als mögliche Stützungsmaßnahmen werden namentlich die Zuwendung von Haftungsmitteln, auch in Form verlorener Zuschüsse (Eigenkapitalzufuhr), die Übernahme von Garantien oder Bürgschaften sowie verzinslicher Schuldversprechen und die Erfüllung von gegen die Mitgliedssparkasse gerichteten Ansprüchen Dritter gegen Übertragung der Ansprüche auf den Sparkassenstützungsfonds genannt. Gem. Abs. 2 soll die Zuwendung verlorener Zuschüsse den Ausnahmefall bilden. Ferner sind verlorene Zuschüsse auf 10% des Gesamtvolumens des Stützungsfonds und maximal 2% der Bilanzsumme der zu stützenden Sparkasse beschränkt.[745] Als absolute Obergrenze jedweder Stützungsmaßnahme dürfen die gewährten Mittel 25% des Gesamtvolumens des Sparkassenstützungsfonds nicht überschreiten.

Die Stützungsmaßnahmen sind gem. § 3 Abs. 4 der Mustersatzung mit einem Sanierungsvertrag zu verbinden, den der Verbandsvorstand mit der Mitgliedssparkasse vereinbart. Darin sind die Stützungsmaßnahmen, die aufzuwendenden Mittel, die Auflagen und die Dauer der Sanierungsphase sowie die Voraussetzungen geregelt, unter denen die Mitgliedssparkasse zur Rückgewähr von Sanierungsmitteln verpflichtet ist.[746]

Beantragt eine Mitgliedssparkasse während der Laufzeit eines abgeschlossenen Sanierungsvertrags erneut Stützungsmaßnahmen, so liegt satzungsrechtlich gem. § 3 Abs. 4 Mustersatzung ein neuer Stützungsfall vor. Sofern im Sanierungsvertrag in zulässiger Weise davon abweichende Vereinbarungen getroffen wurden, unterliegen diese bei einer Anrufung des überregionalen Ausgleichs der Überprüfung der Erforderlichkeit dieser Vereinbarung durch den gemeinsamen Ausschuss.

II. Reservefonds der nordrhein-westfälischen Verbände

Die nordrhein-westfälischen Sparkassenverbände unterhalten jeweils einen Reservefonds. Anlass für die Errichtung der Reservefonds waren die finanziellen Schwierigkeiten der WestLB AG in den Jahren 2002-2004. Die WestLB AG wies 2002 einen Verlust von 1,7 Mrd. EUR und 2003 einen Verlust von 1,9 Mrd. EUR aus. Da zusätzlich durch den Brüsseler Kompromiss im Juli 2005 die Anstaltslast und die Gewährträgerhaftung wegfallen sollten, ließen die Ratingagenturen erkennen, dass über eine Kapital-

745 Für darüber hinausgehende Summen ist die Einholung einer Stellungnahme des Präsidialauschusses des Deutschen Sparkassen- und Giroverbands e. V. und des Gemeinsamen Ausschusses erforderlich.

746 § 14 Mustersatzung für die Sparkassenstützungsfonds der Regionalverbände.

erhöhung und Garantieerklärungen der Eigentümer der WestLB AG[747] hinaus ein Rating für die WestLB AG im mittleren A-Bereich nur dann zu erwarten sei, wenn die Sparkassen- und Giroverbände neben einer Kapitalerhöhung als Eigentümer »ein materiell unterlegtes Zeichen der Verbundenheit« in Aussicht stellen würden. Da auch der Präsident der BaFin eindringlich vor den Folgen einer Einstufung der WestLB AG unterhalb eines A-Ratings warnte und für diesen Fall bankenaufsichtsrechtliche Maßnahmen ausdrücklich nicht ausschloss, bildeten die beiden nordrhein-westfälischen Verbände im Jahr 2004 jeweils einen Reservefonds mit einem Vermögen von 500 Mio. EUR.[748]

Die erforderlichen Mittel werden durch jährliche Beiträge der Mitgliedssparkassen und festgelegte Zahlungen der WestLB AG sowie der Westdeutschen Immobilienbank AG aufgebracht.

Die Reservefonds schützen jedoch nicht ausschließlich die WestLB AG. Sie haben ähnlich wie die Stützungsfonds der regionalen Verbände die Aufgabe, bei drohenden oder bestehenden finanziellen Schwierigkeiten – insbesondere bei drohender Zahlungseinstellung – von Mitgliedssparkassen, der WestLB AG oder der Westdeutschen ImmobilienBank AG sowie im Interesse der Gläubiger Unterstützungsmaßnahmen zu ergreifen.[749] Sie stehen unabhängig neben den übrigen Sicherungseinrichtungen der Sparkassen-Finanz-

---

747 Die beiden Verbände in NRW haben sich im Sommer 2004 an einer Kapitalerhöhung zugunsten der WestLB AG mit einem Betrag von jeweils 750 Mio. EUR beteiligt. Im Frühjahr 2008 übernahmen sie sodann zusammen mit den Landschaftsverbänden, die ebenfalls an der WestLB AG beteiligt sind, entsprechend ihrer Beteiligungsquote Rückgarantien zugunsten des Landes NRW, das seinerseits Schuldverschreibungen in einem Volumen von 5 Mrd. EUR garantiert hatte, die von der WestLB AG im Zuge der Ausgliederung »toxischer Papiere« auf eine Zweckgesellschaft übertragen wurden. Diese Garantien wurden 2009 um weitere 4 Mrd. EUR erhöht, um die WestLB AG vor den Folgen der Ratingherabstufung bestimmter Wertpapiertranchen abzuschirmen (zu den Hintergründen *Mayen,* in: Dolde u. a., Verfassung – Umwelt – Wirtschaft, 475 m. w. N). Die in diesem Rettungspaket enthaltenen Beihilfen wurde durch eine Kommissionentscheidung zunächst genehmigt (*Europäische Kommisision,* Entsch. v. 12.05.2009 – C 43/2008 (ex N 390/2008) –). Die EU-Kommission hat jedoch mittlerweile das Beihilfeverfahren ausgeweitet. Sie ist der Ansicht, dass die WestLB AG toxische und nichtstrategische Vermögenswerte zu einem unrealistisch hohen Kurs an die Erste Abwicklungsanstalt übertragen habe. Darin liege eine weitere Beihilfe in Höhe von über 3 Mrd. EUR (*Drost/Ludwig,* Handeslblatt v. 8.11.2010, S. 34).

748 Zu den weiteren Hintergründen: *OVG Münster,* Urt. v. 22.06.2009 – 16 A 3137/08 –, Juris: Rn. 1 ff. (Tatbestand nicht abgedr. in DVBl. 2009, 1112 ff.).

749 Ziff. 3 der Satzung für den Reservefonds des Westfälisch-Lippischen Sparkassen- und Giroverbands.

gruppe und stellen eine weitere Sicherungskomponente dar. Die Satzung sieht die Einrichtung eines Reservefondsausschusses vor, der über die Hilfsmaßnahmen im Wege des Institutsschutzes entscheidet.

1. Kompetenz zur Errichtung der Reservefonds

Die Schaffung der Reservefonds als Einrichtung des Verbands ist vom Aufgabenbereich der Verbände gedeckt.[750] Die Verbände durften aufgrund des ihnen zustehenden Ermessensspielraums bei der Wahl der Mittel zur Aufgabenerledigung davon ausgehen, dass der Reservefonds zu einer Sicherung des Sparkassenwesens führt.[751] Der Fonds bezweckt einen Institutsschutz der angeschlossenen Sparkassen, der WestLB AG sowie der Westdeutschen Immobilienbank AG und ferner im Unterschied zu den Stützungsfonds auch einen Schutz der Gläubiger. Die Einbeziehung der WestLB AG in den Institutsschutz liegt im Interesse der Verbände und mittelbar im Interesse der Mitgliedssparkassen, da die Verbände bei Verlusten der Bank oder bei einer Schließung als ehemaliger Gewährträger zur Haftung verpflichtet wären.[752]

Der öffentlich-rechtliche Aufgabenbereich der Sparkassenverbände beschränkt erforderliche Stützungsmaßnahmen zugunsten der WestLB AG auch nicht auf das öffentlich-rechtliche Bankengeschäft, welches inzwischen von der NRW.Bank AöR ausgeführt wird.[753] Auch Stützungsmaßnahmen für Verluste aus dem Geschäftsbankenbereich dürfen durch Stützungsmaßnahmen gedeckt werden. Eine Trennung zwischen diesen beiden Geschäftsbereichen findet gerade nicht statt, da der Geschäftsbereich der Bank ein Mittel zur Umsetzung der öffentlich-rechtlichen Aufgaben einer Staats- und Kommunalbank sowie einer Sparkassengirozentrale ist.[754]

---

750 *OVG Münster,* Urt. v. 22.06.2009 – 16 A 3137/08 –, in: DVBl. 2009, 1112 (1116).

751 Zum Beurteilungsspielraum: *Mayen,* in: Dolde u. a., Verfassung – Umwelt – Wirtschaft, S. 475 (480).

752 Zum Ganzen *VG Münster,* Urt. v. 24.10.2008 – 1 K 2113/07 –, in: NWVBl. 2009, 118 ff.; zustimmend *Mayen,* in: Dolde u. a., Verfassung – Umwelt – Wirtschaft, S. 475 (479).

753 So aber *Böhm,* DÖV 2008, 547 (551), die Stützungsmaßnahmen zugunsten der WestLB AG nur für Verluste aus dem öffentlich-rechtlichen Aufagbenbereich für zulässig erachtet. Stützungsmaßnahmen für Defizite, die im Rahmen der Tätigkeit als treine Geschäftsbank erwirtschaftet wurden, hält sie hingegen für unzulässig.

754 Zum Ganzen *Mayen,* in: Dolde u. a., Verfassung – Umwelt – Wirtschaft, S. 475 (477 f.); zur Begrenzung des Geschäftsbankbereichs einer Landesbank *VerfGH Sachsen,* Urt. v. 28.08.2009 – Vf. 41-I-08 –, Juris Rn. 171 ff.

2. Organisation

a) Reservefonds als Sondervermögen des Verbands

Anders als der Stützungsfonds wird der Reservefonds nicht als »Bestandteil des Vermögens der Verbände«, sondern als »Sondervermögen« bezeichnet.[755] Auch dieses unselbstständige Sondervermögen ist, ebenso wie die Sparkassenstützungsfonds, eine organisatorisch verselbstständigte Einrichtung der Verbände mit eigenen Aufgaben und somit teilweise mit einer nicht-rechtsfähigen Anstalt des öffentlichen Rechts vergleichbar.[756]

b) Reservefondsausschuss

Nach der Satzung über den Reservefonds ist ein Reservefondsausschuss zu bilden, der über das Vorliegen eines Stützungsfalls im Wege des Institutsschutzes und über die zu treffenden Maßnahmen entscheidet. Diesem Reservefonds gehören 13 Mitglieder an. Dies sind fünf kommunale Vertreter sowie fünf Vorstandsvorsitzende von Sparkassen, die Mitglieder des Verbandsvorstands sein müssen, der Verbandsvorsteher sowie das vorsitzende Mitglied und das für die Sparkassen zuständige Mitglied des Vorstands der WestLB AG. Für Entscheidungen ist eine Mehrheit von zwei Dritteln der Mitglieder erforderlich. Dies bedeutet, dass stets 9 Mitglieder eine Entscheidung tragen müssen. Der Leiter der Verbandsprüfungsstelle hat eine beratende Stimme.

Bei dem Reservefondsausschuss handelt es sich um ein Organ des Sondervermögens und damit um ein Unterorgan des Verbands.[757] Entscheidungen dieses Organs werden dem Reservefonds und dessen Entscheidungen dem Verband zugerechnet.

Die Errichtung des Reservefondsausschusses als Organ des Sondervermögens ist mit dem Sparkassengesetz vereinbar, da weder das Sparkassengesetz noch die Satzungen der Verbände Vorgaben dafür enthalten, ob Entscheidungen in neu geschaffenen Einrichtungen durch Verbandsorgane oder durch neu zu schaffende Organe der Einrichtungen getroffen werden

---

755 Ziff. 1. Abs. 1 Satzung über den Reservefonds des Westfälisch-Lippischen Sparkassen- und Giroverbands.

756 Es gelten die gleichen Ausführungen wie zu den Sparkassenstützungsfonds in § 10 E. I. 1.

757 *OVG Münster,* Urt. v. 22.06.2009 – 16 A 3137/08 –, in: DVBl. 2009, 1112 (1116).

müssen. Die Aufzählung der Organe in den Sparkassengesetzen ist auch nicht abschließend.[758]

Die Teilhabe der Mitglieder des Vorstands der WestLB AG in dem Reservefondsausschuss ruft auch keine Bedenken im Hinblick auf das Demokratieprinzip des Art. 20 Abs. 2 GG hervor. Die Entscheidungen des Reservefondsausschusses sind nach dem Prinzip der doppelten Mehrheit ausreichend demokratisch legitimiert. Mit elf der dreizehn Mitglieder verfügen mehr als die Hälfte der Mitglieder über eine ausreichende demokratische Legitimation. Ferner müssen mehr als die Hälfte der demokratisch Legitimierten – mindestens sieben – gemeinsam mit den zwei Vertretern der WestLB AG eine Entscheidung tragen, um die erforderliche Zweidrittelmehrheit von neun Mitgliedern zu erreichen.[759]

Es liegt auch kein Verstoß gegen das Gebot vor, dass wesentliche Entscheidungen durch die Verbandsversammlung als zentrales Kollegialorgan zu treffen sind. Der Reservefondsausschuss setzt nämlich nur diejenigen Entscheidungen um, die durch die Verbandsversammlung in der Reservefondssatzung vorgegeben wurden. Damit liegt ein Beschluss der Verbandsversammlung über wesentliche Regelungen vor. Die Umsetzung dieser Regelungen durch den Ausschuss kann nicht mehr als wesentlich angesehen werden.[760]

Es besteht im Übrigen keine Notwendigkeit der Vertretung aller Mitgliedssparkassen im Reservefondsausschuss. Bei der Zusammensetzung des Ausschusses hat sich die Verbandsversammlung von sachgerechten Kriterien leiten lassen. Sowohl das Sparkassenlager als auch das Lager der Kommunen ist gleichermaßen vertreten. An der Einbeziehung der WestLB AG-Vertreter ist ein sachliches Interesse erkennbar, da auch die WestLB AG in diesen Fonds einzahlt.

---

758 Vgl. § 8 am Anfang. A. A. *Beckmann/Wittmann,* KStZ 2009, 5 (7).

759 *OVG Münster,* Urt. v. 22.06.2009 – 16 A 3137/08 –, in: DVBl. 2009, 1112 (1117); *Mayen,* in: Dolde u. a., Verfassung – Umwelt – Wirtschaft, S. 475 (489); a. A. *Beckmann/Wittmann,* KStZ 2009, 5 (8).

760 *OVG Münster,* Urt. v. 22.06.2009 – 16 A 3137/08 –, in: DVBl. 2009, 1112 (1117); *Mayen,* in: Dolde u. a., Verfassung – Umwelt – Wirtschaft, S. 475 (486 f.); a. A. *Beckmann/Wittmann,* KStZ 2009, 5 (8).

3. Aufgaben

a) Institutsschutz

Institutsschutz ist gem. Ziffer 4 zu gewähren, wenn ein Institut aus eigener Kraft nicht in der Lage ist, einen Verlustausweis zu vermeiden, der geeignet ist, den Bestand des Instituts zu gefährden oder seine Entwicklung wesentlich zu beeinträchtigen. Der Verband kann mit Hilfe des Reservefonds diejenigen Maßnahmen treffen, die erforderlich sind, um die wirtschaftlichen Schwierigkeiten des zu stützenden Instituts zu beheben. Bei der Gewährung von Hilfeleistungen sollen grundsätzlich Besserungsscheine verlangt werden.

Ein Anspruch auf Hilfeleistung besteht nach Ziffer 4 Abs. 4 ausdrücklich nicht. Die Entscheidungen über Hilfsmaßnahmen für einzelne Institute trifft, anders als bei den Stützungsfonds, nicht der Verbandsvorstand, sondern der nach Ziffer 6 der Satzung einzurichtende Reservefondsausschuss mit einer Zweidrittelmehrheit. Der Reservefondsausschuss tritt zusammen, sobald ein Institut einen Antrag auf Gewährung von Hilfsmaßnahmen stellt.[761] Dem Reservefondsausschuss steht bei seiner Entscheidungsfindung über die Frage, wann eine Gefährdung des Instituts in seiner Existenz oder in Bezug auf dessen Entwicklung vorliegt, ein Beurteilungsspielraum zu.[762] Die Frage, ob ein Stützungsfall vorliegt, hängt maßgeblich von wirtschaftlichen Prognoseentscheidungen des weisungsfreien und pluralistisch besetzten Reservefondsausschusses ab. Ferner steht ihm ein Entschließungs- und Auswahlermessen zu.[763]

---

761 Ziff. 6 Abs. 1 Satzung über den Reservefonds des Sparkassenverbands Westfalen-Lippe.

762 *Pehla,* Der Haftungsverbund der Sparkassen-Finanzgruppe, S. 157.

763 Ein Anspruch kann sich folglich nur aus einer Ermessensreduzierung auf Null ergeben. Ob durch die einmalige Inanspruchnahme des Reservefonds durch die Garantieerklärung des Reservefondsausschusses zugunsten der WestLB AG vom 21.01.2008 eine ständige Verwaltungspraxis eingetreten ist, erscheint zweifelhaft. Nachdem die WestLB AG im Jahr 2007 erneut einen Verlust von ca. 1 Mrd. EUR ausweisen musste, beschlossen die Reservefondsausschüsse der beiden Verbände kurzfristige Hilfen in Höhe von jeweils 500 Mio. EUR zur Verfügung zu stellen. Mit Beschluss vom 31.03.2008 hat der Reservefondsausschuss des SVWL sich an der Risikoabschirmung der WestLB AG in Höhe von insgesamt 2 Mrd. EUR entsprechend seiner Beteiligungsquote von 25.1% mit 500 Mio. EUR beteiligt und eine Garantieerklärung abgegeben, die er im Falle der Inanspruchnahme durch Mittel des Reservefonds in Höhe von bis zu 500 Mio. EUR erbringen wird. Auch das Land NRW und der RSGV haben entsprechend ihrer Beteiligungsquote entsprechende Garantieerklärungen abgegeben (OVG Münster, Urt. v. 22.06.2009 –

b) Gläubigerschutz

Nach Ziffer 5 der Satzung »sichert der Reservefonds die Verbindlichkeiten der Institute gegenüber Kunden einschließlich Kreditinstituten, Versicherungsunternehmen und sonstigen institutionellen Anlegern, sowie die verbrieften Verbindlichkeiten«, »unabhängig davon, ob im Einzelfall Institutsschutz gewährt [wurde].«. »Ausgenommen hiervon sind unabhängig von ihrer Restlaufzeit Verbindlichkeiten, die bei den Instituten als Eigenmittelbestandteile i.S.v. § 19 KWG dienen oder gedient haben, wie Vermögenseinlagen stiller Gesellschafter, Genussrechtsverbindlichkeiten sowie nachrangige Verbindlichkeiten.« Sofern Zahlungen an einen Gläubiger durch den Reservefonds oder einen Beauftragten geleistet werden, die nach Ziffer 3 Abs. 3 der Satzung ausdrücklich zulässig sind, sieht Ziffer 5 Abs. 2 der Satzung vor, dass »dessen Forderungen gegen das Institut in entsprechender Höhe mit allen Nebenrechten Zug um Zug auf den Verband als Träger des Reservefonds über[gehen]«.

Die Regelung über den Gläubigerschutz in Ziffer 5 der Satzung sichert Ansprüche der Gläubiger, also solche von verbandsfremden Dritten gegen die benannten Institute. Dadurch findet eine unmittelbare Geltungserstreckung der Satzungen der Reservefonds auf Nichtmitglieder des Verbands durch eine Erweiterung der Berechtigten statt.[764] Dies ist zulässig, da die Schaffung von Sicherungseinrichtungen vom gesetzlichen Aufgabenbereich der »Förderung des Sparkassenwesens« erfasst wird und die Einbeziehung der Gläubiger in einem engen Sachzusammenhang zu dieser Aufgabe

16 A 3137/08 –, Juris Rn. 6 (Tatbestand ist nicht in DVBl. 2009, 1112 ff. abgedruckt)). Ob eine einmalige Entscheidung zur Entstehung einer ständigen Verwaltungsentscheidung führen kann, ist fraglich. Selbst wenn man dieses einmalige Handeln ausreichen lassen wollte, ist ein Anspruch dennoch solange zu verneinen, wie nicht klar ist, ob diese Garantien in Anspruch genommen werden. Denn aus der Begrenzung der Mittel des Reservefonds auf 500 Mio. EUR in Ziff. 7 Abs. 1 der Satzung ergibt sich, dass ein Anspruch auf eine Gewährung der Mittel nur dann bestehen kann, wenn noch Mittel vorhanden sind. Aufgrund der Garantieerklärung in entsprechender Höhe sind die Mittel aber derzeit »geblockt«. Ein Direktanspruch der Gläubiger kann deswegen derzeit nicht bestehen. Dazu *Pehla,* Der Haftungsverbund der Sparkassen-Finanzgruppe, S. 157

764 *Ossenbühl,* in: Isensee/Kirchhof, HbStR, Bd. V, § 105 Rn. 34.

steht.[765] Insbesondere ist die Einräumung von Begünstigungen an Nichtmitglieder in einer Satzung unter diesen Umständen nicht zu beanstanden.

Die Regelung über den Gläubigerschutz führt zu einem Direktanspruch der Gläubiger der Institute gegen den Verband. Durch die Formulierung »sichert« bringt der Verband nach objektiver Auslegung zum Ausdruck, dass er für die Erfüllung der Verbindlichkeit der Institute nach dem Vorbild einer akzessorischen Sicherheit des Bürgerlichen Rechts einstehen wird. Aus der Regelungssystematik geht ferner hervor, dass gerade keine Entscheidung des Reservefondsausschusses über die Gewährung von Gläubigerschutz vorgesehen ist, da dessen Kompetenzen auf die Entscheidung über den zu gewährenden Institutsschutz beschränkt sind, Ziffer 6 Abs. 1 der Satzung.

Als Anspruchsvoraussetzungen ist in der Satzung geregelt, dass es sich um einen Anspruch eines Gläubigers gegen eines der benannten Institute handeln muss, der nicht von der Ausnahmeklausel der Ziffer 5 Abs. 1 S. 2 der Satzung erfasst werden darf. Ziffer 5 Abs. 2 der Satzung ist ferner zu entnehmen, dass der Anspruch nur Zug-um-Zug gegen Abtretung der Hauptforderung besteht. Ferner ist gem. Ziffer 7 Abs. 1 der Satzung erforderlich, dass überhaupt noch verfügbare Mittel im Fonds vorhanden sind und nicht bereits die Gesamtsumme in Höhe von 500 Mio. EUR eingesetzt wurde.

Der Satzung lassen sich darüber hinaus keine weiteren Voraussetzungen entnehmen, insbesondere nicht, wann ein Sicherungsfall oder die Durchsetzbarkeit der Forderung gegeben ist. Nach dem Sinn und Zweck des Reservefonds, der sowohl in der Vermeidung der Abwicklung eines Instituts wegen bestehender durchsetzbarer Ansprüche bestimmter Gläubiger als auch in dem unmittelbaren Gläubigerschutz besteht, wird man nicht fordern müssen, dass ein Zwangsvollstreckungsversuch gegen das Institut erfolglos gewesen sein muss. Denn dies würde bedeuten, dass in dem Institut nicht einmal mehr ausreichend verwertbare Masse zur Befriedigung der Gläubiger vorhanden wäre. Eine Rettung des Instituts durch den Gläubigerschutz wäre nicht mehr möglich. Sodann könnte durch die Gewährung von Zahlungen aus dem Fonds die Abwicklung des Instituts nicht verhindert werden. Damit der Verband rechtssicher erkennen kann, dass es sich um eine begründete

765 Zu den Voraussetzungen der unmittelbaren Geltungserstreckung *Schneider,* in: Hefermehl/Nipperdey, Festschrift für P. Möhring, 521 (530); *Papenfuß,* Die personellen Grenzen der Autonomie öffentlich-rechtlicher Körperschaften, S. 175; *Ossenbühl,* in: Isensee/Kirchhof, HbStR, Bd. V, § 105 Rn. 35.

Forderung handelt, wird man allerdings fordern müssen, dass ein vollstreckbarer Titel gegen das Institut vorliegt oder dass das Institut den Anspruch des Gläubigers vorbehaltlos anerkennt.

4. Mittelaufbringung

Gem. Ziffer 7 der Satzung beträgt das Gesamtvolumen des Fonds jeweils 500 Mio. EUR. Es setzt sich aus Barmitteln in Höhe von 250 Mio. EUR und einer Nachschusspflicht in gleicher Höhe zusammen. Die Nachschusspflicht greift ebenso wie bei den Stützungsfonds dann, wenn die Barmittel durch den Eintritt eines Stützungsfalls erschöpft sind und weitere Mittel benötigt werden. Diese ist auf erstes Anfordern und bis zur Höhe des Gesamtvolumens, abzüglich der vor der Hilfeleistung vorhandenen Barmittel, zu leisten.[766]

Der Verband und die WestLB AG führen dem Reservefonds jährlich Teilbeträge in Höhe von 11,75 Mio. EUR zu. Die Westdeutsche Immobilien Bank AG zahlt jährlich 1,5 Mio. EUR, soweit der Fonds nicht das Einzahlungssoll erreicht hat. Die Mittel des Verbands werden auf die Mitgliedssparkassen nach den Regelungen für die Sparkassenstützungsfonds umgelegt.[767] Bei einer substantiellen Gefährdung eines Instituts sieht Ziffer 7 Abs. 3 der Satzung, ebenso wie die Satzung über den Stützungsfonds, eine Härtefallklausel vor.

766 Ziff. 7 Abs. 1 Satzung über den Reservefonds des Sparkassenverbands Westfalen-Lippe.

767 Ziff. 7 Abs. 2 Satzung über den Reservefonds des Sparkassenverbands Westfalen-Lippe.

4. Teil: Beteiligungen

Die regionalen Sparkassenverbände sind an diversen Verbundunternehmen beteiligt. Zu nennen sind bspw. Landesbanken, Landesbausparkassen und LBS-Immobiliengesellschaften, öffentliche Erstversicherungsgruppen, diverse Leasing- und Factoring-Gesellschaften, der Deutsche Sparkassenverlag, die Deutsche Wertpapier Service Bank, der Sparkassen-Broker sowie eine Vielzahl von Kapitalbeteiligungsgesellschaften.[768]

Die bestehenden Beteiligungen sind nicht alle auf eine freiwillige Entscheidung der Verbände zurückzuführen. Die Beteiligungen an den Landesbanken[769], Landesbausparkassen[770] und den Erstversicherungsgrup-

---

768 Diese Aufzählung erhebt keinen Anspruch auf Vollständigkeit.

769 Gem. Art. 3 Abs. 1 S. 1 des bayerischen Landesbankgesetzes war der Sparkassenverband neben dem Freistaat Bayern Träger der BayernLB AöR. Satz 2 ermöglichte jedoch eine Übertragung der Trägerschaft. Von dieser Übertragungsmöglichkeit wurde Gebrauch gemacht, indem die Trägerschaft auf die BayernLB Holding AG übertragen wurde. Daran ist der Verband zu ca. 6% beteiligt. Gem. § 4 Abs. 1 des Gesetzes über die LBBW ist der Sparkassenverband Baden-Württemberg Träger der Bank. Gem. Abs. 6 kann das Stammkapital übertragen werden. Inzwischen hält der Verband noch 40,5%. Gem. Art. 5 Abs. 1 des StVHT ist Inhaber des Stammkapitals der Helaba der Sparkassenverband Hessen-Thüringen. Art. 13 Abs. 3 Nr. 2 StVHT ermöglicht eine Übertragung der Stammkapitalanteile unter bestimmten Voraussetzungen. Der Verband hält noch 85% an der Helaba. Träger der NordLB AöR ist gem. § 3 Abs. 1 StV über die NordLB der SVN, wobei § 3 Abs. 3 eine Übertragungsmöglichkeit vorsieht. Der Sparkassenverband Niedersachsen ist noch zu 37,25% beteiligt. Träger der Landesbank Saarland ist gem. § 32 SpkGSaar auch der Sparkassenverband Saarland, der zu 14,9% beteiligt ist. Gem. § 36 Abs. 5 SpkGSaar kann das Stammkapital jedoch auch hier übertragen werden. An der HSH-Nordbank AG ist der SGVSH zu 5,3% beteiligt. An der Landesbank Berlin AG ist ein regionaler Sparkassenverband nicht beteiligt. Die WestLB AG ist zu je 25,1% in der Hand der Sparkassenverbände in NRW (zur Beteiligung an den Landesbanken *Henneke*, Der Landkreis 2010, 550 (552)). Die Beteiligungsstruktur an den Landesbanken wird sich in den kommenden Jahren jedoch verändern. So sehen die Auflagen der EU-Kommission für die Beihilfen zugunsten der WestLB AG beispielsweise vor, dass die öffentlichen Anteilseigner ihre Beteiligungen verkaufen. Die BayernLB und die Helaba müssen wegen Beihilfen aufgrund von Vorgaben der EU-Kommission ebenfalls privatisiert werden. Gegen diese Auflagen hat der SVWL jedoch vor dem EuGH eine Klage eingereicht (http://www.rundschau-online.de/html/artikel/1246895336347.shtml, zuletzt abgerufen am 15.11.2010).

770 Es gibt 10 Landesbausparkassen: LBS Bayerische Landesbausparkasse (gem. Art. 28 Abs. 1 des Gesetzes über die Bayerische Landesbank unselbstständige Abteilung innerhalb der Bank); LBS Norddeutsche Landesbausparkasse Berlin-Hannover (die gemeinsame Anstalt des öffentlichen Rechts der Länder Niedersachsen und Berlin wird zukünftig zu einer Anstalt des Landes Niedersachsen. Der Staatsvertrag wurde bereits aufgehoben. Träger war bisher zu 44% der SVN); LBS Landesbausparkasse

pen[771] der Sparkassen resultieren zum Teil aus gesetzlich angeordneten Trägerschaften an den ursprünglich als öffentlich-rechtliche Anstalten organisierten Unternehmen. Teilweise wurden diese Unternehmen mittlerweile in Aktiengesellschaften, die Trägeranteile in Aktienanteile umgewandelt. Sofern die Unternehmen noch heute als öffentlich-rechtliche Anstalten existieren, sehen viele Gesetze heute eine Übertragungsmöglichkeit der Trägerschaft vor.

Die Verbände dürfen sich nach ihren Satzungen[772] unter bestimmten Voraussetzungen an weiteren Unternehmen und Einrichtungen beteiligen oder diese gründen. Neue Beteiligungsoptionen ergeben sich heute zumeist aus der Aufgabe der Verbände, die Entwicklungen im Finanzdienstleistungsbereich zu beobachten und aus den gewonnenen Erkenntnissen in Zusammenarbeit mit den Mitgliedssparkassen und den Verbundpartnern neue Geschäftsstrategien zu entwickeln. Die Umsetzung dieser Geschäftsstrategien kann die Gründung eines Unternehmens oder die Beteiligung daran erforderlich machen. Ferner wird den Mitgliedssparkassen durch die Gründung von Verbundeinrichtungen die Möglichkeit eingeräumt, neue Trends im Finanzdienstleistungssektor in das Leistungsangebot für die Kunden

---

Bremen AG (Anteilsinhaber: LBS Westdeutsche Landesbausparkasse und Sparkasse Bremen AG); LBS Hessen-Thüringen (gem. Art. 8 Abs. 5 StVHT eine Einrichtung der Helaba); LBS Bausparkasse Schleswig-Holstein – Hamburg AG (Anteilsinhaber SGVSH); LBS Landesbausparkasse Rheinland-Pfalz (gem. § 1 Abs. 1 des Landesgesetzes zur Errichtung des LBS Landesbausparkasse Rheinland-Pfalz als AöR organisiert; Träger sind der SGV RP und der SGV BW); LBS Westdeutsche Landesbausparkasse (gem. § 1 Abs. 1 LBSG NRW eine AöR; Träger sind SVWL und RSGV); LBS Ostdeutsche Landesbausparkasse AG (Anteilsinhaber OSV); LBS Landesbausparkasse Saar (§ 36 Abs. 1 Nr. 4 SpkGSaar, § 5 Abs. 2 S-Landesbank Saar, Abteilung der Landesbank Saar); LBS Baden-Württemberg (gem. § 40 Abs. 1 SpkG BW, § 2 Abs. 1 der Satzung AöR, Träger SGV BW).

771 Zu den 11 Erstversicherergruppen der Sparkassen gehören die folgenden Versicherungsunternehmen: ÖRAG Rechtsschutzversicherungs-AG; Lippische Landes-Brandversicherungsanstalt; Öffentliche Versicherungen Braunschweig; Öffentliche Versicherungen Bremen; Öffentliche Versicherung Oldenburg; Öffentliche Versicherungen Sachsen-Anhalt (ÖSA); Ostfriesische Landschaftliche Brandkasse; Provinzial NordWest Gruppe; Provinzial-Rheinland-Versicherung AG; Sparkassen-Versicherung Sachsen; SV Sparkassenversicherung; Versicherungskammer Bayern; VGH Versicherungen.

772 § 7 S-SVBW; § 3 Abs. 2 Nr. 7 S-SVB; § 9 S-SGVHT; § 6 S-SVN; § 2 Abs. 2 S-RSGV; § 8 Abs. 2 S-SVRP; § 4 Abs. 5 S-SVSaar; § 7 S-SGVSH; § 2 Abs. 5 S-SVWL; § 3 Abs. 2 S-OSV.

aufzunehmen, welche sie allein nicht anbieten könnten.[773] Insbesondere kleinere Sparkassen müssen dadurch nicht hinter aktuellen Entwicklungen im Finanzdienstleistungsbereich zurückbleiben.

§ 11 Beteiligungen an Verbundunternehmen und sonstigen Einrichtungen

A. Voraussetzungen

Zunächst ist formell für die Neugründung von Unternehmen, die Beteiligung daran oder für die Veränderung bestehender Beteiligungen ein Beschluss durch die jeweils zuständigen Verbandsorgane erforderlich.[774] Ein Mehrheitsbeschluss des Organs bindet insoweit alle Mitgliedssparkassen, so dass alle Sparkassen die finanziellen Folgen eines rechtmäßig ergangenen Beteiligungsbeschlusses mittragen müssen.

Materiell zeichnen sich alle Regelungen in den Verbänden durch die Gemeinsamkeit aus, dass die Verbände im Rahmen ihrer Aufgabenstellung zur Förderung der Mitgliedssparkassen und des Sparkassenwesens Beteiligungen eingehen oder Gesellschaften oder Einrichtungen gründen dürfen. Die Zulässigkeit, aber zugleich auch die Grenzen der Beteiligungsmöglichkeiten

---

773 Ein Beispiel aus der Vergangenheit ist die Gründung von Gesellschaften zur Beteiligungsfinanzierung. Durch die Bereitstellung derartiger Verbundeinrichtungen konnten einzelne Sparkassen das Leistungsangebot verbandseigener Kapitalbeteiligungsgesellschaften nutzen und ihren Geschäftskunden Gesamtlösungen in Finanzierungsfragen anbieten, auch wenn sie selbst nicht in Beteiligungsfinanzierungsfragen aktiv waren. Dadurch konnten auch kleine Sparkassen konkurrenzfähige Angebote machen und mussten nicht hinter Entwicklungen im Finanzdienstleistungsbereich zurückbleiben (zu dieser Thematik ausführlich: *Lohmiller,* Kapitalbeteiligungsgesellschaften, S. 152 ff., 220 ff.).

774 § 10 Abs. 1 Nr. 12 S-SVBW: Zuständig ist bei Beteiligungen von mehr als 150.000,- EUR die Verbandsversammlung, darunter gem. § 14 Abs. 1 Nr. 10 S-SVBW der Verbandsvorstand; § 12 Nr. 4 S-SGVHT: Verbandsversammlung; § 9 Abs. 3 lit. e) S-OSV: Verbandsversammlung bei Entscheidungen bis zu 500.000 EUR, ansonsten Verbandsvorstand gem. § 12 Abs. 2 lit. d) S-OSV; § 9 Abs. 4 lit. d) S-RSGV: bei wesentlicher Beteiligung Verbandsversammlung, bei unwesentlicher Verbandsvorstand.§ 11 Nr. 5 S-SVRP: Verbandsversammlung, soweit es eine wesentliche Angelegenheit ist, ansonsten gem. § 14 Abs. 1 Nr. 7 S-RSGV der Verbandsverwaltungsrat; § 9 Abs. 2 Nr. 7 S-SVSaar: Verbandsversammlung; § 13 Abs. 1 Nr. 6 S-SGVSH: Verbandsversammlung; § 6 Abs. 2 lit. d) S-SVWL: Bei wesentlicher Entscheidung Verbandsversammlung, bei unwesentlicher Entscheidung gem. § 9 Abs. 4 lit. c) S-SVWL Verbandsverwaltungsrat.

werden somit durch die Grenzen der Aufgabenzuweisung der Verbände bestimmt.

Auch wenn die Satzungen keine weiteren materiellen Voraussetzungen für den Beteiligungserwerb regeln, müssen die Satzungsregelungen den allgemeinen Grundsätzen des Sparkassenrechts entsprechen.[775] Die Geschäftstätigkeit des Beteiligungsunternehmens muss grundsätzlich einen Bezug zum Verbandsgebiet aufweisen. Auch wenn der räumliche Wirkungskreis grundsätzlich durch die Verbandskompetenz der zusammengeschlossenen Mitglieder begrenzt ist[776], müssen die Unternehmensleistungen nicht ausschließlich auf das Verbandsgebiet beschränkt werden. Es ist auch die Gründung eines oder die Beteiligung an einem Unternehmen möglich, welches über das jeweilige Verbandsgebiet hinweg Leistungen anbietet, sofern dieses Unternehmen ein Angebot gewährleistet, welches die Sparkassen durch die Eingehung eigener Unternehmensbeteiligungen nicht erreichen können.[777] Den sparkassenrechtlichen Grundsätzen folgend darf die Beteiligung ferner nur in haftungsbeschränkter Form erfolgen.[778] Es können alle gesellschaftsrechtlichen Gestaltungsformen gewählt werden, die dies gewährleisten. Ferner darf es den Sparkassen nicht selbst möglich sein, sich direkt an dem Unternehmen zu beteiligen.[779] Diese Voraussetzungen folgen aus dem allgemein im Sparkassenrecht anerkannten Subsidiaritätsprinzip und der im Sparkassenwesen herrschenden Dezentralität. Nach diesen Prinzipien ist der höhere Verband nur dann zuständig, wenn der niedere nicht in der Lage ist, eine Aufgabe wahrzunehmen.[780]

Der Beschluss der Organe des Verbands zur Eingehung einer Beteiligung ist lediglich im Hinblick auf die Einhaltung des Aufgabenbereichs der Sparkassenverbände, der räumlichen Beschränkungen und der Einhaltung des Subsidiaritätsprinzips gerichtlich voll überprüfbar. Sind diese Voraussetzungen erfüllt, können die konkreten Ausgestaltungen der Beteiligung nur eingeschränkt gerichtlich überprüft werden. Das »Ob« der Beteiligung und die Wahl der konkreten haftungsbeschränkten Unternehmensform unterliegen einem Beurteilungsspielraum, da diese Frage von wirtschaftlichen

775 *Lohmiller,* Kapitalbeteiligungsgesellschaften, S. 154, für die Gründung von Kapitalbeteiligungsgesellschaften.

776 *Koenig,* GewArch 1995, 360.

777 *Klüpfel* u. a., SpkG BW, § 36, Anm. IV.

778 *Lohmiller,* Kapitalbeteiligungsgesellschaften, S. 154.

779 *Wittmann,* Der Sparkassenverbund, S. 31.

780 *v. Mutius,* in: Püttner, HbkWP, Bd. 5, S. 464 f.

und politischen Prognosen ebenso abhängig ist, wie von der Einschätzung der in die Entscheidungsgremien entsandten sachkundigen Organmitglieder.

B. Rechtsfolgen

I. Finanzunternehmen i. S. d. § 1 KWG

Aufgrund der Eingehung von Beteiligungen kommt den Verbänden bisher nicht die Eigenschaft eines Finanzunternehmens i. S. d. § 1 Abs. 3 KWG oder eines Finanzholdingunternehmens i. S. d. § 1 Abs. 3a i.V.m. § 1 Abs. 3 S. 1 Nr. 1 KWG zu.[781] Dazu müssten die Verbände Unternehmen darstellen, deren Haupttätigkeit darin besteht, Beteiligungen zu erwerben und zu halten. Ob die Beteiligungstätigkeit die Haupttätigkeit darstellt, ist anhand mehrerer Kriterien festzustellen. Neben dem Anteil der Beteiligungen an den sonstigen Aktiva ist das Verhältnis der Erträge, die aus den Beteiligungen den Verbänden zufließen, im Verhältnis zu den Gesamteinnahmen von Bedeutung. Entfällt mehr als die Hälfte der fraglichen Aktivität auf das Beteiligungsvolumen, spricht dies für einen Schwerpunkt der Beteiligungstätigkeit.[782] Ferner sind die gesetzlichen und satzungsrechtlichen Regelungen über die Aufgabenstellung zu betrachten. Ist der Beteiligungserwerb nicht Hauptzweck, ist dies ein Indiz dafür, dass kein Finanzunternehmen vorliegt.[783] Auch der Personaleinsatz ist von Bedeutung. Sofern nicht ein wesentlicher Teil der Mitarbeiter mit den Beteiligungen beschäftigt ist, spricht dies gegen die Eigenschaft als Finanzunternehmen.[784] Im Zweifelsfall entscheidet in der Praxis die BaFin nach § 4 KWG, ob ein Unternehmen den Vorschriften des KWG unterfällt.

Nach diesen Kriterien kann nicht davon ausgegangen werden, dass der Schwerpunkt der Verbandsarbeit derzeit im Beteiligungserwerb liegt. Der Anteil der Beteiligungen an den sonstigen Aktiva beträgt bei den Verbänden zwar regelmäßig deutlich mehr als 50%. Die Einnahmen bestreiten die Verbände jedoch nur zu einem geringen Anteil aus den Beteiligungen. Auch

---

781 *Gerlach,* ZfgK 2005, 125 (126); die Folge einer Qualifikation als Finanzunternehmen i. S. d. KWG wäre unter anderem, dass die Mitgliedssparkassen ihre Beteiligung an dem Verband gem. § 10 Abs. 6 KWG vom Kern- und Ergänzungskapital abziehen müssten.

782 *Schäfer,* in: Boos/Fischer/Schulte-Mattler, KWG, § 1, Rn. 169; *Schwennicke/Auerbach,* KWG, § 1, Rn. 145.

783 *Schäfer,* in: Boos/Fischer/Schulte-Mattler, KWG, § 1, Rn. 171.

784 *Schwennicke/Auerbach,* KWG, § 1, Rn. 150.

ist nach den Satzungen und den gesetzlichen Regelungen die Beteiligung nicht als Hauptaufgabe anzusehen. Die Beteiligungen sind vielmehr nur als ein Teilaspekt der Verbandsarbeit anzusehen. Zuletzt spricht auch die Tatsache gegen die Annahme eines Finanzunternehmens, dass in den Verbänden nur ein ganz geringer Anteil der Mitarbeiter mit den Beteiligungen befasst ist. So unterhält beispielsweise der Sparkassenverband Westfalen-Lippe eine Beteiligungsabteilung, die nach Auskunft des Verbands mit 12 der insgesamt über 330 Mitarbeiter besetzt ist. Dies sind weniger als 4% aller Beschäftigten.

II. Für die Unternehmensbeteiligungen anzuwendendes Recht

Auch wenn die Sparkassenverbände dem kommunalen Bereich zuzuordnen sind, finden auf von ihnen gegründete Unternehmen die Vorschriften der Gemeinde- und Kreisordnungen über eine wirtschaftliche Betätigung keine Anwendung. In den Kommunalverfassungen ist ausdrücklich klargestellt, dass die Beschränkungen nicht für das öffentliche Sparkassenwesen gelten.[785] Davon erfasst sind auch die Unternehmen und Beteiligungen der Verbände.

Vielmehr richten sich die Rechte nach den jeweils für die Gesellschaftsform einschlägigen allgemeinen Gesetzen. Aus diesen Gesetzen ergeben sich für die Verbände Beteiligungsrechte, die ohne eine weitere öffentlich-rechtliche Aufgabenzuweisung geltend gemacht werden können. Das Recht dazu ergibt sich aus den Beteiligungsregelungen in den Verbandssatzungen i. V. m. den für die Gesellschaftsform geltenden gesetzlichen Beteiligungsrechten.[786] Wenn die Satzungen eine Beteiligungsmöglichkeit einräumen, die vom Sparkassengesetz gedeckt ist, dürfen die Verbände grundsätzlich auch sämtliche Befugnisse wahrnehmen und ausüben, die sich aus der Beteiligung ergeben. Die mit der Maßnahme verfolgten Ziele müssen lediglich vom Aufgabenbereich der Verbände gedeckt sein und der Förderung des

785 § 102 Abs. 5 GO BW; Art. 97 Abs. 4 BayGO; § 101 Abs. 5 GO Bbg; § 121 Abs. 9 GO Hessen; § 68 Abs. 4 KommVerfMV; § 108 Abs. 5 GO Nds; § 107 Abs. 6 GO NRW; § 85 Abs. 4 GO RP; § 108 Abs. 7 KSVG Saar; § 97 Abs. 4 GO Sa; § 116 Abs. 6 GO LSA; § 101 Abs. 6 GO SH; § 71 Abs. 3 ThürKO.

786 *OVG Münster,* Urt. v. 22.06.2009 – 16 A 3137/08 –, in: DVBl. 2009, 1112 (1115), zu der Frage, ob der SVWL eine Kapitalerhöhung bei der WestLB AG durchführen durfte, obwohl die Verluste aus dem Geschäftsbereich und nicht dem öffentlich-rechtlichen Förderbereich der Bank stammen.

Sparkassenwesens dienen.[787] Während die Einhaltung des Aufgabenbereichs gerichtlich voll überprüfbar ist, unterliegt die Entscheidung, ob der Verband zur Erreichung der von seinem Aufgabenbereich gedeckten Ziele tätig werden will und welche gesetzlich allgemein zulässigen Mittel er zur Erreichung des Zwecks ergreifen will, erneut einer Einschätzungsprärogative. Diese Entscheidung hängt typischerweise von politischen und wirtschaftlichen Prognosen und Abwägungen ab, die gerichtlich nicht voll überprüfbar sind.[788]

C. Treuhänderische Verwaltung

Die Satzung des Ostdeutschen Sparkassenverbands sieht in § 3 Abs. 2, 3. Fall S-OSV vor, dass der Verband berechtigt ist, Beteiligungen der Mitgliedssparkassen treuhänderisch zu verwalten. Dadurch wird dem Verband ermöglicht, als »Quasi-Holding« für die mit den jeweiligen Verbundpartnern kooperierenden Mitgliedssparkassen die Beteiligungen treuhänderisch zu übernehmen und jeweils nach Maßgabe bestehender oder geplanter Kooperationsverhältnisse zu verwalten.[789]

§ 12 Verband als Träger einer Mitgliedssparkasse

Die Sparkassengesetze der Länder Baden-Württemberg, Bayern, Niedersachsen, Nordrhein-Westfalen und Rheinland-Pfalz sehen vor, dass die Sparkassenverbände die Trägerschaft an einer kommunalen Sparkasse übernehmen können (sog. Verbandssparkasse).[790]

Das Institut der Verbandssparkasse besteht in Bayern schon seit den 30er Jahren. In den anderen Bundesländern wurde es erst in der jüngeren Vergangenheit eingeführt. Der Hintergrund dafür muss zum Teil auch im Zusammenhang mit den Veräußerungsbemühungen der Hansestadt Stralsund gesehen werden. Im Jahr 2003 beabsichtigte die Hansestadt Stralsund, alle

---

787 *OVG Münster,* Urt. v. 22.06.2009 – 16 A 3137/08 –, in: DVBl. 2009, 1112 (1113).

788 Zum Ganzen *OVG Münster,* Urt. v. 22.06.2009 – 16 A 3137/08 –, in: DVBl. 2009, 1112 (1113) m. w. N.

789 Zum Modell einer holdingähnlichen, treuhänderischen Verwaltung: *Koenig,* GewArch 1995, 353 (362).

790 Sofern die Verbandssparkasse eine Ausnahme bleibt, wird diese Lösung vom Deutschen Landkreistag zur Sicherung des dezentral organisierten Sparkassenverbundes als begrüßenswerter und wichtiger Bestandteil des Sparkassenrechts bezeichnet (*Ruge,* ZG 2004, 12, 28).

wesentlichen Vermögenswerte der Sparkasse Stralsund im Wege der Einzelrechtsnachfolge durch einen Asset-Deal an einen privaten Investor zu veräußern, da ein Verkauf der Sparkasse insgesamt durch das Sparkassengesetz ausgeschlossen war. Der Erlös von geschätzten 35 bis 50 Mio. EUR sollte für soziale Aufgaben der Kommune verwandt werden. Die Sparkasse sollte als Folge dieser Verkaufspraxis nur noch als »leere Hülle« übrig bleiben und sodann im Zuge einer Liquidation aufgelöst werden. Als Reaktion auf diesen Versuch – der nach damaligem Recht überwiegend für zulässig erachtet wurde[791] – änderten viele Länder ihr Sparkassenrecht. Um für den Fall, dass ein Träger die freiwillige Selbstverwaltungsaufgabe des Betreibens einer Sparkasse nicht mehr wahrnehmen will, eine flächendeckende kommunale Sparkassenstruktur und die Versorgung der Bevölkerung mit geld- und kreditwirtschaftlichen Leistungen zu sichern, wurde die Liquidation einer Sparkasse erschwert, indem vorrangig Fusionslösungen und zum Teil die Verbandssparkasse in das Gesetz eingefügt wurden.[792]

Der zweite Grund für die Einführung der Verbandssparkasse in jüngerer Zeit war die Schaffung einer vereinfachten Sanierungsmöglichkeit von Sparkassen während einer wirtschaftlichen Schieflage.[793] Dieser Aspekt gewinnt angesichts der jüngsten Finanzkrise und der finanziellen Schwierigkeiten einiger Sparkassen an Gewicht.[794]

Zunächst ist in allen fünf vorgenannten Ländern eine einvernehmliche und freiwillige Übertragung der Trägerschaft durch die Trägerkommune auf den Sparkassenverband vorgesehen (A. I.).[795] In Bayern und Rheinland-Pfalz kann die Trägerschaft auch zwangsweise auf den Verband übertragen werden (A. II.).[796] Sofern die Voraussetzungen für die Übertragung später wegfallen, sieht das Sparkassengesetz Rheinland-Pfalz einen gesetzlichen

---

791 Zu den Hintergründen und der rechtlichen Zulässigkeit des Asset-Deals: *Bredow/ Schick/Liebscher,* BKR 2004, 102; *Koch,* NVwZ 2004, 578 ff.; *Meyer,* NJW 2004, 1700 ff.; *Pautsch,* DÖV 2005, 990, (994); *Niggemeyer,* Zulässigkeit und Grenzen von Sparkassenfusionen, S. 373 ff.; *Thiemann,* Rechtsprobleme der Marke Sparkasse, S. 59 ff.; *Henneke,* Kommunale Sparkassen, S. 119 ff.; a. A. *Geerlings,* NordÖR 2004, 181 (184 f.).

792 Zu den Motiven des Gesetzgebers bspw.: NdS. LT-Drs. 15/1557, S. 9.

793 NRW LT-Drs. 14/6831, S. 48; RP LT-Drs. 15/1932, S. 17.

794 Zu den Hintergründen der finanziellen Schwierigkeiten: *Oebbecke,* in: Henneke, Sparkassen, Landes- und Förderbanken nach der Finanzmarktkrise, 80 (80 f., 87) m. w. N.

795 § 9 SpkG BW; Art. 26 ff. BaySpkG; § 29 Abs. 4 NdsSpkG; § 38 SpkG NRW; § 25a SpkG RP.

796 Art. 27 BaySpkG; § 25a Abs. 3 SpkG RP.

Rückübertragungsanspruch der ursprünglichen Trägerkommune vor (A. III. 1.). Eine freiwillige Übertragung der Trägerschaft auf die ursprüngliche Trägerkommune und zum Teil auch auf andere Kommunen ist wiederum in allen Ländern möglich (A. III. 2.). In Baden-Württemberg ist darüber hinaus der Beitritt einer Kommune zur Trägerschaft des Verbands ausdrücklich vorgesehen (A. IV.).

Ferner können die Sparkassenverbände in Baden-Württemberg und Bayern als Errichtungskörperschaften einer Verbandssparkasse auftreten, sofern in dem betroffenen Gebiet noch keine Sparkasse existiert (B.).[797]

In Baden-Württemberg kann der Sparkassenverband darüber hinaus zur Trägerschaft einer Kommune an einer kommunalen Sparkasse beitreten (C.).[798]

A. Übertragung der Trägerschaft auf den Sparkassenverband

I. Freiwillige Übertragung

Während die Regelung in Rheinland-Pfalz ausdrücklich die Übertragung auf den Verband »als alleinigen oder weiteren Träger«[799] ermöglicht, wird in den anderen Bundesländern nicht zwischen einer Übertragung eines Teils oder der gesamten Trägerschaft differenziert[800].

1. Voraussetzungen

Die Regelungen sehen einheitlich in *formeller* Hinsicht vor, dass der Verwaltungsrat der betroffenen Sparkasse vor einer Übertragung anzuhören ist[801] und eine schriftliche Vereinbarung mit dem bisherigen Träger und

797 § 1 Abs. 1 Nr. 4 SpkG BW; Art. 28 BaySpkG.

798 § 8 Abs. 2 S. 3 SpkG BW. Im Unterschied zur teilweisen Übertragung der Trägerschaft auf den Verband, wie sie ausdrücklich in Rheinland-Pfalz vorgesehen ist, führt der Beitritt in Baden-Württemberg allerdings nicht zur Änderung der Identität der Sparkasse in eine Verbandssparkasse.

799 § 25a Abs. 1 S. 1 SpkG RP.

800 Nach § 9 Abs. 1 S. 1 SpkG BW, § 29 Abs. 4 NdsSpkG und § 38 Abs. 1 SpkG NRW kann der Träger »*seine* Trägerschaft auf den Sparkassenverband übertragen«, nach Art. 26 Abs. 1 BaySpkG kann der Träger »*die* Trägerschaft auf den Sparkassenverband« übertragen.

801 Diese Anhörung ist nur in Niedersachsen nicht erforderlich.

dem Verband getroffen werden muss, die der Genehmigung der Aufsichtsbehörde unterliegt.[802]

Das Anhörungsrecht des Verwaltungsrats ist als bloße Verfahrensvorschrift ausgestaltet und beinhaltet kein Interventionsrecht. Die Genehmigung der Rechtsaufsichtsbehörden darf den Grundsätzen der Rechtsaufsicht folgend nur aus Rechtsgründen versagt werden. Eine Zweckmäßigkeitskontrolle ist mit dem Selbstverwaltungsrecht der Kommunen aus Art. 28 Abs. 2 GG nicht vereinbar.

Auf der Seite der übertragenden Körperschaft ist im Übrigen nach den jeweiligen Kompetenzverteilungen in den Gemeinde- und Kreisordnungen sowie in den Gesetzen über die kommunale Gemeinschaftsarbeit ein Beschluss des Hauptorgans mit den jeweils vorgeschriebenen Mehrheiten erforderlich.[803]

Materielle Vorgaben enthalten nur die Regelungen in Baden-Württemberg, Nordrhein-Westfalen und in Rheinland-Pfalz. Diese sehen ausdrücklich vor, dass die Übertragung nur aus Gründen des öffentlichen Wohls erfolgen darf.[804] In Nordrhein-Westfalen und Rheinland-Pfalz ist die Übertragung ferner nur auf Zeit zulässig.[805]

Gründe des öffentlichen Wohls sind gegeben, wenn die nachhaltige Erfüllung des öffentlichen Auftrags der Sparkassen gefährdet ist, weil die für die flächendeckende Versorgung erforderliche Geschlossenheit des Sparkassensystems in Gefahr geraten könnte.[806] Der Sparkassenverband hat im Übrigen in diesen Ländern stets zu überprüfen, ob die Erfüllung dieses Ziels nicht durch andere Maßnahmen, die den kommunalen Charakter des Sparkassenwesens erhalten können, sichergestellt werden kann. Die Übernahme

---

802 § 9 SpkG BW; Art. 26 BaySpkG; § 29 Abs. 4 NdsSpkG; § 38 Abs. 1 SpkG NRW; § 25a SpkG RP.

803 Die erforderlichen Mehrheiten für eine Aufgabenänderung sind in den Gesetzen über die kommunale Gemeinschaftsarbeit nicht einheitlich ausgestaltet. Sie reichen von einer einfachen Mehrheit bis hin zur Einstimmigkeit. Art. 44 Abs. 1 S. 1 BayKommZG und § 21 Abs. 2 GkZ BW erfordern eine Zweidrittelmehrheit, sofern die Verbandssatzung keine höheren Grenzen oder Einstimmigkeit vorschreibt. § 17 Abs. 1 NKomZG überlässt hingegen den Verbänden die Regelung der erforderlichen Mehrheiten. § 20 Abs. 1 S. 2 GkG NRW erfordert Einstimmigkeit. § 6 Abs. 3 ZwVG RP erfordert eine Zweidrittelmehrheit.

804 § 9 Abs. 2 S. 1 SpkG BW; § 38 Abs. 1, 2 S. 1 SpkG NRW; § 25a Abs. 2 SpkG RP.

805 § 38 Abs. 1 S. 1 SpkG NRW; § 25a Abs. 2 SpkG RP.

806 *Klüpfel u. a.*, SpkG BW, § 9, Anm. II, 1.

der Trägerschaft stellt somit eine ultima-ratio-Lösung dar. Diese soll das Regel-Ausnahme-Verhältnis von kommunalen und Verbandssparkassen unterstreichen und den grundlegenden Charakter der Sparkasse als Einrichtung der kommunalen Daseinsvorsorge erhalten.[807]

Der genaue Umfang der in Nordrhein-Westfalen und Rheinland-Pfalz erforderlichen zeitlichen Befristung lässt sich zumeist nicht von vornherein festlegen, sondern hängt bspw. von den Fortschritten eines Sanierungsprozesses ab.[808] Wegen dieser zeitlichen Ungewissheit bedarf es in der Vereinbarung keiner Angabe eines genauen Zeitpunkts für die Rückübertragung. Es muss vielmehr als ausreichend erachtet werden, wenn in dem Vertrag ein Anspruch der Kommune auf Rückübertragung bei abgeschlossenem Sanierungsprozess festgeschrieben und ein grober Zeitraum für die Sanierung angegeben wird. Mit dieser Sicht stimmen die Motive des Gesetzgebers überein, da dieser selbst die Rückübertragung regelmäßig erst dann als erforderlich ansieht, wenn der Sanierungsprozess abgeschlossen oder soweit fortgeschritten ist, dass die Erfüllung des öffentlichen Auftrags nicht mehr gefährdet erscheint.[809]

2. Rechtsfolgen der Übertragung

Die Übertragung führt zu einer Rechtsnachfolge. Die Trägerschaft an der Sparkasse geht infolge des Vertragsabschlusses im Rahmen einer Delegation[810] mit dem vereinbarten Übergangsdatum auf den Verband über. Der Sparkassenverband wird infolge der Rechtsnachfolge anstelle der kommunalen Errichtungskörperschaft zum Anstaltsherrn und erlangt die in den Sparkassengesetzen vorgesehenen Rechte und Pflichten des Trägers.

Die Rechtsfolgen des Übergangs sind in den Sparkassengesetzen und Satzungen nur teilweise geregelt. Im Übrigen richten sie sich nach den vertraglichen Regelungen sowie den allgemeinen Rechtsfolgen bei Zuständigkeitsverlagerungen.[811]

807 BW LT-Drs. 13/1062, S. 19; NRW LT-Drs. 14/6831, S. 48; RP LT-Drs. 15/1932, S. 17.
808 RP LT-Drs. 15/1932, S. 17.
809 NRW LT-Drs. 14/6831, S. 49.
810 Allgemein zur Delegation: *Schenke,* VerwArch 68 (1977), 118 ff.
811 RP LT-Drs. 15/1932, S. 17.

a) Sparkassenverband als neuer Anstaltsherr

Der neue Träger übt die dem Träger nach dem Sparkassengesetz zustehenden Rechte und Pflichten aus. Insbesondere übt der Verband fortan das Satzungsrecht für die Sparkassen aus[812] und bestellt die Mitglieder des Verwaltungsrats, der die Genehmigung für die Bestellung der Vorstände erteilt, die Organe der Sparkasse entlastet und über die Verwendung des Jahresüberschusses entscheidet.

In Rheinland-Pfalz erfolgt die Übertragung der Trägerschaft im Unterschied zu allen anderen Regelungen »treuhänderisch« für den bisherigen Träger.[813] Diese Regelung führt nicht zur Entstehung eines klassischen Treuhandverhältnisses. Während das klassische Treuhandverhältnis – auch wenn weder eine gesetzliche Definition noch ein einheitlicher Begriff der Treuhandschaft in der Literatur vorhanden ist – stets durch eine Kostenerstattungspflicht des Treugebers in Bezug auf die für die Zweckerreichung erforderlichen Kosten des Treuhänders geprägt ist[814], enthält § 25a Abs. 9 S. 2 SpkG RP diesbezüglich eine Spezialregelung. Die Aufsichtsbehörde kann danach im Falle einer durch Rechtsverordnung angeordneten Rückübertragung eine durch die Kommune an den Verband zu leistende Aufwandsentschädigung und einen Wertausgleich für einen möglicherweise eingetretenen Wertzuwachs festlegen. Im Falle einer freiwilligen Rückübertragung sind die Parteien im Rahmen der geltenden Gesetze frei, in dem Übertragungsvertrag eine Aufwandsentschädigung und einen Ausgleich für den Wertzuwachs festzulegen. Diese Regelungen können natürlich schon in dem Übertragungsvertrag für den Fall der Rückübertragung getroffen werden. Die treuhänderische Stellung des Verbands sollte nach dem Willen des

812 Art. 26 Abs. 3 S. 2 BaySpkG regelt dies explizit. In den anderen Bundesländern ergibt sich dies aus den allgemeinen Vorschriften des Sparkassenrechts, § 7 S. 2 SpkG BW, § 6 SpkG NRW, § 4 Abs. 2 RP, § 6 Abs. 2 NdsSpkG.

813 § 25a Abs. 2 SpkG RP.

814 In zivilrechtlich zu beurteilenden Treuhandverhältnissen ist die Treuhand regelmäßig ein Geschäftsbesorgungsverhältnis gem. § 675 BGB, so dass dort ein Anspruch seitens des Treuhänders auf Erstattung der erforderlichen Kosten durch den Treugeber besteht (*Lwoski,* in: Schimansky/Bunte/Lwoski, Bankrechts-Handbuch, Bd. 1, § 37, Rn. 13). Auch im öffentlichen Baurecht ist anerkannt, dass der als Treuhänder tätige Sanierungsträger im eigenen Namen für Rechnung der Gemeinde handelt (*Bauernfeind,* in: Ernst/Zinkahn/Bielenberg, Baugesetzbuch, § 159, Rn. 18). Sofern der Verband als Träger bspw. zur Sanierung einer Sparkasse in Einklang mit den beihilferechtlichen Vorschriften des Art. 107 AEUV finanzielle Mittel zur Rettung einer Sparkasse einsetzt, könnte er diese Mittel in einem klassischen Treuhandverhältnis von der Errichtungskommune zurückverlangen.

Gesetzgebers ferner klarstellen, dass während der zeitlich befristeten Trägerschaft entstehende Vermögensrechte, wie z. B. das Gewinnbezugsrecht, Recht auf Liquidationserlös oder Ausgleichszahlungen aus der Übertragung der Trägerschaft auf weitere Träger, dem bisherigen Träger und nicht dem Sparkassenverband zustehen.[815]

b) *Auswirkungen des Trägerwechsels für die Mitgliedschaft im Sparkassenverband*

Der Trägerwechsel hat Auswirkungen auf die Mitgliedschaft des Altträgers in den Sparkassenverbänden. Eine satzungsrechtliche Regelung besteht diesbezüglich lediglich in § 3 Abs. 4 S-SGVRP. Danach ruht die Mitgliedschaft des Altträgers im Verband für die Zeit der Übertragung der Trägerschaft. Fraglich ist, ob auch in Nordrhein-Westfalen ein Ruhen der Mitgliedschaft des Altträgers wegen der zeitlich befristeten Übertragung anzunehmen ist. Die Satzungen beinhalten keine ausdrückliche Regelung zu dieser Frage. Zu bedenken ist aber, dass in NRW nach Ablauf der Befristung eine Rückübertragung nur auf den Altträger möglich ist und keine Weiterübertragung auf andere Verwaltungsträger vorgesehen ist.[816] Damit liegt eine Art »Anwartschaft« auf die Rückübertragung vor. Dies rechtfertigt es, auch in NRW eine ruhende Mitgliedschaft anzunehmen.

Das Ruhen der Mitgliedschaft zieht ein Ruhen der Mitgliedschaftsrechte nach sich. Da der Altträger die Trägerschaft aber in absehbarer Zeit zurückerhalten wird, ist es sinnvoll, dem Altträger eine Informationsmöglichkeit über die Tätigkeit des Verbands einzuräumen. § 10 Abs. 5 S-SGVRP räumt aus diesem Grund dem Leiter der Verwaltung des Altträgers ein stimmrechtsloses Teilnahmerecht an den Sitzungen der Verbandsversammlung ein. In Nordrhein-Westfalen besteht trotz der zeitlichen Befristung kein ausdrückliches Teilnahmerecht des Altträgers. Die Satzungen der nordrhein-westfälischen Verbände gewähren jedoch dem Vorsitzenden der Verbandsversammlung die Möglichkeit, Dritten die Teilnahme an den Sitzungen zu gewähren, wovon in diesem Fall Gebrauch gemacht werden sollte.[817]

---

815 RP LT-Drs. 15/1932, S. 17. Sollte in den anderen Bundesländern ein Jahresüberschuss während der Trägerschaft des Verbands erzielt werden, sind die allgemeinen Vorschriften entsprechend anzuwenden (§ 31 Abs. 5 SpkG BW; § 21 der bayerischen Sparkassenordnung; § 24 Abs. 2 S. 1 NdsSpkG; § 25 Abs. 3 SpkG NRW).

816 § 38 Abs. 4 SpkG NRW.

817 § 7 Abs. 4 S. 3 S-SVWL; § 7 Abs. 4 S. 2 S-RSGV.

In den Verbänden, in denen keine zeitliche Befristung vorgesehen ist, muss die Übertragung der Trägerschaft zum Ausscheiden aus dem Verband führen, weil die Kommunen nicht mehr die Voraussetzungen der Pflichtmitgliedschaft erfüllen. Es bestehen auch keine Gründe, die eine ruhende Zwangsmitgliedschaft rechtfertigen könnten, da der Altträger mangels einer zeitlichen Befristung nicht zwangsläufig in seine alte Rolle zurückkehren wird. Da weder die Sparkassengesetze noch die Satzungen der betroffenen Verbände eine freiwillige Mitgliedschaft einer Kommune vorsehen, die nicht mehr Träger einer Sparkasse ist[818], kann auch ein freiwilliger Verbleib nach der derzeitigen Rechtslage nicht vereinbart werden. Für das Ausscheiden des Altträgers ist im Gegensatz zum Ausscheiden von Mitgliedern kommunaler Zweckverbände[819] auch kein Beschluss der Verbandsversammlung erforderlich. Die Änderung der Mitgliederanzahl stellt bei kommunalen Zweckverbänden immer auch eine Satzungsänderung dar, weil die Mitgliederbenennung wesentlicher Bestandteil der Satzung ist. Für diese Satzungsänderung ist ein Mitgliederbeschluss mit qualifizierter Mehrheit erforderlich. Diese Regelung kann nicht auf die Sparkassenverbände übertragen werden, da die Anzahl der Mitglieder aufgrund der Zwangsmitgliedschaft nicht auf einem freiwilligen Entschluss basiert und die Mitgliederaufzählung nicht zwingender Bestandteil der Satzung ist.

Der Verband, der die Trägerschaft übernommen hat, wird nicht Mitglied seiner selbst. Die klarstellenden Regelungen in den Satzungen der Sparkassenverbände Baden-Württemberg und Rheinland-Pfalz haben insoweit deklaratorischen Charakter.[820]

c) *Auswirkungen des Trägerwechsels für die Sparkasse*

Auf die Verbandssparkassen finden grundsätzlich die allgemeinen Regeln des Sparkassengesetzes für Sparkassen entsprechende Anwendung.[821] Die Rahmenbedingungen ändern sich demnach nicht. Sofern Regelungen der

818 Vgl. § 5 B.

819 § 21 GKZ BW; § 17 NKomZG; § 20 GkG NRW; § 6 Abs. 2 ZwVG RP.

820 § 2 Nr. 2 S-SVBW; § 3 Abs. 3 S-SVRP.

821 § 9 Abs. 6 SpkG BW; Art. 26 Abs. 2 S. 2 BaySpkG; § 29 Abs. 4 S. 4 NdsSpkG; § 38 Abs. 5 S. 8 SpkG NRW (steht systematisch am Ende des Abs. 5, ist aber wohl als einheitliche Regelung in Form eines Abs. 6 zu lesen); § 25a Abs. 10 SpkG RP.

Sparkassengesetze auf das Hauptorgan des Trägers abstellen, erfüllt die Verbandsversammlung als Hauptorgan des Verbands diese Funktion.[822]

Die Geschäftsgebiete der Verbandssparkassen bleiben nach dem Übergang der Trägerschaft unverändert. Die Verbandssparkasse darf im Gegensatz zur Zweckverbandssparkasse nicht das gesamte Gebiet des neuen Trägers nutzen, sondern nur das des Altträgers. Dies folgt aus dem entsprechend anzuwendenden Regionalprinzip.[823] Während der kommunale Sparkassenzweckverband die Trägerschaft für alle Mitglieder wahrnimmt und damit alle Mitglieder ihren Wirkungskreis auf den Sparkassenzweckverband übertragen, nimmt der Sparkassenverband die Trägeraufgabe im Rahmen einer Delegation für nur eine Kommune wahr. Im Rahmen dieser Delegation tritt der Verband in die Rechtsstellung der delegierenden Gemeinde ein, so dass die ursprünglichen Bindungen des Regionalprinzips erhalten bleiben. In Baden-Württemberg, Nordrhein-Westfalen und Rheinland-Pfalz ist die räumliche Beschränkung auf das Gebiet des Altträgers aus diesem Grund ausdrücklich gesetzlich angeordnet.[824]

Der Wechsel der Trägerschaft hat nach den allgemeinen Grundsätzen des Verwaltungsorganisationsrechts ferner keine Auswirkungen auf den Bestand der Vermögensrechte sowie die rechtlichen Verpflichtungen der Sparkassen, sofern dies nicht durch einen Vertrag ausdrücklich anders geregelt wird. Die Sparkassen sind vollrechtsfähige Anstalten des öffentlichen Rechts.[825] Diese bilden gegenüber dem Anstaltsherrn und jedem Dritten eine selbstständige rechtliche Zurechnungs-, Zuordnungs-, Vermögens- und Haftungseinheit mit eigenem Namen.[826] Damit sind sie selbst und nicht der Anstaltsträger Zuordnungssubjekt für Vermögensrechte und rechtliche Verpflichtungen. Dies gilt auch für die bestehenden Arbeitsverträge der Sparkassenmitarbeiter und andere schuldrechtliche Verpflichtungen der Sparkasse. Lediglich einzelne Vermögensbestandteile können nach Maßgabe einer

822 So ausdrücklich in: § 9 Abs. 6 Nr. 1 SpkG BW; § 23a Abs. 1 S-RSGV; § 6 Abs. 3 lit. i) S-SVWL (die Verbandsversammlung nimmt die Rolle der Vertretung des Trägers bei der Wahl ein).

823 Allgemein zum Regionalprinzip: *Schepers,* Internetbanking und sparkassenrechtliches Regionalprinzip, S. 41 ff.

824 § 9 Abs. 1 S. 3 SpkG BW; § 38 Abs. 1 S. 2 SpkG NRW; § 25a Abs. 4 SpkG RP.

825 § 1 SpkG BW; § 1 SpkG Bremen; § 1 Abs. 1 SpkG Hessen; Art. 3 BaySpkG; § 3 NdsSpkG; § 1 Abs. 1 SpkG NRW; § 1 Abs. 1 SpkG RP; § 1 Abs. 1 S. 1 SpkG Bbg; § 1 Abs. 1 S. 1 SpkG MV; § 1 SpkG Saar; § 1 Abs. 1 S. 2 SpkG Sa; § 1 Abs. 2 SpkG LSA; § 1 Abs. 1 SpkG Thür.

826 *Wolff/Bachof/Stober,* VerwR, Bd. II, § 98 I, Rn. 17.

Vereinbarung auf Dritte übertragen werden.[827] Die bayerische Regelung des Art. 29 BaySpkG, die ausdrücklich bestimmt, dass die Vermögenswerte bei der Sparkasse verbleiben, entfaltet somit nur deklaratorische Wirkung.

Die Trägerschaftsübertragung hat jedoch Auswirkungen auf die Besetzung der Verwaltungsräte. Die Amtszeit der alten Verwaltungsräte endet[828] und es findet eine Neubesetzung statt. Vorsitzender des Verwaltungsrats wird in der Regel der Vorsitzende der Verbandsversammlung.[829] Die weiteren Mitglieder werden im Wesentlichen nach den allgemeinen Regeln von der Verbandsversammlung gewählt.[830] Diese Regelungen werden teilweise ergänzt. In Baden-Württemberg *sollen* und in Nordrhein-Westfalen *müssen* dem Verwaltungsrat Vertreter aus dem Gebiet des bisherigen Trägers angehören, wobei keine Anzahl vorgegeben wurde.[831] In Niedersachsen muss die Hälfte der vom Träger entsandten Mitglieder zur Vertretung einer kommunalen Körperschaft im Geschäftsgebiet der Sparkasse wählbar sein.[832] In Bayern[833] und in Rheinland-Pfalz[834] ist eine Beteiligung von Vertretern aus dem Gebiet des ursprünglichen Trägers gesetzlich nicht vorgeschrieben.[835] In Baden-Württemberg und Nordrhein-Westfalen ist ferner zu beachten, dass Mitglieder des Vorstands räumlich angrenzender Sparkassen und deren Stellvertreter nicht zu Mitgliedern des Verwaltungsrats der Verbandssparkasse bestellt werden dürfen.[836]

3. Vereinbarkeit mit dem Grundgesetz

Die freiwillige Übertragung der Trägerschaft auf einen Sparkassenverband stellt keinen Verstoß gegen das dezentral-kommunale Aufgabenverteilungs-

827 Art. 29 BaySpkG.

828 § 9 Abs. 5 SpkG BW; § 13 Abs. 8 NdsSpkG; § 38 Abs. 5 S. 7 SpkG NRW; § 25a Abs. 4 SpkG RP.

829 § 9 Abs. 5 S. 1 SpkG BW; § 23a Abs. 2 S. 1 S-RSGV; § 12 Abs. 1 NdsSpkG; § 20 Abs. 4 S-SVRP; die Verbandsversammlung kann jedoch regelmäßig auch aus der Mitte der Verbandsversammlung einen anderen Vorsitzenden wählen.

830 § 9 Abs. 5 S. 3 SpkG BW; § 13 Abs. 4 NdsSpkG; § 25a Abs. 6 SpkG RP.

831 § 9 Abs. 5 S. 5 SpkG BW; § 38 Abs. 5 S. 5 SpkG NRW.

832 § 13 Abs. 4 NdsSpkG.

833 Es verbleibt bei Art. 8 Abs. 3 BaySpkG: Der Vertretungskörper des Trägers wählt die Mitglieder aus seiner Mitte.

834 § 25a Abs. 6 SpkG RP: Die allgemeinen Vorschriften gelten mit der Maßgabe, dass die Mitglieder ihren Wohnsitz nicht im Geschäftsgebiet der Sparkasse haben müssen.

835 Zur Vereinbarkeit mit dem Demokratieprinzip: § 13 A. I. 3. b).

836 § 9 Abs. 5 S. 4 2. HS SpkG BW; § 38 Abs. 5 S. 4 SpkG NRW.

prinzip des Art. 28 Abs. 2 GG dar (1). Allerdings ruft die Übertragung Bedenken im Hinblick auf eine hinreichende demokratische Legitimation der Entscheidungsträger der Verbandssparkasse hervor (2).

a) Kein Verstoß gegen das Aufgabenverteilungsprinzip des Art. 28 Abs. 2 GG

Die Übertragung der Sparkassenträgerschaft auf einen Sparkassenverband stellt keinen Verstoß gegen das dezentral-kommunale Aufgabenverteilungsprinzip des Art. 28 Abs. 2 GG dar.

Nach Art. 28 Abs. 2 GG besteht bei kommunalen Selbstverwaltungsaufgaben im Rahmen eines Regel-Ausnahme-Verhältnisses ein Vorrang dezentral-kommunaler Aufgabenwahrnehmung vor einer zentralen oder staatlich determinierten Aufgabenerfüllung. Dieser Aufgabenverteilungsmaßstab steht nicht zur Disposition der Kommune oder des Gesetzgebers, weil er die im Demokratieprinzip wurzelnde Teilhabe aller Gemeindebürger an Verwaltungsentscheidungen der örtlichen Gemeinschaft sichert.[837] Das kommunal-dezentrale Aufgabenverteilungsprinzip ist gewahrt, wenn die Aufgaben im Rahmen einer zulässigen Form der interkommunalen Zusammenarbeit wahrgenommen werden. In diesem Fall kompensieren die Teilhaberechte der aufgabenübertragenden Kommunen den Aufgabenverlust. Die Grenzen der zulässigen kommunalen Gemeinschaftsarbeit werden jedoch überschritten, wenn an die Stelle örtlich-demokratisch legitimierter kommunaler Selbstverwaltungstätigkeit ein staatlicher oder vom Staat mitgetragener und maßgeblich beeinflussbarer Verwaltungsträger tritt, auch wenn die Gemeinde daran beteiligt ist oder dies sogar begrüßt.[838] Sodann liegt eine »Hochzonung« und damit ein rechtfertigungsbedürftiger Eingriff in die Selbstverwaltungsgarantie vor.[839] Dies gilt auch für freiwillige Selbstver-

---

837 *BVerfG,* Beschl. v. 23.11.1988 – 2 BvR 1619/83, 2 BvR 1628/83 –, in: BVerfGE 79, 127 (149 f.); *Dreier,* in: Dreier, GG, Art. 28, Rn. 95, 115 f., 118; *Henneke,* DVBl. 2001, 301 (304).

838 Zum Ganzen *SächsVerfGH,* Urt. v. 23.11.2000 – Vf. 62-II-99 –, in: DVBl. 2001, 293 (297); *Meyer,* NVwZ 2001, 766 ff.

839 *SächsVerfGH,* Urt. v. 23.11.2000 – Vf. 62-II-99 –, in: DVBl. 2001, 293 (298). Der Verfassungsgerichtshof Sachsen hatte im Verfahren zum Sachsen-Finanzverbund über die Rechtmäßigkeit einer Regelung zu entscheiden, welche die Übertragung der Trägerschaft an einer Sparkasse bei Vorliegen eines Sachgrundes auf den Sachsen-Finanzverbund vorsah. Das Land Sachsen war neben den betroffenen Kommunen Mitglied im Finanzverbund. Aufgrund der dem Land Sachsen eingeräumten, weitreichenden Entscheidungskompetenzen war der Finanzverbund als staatlich geprägter,

waltungsaufgaben, die nicht mehr wahrgenommen werden sollen. Es liegt nämlich ein fundamentaler Unterschied vor, ob die betroffene Gemeinde zulässigerweise die kommunalpolitische Entscheidung trifft, die Aufgabe nicht mehr wahrnehmen zu wollen oder ob die Aufgabenzuständigkeit und somit die Eigenverantwortlichkeit der Aufgabenerfüllung auf einen anderen staatlichen Verwaltungsträger »hochgezont« wird.[840]

Der Zusammenschluss der Kommunen und Sparkassen in den Sparkassenverbänden stellt eine zulässige Form der kommunalen Gemeinschaftsarbeit im weiteren Sinne dar. Es liegt kein kondominialer Verwaltungsträger vor, da die Verbände lediglich der Rechtsaufsicht ohne weitergehende Entscheidungsbefugnisse des Landes unterstellt sind. Aufgrund des Ausscheidens des Altträgers aus dem Verband bzw. dem Ruhen der Mitgliedschaft und dem damit einhergehenden Verlust der Beteiligungsrechte wird der Verlust der Aufgabenträgerschaft zwar nicht, wie im kommunalen Zweckverband, durch Beteiligungsrechte im Verband ausgeglichen. Die Übertragung auf einen Verwaltungsträger, an dem die übertragende Kommune nicht beteiligt ist, ist aber auch dem Recht der kommunalen Gemeinschaftsarbeit in Form der delegierenden öffentlich-rechtlichen Vereinbarung nicht fremd.[841] Insofern stellt die Delegation keinen Verstoß gegen Art. 28 Abs. 2 GG dar.

Einer freiwilligen Übertragung steht auch nicht eine Art. 28 Abs. 2 GG zu entnehmende Pflicht zur Wahrnehmung freiwilliger Selbstverwaltungsaufgaben entgegen. Das Bundesverwaltungsgericht entnahm Art. 28 Abs. 2 GG in einem Urteil zur Privatisierung eines Weihnachtsmarktes eine Selbstverwaltungspflicht auch für freiwillige Selbstverwaltungsaufgaben, sofern die Aufgaben in der Vergangenheit über einen längeren Zeitraum wahrgenommen wurden. Es stehe »nicht im freien Ermessen einer Gemeinde, ›freie Selbstverwaltungsaufgaben‹ zu übernehmen oder sich auch jeder Zeit wieder dieser Aufgaben zu entledigen.« Die Gemeinde dürfe sich bei Angelegenheiten des örtlichen Wirkungskreises nicht ihrer gemeinwohlorientierten

kondominialer Verwaltungsträger und nicht mehr als zulässige Form der kommunalen Gemeinschaftsarbeit einzustufen. Die Übertragung war deswegen als Hochzonung und folglich als rechtfertigungsbedürftiger Eingriff in Art. 28 Abs. 2 GG anzusehen.

840 *Henneke,* DVBl. 2001, 301 (304).

841 Zur delegierenden Vereinbarung: *Oebbecke,* in: Mann/Püttner, HbKWP, Bd. 1, § 29, Rn. 64 ff. Wesentliches Merkmal der delegierenden öffentlich-rechtlichen Vereinbarung ist, dass der abgebende Aufgabenträger abschließend von seiner Aufgabenerfüllung frei wird. Er verliert die Zuständigkeit auf Dauer des Bestehens der öffentlich-rechtlichen Vereinbarung.

Handlungsspielräume begeben. Andernfalls hätte es die Gemeinde selbst in der Hand, den Inhalt der kommunalen Selbstverwaltung durch Abstoßen oder Nichtwahrnehmung ihrer ureigenen Aufgaben auszuhöhlen. Sie müsse sich zumindest Einwirkungs- und Steuerungsmöglichkeiten vorbehalten.[842]

Sofern Art. 28 Abs. 2 GG tatsächlich eine solche Pflicht zu entnehmen wäre, stünde diese Pflicht möglicherweise nicht nur einer Privatisierung, sondern auch einer einvernehmlichen Übertragung freiwilliger Selbstverwaltungsaufgaben auf einen öffentlichen Verwaltungsträger entgegen.[843] Zwar ist bei der Übertragung auf einen öffentlich-rechtlichen Träger nicht zwangsläufig der Verlust der Allgemeinwohlorientierung zu befürchten, aber auch dort drohen ein Verlust und eine Aushöhlung der Handlungsspielräume der örtlichen Gemeinschaft, sofern sich die Kommune keine Einwirkungsrechte vorbehält.

Der Auslegung des Bundesverwaltungsgerichts kann jedoch nicht zugestimmt werden.[844] Der Garantie kommunaler Selbstverwaltung kann lediglich die Sicherung eines gemeindlichen Aufgabenbestands und die Sicherung der Eigenverantwortlichkeit der Aufgabenerledigung im Rahmen eines Gesetzesvorbehalts entnommen werden. In diesem Rahmen steht es den Kommunen frei, über das »Ob«, »Wann« und »Wie« der Aufgabenwahrnehmung zu entscheiden.[845] Ferner umfasst die Freiwilligkeit im Rechtssinne die Befugnis sowohl zur Kommunalisierung einer gesetzlich ungeregelten öffentlichen Aufgabe als auch zur Beendigung ungeregelter öffentlicher und bisher freiwillig wahrgenommener Aufgaben.[846] Eine Pflicht zur Aufgabenwahrnehmung kann den Gemeinden allenfalls gesetzlich auferlegt werden oder in Kernbereichen der gemeindlichen Selbstverwaltung bestehen.[847] Dies ergibt sich aus den anerkannten und idealtypisch zu unterscheidenden kommunalen Aufgaben, die sich in freiwillige, pflichtige und Pflichtaufgaben zur Erfüllung nach Weisung bzw. Auftragsangelegenheiten einteilen lassen.[848] Da die Trägerschaft an einer Sparkasse

---

842 *BVerwG,* Urt. v.27.05.2009 – 8 C 10/08 –, in: DVBl. 2009, 1382 (1384).

843 Zu dieser Thematik: *Henneke,* Kommunale Sparkassen, S. 115 ff.

844 *Ehlers,* DVBl. 2009, 1457 ff.; *Schoch,* DVBl. 2009, 1533 (1534); *Henneke,* Kommunale Sparkassen, S. 117.

845 *Schmidt-Aßmann/Röhl,* in: Schmidt-Aßmann/Schoch, Bes. VerwR, 1. Kap., Rn. 19, 35, 38; *Dreier,* in: Dreier: GG, Art. 28, Rn. 114.

846 *Schoch,* DVBl. 2009, 1533 (1535); *Ehlers,* DVBl. 2009, 1456 f.

847 Speziell zu den Sparkassen: *Pautsch,* DÖV 2005, 990 (992); *Niggemeyer,* Zulässigkeit und Grenzen von Sparkassenfusionen, S. 368 ff.

848 *Schoch,* DVBl. 2009, 1533 (1535).

weder zum Kernbereich kommunaler Aufgabenwahrnehmung noch zu den Pflichtaufgaben gehört, besteht in diesem Bereich auch keine Selbstverwaltungspflicht.

b) *Demokratieprinzip*

Vielmehr bestehen bei einer Übertragung auf einen Verwaltungsträger, an dem der übertragenden Kommune keine Mitwirkungsrechte zustehen, Bedenken, ob eine hinreichende demokratische Legitimation der Sparkassentätigkeit gewährleistet ist.[849]

Die durch den Verband entsandten Entscheidungsträger in den Verwaltungsräten handeln infolge der Neubesetzung ohne personelle Legitimation, da sich die Legitimationskette nicht auf das Gemeindevolk der Kommune zurückführen lässt, in der die Sparkasse tätig ist. Der Aufgabenverlust einer Kommune ohne Beteiligung an dem neuen Verwaltungsträger ist zwar auch dem Recht der kommunalen Gemeinschaftsarbeit in Form der delegierenden öffentlich-rechtlichen Vereinbarung nicht fremd.[850] Aber auch dort wird jedenfalls bei unbefristeten oder langjährigen delegierenden Vereinbarungen ein Mangel demokratischer Legitimation gerügt. In diesen Fällen wird gefordert, dass sich die Gemeinde entscheidende Mitwirkungsrechte vorbehalten muss, um die demokratische Rückkopplung zu gewährleisten.[851]

Ob diese Bedenken durch die Wahl einer bestimmten Anzahl von Vertretern des Verwaltungsrats, die aus dem Gebiet des bisherigen Trägers stammen müssen, ausgeräumt werden können, wie es einige Sparkassengesetze vorsehen, erscheint trotz des im Sparkassenbereich abgeschwächt stringenten Gebots demokratischer Legitimation[852] zweifelhaft. Zwar stammen die Personen aus dem betroffenen Gemeindevolk, es fehlt aber nach wie vor an einer Legitimationskette, die auf einen Wahlakt des Gemeindevolks zurückzuführen ist.

---

849 Zum Demokratieprinzip und dem Erfordernis demokratischer Legitimation: § 9 A. IV.

850 Zur delegierenden Vereinbarung: *Oebbecke,* in: Mann/Püttner, HbKWP, Bd. 1, § 29, Rn. 64 ff. Wesentliches Merkmal der delegierenden öffentlich-rechtlichen Vereinbarung ist, dass der abgebende Aufgabenträger abschließend von seiner Aufgabenerfüllung frei wird. Er verliert die Zuständigkeit auf Dauer des Bestehens der öffentlich-rechtlichen Vereinbarung.

851 *Oebbecke,* in: Mann/Püttner, HbKWP, Bd. 1, § 29, Rn. 78.

852 *Tettinger,* Mitbestimmung in der Sparkasse, S. 64 ff.

Möglicherweise können sich die übertragenden Kommunen Vorschlagsrechte in dem koordinationsrechtlichen Übertragungsvertag hinsichtlich der Bestellung der Verwaltungsrats- und der Vorstandsmitglieder einräumen lassen, die vielleicht ein Mindestmaß an demokratischer Legitimation sicherstellen können. Da die Übertragung aber wohl meistens aufgrund von wirtschaftlichen Schwierigkeiten erfolgen wird, ist es eher unwahrscheinlich, dass sich der neue Träger darauf einlassen wird. Gelingt dies nicht, bleibt es bei einem Demokratiedefizit, wie es auch bei der delegierenden öffentlich-rechtlichen Vereinbarung beschrieben wird.[853]

II. Zwangsweise Übertragung der Trägerschaft

1. Voraussetzungen

In Bayern und Rheinland-Pfalz ist die zwangsweise Übertragung der Trägerschaft auf den Verband möglich. In den anderen Ländern ist dies nicht vorgesehen und die zwangsweise Übertragung ist auch nicht unter Zuhilfenahme der aufsichtsrechtlichen Ersatzvornahme konstruierbar, da die Übertragung lediglich eine fakultative und keine obligatorische Handlungsmöglichkeit darstellt.[854]

In Bayern[855] tritt die Umwandlung in eine Verbandssparkasse nach der gesetzlichen Konstruktion an die Stelle einer Zwangsauflösung. Es ist erforderlich, dass durch die Übertragung die Weitererfüllung der gesetzlichen Aufgaben sichergestellt wird und die Sparkasse nicht mehr die Gewähr für die ordnungsgemäße Erfüllung ihrer gesetzlichen oder satzungsgemäßen Aufgabe bietet.[856]

In Rheinland-Pfalz[857] kann die Aufsichtsbehörde dem Träger der Sparkasse im Falle des Nichtzustandekommens eines Vereinigungsvertrags[858] trotz des Vorliegens der Vereinigungsvoraussetzungen eine angemessene Frist zur einvernehmlichen Übertragung der Trägerschaft auf den Verband setzen. Die Vereinigungsvoraussetzungen liegen vor, wenn sie zur Erhaltung oder

853 *Oebbecke*, in: Mann/Püttner, HbKWP, Bd. 1, § 29, Rn. 64 ff. m. w. N.
854 § 48 Abs. 4 SpkG BW i. V. m. § 122 ff. GO BW; § 41 Abs. 1 i. V. m. § 40 Abs. 4 S. 1 SpkG NRW.
855 Art. 27 BaySpkG.
856 Art. 15 BaySpkG.
857 § 25a Abs. 3 SpkG RP.
858 § 22 Abs. 6 S. 3 SpkG RP.

Wiederherstellung der Leistungsfähigkeit einer Sparkasse zum Zweck der Versorgung der Bevölkerung, der Wirtschaft, des Mittelstandes oder der öffentlichen Hand dringend erforderlich ist.[859] Im Falle des fruchtlosen Ablaufs dieser Frist kann die Übertragung sodann zwangsweise im Einvernehmen mit dem für das Kommunalrecht zuständigen Ministerium durch Rechtsverordnung geregelt werden.

Die bayerische Regelung sieht darüber hinaus eine finanzielle Ausgleichspflicht in Bezug auf den Vermögensverlust der übertragenden Kommune vor. Die Parteien müssen sich schriftlich auseinandersetzen. Sofern diese Einigung nicht zustande kommt, kann das Staatsministerium des Innern als Schiedsgericht eine Entscheidung nach billigem Ermessen treffen.[860] In Rheinland-Pfalz ist ein finanzieller Ausgleich hingegen nicht geregelt.

2. Vereinbarkeit mit Art. 28 Abs. 2 GG

Der Entzug der Sparkassenträgerschaft stellt einen Eingriff in den Randbereich der kommunalen Selbstverwaltungsgarantie dar.[861] Dieser kann jedoch durch überwiegende Allgemeinwohlgründe gerechtfertigt werden.[862]

Das Sachgrunderfordernis ist in beiden Ländern durch den Verweis auf die Vereinigungs- oder Auflösungsvoraussetzungen gewahrt. Auch der Vorrang freiwilliger Lösungen wird in Rheinland-Pfalz durch die Ausgestaltung der Zwangsübertagung als ultima ratio gewahrt. Diese ist erst zulässig, wenn die anderen zur Verfügung stehenden Möglichkeiten, wie die Fusion oder die freiwillige Übertragung auf den Verband, auch nach vorhergehender Fristsetzung nicht greifen.

In Bayern wurden der Vorrang freiwilliger Lösungen und das Scheitern kommunaler Lösungen nicht im Gesetz verankert. Da diese Grundsätze aus Art. 28 Abs. 2 GG i. V. m. mit dem Verhältnismäßigkeitsprinzip abzuleiten sind, ist der zu weit gehende Wortlaut im Wege verfassungskonformer Auslegung im vorgenannten Sinne zu reduzieren.

Das Fehlen einer finanziellen Ausgleichsregelung für den Verlust der Trägerschaft in Rheinland-Pfalz stößt auf keine verfassungsrechtlichen

859 § 26 Abs. 6 S. 1 SpkG RP.

860 Art. 27 Abs. 2 BaySpkG.

861 Zur Einordnung der Sparkassentätigkeit als Aufgabe im Randbereich der Selbstverwaltung § 4 B. II. 2. b) aa).

862 Zu den Rechtfertigungsvoraussetzungen § 4 B. II. 2. b) bb).

Bedenken. Eine Ausgleichsregelung wird zwar im Falle einer zwangsweisen Übertragung der Trägerschaft, die zu einem *dauerhaften* Verlust der Selbstverwaltungsaufgabe führt, zum Teil aus Gründen der Verhältnismäßigkeit für erforderlich gehalten.[863] In Rheinland-Pfalz ist ein Vermögensausgleich aber verfassungsrechtlich nicht geboten, weil die Übertragung nur zeitlich befristet erfolgen kann. Im Anschluss daran oder bei Wegfall der Übertragungsvoraussetzungen kann der Altträger die Wiederherstellung des alten Zustands nach § 35a Abs. 9 SpkG RP fordern. Damit führt die Zwangsübertragung der Trägerschaft auf den Verband in Rheinland-Pfalz nicht zu einem dauerhaften Aufgabenentzug. Somit ist gewährleistet, dass die Körperschaft den mit den Aufgaben verknüpften Vermögenswert zurückerhält.

III. Rückübertragung auf eine kommunale Körperschaft

1. Einfachgesetzlicher Rückübertragungsanspruch

Sofern der erforderliche Sachgrund für die Übertragung später wegfällt, kann der ursprüngliche Träger einfachgesetzlich de lege lata nur in Rheinland-Pfalz vorzeitig die Wiederherstellung des ursprünglichen Zustands durch Rechtsverordnung der Aufsichtsbehörde verlangen.[864] Dies gilt sowohl für eine vertragliche als auch für eine durch Verordnung erfolgte Übertragung.[865] In dieser Verordnung kann die Zahlung einer Aufwandsentschädigung oder eines Wertausgleichs für einen eingetretenen Wertzugewinn geregelt werden.[866]

Liegen in Rheinland-Pfalz die Vereinigungsvoraussetzungen zum Zwecke der Wiederherstellung der Leistungsfähigkeit oder zum Zwecke der Versorgung der Bevölkerung vor[867], kann eine Übertragung der Trägerschaft gem. § 25a Abs. 8 SpkG RP vom Verband auf den neuen Träger auch gegen den Willen des Verbands erfolgen, wenn nunmehr eine für die Fusion geeignete Sparkasse gefunden wurde und deren Träger einverstanden

863 Nicht explizit zur Rechtslage in Rheinland-Pfalz, aber in diesem Sinne: *Oebbecke,* LKV 2006, 145 (148 f.); *Schink,* Rechtsnachfolge bei Zuständigkeitsveränderungen, S. 224; *Henneke,* Kommunale Sparkassen, S. 76 f.

864 § 25a Abs. 9 SpkG RP.

865 RP LT-Drs. 15/1932, S. 18.

866 § 25a Abs. 9 SpkG RP.

867 § 22 Abs. 6 SpkG RP.

ist.[868] Für die Übertragung ist auch die Zustimmung des früheren Trägers erforderlich.

2. Freiwillige Rückübertragung

Baden-Württemberg und Nordrhein-Westfalen sehen trotz des Sachgrunderfordernisses einen entsprechenden gesetzlichen Rückübertragungsanspruch nicht vor. Dort kann die Trägerschaft jedoch freiwillig nach Anhörung des Verwaltungsrats auf den früheren Träger zurückübertragen werden, sofern die Aufsichtsbehörde dies genehmigt.[869]

In Bayern und Niedersachsen hat der Gesetzgeber von einer Rückübertragungspflicht abgesehen, weil für die Übertragung weder Sachgründe noch Befristungen vorgesehen sind. Der niedersächsische Gesetzgeber geht zwar davon aus, dass der Verband an einer Rückübertragung ein Interesse haben dürfte[870], konkretisiert dies aber nicht näher. Auch hier ist nach den gesetzlichen Bestimmungen eine freiwillige Rückübertragung möglich.[871]

Es ist den Verbänden, mit Ausnahme derjenigen in Nordrhein-Westfalen, darüber hinaus erlaubt, die Trägerschaft auf einen von der ursprünglichen Trägerkommune zu unterscheidenden Verwaltungsträger durch einen von der Aufsichtsbehörde zu genehmigenden öffentlich-rechtlichen Vertrag nach Anhörung des Verwaltungsrats zu übertragen.[872] In Baden-Württemberg und in Bayern kommen nur kommunale Träger in Frage, die im Gebiet der Verbandssparkasse liegen. Die rheinland-pfälzische Regelung sieht die Rückübertragung auch auf kommunale Träger vor, die außerhalb des Tätigkeitsgebiets der Sparkasse, aber im Bundesland liegen. In Niedersachsen können neben den Kommunen, Landkreisen und Zweckverbänden auch öffentlich-rechtliche juristische Person, die der Aufsicht des Landes unterliegen, neue Träger sein.[873] Ein Gebietsbezug zum Geschäftsbereich der Sparkassen ist nach der Gesetzesfassung nicht erforderlich. Da das Veräußerungsverbot des § 1 Abs. 1 S. 3 NdsSpkG nicht für diesen Fall gilt,

868 RP LT-Drs. 15/1932, S. 18.

869 § 9 Abs. 3 S. 2 SpkG BW; § 38 Abs. 4 SpkG NRW; zur Intention des Gesetzgebers: BW LT-Drs. 13/1062, S. 20.

870 NdS. LT-Drs. 15/1557, S. 9.

871 Art. 30 Abs. 1 S. 1 BaySpkG; § 29 Abs. 4 NdsSpkG.

872 § 9 Abs. 3 S. 1 SpkG BW; Art. 30 BaySpkG; § 30 NdsSpkG; § 25a Abs. 8 SpkG RP.

873 § 30 i. V. m. §§ 1, 30 NdsSpkG.

kann eine Gegenleistung vereinbart werden.[874] Die Übertragung auf eine andere öffentlich-rechtliche juristische Person nach der niedersächsischen Regelung wird regelmäßig eine Hochzonung zur Folge haben, so dass Art. 28 Abs. 2 GG für eine derartige Übertragung das Vorliegen eines rechtfertigenden Sachgrundes erfordert.

In den Fällen, in denen der neue Träger keine räumliche Nähe zum Geschäftsgebiet der Sparkasse aufweist, stellt sich ferner erneut die Frage, ob die Tätigkeit der Sparkassenorgane hinreichend demokratisch legitimiert ist.[875]

IV. Beitritt einer Kommune zur Trägerschaft des Sparkassenverbands

In Baden-Württemberg können Gemeinden, die keine Träger einer Sparkasse sind, gem. § 9 Abs. 4 SpkG BW durch Erklärung gegenüber der Sparkasse mit Genehmigung der Aufsichtsbehörde und Zustimmung der Verbandsversammlung als Träger neben den Verband treten, nachdem dieser zuvor die Trägerschaft übertragen bekommen hat oder aber eine Verbandssparkasse errichtet hat.[876] Mit Rücksicht auf das Regionalprinzip können dies jedoch nur solche Sparkassen sein, die im bisherigen Geschäftsgebiet der Sparkassen tätig sind oder diesem zumindest räumlich sehr nahe stehen und nicht zum Geschäftsgebiet einer anderen Sparkasse gehören.[877]

Die Regelungswirkung des § 9 Abs. 4 SpkG BW erschöpft sich allerdings in einer Klarstellung der allgemeingültigen Regelung des § 8 Abs. 2 SpkG BW. Diese ermöglicht es einer Kommune, die kein Träger einer anderen Sparkasse ist, zur Trägerschaft beizutreten. § 9 Abs. 4 SpkG BW stellt klar, dass dies auch für eine Verbandssparkasse gilt.

B. Errichtung einer Verbandssparkasse

In Baden-Württemberg und Bayern ist vorgesehen, dass die Sparkassenverbände eine Verbandssparkasse in Gemeinden errichten können, in denen keine Sparkasse ihren Sitz hat.[878] Dies ist eine weitere Ausnahme zum

874 NdS. LT-Drs. 15/1557, S. 10.

875 Vgl. § 5 A. IV. 1. a) cc) (2). Die dort dargestellten Probleme und deren Lösungsmöglichkeiten gelten auch hier.

876 § 9 Abs. 4 SpkG BW.

877 *Klüpfel u a.,* SpkG BW, § 9, Anm. IV, 2.

878 § 1 Abs. 1 Nr. 4 SpkG BW; Art. 28 BaySpkG.

Prinzip kommunaler Trägerschaft und soll eine Versorgung sparkassenfreier Räume ermöglichen. Die Errichtung ist in Baden-Württemberg nur mit Zustimmung des Hauptorgans der betroffenen Gemeinde oder des Landkreises, in deren Gebiet die Sparkasse errichtet werden soll, zulässig. Sofern mehrere Gemeinden betroffen sind, bedarf es des Beschlusses jedes Hauptorgans. Die Errichtungen der Sparkassen bedürfen jeweils der Zustimmung der Aufsichtsbehörden. Wird keine Zustimmung erteilt, darf der Verband die Sparkasse nicht errichten. Durch dieses Zustimmungserfordernis wollte der Gesetzgeber das Selbstverwaltungsrecht der Gemeinden schützen.[879]

In Bayern können Verbandssparkassen ebenfalls nur in solchen Gebieten errichtet werden, in denen keine Sparkasse besteht. Eine Zustimmung des Hauptorgans der Gemeinde oder des Kreises ist nicht vorgesehen.

Weitere Sachgrundvoraussetzungen wurden nicht festgeschrieben.

Die Sparkassenverbände können sodann die durch eine Gründung einer Sparkasse erlangte Trägerschaft nach den bereits erläuterten Normen auf andere Träger übertragen.[880] Ferner kann in Baden-Württemberg eine Kommune gem. § 9 Abs. 4 SpkG BW durch Erklärung gegenüber der Sparkasse mit Genehmigung der Aufsichtsbehörde und Zustimmung der Verbandsversammlung als Träger neben den Verband treten.

Die bei einer freiwilligen Übertragung der Trägerschaft auf den Verband dargestellten Bedenken hinsichtlich der personellen demokratischen Legitimation bestehen auch im Falle der Errichtung einer Verbandssparkasse.[881]

C. Beitritt des Sparkassenverbands als weiterer Träger neben einer Kommune

In Baden-Württemberg können die Sparkassenverbände bei einer bestehenden kommunalen Sparkasse freiwillig als weiterer Träger neben den kommunalen Träger treten. Der Beitritt kann bei Vorliegen der materiellen Voraussetzungen für eine Übertragung der Trägerschaft nach § 9 SpkG BW durch Erklärung gegenüber dem Vorstand der Sparkasse erfolgen. Diese Erklärung wiederum bedarf der Zustimmung des Hauptorgans des Trägers und der Rechtsaufsichtsbehörde der Sparkasse.[882] Im Unterschied zur

879 BW LT-Drs. 13/1062, S. 16.
880 *Klüpfel u. a.*, SpkG BW, § 9, Anm. III, 1.
881 Vgl. § 5 A. IV. 1. a) cc) (2).
882 § 8 Abs. 2 SpkG BW.

Übertragung der Trägerschaft auf den Verband führt der Beitritt des Verbands allerdings nicht zur Änderung der Identität der Sparkasse hin zu einer Verbandssparkasse. Die Rechtsfolgen richten sich ausschließlich nach den allgemeinen Regelungen zum Trägerbeitritt und nicht nach den Regeln zur Übertragung der Trägerschaft auf den Verband.[883] Der Verwaltungsrat, Kreditausschuss und Vorstand bleiben im Amt. Wird der Verwaltungsrat infolge der Trägererweiterung durch eine Satzungsänderung der Sparkasse personell erweitert, können nunmehr allerdings auch Mitglieder der Organe des Sparkassenverbands zu weiteren Mitgliedern des Verwaltungsrats bestellt werden.[884]

883 *Klüpfel. u. a.,* SpkG BW, § 8, Anm. II 6.

884 § 8 Abs. 2 S. 4 SpkG BW. Die Satzungsänderung wird noch vom bisherigen Verwaltungsrat beschlossen (*Klüpfel u. a.,* SpkG BW, § 8, Anm. II. 5).

5. Teil: Wirtschafts-/Finanzverfassung

§ 13 Stammkapital

Die Satzungen der Sparkassenverbände sehen vor, dass die Mitgliedssparkassen die Sparkassenverbände mit einem Stammkapital ausstatten.[885] Die jeweilige Stammkapitalhöhe wird durch die Verbandsversammlung beschlossen. Anhand einer, in der Satzung festzulegenden, Bemessungsgrundlage werden die Einzelanteile der Sparkassen am Stammkapital bestimmt. Als Bemessungsgrundlage werden der Gesamteinlagenbestand[886], die Gesamtbilanzsumme[887] oder bestimmte anrechnungsfähige Verbindlichkeiten[888] aller Sparkassen herangezogen. Die Einzelanteile am Stammkapital ergeben sich aus dem Verhältnis des jeweiligen Anteils der Sparkasse an der Bemessungsgrundlage. Um Änderungen der Bemessungsgrundlage berücksichtigen zu können, sehen die Satzungen regelmäßig Neuberechnungen, spätestens nach fünf Jahren, vor.[889] Im Sparkassenverband Saarland wurde darüber hinaus eine Begrenzung eines Einzelanteils auf maximal 32% des Stammkapitals festgelegt.[890]

Wird das Stammkapital durch einen Beschluss der Verbandsversammlung erhöht oder herabgesetzt, so sind die Anteile neu zu berechnen und entsprechende Differenzen auszugleichen. Für neu hinzutretende Sparkassen wird der Einzelanteil nach der erhöhten Bemessungsgrundlage festgesetzt. Sofern sich dadurch Änderungen zugunsten oder zulasten anderer Sparkassen ergeben, ist diese Differenz auszugleichen. Scheidet eine Sparkasse aus dem Verband aus, ermäßigt sich das Stammkapital um ihren Einzelanteil. Das eingezahlte Stammkapital kann von dieser Sparkasse zum nächsten Stichtag zurückgefordert werden.

Eine Besonderheit ist die Stammkapitalregelung in Baden-Württemberg. Im Rahmen der Fusion des Badischen und des Württembergischen Sparkassen-

885 § 5 i. V. m. § 3 Abs. 2 S-SVBW i. V. m. Anlage zu § 3 Abs. 2; § 8a S-SVBay; § 6 S-SVHT; § 8 S-SVN; § 5 S-OSV; § 3 S-RSGV; § 6 S-SVRP; § 5 S-SVSaar; § 8 S-SVSH; § 3, § 24 S-SVWL.

886 § 6 Abs. 3 S-SGVHT; § 8 Abs. 2 S-SVN.

887 § 5 Abs. 2 S-OSV; § 8 Abs. 2 S-SGVSH; § 3 Abs. 2 S-SVWL.

888 § 6 Abs. 2 S-SVRP; § 3 Abs. 2 S-RSGV; § 5 Abs. 2 S-SVSaar.

889 § 6 Abs. 7 S-SHVHT; § 8 Abs. 6 S-SVN; § 3 Abs. 5 S-RSGV; § 6 Abs. 5 S-SVRP; § 5 Abs. 5 S-SVSaar; § 3 Abs. 3, 4 S-SVWL; § 5 Abs. 4 S-OSV.

890 § 5 Abs. 2 S-SVSaar.

verbands wurden die Einzelanteile der bestehenden Sparkassen an dem Stammkapital des neu zu gründenden Sparkassen- und Giroverbands Baden-Württemberg in einer Anlage zu § 3 Abs. 2 S-SGVBW festgeschrieben. Diese Anlage ist Bestandteil der Satzung. Danach bemessen sich die Einzelanteile nach dem Anteil an der Bemessungsgrundlage des ehemaligen Sparkassenverbands, dessen Mitglied die Sparkasse war. Eine Anpassung dieser festgeschriebenen Anteile ist gem. Ziffer 2 der Anlage ausgeschlossen. Sofern die Höhe des Stammkapitals verändert werden sollte, ist in Ziffern 1, 3 der Anlage ein bestimmtes Verhältnis für die Neuberechnung der Einzelanteile festgelegt. Sollte es in der Zukunft zu einer Fusion zwischen einer ehemals badischen und einer ehemals württembergischen Sparkasse kommen, sind gem. Ziffer 4 der Anlage die alten Stammkapitalanteile wegen der unterschiedlichen Bemessungsgrundlage getrennt fortzuführen.

Die Verbandssatzungen sehen in unterschiedlicher Form eine Verzinsung der Einzelanteile am Stammkapital vor. Einige Satzungen sehen vor, dass alle Erträge aus Unternehmensbeteiligungen auf die Stammkapitalanteile ausgeschüttet werden.[891] In anderen Verbandssatzungen[892] ist ein dreistufiges System der Verwendung der Beteiligungserlöse vorgesehen. In einer ersten Stufe sind solange 10% der Erträge in eine Sicherheitsrücklage abzuführen, bis die Sicherheitsrücklage 10% des Stammkapitals erreicht.[893] In einer zweiten Stufe werden aus den verbleibenden Erträgen Beiträge erstattet, welche die Sparkassen aus einer subsidiären Innenhaftung[894] aufbringen mussten. Erst in einer dritten Stufe werden aus einem verbleibenden Ertrag die Stammkapitalanteile verzinst.

891 § 5 Abs. 2 S-SVBW (allerdings beschränkt auf die Erträge aus der Stammkapitalhaltung bei juristischen Personen des öffentlichen Rechts); § 21 S-RSGV; § 24 S-SVWL.

892 § 29 S-SGVHT; § 21 Abs.1 S-SVN; § 23 S-SGVSH. Zur Deckung eines außerordentlichen Bedarfs kann im SGVHT und im SVN auch auf die Erträge aus Unternehmensbeteiligungen zurückgegriffen werden. Sofern die Verbandsversammlungen einen entsprechenden Beschluss fassen, werden lediglich die verbleibenden Mittel zur Verzinsung des Stammkapitals eingesetzt (vgl. § 28 Abs. 5 S-SGVHT; § 9 Abs. 3 S-SVN).

893 Im niedersächsischen Verband wird die Höhe der Rücklage nach Erreichung der 10%-Grenze auf 15% aufgestockt. Sodann sind der Sicherheitsrücklage allerdings nur noch jährlich 5% aus den Beteiligungserlösen zuzuführen, bis die erhöhte Gesamtsumme erreicht ist.

894 Siehe dazu § 15 E. II.

In Rheinland-Pfalz[895] ist ebenfalls die primäre Erstattung etwaiger Haftungsbeiträge und alsdann die Ausschüttung verbleibender Erträge an Mitgliedssparkassen vorgesehen. Die Bildung einer Sicherheitsrücklage ist hingegen fakultativ möglich. Ihr können allerdings erst auf dritter Stufe verbleibende Erträge zugeführt werden.

Die saarländische Verbandssatzung[896] trennt Erträge aus öffentlich-rechtlichen Beteiligungen und kapitalertragssteuerpflichtigen Erträgen. Die kapitalertragssteuerpflichtigen Erträge werden einer Sicherheitsrücklage zugeführt. Die Erträge aus öffentlich-rechtlichen Beteiligungen werden in der ersten Stufe zunächst zur Erstattung von Haftungsbeiträgen und in der zweiten Stufe an die Mitgliedssparkassen ausgeschüttet.

§ 14 Finanzierung der Sparkassenverbandsarbeit

A. Haushaltswirtschaft

Die Sparkassenverbände besitzen als sondergesetzliche Zweckverbände ebenso wie die nach den Kooperationsgesetzen gegründeten Zweckverbände Haushaltshoheit.[897] Während die Gesetze für die kommunale Gemeinschaftsarbeit für die Haushaltswirtschaft der Zweckverbände das Gemeindewirtschaftsrecht für entsprechend anwendbar erklären[898], fehlt in den Sparkassengesetzen eine entsprechende Verweisung.[899] Die Ausgestaltung der Haushaltswirtschaft ist vielmehr der Satzungsautonomie der Verbände vorbehalten.

Die Ausgestaltung der haushaltswirtschaftlichen Satzungsregelungen erfolgte nicht einheitlich. Fünf Verbandssatzungen statuieren die Aufstellung eines Haushaltsplans[900]. Dieser Haushaltsplan muss nach der baden-württembergischen und der schleswig-holsteinischen Satzungsregelung »alle voraus-

---

895 § 27 S-SVRP.

896 § 19 Abs. 1 Nr. 1 S-SVSaar.

897 *Wolff/Bachof/Stober,* Bd. 3, § 96, Rn. 85.

898 § 18 GKZ BW; Art. 40 Abs. 1 KommZG Bayern; § 18 Abs. 1 GkG Bbg; § 18 Abs. 1 KGG Hessen; § 161 Abs. 1 KV MV; § 16 Abs. 2 NdsKomZG; § 18 Abs. 1 GkG NRW; § 15 Abs. 1 SaarlKGG; § 58 Abs. 1 SächsKomZG; § 16 Abs. 1 GKG LSA; § 14 Abs. 1 GKZ SH; § 23 Abs. 1 ThürKGG.

899 Zum Haushaltsrecht der Zweckverbände nach den Gesetzen über die kommunale Gemeinschaftsarbeit *Müller,* Die Finanzierung der Zweckverbände, S. 14 ff.

900 § 25 Abs. 3 S-SVBW; § 27 Abs. 2 S-SGVHT; § 20 Abs. 1 S-SVN; § 18 Abs. 3 S-SVSaar; § 22 Abs. 1 S-SGVSH.

sehbaren Einnahmen und Ausgaben«[901] enthalten. Die übrigen drei Satzungsregelungen beinhalten keine näheren Anforderungen an den Haushaltsplan. Im Unterschied dazu erfordern die rheinland-pfälzische und die ostdeutsche Satzungsregelung die Aufstellung eines Wirtschaftsplans, wobei lediglich die rheinland-pfälzische Regelung vorschreibt, dass der Wirtschaftsplan »Aufwands- und Ertragspositionen« sowie einen Investitionsplan zu enthalten hat.[902] Die ostdeutsche Verbandssatzung erfordert ferner die Fortschreibung der mittelfristigen Unternehmensplanung.[903] Die nordrhein-westfälischen Verbände sehen die Aufstellung von Budgets vor, wobei in der Satzung des westfälisch-lippischen Verbands ebenfalls die Begriffe »Aufwendungen« und »Erträge« zu finden sind.[904]

Der Gebrauch der Begriffe »Haushaltsplan« in Verbindung mit den Begriffen »Ausgaben« und »Einnahmen« sowie »Wirtschaftsplan« in Verbindung mit den Begriffen »Erträge« und »Aufwendungen« legt es nahe, im ersten Fall von einer kameralen und im zweiten Fall von einer doppischen Haushaltswirtschaft auszugehen.[905]

---

901 § 25 Abs. 3 S-SGVBW, wobei die Regelung zusätzlich eine Vermögensaufstellung erfordert; § 22 Abs. 1 S-SGVSH.

902 § 25 Abs. 2 S-SVRP.

903 § 22 Abs. 3 S-OSV.

904 § 19 Abs. 1 S-RSGV; § 22 Abs. 1 S-SVWL.

905 In der *kameralen* Haushaltsführung dient der Haushaltsausgleich allein dem fiskalischen Ziel der Bedarfsdeckung. Die Steuerungsmechanismen sind »Ausgaben« und »Einnahmen«. Als »Ausgaben« wird der gesamte Geldvermögensabfluss aus einem Betrieb bezeichnet, der in einer Periode voraussichtlich kassenwirksam wird. »Einnahmen« sind Geldbeträge, die voraussichtlich in der Periode kassenwirksam als Deckungsmittel zur Haushaltsfinanzierung zufließen (*Heller,* Haushaltsgrundsätze für Bund, Länder und Gemeinden, Rn. 404 ff., zu den Steuerungsgrößen Rn. 433 ff., insbes. Rn. 468; *Budäus,* Die Verwaltung 39 (2006), 187 (190 ff.)). Das HGrG sieht inzwischen ferner die *erweiterte Kameralistik* vor. Danach treten der Ressourcenverbrauch und/oder die Vermögenssicht ergänzend neben die Bedarfsdeckung, indem in einer Kosten-Leistungs-Rechnung der Ressourcenverbauch leistungsbezogen abgebildet werden kann (vgl. § 7 Abs. 3 LHO, § 6 Abs. 3 HGrG; *Heller,* Haushaltsgrundsätze für Bund, Länder und Gemeinden, Rn. 404 ff., zu den Steuerungsgrößen Rn. 504 f.; *Budäus,* Die Verwaltung 39 (2006), 187 (192 f.)). In der *doppischen* Haushaltsführung steht die Sicherung der nominellen Vermögenssubstanz im Vordergrund. Es soll nach dem Prinzip der intergenerativen Gerechtigkeit der gesamte Ressourcenverbrauch in einer Periode gedeckt werden. Die Steuerungsmechanismen sind »Aufwand« und »Ertrag«. Der »Aufwand« bezeichnet den wertmäßigen periodischen Verbrauch von Einsatzgütern. Erfasst werden sowohl Abgänge von Geld als auch Wertminderungen von Vermögensgegenständen (*Budäus,* Die Verwaltung 39 (2006), 187 (193); *Dreyhaupt/Placke,* Verwaltungsrundschau 2009, 153 (154)). Als »Ertrag« wird die wertmäßige Erfassung von Erhöhungen des Eigenkapitals aufgrund von Geschäftsvorfällen bezeichnet, die durch das

Für die Haushaltsplanung gilt nach den Satzungen der Verbände der Grundsatz der Vorherigkeit. Die Verbände sind zur Aufstellung des Haushalts-/Wirtschaftsplans bzw. des Budgets für das nächste Geschäftsjahr verpflichtet.[906] Lediglich die Satzung des bayerischen Verbands enthält darüber keine konkreten Vorgaben. In Baden-Württemberg kann die Aufstellung auch für die nächsten zwei Jahre erfolgen, allerdings nach Jahren getrennt. Bei der Erstellung der Pläne und bei der Führung der Verbandsgeschäfte sind die Verbände überwiegend nach ihren Satzungen den Grundsätzen der Wirtschaftlichkeit und Sparsamkeit verpflichtet.[907]

Der Aufstellung sind regelmäßig eine voraussichtliche Umlageberechnung sowie ein Stellenplan beizufügen. Zum Teil enthalten die Satzungen die zeitliche Vorgabe, dass diese Pläne spätestens sechs Wochen vor Beginn des neuen Geschäftsjahrs vorliegen müssen.[908] Die Pläne und die ggf. weiteren Aufstellungen sind sodann dem verwaltungsleitenden Organ vorzulegen[909], das regelmäßig für die Beschlussfassung über den Haushalt und die Umlage zuständig ist.[910] Im Unterschied zu den nach den Kooperationsgesetzen gegründeten Zweckverbänden erlassen die Sparkassenverbände keine Haushaltssatzung.

Die Satzungen der nordrhein-westfälischen Verbände ermächtigen das verwaltungsleitende Organ darüber hinaus, Grundsätze für den Inhalt, die

---

Ressourcenaufkommen einer Periode beeinflusst werden (*Dreyhaupt/Placke,* Verwaltungsrundschau 2009, 153 (154); vgl. auch *Heller,* Haushaltsgrundsätze für Bund, Länder und Gemeinden, Rn. 417 ff., insbes. Rn. 450). Um den Haushaltsausgleich herbeizuführen, müssen die Erträge die Aufwendungen decken (Zum Ganzen *Pünder,* VerwArch 2008, 102 ff.).

906 § 25 Abs. 3 S-SVBW; § 27 Abs. 2 S-SGVHT; § 20 S-SVN; § 19 S-RSGV; § 25 Abs. 2 S-SVRP; § 18 S-SVSaar; § 22 S-SGVSH; § 22 S-SVWL; § 22 S-OSV.

907 § 27 Abs. 2 S. 2 S-SGVHT; § 25 Abs. 1 S-SVBW; § 19 Abs. 2 S-RSGV; § 25 Abs. 2 S-SVRP; § 18 Abs. 1 S-SVSaar; § 22 Abs. 2 S-SVWL; § 22 Abs. 1 S-OSV.

908 § 27 Abs. 2 S. 1 S-SGVHT; § 20 Abs. 1 S-SVN; § 22 S-OSV; § 19 Abs. 1 S-RSGV; § 22 S-SVWL.

909 Die Satzung des Ostdeutschen Sparkassenverbands erfordert zusätzlich die Vorlage an die Aufsichtsbehörde, § 22 Abs. 3 S-OSV.

910 Vgl. § 8 B. II. Nur im SVRP werden die Beschlüsse durch die Verbandsversammlung herbeigeführt (§ 11 Nr. 6 S-SVRP), im Ostdeutschen Sparkassenverband ist die Verbandsversammlung allein für die Festsetzung der Verbandsumlage zuständig (§ 9 Abs. 2 lit. f) S-OSV), der Wirtschaftsplan wird von dem verwaltungsleitenden Organ beschlossen.

Aufstellung und Ausführung des Budgets zu erlassen.[911] Die Satzung des Sparkassenverbands Westfalen-Lippe enthält Vorgaben für die Unterrichtung über die Einhaltung des Budgets im laufenden Geschäftsjahr. Das geschäftsleitende Organ muss mindestens zweimal den Hauptausschuss des Verbandsverwaltungsrats anhand eines Soll/Ist-Vergleichs über die Einhaltung der Budgetvorgaben informieren. Liegt infolge von Mehraufwendungen oder Mindererträgen eine erhebliche Abweichung vom Budget vor, ist ein Nachtragsbudget vorzulegen.[912]

B. Umlagesystem

Die Sparkassenverbände finanzieren ihre Tätigkeit weit überwiegend durch eine von den Mitgliedssparkassen einzufordernde Umlage. Der Begriff der Umlage wird in Umlagesystemen in unterschiedlicher Weise verwandt. Er bezeichnet zunächst die Umlage als Rechtsinstitut, ferner die Umlagemasse im Sinne des insgesamt auf die Mitglieder zu verteilenden Gesamtbetrags und zuletzt den jeweils von den Mitgliedern zu tragenden Betrag.[913] Die Umlage wird geltend gemacht, sofern der Finanzbedarf nicht durch sonstige Einnahmen bzw. Erträge gedeckt werden kann. Auch wenn die Umlage in den Satzungen der Sparkassenverbände als subsidiäres Finanzierungsmittel konzipiert ist, stellt sie in der Praxis das wesentliche Finanzierungsmittel dar.[914]

In den Sparkassengesetzen und Staatsverträgen sind keine Regelungen oder Vorgaben für die Umlage enthalten. Vielmehr obliegt es den Verbänden, in

911 § 19 Abs. 1 S-RSGV; § 9 Abs. 2 lit. c) S-SVWL. Die auf diese Ermächtigung erlassenen Grundsätze der beiden Verbände enthalten im Wesentlichen konkretisierende Formvorgaben für die im Budget darzustellenden Posten. Ferner sind nach Ablauf des Rechnungsjahrs die Sollwerte den Istwerten gegenüberzustellen und dem Vorstand vorzulegen. Zuletzt ist in beiden Grundsätzen einheitlich geregelt, dass die Geschäftsstelle die Umlagen je nach Bedarf einzieht und die Endabrechnung auf der Grundlage des Jahresabschlusses erfolgt. In den Grundsätzen des RSGV ist ferner geregelt, wie im Falle der Erforderlichkeit der Erhöhung der Verbandsumlagen zu verfahren ist. Sofern infolge von Mehraufwendungen oder Mindererträgen eine Abweichung vom Budget notwendig ist und dies zu einer Erhöhung der Umlage führt, ist ab einer Erhöhung um 2% der Verbandsvorstand unverzüglich zu unterrichten. Ab einer Erhöhung von 4% ist statt der Unterrichtung ein Beschluss des Vorstands über die Änderung der Verbandsumlage erforderlich.

912 § 22 Abs. 1 S-SVWL.

913 Diese Begriffsbestimmung geht zurück auf *Schmidt,* Kommunale Kooperationen, S. 482 f.

914 Zur Finanzierung der Zweckverbände nach den Gesetzen über die kommunale Gemeinschaftsarbeit ausführlich *Müller,* Die Finanzierung der Zweckverbände.

ihrer Satzung Regelungen über die Umlagemasse, den Umlagemaßstab und das Umlageverfahren zu bestimmen. Davon haben die Sparkassenverbände in unterschiedlicher Weise Gebrauch gemacht.[915]

Die Satzungsregelungen unterscheiden sich in der Wahl der Parameter für die Berechnung der Umlagemasse (I.) und in der Wahl des Umlageschlüs-

---

915 § 3 Abs. 3 S-**SVBW**: »Den Aufwand des Verbands, der nicht durch eigene Einnahmen oder aus Beiträgen Dritter oder auf andere Weise gedeckt ist, tragen die Mitgliedssparkassen, und zwar zehn vom Hundert zu gleichen Teilen (Grundbetrag), den Rest im Verhältnis ihrer Anteile an der Bemessungsgrundlage [Abs. 2 S. 4: »Bemessungsgrundlage ist die Summe der Verbindlichkeiten gegenüber Nichtbanken einschließlich Schuldverschreibungen (DSGV-Bilanzstatistik GEWI, Tabelle 1, Spalte 01).«]; § 7 Abs. 1 S-**SVB**: »Die durch eigene Einnahmen nicht gedeckten Kosten der Geschäftsstelle werden (...) nach Maßgabe besonderer vertraglicher Regelung von der Bayerischen Landesbank getragen.« Abs. 3: »Soweit die Kosten der Geschäftsstelle nicht durch die Bayerische Landesbank gedeckt werden, sind sie auf die Sparkassen entsprechend ihrer Verbindlichkeiten aufgrund der im Haushaltsplan genannten Positionen der Bilanzstatistik umzulegen.«; § 10 Abs. 4: »Die Mittel zur Bestreitung der Ausgaben der Prüfungsstelle werden aufgebracht 1. durch laufende Jahresbeiträge der Sparkassen 2. durch Gebühren für die Prüfungstätigkeit 3. durch Umlegung der alsdann noch ungedeckten Kosten auf die Sparkassen.«; § 28 Abs. 1 S-**SGVHT**: »Die Kosten des Verbands werden auf die Mitgliedssparkassen nach dem Verhältnis ihrer Gesamteinlagenbestände, einschließlich der Erlöse aus dem Verkauf von Schuldverschreibungen, die die Mitgliedssparkassen ausgeben (...), umgelegt, soweit zur Deckung der Kosten die eigenen Einnahmen, zu denen vornehmlich die Gebühr für die Inanspruchnahme der Prüfungsstelle und die Kostenbeiträge der Unternehmen, bei denen der Verband Gewährträger ist, nicht ausreichen.«; § 9 Abs. 2 S-**SVN**: »Der im Haushaltsplan des Verbands festgestellte Bedarf wird auf die Mitgliedssparkassen nach dem Verhältnis ihrer Gesamteinlagenbestände und der Erlöse aus dem Verkauf von Sparkassenbriefen und Sparkassenobligationen (...) umgelegt.«; § 23 Abs. 2 S-**OSV**: »Reichen die eigenen Einnahmen nicht aus, wird von den Sparkassen entsprechend (...) dem Verhältnis (...) der Durchschnittsbilanzsumme der Sparkassen eine Umlage erhoben.«; § 20 S-**RSGV**: »Soweit die eigenen Einnahmen des Verbands zur Deckung der Verbandskosten nicht ausreichen, wird von den Mitgliedssparkassen nach dem Verhältnis ihrer anrechnungsfähigen Verbindlichkeiten (§ 3 Abs. 2 S. 2) (...) eine Umlage erhoben.«; § 26 Abs. 2 S-**SVRP:** »Soweit zur Deckung der Aufwendungen die eigenen Erträge des Verbands und der Kostenbeitrag der Bank nicht ausreichen, werden die Aufwendungen des Verbandes auf die Mitgliedssparkassen nach dem Verhältnis ihrer Durchschnittsbilanzsumme zum Gesamtbetrag der Durchschnittsbilanzsummen (...) umgelegt.«; § 20 Abs. 2 S-**SVSaar**: »Zu den durch Einnahmen (§ 19 Abs. 1 Nr. 3) nicht gedeckten Kosten leisten Verbundunternehmen und die Sparkassen Kostenbeiträge. (...) Der Beitrag der Sparkassen wird auf diese nach dem Verhältnis ihrer Einzelanteile am Stammkapital (§ 5 Abs. 2) umgelegt.«; § 9 Abs. 2 S-**SGVSH**: »Zur Deckung der durch die eigenen Einnahmen des Verbands und den Unkostenbeitrag der HSH-Nordbank AG nicht gedeckten Unkosten des Verbands kann von den Mitgliedssparkassen nach dem Verhältnis ihrer Bilanzsumme eine Umlage erhoben werden.«; § 23 Abs. 1 S-**SVWL**: »Soweit die Erträge des Verbands zur Deckung der Aufwendungen nicht ausreichen, wird von den Mitgliedssparkassen nach dem Verhältnis ihrer Bilanzsummen (...) eine Umlage erhoben.«

sels (II.). Das Verfahren zur Festsetzung der Umlagehöhe ist in den Satzungen weitgehend gleich geregelt (III.). Für alle Verbände stellt sich sodann die Frage, ob es eine Höchstgrenze für die Inanspruchnahme der Mitgliedssparkassen gibt (IV.) und ob sich eine kompetenzüberschreitende Aufgabenwahrnehmung auf die Rechtmäßigkeit der Umlageberechnung auswirken kann (V.). Ferner ist für alle Verbände zu klären, ob die Umlagen eine notifizierungspflichtige Beihilfe i. S. d. Art. 107 AEUV darstellen (VI.).

I. Bestimmung der Umlagemasse

Die Umlagemasse – der insgesamt auf die Mitglieder zu verteilende Gesamtbetrag – besteht im Allgemeinen aus dem nicht anderweitig gedeckten Finanzbedarf des Verbands. Die einzelnen Parameter in den Satzungsregelungen zur Bestimmung der Umlagemasse wurden allerdings nicht einheitlich gewählt. Auch stimmen die Parameter nicht immer mit den sonst üblichen Termini für die Steuerungsmechanismen der jeweils gewählten kameralen oder doppischen Haushaltsführung überein.

In einigen Verbandssatzungen wurden als Parameter zur Ermittlung der Umlagemasse »(Verbands-)Kosten« und »Einnahmen« gewählt.[916] Ferner wird auf den nicht durch »Einnahmen« oder anderweitig gedeckten »Aufwand«[917], die »Kosten des Verbands«[918], den »im Haushaltsplan des Verbands festgestellten Bedarf«[919] oder die nicht ausreichenden Einnahmen[920] abgestellt. Lediglich in der rheinland-pfälzischen und in der westfälisch-lippischen Umlageregelung stimmen die gewählten Parameter zur Bemessung der Umlagemasse mit den Steuerungsmechanismen der gewählten doppischen Haushaltsplanung überein. Dort wird die Umlagemasse anhand der nicht durch Erträge gedeckten Aufwendungen bestimmt.[921]

Als sonstige Einnahmen sehen die Satzungen vertraglich vereinbarte Zuschüsse von Verbundunternehmen (1.), die Erhebung von Vorzugslasten und Entgelten von den Mitgliedern (2.), Beteiligungs-, Zins-, und Grundstückserträge (3.) sowie die Aufnahme von Krediten (4.) vor.

916 § 7 Abs. 1 S-SVB; § 20 S-RSGV; § 20 Abs. 2 S-SVSaar; § 9 Abs. 2 S-SGVSH.
917 § 3 Abs. 3 S-SVBW.
918 § 28 Abs. 1 S-SGVHT.
919 § 9 Abs. 2 S-SVN.
920 § 23 Abs. 2 S-OSV.
921 § 26 Abs. 2 S-SVRP; § 23 Abs. 1 S-SVWL.

1. Zuschüsse von Verbundunternehmen

Mit Ausnahme der nordrhein-westfälischen Verbände und des Ostdeutschen Sparkassenverbands sehen die Verbandssatzungen Vereinbarungen der Verbände mit den Landesbanken sowie teilweise anderen Verbundunternehmen – wie den Landesbausparkassen – über einen jährlichen Zuschuss zu den laufenden Kosten des Verbands vor.[922]

2. Erhebung von Vorzugslasten oder privatrechtlichen Entgelten

Die Sparkassenverbände verfügen einheitlich über eine gewisse Finanz- und Abgabenhoheit. Sie dürfen in engen Grenzen Vorzugslasten und Entgelte von Mitgliedern und Dritten für erbrachte Leistungen verlangen, die individuell und konkret zuordnungsfähig sind. Darunter fallen z. B. die Prüfungsgebühren oder die Gebühren/Entgelte für die Ausbildung der Sparkassenmitarbeiter in den Sparkassenakademien. Ziel der Gestaltung der Gebührensatzungen bzw. der Entgeltregelungen ist es, die Kosten der Akademien und der Prüfungsstellen zu decken.[923]

Vorgaben für die Bemessung der Gebühren bzw. der privatrechtlichen Entgelte sind weder in den Sparkassengesetzen noch in den ergänzend heranzuziehenden Gesetzen über kommunale Gemeinschaftsarbeit enthalten. Sofern die Gesetze über die kommunale Gemeinschaftsarbeit jedoch für die Gebührenerhebung durch die Zweckverbände die jeweiligen Kommunalabgabengesetze für anwendbar erklären, gelten diese im Wege der sub-

---

922 § 23 Abs. 9 S-**SVBW**: Zuschuss der LBBW nach Maßgabe einer Vereinbarung; § 7 S-**SVB:** BayernLB trägt einen Teil der ungedeckten Kosten nach Maßgabe einer Vereinbarung; § 28 Abs. 4 S-**SGVHT**: der Verband soll mit allen Verbundunternehmen, an denen er Gewährträger oder Mitgewährträger oder an denen er beteiligt ist, einen laufenden jährlichen Beitrag zu den Kosten des Verbands in angemessener Höhe vereinbaren; § 9 S-**SVN**: NordLB und andere Unternehmen entrichten vertragsmäßig festgelegte Beiträge; § 26 Abs. 1 S-**SVRP**: LBBW entrichtet jährlich zu vereinbarenden angemessenen Beitrag; § 20 Abs. 1 S-**SVSaar**: mit der SAARLAND Versicherungen AG, der Pluscard GmbH und der Landesbank sind Beiträge zu vereinbaren. Der Beitrag der SAARLAND Versicherungen AG kann bis zu 10% und der Beitrag der Pluscard GmbH bis zu 5% der ungedeckten Kosten betragen. Die Landesbank trägt nach einer zu treffenden Vereinbarung bis zu 40% der verbleibenden Kosten. Erst der sodann verbleibende Betrag wird anteilig auf die Sparkassen umgelegt; § 9 Abs. 1 S-**SGVSH**: mit der HSH Nordbank AG zu vereinbarender Beitrag.

923 § 7 Abs. 5 S-SVB; § 21 Abs. 2 S-OSV.

sidiären Anwendung auch für die Gebührenerhebung durch die Sparkassenverbände.[924]

Für die Gebührenbemessung gelten nach dem Kommunalabgabengesetz das Äquivalenz- und das Kostendeckungsprinzip.[925] Ziel des Kostendeckungsprinzips ist es, eine Relation zwischen Gesamtgebührenaufkommen und Gesamtkosten der Aufgaben herzustellen. Erreicht wird das Ziel, indem das Gesamtaufkommen einer Gebühr durch die Höhe der Kosten begrenzt ist, die der öffentlichen Einrichtung durch Erbringung ihrer Leistungen entstehen.[926] Das Äquivalenzprinzip zielt auf die Höhe der jeweils vom Abgabenpflichtigen zu entrichtenden Gebühr ab. Diese darf den Wert des tatsächlichen Vorteils, der dem Abgabepflichtigen zufließt, nicht übersteigen.[927] Der Wert des tatsächlichen Vorteils ist anhand des Wirklichkeitsmaßstabs, hilfsweise nach dem Wahrscheinlichkeitsmaßstab zu bestimmen.[928]

Entgelte, die an zivilrechtlichen Vorschriften zu messen sind, können anstelle von Benutzungsgebühren gefordert werden. Diese werden nicht durch Satzung, sondern aufgrund vertraglicher Regelungen festgesetzt. Sie können auch nicht durch Verwaltungsakt geltend gemacht werden, sondern müssen durch Klage vor den Zivilgerichten durchgesetzt werden. Die Entgelte unterliegen als eine Leistung, die durch einen Vertragschließenden bestimmt wird, der gerichtlichen Billigkeitskontrolle nach § 315 Abs. 1 BGB.[929] Bei Kontrolle des Verteilungsmaßstabs und des Verhältnisses von Leistung und Gegenleistung ist bei der Auslegung des Billigkeitsbegriffs die öffentlich-rechtliche Bindung der Verbände zu berücksichtigen. Die privatrechtliche Ausgestaltung befreit die Verbände nämlich nicht von ihrer öffentlich-rechtlichen Verantwortung. Insbesondere das Gleichbehandlungsgebot und der Äquivalenzgrundsatz entfalten im Rahmen der Billigkeitskontrolle einen begrenzenden Rahmen.[930] Auch die grundlegenden Prinzipien

924 Vgl. Art. 42 Abs. 4 KommZG Bayern; § 19 GkG Bbg; § 20 KGG Hessen; § 19 Abs. 3 GkG NRW.§ 37 Abs. 4 ThürKGG.

925 *Erichsen,* Kommunalrecht NRW, S. 182 f.; *Kirchhof,* in: Isensee/Kirchhof, HbStR, Bd. V, § 119, Rn. 48 f.

926 *Erichsen,* Kommunalrecht NRW, S. 182 f.

927 *Erichsen,* Kommunalrecht NRW, S. 183.

928 *Kirchhof,* in: Isensee/Kirchhof, HbStR, Bd. V, § 119, Rn. 56.

929 *Brüning,* in: Driehaus, KAG, § 6, Rn. 8.

930 *BGH,* Urt. v. 10.10.1991 – III ZR 100/90 –, in: NJW 1992, 171.

öffentlicher Finanzgebarung sind zu beachten, so insbes. auch das für die Gebühren geltende Kostendeckungsprinzip.[931]

3. Beteiligungs-, Zins- und Grundstückserträge

Die Verbände erzielen aus Finanz- und Immobiliengeschäften ebenso Erträge wie aus den zur Förderung des Sparkassenwesens eingegangenen Unternehmensbeteiligungen. Während die Zins- und Grundstückserträge grundsätzlich zur Deckung der laufenden Verbandskosten eingesetzt werden, werden die Erträge aus Unternehmensbeteiligungen, wie z. B. den Beteiligungen an den Landesbanken, Landesbausparkassen, Leasinggesellschaften und anderen Verbundpartnern, nach den Verbandssatzungen regelmäßig nach einem mehrstufigen System zur Bildung einer Sicherheitsrücklage, zur Erstattung von angefallenen Beiträgen zur Innenhaftung und zur Verzinsung des Stammkapitals eingesetzt.[932]

4. Kredite

Kredite können die Verbände nach ihren Verbandssatzungen grundsätzlich nur zur Deckung eines außerordentlichen Bedarfs[933] und nicht zur Deckung der regelmäßig anfallenden Aufwendungen des Verbands einsetzen.[934] Insbesondere sind Kredite als Mittel zur mehrjährigen Finanzierung von erheblichen Investitionen gedacht, die die Umlage ohne die Möglichkeit der Kreditfinanzierung erheblich ansteigen lassen würden.

II. Umlageschlüssel

Die jeweils von den Mitgliedssparkassen zu leistende Umlage richtet sich nach dem gewählten Umlageschlüssel. Durch die Koppelung der Umlagehöhe an eine bestimmte Bemessungsgrundlage wird deutlich, dass die jeweils durch die Mitgliedssparkassen zu leistende Umlage eine Teilschuld i. S. d. entsprechend anzuwendenden § 420 BGB und keine Gesamtschuld i. S. d.

---

931 *BGH,* Urt. v. 5.4.1984 – III ZR 12/83 –, in: NJW 1985, 197 m. w. N.; *Brüning,* in: Driehaus, KAG, § 6, Rn. 8 f.

932 Siehe § 14.

933 § 28 Abs. 5 S-SGVHT; § 9 Abs. 3 S-SVN; § 20 Abs. 2 RSGV; § 26 Abs. 5 SVRP; § 20 Abs. 5 SVSaar; § 9 Abs. 3 SGVSH; § 23 Abs. 2 SVWL; § 23 Abs. 3 S-OSV.

934 Zur Fremdfinanzierung der Verbandsarbeit: *OVG Münster,* Urt. v. 22.06.2009 – 16 A 3137/08 –, in: DVBl. 2009, 1112 (1116).

§ 421 BGB darstellt.[935] Überwiegend wird die gesamte Umlagemasse auf die Mitgliedssparkassen nach dem Verhältnis ihrer Anteile an einer zu einem Stichtag zu bestimmenden Bemessungsgrundlage umgelegt, die vielfach mit der Bemessungsgrundlage zur Ermittlung der Einzelanteile am Stammkapital übereinstimmt.[936]

Die Satzung des baden-württembergischen Sparkassenverbands sieht im Gegensatz zu allen anderen Satzungen vor, dass ein Grundbetrag in Höhe von 10% des ungedeckten Bedarfs von den Mitgliedssparkassen zu gleichen Teilen und die übrigen 90% im Verhältnis ihrer Anteile an der Bemessungsgrundlage umgelegt werden.[937]

Im Übrigen variieren die Umlageregelungen hinsichtlich bestimmter Kosten, die nicht einheitlich umgelegt werden.[938] In manchen Verbänden können besondere, die Gesamtheit der Sparkassen betreffende Kosten nach einem vom Verbandsvorstand festzulegenden Verteilungsschlüssel gesondert umgelegt werden.[939] Andere Verbandssatzungen sehen vor, dass Kosten, die nach sparkassenspezifischen Merkmalen von den Verbänden zu tragen

---

935 *Paulick,* DÖV 2009, 110 (111).

936 § 3 Abs. 3 S-**SVBW**: »zehn vom Hundert zu gleichen Teilen (Grundbetrag), den Rest im Verhältnis ihrer Anteile an der Bemessungsgrundlage« [Abs. 2 S. 4: »Bemessungsgrundlage ist die Summe der Verbindlichkeiten gegenüber Nichtbanken einschließlich Schuldverschreibungen (DSGV-Bilanzstatistik GEWI, Tabelle 1, Spalte 01).«]; § 7 Abs. 1 S-**SVB**: Umlage »entsprechend ihrer Verbindlichkeiten aufgrund der im Haushaltsplan genannten Positionen der Bilanzstatistik«; § 28 Abs. 1 S-**SGVHT**: Umlage nach dem »Verhältnis ihrer Gesamteinlagenbestände, einschließlich der Erlöse aus dem Verkauf von Schuldverschreibungen, die die Mitgliedssparkassen ausgeben«; § 9 Abs. 2 S-**SVN**: Umlage »nach dem Verhältnis ihrer Gesamteinlagenbestände und der Erlöse aus dem Verkauf von Sparkassenbriefen und Sparkassenobligationen«; § 23 Abs. 2 S-**OSV**: Umlage nach dem »Verhältnis (...) der Durchschnittsbilanzsumme der Sparkassen«; § 20 S-**RSGV**: Umlage nach dem »Verhältnis ihrer anrechnungsfähigen Verbindlichkeiten (§ 3 Abs. 2 S. 2); § 26 Abs. 2 S-**SVRP**: Umlage nach dem »Verhältnis ihrer Durchschnittsbilanzsumme zum Gesamtbetrag der Durchschnittsbilanzsummen«; § 20 Abs. 2 S-**SVSaar**: Umlage nach dem »Verhältnis ihrer Einzelanteile am Stammkapital (§ 5 Abs. 2)«; § 9 Abs. 2 S-**SGVSH** und § 23 Abs. 1 S-**SVWL**: Umlage nach dem »Verhältnis ihrer Bilanzsumme«.

937 § 3 Abs. 3 S. 1 S-SVBW.

938 Bsp. § 28 Abs. 1 S. 2 S-SGVHT: Im Sparkassenverband Hessen-Thüringen sind »Kosten, die ihre Ursache in der Finanzierung des Ausgleichsbetrags nach § 24 des Gesetzes über die Neuordnung des öffentlichen Bank- und Sparkassenwesens und über die Neuordnung der Rechtsverhältnisse der Hessen-Nassauischen Versicherungsanstalten in der Fassung vom 8. Februar 1990 (...) haben«, aus der Umlagemasse auszunehmen und »allein von den hessischen Mitgliedssparkassen« zu tragen.

939 § 20 Abs. 4 S-SVSaar; § 9 Abs. 2 S. 4, 5 S-SGVSH.

sind, direkt nach dem geltenden Verteilungsschlüssel auf die Sparkassen umgelegt werden.[940] Darunter fallen bspw. Kosten, die dem Verband für die Mitgliedschaft in anderen Organisationen – wie dem DSGV e. V.[941] – entstehen. Ferner beinhalten manche Satzungen eine Art Härtefallregelung, wonach der Verbandsvorstand besondere Fälle abweichend regeln kann.[942]

III. Verfahren

Anders als bei der Kreisumlage oder der Umlage in kommunalen Zweckverbänden wird die Höhe der Umlage nicht durch eine Satzung festgelegt.[943] Auch die Kommunalabgabengesetze finden auf die Erhebung der Umlagen keine Anwendung. Auch § 36 des sächsischen Kommunalabgabengesetzes, der einige Normen des Kommunalabgabengesetzes auch für Umlagen von sonstigen öffentlich-rechtlichen Körperschaften für anwendbar erklärt, findet auf den Ostdeutschen Sparkassenverband keine subsidiäre Anwendung. Gem. § 7 StVOSV wird für die Rechtsverhältnisse des Ostdeutschen Sparkassenverbands das brandenburgische Landesrecht angewandt. Im GkG Brandenburg ist keine entsprechende Anwendung vorgesehen.

Die Satzungen der Sparkassenverbände sehen vor, dass die Umlageberechnung zusammen mit dem Haushaltsplan dem Verbandsvorstand bzw. dem Verbandsverwaltungsrat[944] oder der Verbandsversammlung[945] zur Beschlussfassung bzw. Festsetzung vorgelegt werden. Die Satzung des Ostdeutschen Verbands erfordert zusätzlich die Vorlage an die Aufsichtsbehörde.[946] Nach der bayerischen Verbandssatzung ist die Geschäftsstelle berechtigt, die anteiligen Beträge halbjährlich im Voraus einzufordern.[947]

Die Verbände machen die aus dem Beschluss über die Höhe der Umlage ergebenden Zahlungsansprüche gegen die Mitgliedssparkassen regelmäßig im Wege der Zahlungsaufforderung geltend.

---

940 § 7 Abs. 2 S-SVB; § 28 S-SGVHT; § 20 Abs. 6 S-SVSaar.

941 § 18 Abs. 2 S-DSGV e. V.

942 § 9 Abs. 2 S. 4 S-SGVSH.

943 Zur Festlegung der Umlagehöhe durch Satzung *Oebbecke,* Die Verwaltung 42 (2009), 247 (249).

944 § 16 Abs. 1 lit. f) S-SVN; § 12 Abs. 2 Nr. 7 S-SVSaar; § 16 Abs. 1 Nr. 6 S-SGVSH; § 9 Abs. 3 lit. c) S-SVWL.

945 § 12 Nr. 5 S-SGVHT; § 11 Nr. 6 S-SVRP; § 12 Abs. 2 lit. f) S-OSV.

946 § 22 Abs. 3 S-OSV.

947 § 7 Abs. 3 S. 2 S-SVB.

Fraglich ist, ob ihnen alternativ eine Befugnis zum Erlass eines Umlagebescheids zusteht. Zum Erlass eines Leistungsbescheids ist es erforderlich, dass über das Vorliegen eines öffentlich-rechtlichen Anspruchs hinaus eine Ermächtigung der Behörde besteht, den jeweiligen Anspruch durch Verwaltungsakt festzusetzen (VA-Befugnis).[948]

Diese Befugnis ergibt sich bei den Kreis- und Zweckverbandsumlagen regelmäßig aus den Kreisordnungen und den Kooperationsgesetzen. Zwar fehlt auch dort eine ausdrückliche VA-Befugnis. Diese ergibt sich jedoch aus einer Wortlautauslegung, bspw. des Worts »erheben«, das eine hoheitliche Festsetzung und die Einforderung durch Leistungsbescheid impliziert.[949]

Die Umlage der Sparkassenverbände wird in den Sparkassengesetzen und Staatsverträgen mit Ausnahme des Staatsvertrags über den Ostdeutschen Sparkassenverband nicht erwähnt. Eine gesetzliche VA-Befugnis ergibt sich somit weder ausdrücklich noch durch Wortlautauslegung. Auch § 4 Abs. 1 StVOSV erwähnt die Umlage lediglich im Rahmen einer Aufzählung der möglichen Einnahmen des Verbands. Eine ausdrückliche oder eine durch Wortlautauslegung zu gewinnende VA-Befugnis ergibt sich auch daraus nicht.

Die normative Grundlage für die Geltendmachung der Sparkassenverbandsumlagen ist im Unterschied zu den Kreis- und Zweckverbandsumlagen mangels gesetzlicher Regelungen ausschließlich auf satzungsrechtlicher Ebene in den jeweiligen Verbandssatzungen zu finden.

Trotz des Fehlens einer ausdrücklichen oder durch Auslegung zu gewinnenden gesetzlichen Befugnis ergibt sich eine VA-Befugnis für die Sparkassenverbände aus einem Über-Unterordnungsverhältnis (Subordinationsverhältnis).[950] Die Sparkassen sind durch die Zwangsmitgliedschaft in die körper-

---

948 Zur VA-Befugnis bei der Umlage *VGH Mannheim,* NVwZ 1990, 388; *VGH München,* BayVBl. 1993, 374; *Maurer,* Allgemeines Verwaltungsrecht, § 10 Rn. 5 ff.; *Wolff/Bachof/Stober,* Verwaltungsrecht, Bd. I, § 45 Rn. 13 f.; *Stelkens,* in: Stelkens/Bonk/Sachs, VwVfG, § 35, Rn. 25 ff., 185 ff.

949 *OVG Weimar,* LKV 2003, 290 (291).

950 In Bezug auf die Sparkassenverbände *Schlierbach/Püttner,* Das Sparkassenrecht in der BRD, S. 292; in Bezug auf die Zweckverbände nach den Kooperationsgesetzen *VGH Mannheim,* NVwZ 1990, 388; *Schmidt,* Kommunale Kooperationen, S. 459; zu ausschließlich satzungsrechtlich geregelten Geldleistungspflichten zwischen gleichgeordneten Verwaltungsträgern ohne VA-Befugnis *VG Dessau,* LKV 2000, 553 (554).

schaftliche Struktur der Verbände eingebunden.[951] Sie werden gerade nicht aus öffentlich-rechtlichen Verträgen, sondern aus einer öffentlich-rechtlichen Pflichtenbindung in Anspruch genommen, die in einer öffentlich-rechtlichen Satzung einer Zwangskörperschaft begründet ist.[952] Die Verbände legen gegenüber sämtlichen Mitgliedern im Rahmen der ihnen zustehenden Satzungsautonomie die Mitwirkungs- und Beteiligungsrechte, aber auch die Finanzierungspflichten hoheitlich durch generelle Satzungsregelungen fest. Die Mitglieder sind verpflichtet, zur Erreichung des Verbandszwecks beizutragen und sie sind an die gegen ihren Willen gefassten Beschlüsse der Verbandsorgane gebunden.[953] Bei der Anforderung der Umlage handelt es sich nicht um die einem Verbandsmitglied zustehenden organschaftlichen Mitwirkungsrechte, sondern um Geldleistungspflichten, die die Mitgliedssparkassen gegenüber den Verbänden als selbständige Rechtssubjekte zu erfüllen haben.[954] Die Verbände treten mit der Anforderung der Umlage den Mitgliedssparkassen als außenstehender Rechtsträger gegenüber. Insofern sind die Verbände in ihrer Stellung gegenüber ihren Mitgliedern mit derjenigen der Kreise oder der Zweckverbände nach den Kooperationsgesetzen vergleichbar. Die Befugnis der Verbände, an alle Verbandsmitglieder gerichtete, abstrakt-generelle hoheitliche Regelungen zu erlassen, legt es nahe, dass diese Verpflichtungen auch in Bezug auf ein Mitglied individuell-konkret hoheitlich geregelt werden können.[955]

---

951 Die Mitgliedssparkassen werden gerade nicht für Verpflichtungen aus öffentlich-rechtlichen Verträgen in Anspruch genommen. Die Verpflichtung resultiert aus einer öffentlich-rechtlichen Pflichtenbindung, die in einer öffentlich-rechtlichen Satzung einer Zwangskörperschaft begründet ist.

952 *Schlierbach/Püttner,* Das Sparkassenrecht in der BRD, S. 292; *Schmidt,* Kommunale Kooperationen, S. 459: Nicht hoheitliche, von privatrechtlichen Gesellschaften erhobene Zahlungspflichten werden als Einlagen (vgl. § 54 AktG; § 19 GmbHG), Nachschusspflichten (vgl. §§ 26 ff. GmbHG) oder weitere Leistungen (vgl. § 55 AktG) und nicht als Umlagen bezeichnet.

953 *Schmidt,* Kommunale Kooperationen, S. 459; Vgl. § 8.

954 Zu den Zweckverbänden nach den Kooperationsgesetzen *OVG Weimar,* LKV 2003, 290.

955 *Schmidt,* Kommunale Kooperationen, S. 459; sollten die Verbände jemals gezwungen sein, ihre aus der Umlage herrührenden Zahlungsansprüche durch Leistungsklage geltend zu machen, muss das Rechtsschutzbedürfnis für die Erhebung der Leistungsklage besonders begründet werden. Denn die Verbände könnten sich durch den Erlass eines Verwaltungsakts einen vollstreckbaren Weg schaffen, so dass ein einfacherer und kostengünstigerer Weg zur Verfügung stünde. Die Rechtsprechung bejaht das Rechtsschutzbedürfnis für eine behördliche Leistungsklage jedoch ausnahmsweise dann, wenn die Zulässigkeit des Einsatzes der Handlungsform VA unsicher ist, oder wenn auch im Falle des Erlasses eines VA mit einer Anfechtungsklage zu rechnen ist (*Stelkens,* in: Stelkens/Bonk/Sachs, VwVfG, § 35, Rn. 27).

IV. Höchstgrenze der Inanspruchnahme der Mitglieder

Aufgrund der Finanzierungsfunktion der Umlagen sind weder in den Sparkassengesetzen und Staatsverträgen noch in den Satzungen der Sparkassenverbände Höchstgrenzen für die Umlagen festgelegt. Für die Umlageverpflichteten stellt sich jedoch bei steigenden Belastungen die Frage, ob es eine Höchstgrenze für die Inanspruchnahme einzelner Sparkassen gibt.[956]

Zur Beantwortung dieser Frage wird die Verbandsumlage zunächst als kommunale Umlage in das System der öffentlich-rechtlichen Abgaben eingeordnet (1.). Sodann wird untersucht, ob es eine abstrakte Höchstgrenze für kommunale Umlagen geben kann (2.)

1. Einordnung der Umlage in das System öffentlich-rechtlicher Abgaben

Der Begriff der »Umlage« wird in Art. 106 Abs. 6 GG erwähnt, im Grundgesetz aber nicht näher definiert. Im System des Finanzausgleichs zwischen Staat und Kommunen sowie Gemeinden und Gemeindeverbänden werden die Umlagen als subsidiäres Finanzierungsmittel angesehen, die öffentlich-rechtlichen Körperschaften zu Finanzierungszwecken dienen, jedoch grundsätzlich nicht von privaten Wirtschaftssubjekten, sondern anderen juristischen Personen des öffentlichen Rechts erhoben werden.[957] Das Grundgesetz steht somit solchen Umlagen nicht entgegen, die im kommunalen Raum verbleiben oder in diesen zurückfließen (kommunale Umlagen).[958]

Auch die Sparkassenverbandsumlagen werden zur Finanzierung der als Körperschaften des öffentlichen Rechts organisierten Sparkassenverbände von den Mitgliedssparkassen, die in öffentlich-rechtlicher Anstaltsform organisiert sind, erhoben. Da die Sparkassenverbände als sondergesetzliche Zweckverbände im Rahmen kommunaler Gemeinschaftsarbeit überwiegend kommunale Selbstverwaltungsaufgaben wahrnehmen, dienen sie – ebenso

956 Auch im Rechtsstreit der Sparkasse Rheine gegen den Sparkassenverband Westfalen-Lippe um die Beteiligung an einer Kapitalerhöhung bei der WestLB AG spielte diese Frage eine Rolle (*OVG Münster,* Urt. v. 22.06.2009 – 16 A 3137/08 –, in: DVBl. 2009, 1112 ff.; *VG Münster,* Urt. v. 24.10.2008 – 1 K 2113/07 –, in: NWVBl. 2009, 118 ff.).

957 Zum Ganzen *Oebbecke,* Die Verwaltung 42 (2009), 247; *Forst,* KStZ 2006, 161; *Schmidt,* Kommunale Kooperationen, S. 482 ff.; *Müller,* Die Finanzierung der Zweckverbände, S. 120 ff.

958 *BVerfG,* Beschl. v. 07.02.1991 – 2 BvL 24/84 –, in: NVwZ 1992, 365; *Forst,* KStZ 2006, 161.

wie die Umlagen kommunaler Zweckverbände – der subsidiären Finanzierung von Aufgaben der Kommunen. Gegenüber den Kreisen, die Träger einer Sparkasse sein können, kann die Erhebung zwar nicht auf Art. 106 Abs. 6 GG gestützt werden. Es sind aber keine Anhaltspunkte ersichtlich, warum Kreise in diesem Punkt anders als Gemeinden behandelt werden sollten.[959] Somit handelt es sich bei den Sparkassenverbandsumlagen um kommunale Umlagen.

Der abgabenrechtliche Charakter der Umlage wird aus diesen Regelungszusammenhängen jedoch noch nicht hinreichend deutlich. Typischerweise unterscheidet man im Abgabenrecht zwischen Steuern[960], Gebühren und Beiträgen[961] sowie Sonderabgaben[962]. Diese Typologie ist jedoch nicht abschließend. Es sind weitere Abgabenformen denkbar.[963]

Die Umlagen der Sparkassenverbände können den typischen Abgabenkategorien nicht zugeordnet werden. Die Funktion der Umlage besteht in einer mitgliedschaftsbezogenen Abgabe zur Finanzierung des nicht durch andere Einnahmen gedeckten allgemeinen Finanzbedarfs der Sparkassenverbände. Die Umlage besitzt demnach eine subsidiäre Finanzierungsfunktion

959 So *Schmidt,* Kommunale Kooperationen, S. 485, in Bezug auf Zweckverbände nach den Kooperationsgesetzen.

960 Steuern sind nach der Legaldefinition des § 3 Abs. 1 S. 1 AO »Geldleistungen, die nicht eine Gegenleistung für eine besondere Leistung darstellen und von einem öffentlich-rechtlichen Gemeinwesen zur Erzielung von Einnahmen allen auferlegt werden, bei denen der Tatbestand zutrifft, an den das Gesetz die Leistungspflicht knüpft; die Erzielung von Einnahmen kann Nebenzweck sein«. Die Gegenleistungsfreiheit ist ein wesentliches Definitionsmerkmal der Steuern. Ist diese gegeben, spricht vieles für das Vorliegen einer Steuer.

961 Gebühren und Beiträge hingegen sind den Vorzugslasten zuzuordnen. Sie stellen eine Gegenleistung für eine besondere Leistung der Verwaltung dar, den staatlich gewährten Vorzug. Anknüpfungspunkt für die Gebühr ist demnach eine konkrete und individuell zurechenbare Leistungszuwendung. Der Beitrag ist ein Ausgleich für die Möglichkeit, eine besondere Leistung individuell in Anspruch nehmen zu können. Beiden ist allerdings gemein, dass eine Sonderleistung individuell zurechenbar sein muss. Der Unterscheid besteht lediglich in der tatsächlichen Inanspruchnahme (*Axer,* GewArch 1996, 453 (455)).

962 Sonderabgaben sind weder Steuern noch Vorzugslasten. Es handelt sich um Geldleistungen, die ausschließlich oder überwiegend zur Bewältigung einer besonderen Verwaltungsaufgabe von bestimmten Gruppen erhoben werden und teilweise anderen Gruppen zufließen. Beispielsweise fallen darunter Ausgleichsabgaben eines Wirtschaftszweigs, die der Subventionierung desselben Wirtschaftszweigs dienen. Auch Ersatzgeldabgaben, die sich durch eine Anreiz- und Lenkungsfunktion auszeichnen, werden zu den Sonderabgaben gezählt (*Wolff/Bachof/Stober,* Verwaltungsrecht, Bd. I, § 42, Rn. 52 ff.).

963 *Schmidt,* KommJur 2010, 401 (403).

bezüglich der globalen am Gesamtinteresse der Mitglieder orientierten Aufgaben der Sparkassenverbände. Es kommt nicht primär auf eine individuelle Vorteilsgewährung für die Verbandsmitglieder an, sondern die Umlage dient dem Nutzen der abgrenzbaren Gruppe aller Mitglieder.[964] In dieser allgemeinen Finanzierungsfunktion wird zwar eine Nähe zu den Steuern deutlich. Zugleich unterscheidet sich die Umlage aber dadurch von einer Steuer, dass diese nicht als Gesamtlast die Allgemeinheit trifft und dem Nutzen der Allgemeinheit dient, sondern lediglich einem abgrenzbaren Teil zugutekommt. Die Zahlungspflicht bei der Steuer knüpft ferner an eine nicht öffentliche Tätigkeit an, während die Zahlungspflicht bei der Umlage an eine öffentliche Aufgabenwahrnehmung der zahlungspflichtigen Mitglieder anknüpft.[965] Steuern werden nämlich grundsätzlich von Privaten und nur ausnahmsweise von juristischen Personen des öffentlichen Rechts erhoben, sofern sie keine öffentlichen Aufgaben wahrnehmen.[966] Umlagen hingegen werden grundsätzlich nur von juristischen Personen des öffentlichen Rechts und nur ausnahmsweise von Privaten erhoben, sofern sie an der Erfüllung öffentlicher Aufgaben mitwirken.[967]

Die Umlagen weisen ferner eine Nähe zu den Vorzugslasten auf. Die Mitglieder erhalten durch die Förderung des Sparkassenwesens eine auf die Gruppe beschränkte Gegenleistung. Dieser Vorteil ist zwar wegen der allgemeinen Finanzierungsfunktion grundsätzlich nicht als Entgelt i. S. e. Gebühr für eine aktuelle, tatsächlich erfolgte Inanspruchnahme anzusehen. Es liegt aber eine gewisse Parallele zu den Beiträgen in funktionalen Selbstverwaltungskörperschaften vor. Der Vorteilsbegriff i. S. d. Beitragsdefinition kann nämlich auch dann erfüllt sein, wenn er – wie bei den Kammern – der Abgeltung des sich aus der Mitgliedschaft ergebenden besonderen Nutzens dient. Der Zusammenhang zwischen dem Erhebungsgrund und dem Vorteil des Pflichtigen muss nicht konkret nachweisbar sein, sondern es reicht aus, wenn er sich zu einer bloßen Vermutung verflüchtigt.[968] Auch die Spar-

964 *Axer,* GewArch 1996, 453 (458), zu den Beiträgen in den Industrie- und Handelskammern.

965 *Müller,* Die Finanzierung der Zweckverbände, S. 126 m. w. N.

966 *Müller,* Die Finanzierung der Zweckverbände, S. 126 m. w. N.

967 *Müller,* Die Finanzierung der Zweckverbände, S. 126, zeigt dies am Beispiel der Beteiligung Privater in Zweckverbänden. Bei den Sparkassenverbänden besteht eine vergleichbare Konstellation im Sparkassenverband Schleswig-Holstein, in welchem auch die freien Sparkassen zusammengeschlossen sind, weil die eine öffentliche Aufgabe wahrnehmen.

968 Zum Ganzen *BVerwG,* Urt. v. 30.03.1990 – 7 C 82/88 –, in: GewArch 1990, 425 (426), Urt. v. 25.11.1971 – I C 48.65 –, in: BVerwGE 39, 100 (107).

kassenverbandsumlagen können zumindest zum Teil als Abgeltung des nicht mess- und zurechenbaren, sich aus der Mitgliedschaft in dem Verband ergebenden besonderen Nutzens für das Mitglied betrachtet werden. Als Vermutung für den besonderen Nutzen der Mitgliedschaft kann der Anteil an der Bemessungsgrundlage für die Stammkapitalanteile herangezogen werden. Denn eine größere Sparkasse profitiert von den Maßnahmen des Verbands mehr als eine kleinere. Die Größe der Sparkasse wiederum spiegelt sich in der Bemessungsgrundlage wider, die der Berechnung der Einzelanteile am Stammkapital zugrunde liegt. Problematisch bleibt aber, dass die Sparkassenverbände ihre Aufgaben im Gesamtinteresse aller Mitglieder wahrnehmen, also gerade nicht zum Zweck der Gewährung individueller Vorteile handeln.[969] Ferner dienen auch Vorzugslasten – ebenso wie Steuern – dazu, Geldmittel vom privaten in den öffentlichen Bereich zu transferieren, und nicht wie die Umlage, Geldmittel zwischen öffentlichen Hoheitsträgern im Rahmen öffentlicher Aufgabenwahrnehmung zu transferieren.[970]

Die Verbandsumlage ist vielmehr als ein Finanzierungsmittel eigener Art in einer Übergangsform zwischen einer steuer- und beitragsähnlichen Verbandslast anzusehen.[971] Die »Verbandslast« ist eine neben den klassischen Abgabenformen bestehende sonstige Abgabenkategorie, die alle Pflichten der Mitglieder einer öffentlichen Körperschaft zu satzungsgemäßen Geld- und Naturalleistungen erfasst, die als Ausfluss mitgliedschaftlicher Rechte und Pflichten bezeichnet werden können.[972] Je nachdem, ob die Umlagehöhe nach dem Äquivalenzprinzip von der empfangenen Leistung abhängig ist oder ob sie nach der Leistungsfähigkeit der Mitglieder festgesetzt wird, ist sie entweder als beitrags- oder steuerähnliche Verbandslast zu qualifizieren. Auch hier sind Mischformen denkbar.[973]

---

969 *Ehlers/Achelpöhler,* NVwZ 1993, 1025 (1028).

970 *Müller,* Die Finanzierung der Zweckverbände, S. 127 m. w. N.

971 *Schmidt,* Kommunale Kooperationen, S. 484, kommt hinsichtlich kommunaler Zweckverbände zu diesem Ergebnis.

972 *Ehlers/Achelpöhler,* NVwZ 1993, 1025 (1030); *Kirchhof,* in: Isensee/Kirchhof, HbStR, Bd. V, § 119, Rn. 113 ff.; *Wolff/Bachof/Stober,* Verwaltungsrecht, Bd. I, § 42, Rn. 57.

973 Zum Ganzen *Fürst,* Die Kreisumlage, S. 19 f.; ausführlich zu den möglichen Mischformen *Müller,* Die Finanzierung der Zweckverbände, S. 139. Dies bedeutet, dass die Umlagen – je nach Ausgestaltung – steuerähnliche Elemente, die sich am Leistungsfähigkeitsprinzip orientieren, beitragsähnliche Elemente, die sich am Äquivalenzprinzip orientieren, oder aber eine Mischform aus beidem enthalten können. Es besteht insbesondere keine zwingende Parallelität zwischen Umlagen

2. Die Diskussion um die Begrenzung der Höhe kommunaler Umlagen

a) Die Begrenzung der Kreisumlagehöhe

Die Diskussion um eine Höchstgrenze für kommunale Umlagen wird bei der Kreisumlage seit einiger Zeit geführt.

Mangels einfachgesetzlicher Konkretisierungen wurde bei der Kreisumlage und anderen kommunalen Umlagen versucht, aus den Rechtswirkungen des Art. 28 Abs. 2 GG und dem Verhältnismäßigkeitsprinzip eine Grenze für die Höhe der von Kommunen zu leistenden Umlagen herzuleiten.[974] Es wird durch die Gerichte stets formuliert, dass die Höhe der Kreisumlage nicht mehr als verfassungskonform anzusehen ist, wenn sie jedes vernünftige und vertretbare Maß übersteigt, der Kreis mit ihr willkürlich und rücksichtslos zu Lasten der kreisangehörigen Gemeinden seine kreispolitischen Interessen verfolgt und die Kreisumlage objektiv geeignet ist, eine unzumutbare Belastung der gemeindlichen Finanzkraft dergestalt zu bewirken, dass sie die Möglichkeit zur kraftvollen eigenverantwortlichen Betätigung verliert.[975]

Von diesen Kriterien knüpft nur das Unzumutbarkeitskriterium an die Höhe der Umlage an. Lediglich der mit der Unzumutbarkeit der Belastung einhergehende Verlust der eigenverantwortlichen Aufgabenwahrnehmung nimmt die Folgen, die durch die Höhe der Umlage im kommunalen Haus-

---

und Steuern oder Vorzugslasten. Aus diesem Grund ergeben sich aus der Einordnung in das System öffentlich-rechtlicher Abgaben auch keine zwingenden Umlageprinzipien (*Müller,* Die Finanzierung der Zweckverbände, S. 139 ff.).

974 *OVG Lünebeurg,* Urt. v. 07.07.2004 – 10 LB 4/02 –, in: NdsVBl. 2005, 151 (155); *OVG Münster,* 22.02.2005 – 15 A 130/04 –, in: DVBl. 2005, 652 (653); *VG Trier,* Urt. v. 23.11.2006 – 1 K 520/06.TR –; *VG Meiningen,* Urt. v. 4.9.2007 – 2 K 904/04 Me; dies setzt allerdings voraus, dass diese Garantie nicht nur Rechtswirkungen gegenüber staatlichen Eingriffen zugunsten einer anderen kommunalen Ebene entfaltet, sondern ihr auch interkommunale Geltung zukommt. Das Bundesverwaltungsgericht hat in einer Entscheidung zur Höhe der niedersächsischen Samtgemeindeumlage offen gelassen, ob die kommunale Selbstverwaltungsgarantie nicht nur Rechtswirkungen gegenüber staatlichen Eingriffen zugunsten einer anderen kommunalen Ebene entfaltet oder ihr auch interkommunale Geltung zukommt. Jedenfalls sei die Umlage aber am Verhältnismäßigkeitsgrundsatz zu messen (*BVerwG,* 15.11.2006 – 8 C 18/05 –, in: BVerwGE 127, 155 (160)).

975 Diese Formulierung der Gerichte, die als Ausprägung des Verhältnismäßigkeitsprinzips anzusehen ist, wird von den Instanzgerichten stets zitert: *OVG Schleswig,* Urt. v. 12.12.2007 – 2 KN 1/07 –, in: SchlHA 2008, 258 (260); ähnlich *VG Trier,* Urt. v. 23.11.2006 – 1 K 520/06.TR –, Juris Rn. 31; *VG Gelsenkirchen,* Urt. v. 28.11.2008 – 15 K 2695/06 –, Juris Rn. 110 ff.; *Grünewald,* Der Gemeindehaushalt 2009, 199 (201); *Oebbecke,* Die Verwaltung 42 (2009), 247 (255).

halt entstehen, ins Visier.[976] Die eigenverantwortliche Aufgabenwahrnehmung ist nicht mehr gewährleistet, wenn den Gemeinden kein substantieller Finanzspielraum zur eigenverantwortlichen Entscheidung in Bezug auf die Aufgabenwahrnehmung verbleibt.[977] Dies ist dann der Fall, wenn infolge der Erhebung der Kreisumlage unzureichende Finanzmittel verbleiben, die die Wahrnehmung freiwilliger Selbstverwaltungsaufgaben nicht mehr gewährleisten.[978]

Zur Konkretisierung der Unzumutbarkeitsgrenze wurden verschiedene, einfach zu handhabende absolute Grenzwerte vorgeschlagen.[979] Bisher war jedoch kein Vorschlag erfolgreich. Die Höhe der Kreisumlage orientiert sich nämlich am Finanzbedarf der Kreise. Dieser wiederum wird maßgeblich durch die Erfüllung der dem Landkreis obliegenden Aufgaben bestimmt.[980] Feste Quoten können nicht hinreichend berücksichtigen, dass die Kreisumlage ein integrierender Bestandteil des gegenwärtigen Systems des kommunalen Finanzausgleichs ist. Feste Grenzen sind weder ein Kriterium für die Belastung der Gemeinden[981] noch ein geeignetes Mittel zur

---

976 Zum Ganzen *Oebbecke,* Die Verwaltung 42 (2009), 247 (254 ff.). Sowohl das Kriterium der Willkürlichkeit und Rücksichtslosigkeit als auch das Kriterium des vernünftigen Maßes setzten bei einem einzelnen Ausgabeposten an. Diese Kriterien können deswegen nicht zur näheren Bestimmung einer Höchstgrenze herangezogen werden. Wird ein bestehender Bedarf gedeckt, ist die Umlagefinanzierung nicht unvernünftig oder unvertretbar. Unvernünftig oder unvertretbar kann nur die Herbeiführung der jeweiligen Aufwendungen sein. Diese Einwände müssen gegen das »Ob« und »Wie« der Aufgabenerledigung, und zwar vor der Kostenentstehung durch eine Unterlassungsklage, geltend gemacht werden (*Oebbecke,* Die Verwaltung 42 (2009), 247 (255)).

977 *OVG Lüneburg,* Urt. v. 27.01.1999 – 10 L 6960/95 –, in: DVBl. 1999, 842 (843).

978 *OVG Lüneburg,* Urt. v. 07.07.2004 – 10 LB 4/02 –, in: NdsVBl. 2005, 151 (155).

979 Es wurde angeregt, den Umlagesatz höhenmäßig auf 25% zu begrenzen. Bei diesem Wert liege ein Eingriff in den Kerngehalt der Selbstverwaltungsgarantie vor, weil den Gemeinden ¼ der Einnahmen entzogen würden und damit keine Umlage mehr vorliege, sondern eine Systemveränderung dahingehend stattfinde, dass der Landkreis Teilhaber der gemeindlichen Steuereinnahmen werde (*Thieme,* DVBl. 1983, 965 (970)). Andere sahen den Kernbereich jedenfalls bei einem real mehr als die Hälfte ausmachenden Anteil an den Finanzmitteln der Gemeinden als verletzt an (*Schmidt-Jortzig/Makswit,* Hb. Komm. Finanz- und Haushaltsrecht, Rn. 162). Ferner wurde als Höchstgrenze für die Samtgemeindeumlage der steuerrechtliche Halbteilungsgrundsatz herangezogen (*BVerwG,* 15.11.2006 – 8 C 18/05 –, in: BVerwGE 127, 155 (160) m. w. N. Siehe auch zu den Höchstgrenzen der Kreisumlage: *Tysper,* KommJur 2009, 408 ff.).

980 *OVG Lüneburg,* Urt. v. 15.02.1986 – 2 A 98/82 –, in: DVBl. 1986, 1063 (1064); Urt. v. 27.01.1999 – 10 L 6960/95 –, in: DVBl. 1999, 842 (843); *OVG Schleswig,* Urt. v. 20.12.1994 – 2 K 4/94, Juris Rn. 40; *Schink,* DVBl. 2003, 417 (421).

981 *Ehlers,* DVBl. 1997, 225 (229).

Sicherung einer angemessenen Finanzausstattung der Gemeinden im Rahmen des kommunalen Finanzausgleichs. Denn eine Kürzung der Zuweisungen an die Kreise und eine Erhöhung der Zuweisungen an die Gemeinden führt zu einem erheblichen Anwachsen der Kreisumlage, ohne jedoch die Finanzausstattung insgesamt zu verändern.[982] Die Höhe bestimmter Ausgaben kann er ferner nicht selbst beeinflussen und nicht mit generierbaren Mitteln ausgleichen.[983] Vielmehr ist in einer Einzelfallabwägung über die Unverhältnismäßigkeit der Höhe eine Gesamtschau aller die Entscheidung beeinflussenden Faktoren erforderlich.[984]

---

982 *VG Gelsenkirchen,* Urt. v. 28.11.2008 – 15 K 2695/06 –, Juris Rn. 120.

983 *VG Gelsenkirchen,* Urt. v. 28.11.2008 – 15 K 2695/06 –, Juris Rn. 120; *Oebbecke,* Gemeindeverbandsrecht, Rn. 188.

984 Auch der vorgeschlagenen Heranziehung des steuerrechtlichen Halbteilungsgrundsatzes als Begrenzung der Umlage auf 50% der Bemessungsgrundlage steht der Charakter der Umlage als Finanzausgleich zwischen öffentlichen Aufgabenträgern entgegen. Es geht nicht um einen Eingriff des Staates in grundrechtlich geschütztes Vermögen, sondern um ein wesentliches Finanzierungselement des Staates zur Deckung des allgemeinen Finanzbedarfs. Dies zeigt, dass keine Vergleichbarkeit der Sachverhalte gegeben und deswegen keine Übertragung dieser Grundsätze geboten ist (*BVerwG,* Urt. v. 15.11.2006 – 8 C 18/05 –, in: BVerwGE 127, 155 (160)). Zur Beurteilung des Vorhandenseins hinreichender finanzieller Mittel zur Bewältigung der freiwilligen Selbstverwaltungsaufgaben wurde ferner das Vorhandensein einer sog. »freien Spitze« als Begrenzungskriterium vorgeschlagen (*OVG Lüneburg,* Urt. v. 07.07.2004 – 10 LB 4/02 –, in: NdsVBl. 2005, 151 (156) m. w. N.). In die gleiche Richtung geht der Vorschlag, einen geringen Anteil der Ausgaben für freiwillige Selbstverwaltungsaufgaben an den Gesamtausgaben als Indiz für eine zu geringe Finanzausstattung zu werten (so das *VG Magdeburg,* Beschl. v. 05.02.2004 – 9 B 552/03 –, Juris Rn. 29). Selbst das Fehlen einer freien Spitze kann aber nicht als »signifikantes Merkmal« (*OVG Lüneburg,* Urt. v. 07.07.2004 – 10 LB 4/02 –, in: NdsVBl. 2005, 151 (156)) für das Fehlen einer finanziellen Mindestausstattung angesehen werden. Denn die Höhe der Ausgaben für freiwillige Selbstverwaltungsausgaben hängt nicht allein von der Umlagehöhe, sondern auch von der Höhe der fälligen Kredite und dem Ausgabeverhalten im Verwaltungshaushalt ab (*Oebbecke,* Die Verwaltung 42 (2009), 247 (256); *Thormann,* DVBl. 2009, 1346 (1353)). Die Gemeinde kann sich nämlich gegen die Wahrnehmung freiwilliger Selbstverwaltungsaufgaben entscheiden und damit den Anteil der Mittel für diese Aufgaben reduzieren, um z. B. freiwerdende Mittel für eine großzügigere Dotierung von Pflichtaufgaben einzusetzen (*Oebbecke,* Die Verwaltung 42 (2009), 247 (257)). In der Rechtsprechung und Literatur finden sich allerdings Kriterien, die für eine verhältnismäßige Umlagehöhe herangezogen werden können. Wenn der Schuldenstand des Umlagepflichtigen trotz der Umlage zurückgeht, spricht dies gegen eine Unzumutbarkeit (*OVG Lüneburg,* Urt. v. 27.12.2004 – 10 LB 6/02 –, in: NdsVBl. 2005, 124 (128)). Auch ist von einer verhältnismäßigen Höchstgrenze dann auszugehen, wenn ein nennenswerter Betrag für freiwillige Selbstverwaltungsaufgaben zur Verfügung steht. Schließlich kann ein gleich hoher Ausgabenanteil von Gemeinde und Kreis für freiwillige Selbstverwaltungsaufgaben jedenfalls dann eine verhältnismäßige Umlage indizieren, wenn er über 2% der Ausgaben liegt (*OVG*

b) Höchstgrenze bei den Sparkassenverbandsumlagen

Auch die Umlagen der Sparkassen- und Giroverbände sind als kommunale Umlagen ein Mittel des Finanzausgleichs zwischen öffentlichen Aufgabenträgern. Die gesetzliche Ausgestaltung der Umlage als Finanzierungsmittel ermöglicht den Sparkassenverbänden die Finanzierung der Aufgabenwahrnehmung, weil diese keine eigenen Steuern erheben können und nur in geringfügigem Maße durch Verbandsmitglieder einzelfallbezogene Vorzugslasten und Entgelte erhalten. Ebenso wie bei der Kreisumlage können allgemeinverbindliche Werte für eine Unzumutbarkeit auch bei der Sparkassenverbandsumlage nicht bestimmt werden. Es müssen vielmehr in jedem Einzelfall die Verhältnisse individuell überprüft werden. Eine Höchstgrenze kann erst dort erreicht werden, wo einem Aufgabenträger die jeweils zugewiesene Aufgabenwahrnehmung nicht mehr möglich ist.[985]

Die Grenze ist dann erreicht, wenn die Eigenständigkeit der Sparkassen als selbstständiges kommunales Wirtschaftsunternehmen nicht mehr gewährleistet ist. Solange die finanziellen Folgen der Maßnahmen auch zusammengenommen den hinreichenden Entscheidungsspielraum der Sparkassen und ihrer Entscheidungsorgane für eine substanzielle Aufgabenwahrnehmung nicht in einem solchen Maße einengen, dass dies mit der Eigenständigkeit als selbstständiges gemeindliches Wirtschaftsunternehmen nicht vereinbar ist, kann die Höhe der Umlage nicht angegriffen werden. Dieser Entscheidungsspielraum ist erst dann nicht mehr gegeben, wenn die Wahrnehmung der den Sparkassen zugewiesenen Aufgaben durch die finanziellen Belastungen beeinträchtigt ist.[986]

Fraglich ist, ob Indizien benannt werden können, ab wann die Beeinträchtigung der Aufgabenwahrnehmung durch die Sparkassen gegeben ist. Das Oberverwaltungsgericht Münster hat als Kriterium das Verhältnis von Zahlungspflichten zum Geschäftsvolumen und zum Gewinn herangezogen und festgestellt, dass jedenfalls ein Anteil von einstelligen Prozentwerten am Jahresgewinn nicht als Beeinträchtigung angesehen werden kann. Ferner

---

Lüneburg, Urt. V. 07.07.2004 – 10 LB 4/02, in: NdsVBl. 2005, 151 (155); zum Ganzen *Oebbecke,* Die Verwaltung 42 (2009), 247 (257)).

985 Zum Ganzen *OVG Münster,* Urt. v. 22.06.2009 – 16 A 3137/08 –, in: DVBl. 2009, 1112 (1117); *Böhm,* DÖV 2004, 650 (652); *Mayen,* in: Dolde u. a., Verfassung – Umwelt – Wirtschaft, 475 (481).

986 Zum Ganzen *OVG Münster,* Urt. v. 22.06.2009 – 16 A 3137/08 –, in: DVBl. 2009, 1112 (1117); *Böhm,* DÖV 2004, 650 (652); *Mayen,* in: Dolde u. a., Verfassung – Umwelt – Wirtschaft, 475 (481).

könnte es ein Indiz sein, wenn eine Sparkasse wegen der Belastungen keine Vorsorgerücklagen mehr bilden kann.[987] Als weiteres Indiz wird die Belastung von Eigenmittelkennziffern vorgeschlagen.[988]

Die vorgeschlagenen Indizien können aber ebenfalls nur im Rahmen einer Gesamtschau aller Umstände herangezogen werden. Gewinn und Geschäftsvolumen sind sehr stark von der jeweiligen Situation in einem Geschäftsjahr und zum Teil auch von der Risikobereitschaft einer Sparkasse abhängig. Selbst ein auszuweisender Verlust einer Sparkasse, bedingt durch eine Umlage, führt nicht in jedem Fall zu einer Beeinträchtigung der Geschäftstätigkeit. Jedenfalls dann, wenn die Umlagehöhe durch einmalige oder unregelmäßige Sonderumlagen zu einem starken Anstieg der Gesamtbelastung der Mitgliedssparkassen führt, muss nicht zwangsläufig auch im nächsten Jahr von einer ähnlich hohen Umlage ausgegangen werden. Die Entscheidung der Organe im unternehmerischen Bereich wäre sodann nicht beeinträchtigt. Ferner kann eine Sparkasse ausnahmsweise in einem Geschäftsjahr einen unterdurchschnittlichen Gewinn erwirtschaftet haben. Die Prognose für das nächste Wirtschaftsjahr kann aber eine deutlich positivere sein, so dass das Verhalten der Sparkasse am Markt ebenfalls nicht durch die Umlagehöhe beeinträchtigt wäre.

Auch für die Sparkassenverbandsumlagen können demnach eher Kriterien dafür benannt werden, in welchen Fällen die Umlagehöhe nicht zu beanstanden ist. Beispielsweise dann, wenn die Sparkasse trotz der Umlage einen Gewinn erzielen und Rücklagen bilden konnte, war die Sparkasse nicht in ihrer Geschäftstätigkeit beeinträchtigt.

In der bisher geführten Diskussion über eine Höchstgrenze der Inanspruchnahme der Sparkassen wurde stets allein auf die Mitgliedssparkassen abgestellt. Da das Unzumutbarkeitskriterium letztlich auch den Schutz der Sparkassentätigkeit der Kommune gem. Art. 28 Abs. 2 GG bezweckt, könnte erwogen werden, auch die finanzielle Lage der jeweils hinter der Sparkasse stehenden Trägerkommune mit in den Blick zu nehmen. Unter Einbeziehung dieser Überlegung könnte eine unzumutbare finanzielle Belastung für die Sparkasse erst dann anzunehmen sein, wenn es dem kommunalen Träger der Sparkasse aufgrund der eigenen finanziellen Lage

987 *OVG Münster*, Urt. v. 22.06.2009 – 16 A 3137/08 –, in: DVBl. 2009, 1112 (1117).
988 *Mayen*, in: Dolde u. a., Verfassung – Umwelt – Wirtschaft, 475 (481).

nicht möglich ist, der Sparkasse ausreichende finanzielle Mittel zur Verfügung zu stellen, um die Entscheidungsspielräume zu sichern.[989]

V. Inzidentkontrolle der Aufgabenwahrnehmung

Eine immer wieder in Umlageverbänden auftretende Frage ist, ob sich eine kompetenzüberschreitende Aufgabenwahrnehmung auf die Rechtmäßigkeit der Umlagehöhe auswirken kann. Dies würde den umlagepflichtigen Sparkassen im Rahmen der rechtlichen Überprüfung der Höhe der Umlage eine implizite Rechtsschutzmöglichkeit gegen Zuständigkeitsüberschreitungen der Sparkassenverbände eröffnen.

Rechtsprechung und Literatur bejahten bisher und bejahen auch heute noch zum Teil bei der Kreisumlage die Rechtmäßigkeit der Aufgabenwahrnehmung als Voraussetzung für die Rechtmäßigkeit der Umlagehöhe.[990]

Gegen diese Sichtweise spricht jedoch bei den Verbandsumlagen der in den Satzungen verankerte Grundsatz der Gesamtdeckung. Die Umlagen werden zur Deckung des anderweitig nicht gedeckten Finanzbedarfs erhoben, ohne dass eine Zurechnung der jeweiligen Umlage zu bestimmten Aufgaben erfolgt.[991] Aus diesem Grund kann eine rechtswidrige Aufgabenwahrnehmung die Rechtmäßigkeit der Umlagehöhe nicht berühren. Es besteht eine Vergleichbarkeit mit dem abgabenrechtlichen Grundsatz der Nonaffektation. Für Steuern und Gebühren ist anerkannt, dass eine rechtswidrige Aufgabenwahrnehmung nicht im Rahmen der Abgabenhöhe überprüft werden kann, weil auch diese Abgaben zur Deckung des allgemeinen Finanzbedarfs eingesetzt werden, ohne dass eine Zweckbindung oder Zurechnung zu bestimmten Ausgabepositionen erfolgt. Bei Zwangsbeiträgen von nicht-

---

989 Diese Hilfestellung müsste natürlich im Rahmen der Zulässigkeitsgrenzen des Art. 107 AEUV gewährt werden, bspw. als notifizierungspflichtige Rettungsbeihilfe.

990 *VG München,* Urt. v. 22.10.2009 – M 10 K 09.1380, M 10 K 09.1381 –, Juris Rn. 51 f.; *OVG Schleswig,* Urt. v. 12.12.2007 – 2 KN 1/07 –, Juris Rn. 86; *VG Frankfurt (Oder),* Urt. v. 17.7.2008 – 4 K 2071/06 –, Juris Rn. 74; *OVG Lüneburg.,* Urt. v. 07.07.2004 – 10 LB 4/02 –, in: NdsVBl. 2005, 151 (152); *BayVGH,* Urt. v. 27.07.2005 – 4 BV 02.1964 –, in: BayVBl. 2006, 183 (183); *BayVGH,* Urt. v. 07.12.2005 – 4 BV 03.868 –, in: BayVBl. 2006, 466 (467); *OVG Koblenz,* Beschl. v. 22. 9. 2006 – 2 B 11072/06 –, in: NVwZ-RR 2007, 47; *OVG Koblenz,* Urt. v. 28.02.2007 – 2 C 11426/06 –, in: LKRZ 2007, 220; *VG Frankfurt (Oder),* Urt. v. 17.7.2008 – 4 K 2071/06 –; *VG Frankfurt (Oder),* Urt. v. 17.7.2008 – 4 K 2071/06 –; *Böhm,* DÖV 2008, 547 (550) m. w. N; die Höhe der Umlage sei normativ mit der rechtlichen Zulässigkeit der Aufgabenerfüllung des Kreises verknüpft.

991 *Kirchhof,* Rechtmäßigkeit der Kreisumlage, S. 74.

kommunalen öffentlich-rechtlichen Zwangsverbänden wird eine inzidente Aufgabenkontrolle im Rahmen des Rechtsschutzes gegen erhobene Beiträge deswegen abgelehnt. Dieser abgabenrechtlichen Lösung haben sich inzwischen auch für die Kreisumlage das Oberverwaltungsgericht NRW und einige Instanzgerichte angeschlossen.[992]

Gegen die Zulassung der Inzidentprüfung ist ferner anzuführen, dass nach erfolgreicher Anfechtung die nicht festsetzungsfähigen Ausgaben bzw. Aufwendungen als Fehlbetrag in den Haushalt des nächsten Jahres eingestellt werden müssten. Dort müssten die Aufwendungen sodann anteilig von den Umlagepflichtigen im nächsten Haushaltsjahr getragen werden. Entlastet würde also nur der klagende Umlageverpflichtete. Ferner müsste die Berücksichtigung der Fehlbeträge bei der Umlageberechnung bei konsequenter Umsetzung der Zulassung der Inzidentprüfung im nächsten Jahr erneut anfechtbar sein, da sie aus einer rechtswidrigen Aufgabenwahrnehmung stammen.[993]

---

992 Zum Ganzen *OVG Münster,* Urt. v. 22.02.2005 – 15 A 130/04 –, in: DVBl. 2005, 652; *VG Weimar,* Urt. v. 22.02.2006 – 6 K 1491/02 We –, Juris Rn. 33; *VG Aachen,* Urt. v. 22.3.2007 – 4 K 2593/05 –, Juris Rn. 31; *VG Meiningen,* Urt. v. 4.9.2007 – 2 K 904/04 Me –, Juris Rn. 24; *VG Gelsenkirchen,* Urt. v. 28.11.2008 – 15 K 2695/06 –, Juris Rn. 92 ff.; zur Landschaftsumlage schon *OVG Münster,* Urt. v. 27.08.1996 – 15 A 4171/93 –, in: NWVBl. 1997, 75; *Schneider,* NWVBl. 2003, 121 (128).

993 *VG Meiningen,* Urt. v. 4.9.2007 – 2 K 904/04 Me –, Juris Rn. 24; *VG Weimar,* Urt. v. 22.2.2006 – 6 K 1491/02 We –, Juris Rn. 33. Das VG München hielt diesem Argument jüngst entgegen, dass diese Kosten ganz oder zu einem gewissen Teil durch Einsparungen im nächsten Haushaltsjahr oder durch Kreisvermögen gedeckt werden könnten und ein Einstellen in den Haushalt unter Umständen nicht erforderlich sei. Ferner sei die Rückerstattung rechtsgrundlos erhobener Umlagen rechtmäßig und dieser Betrag könne deswegen im nächsten Jahr zulässigerweise durch die Umlage gegenfinanziert werden (*VG München,* Urt. v. 22.10.2009 – M 10 K 09.1380, M 10 K 09.1381 –, Juris Rn. 52). Dies überzeugt nicht. Auch wenn der Verband andere Kosten einsparen sollte, die im günstigsten Fall den Fehlbetrag erreichen, bleibt die Einstellung des Fehlbetrags eine Kostenposition für kompetenzwidrig wahrgenommene Aufgaben, die den Bedarf in seiner Gesamtsumme und somit die jeweilige Umlage erhöht. Einsparungen können die rechtswidrig verursachten Kosten demnach nicht ausgleichen, da sie die Umlagemasse – würde der Fehlbedarf aus einer rechtswidrigen Aufgabenwahrnehmung nicht bestehen – verringern. Auch ist nicht in allen Fällen ein rechtmäßiger Rückerstattungsanspruch des Klägers gegeben, der zu einer zulässigen Festsetzung führen könnte. Denn sofern die Umlage noch nicht geleistet wurde, sind die Sparkassenverbände entweder gezwungen eine Leistungsklage einzureichen oder aber – sofern man eine VA-Befugnis der Verbände bejaht (vgl. § 14 B. III.) – einen Leistungsbescheid zu erlassen. Streitgegenstand ist im Falle der Leistungsklage kein Rückerstattungsanspruch, sondern ein Zahlungsanspruch des Verbands. Wird im Rahmen dieser Zahlungsklage die Rechtswidrigkeit der Umlagehöhe festgestellt, handelt es sich

Auch bedarf es aus Rechtsschutzgesichtspunkten der Inzidentprüfung nicht. Sofern die umlageberechtigte Körperschaft rechtswidrig Aufgaben wahrnimmt, steht den Umlageverpflichteten ein Unterlassungsanspruch zu, der den Bedarf verhindern kann, sofern Rechtsschutz rechtzeitig verfolgt wird.[994]

Die Zulassung der Inzidentkontrolle führt im Übrigen dazu, dass sich die Überprüfung der Umlagehöhe zu einem allgemeinen Kontrollinstitut über die Aufgabenerfüllung entwickelt. Dies ist aber Aufgabe der Aufsichtsbehörden.[995]

VI. Umlagefinanzierung und EU-Beihilfenrecht

Das Umlageverfahren eröffnet den Verbänden eine sehr weitreichende Zugriffsmöglichkeit auf das Vermögen der Mitgliedssparkassen. Die Wirkung dieser Umlageverpflichtung besteht – ähnlich der ehemaligen Anstaltslast der Sparkassenträger[996] – in einer Ausstattungsverpflichtung der Mit-

---

nach wie vor um einen ungedeckten Bedarf als Resultat rechtswidrigen Handelns und nicht um einen Rückforderungsanspruch. Sofern ein Leistungsbescheid erlassen werden würde, könnten die Sparkassen diesen anfechten und im Wege eines Antrags auf Anordnung der aufschiebenden Wirkung gem. § 80 Abs. 5 S. 1 1. Fall VwGO die Vollziehung verhindern. Auch in diesem Fall handelt es sich um einen ungedeckten Bedarf als Resultat rechtswidrigen Handelns und nicht um einen Rückforderungsanspruch Die Berücksichtigung dieses Fehlbetrags muss bei der Festsetzung der Umlage konsequenterweise auch zukünftig anfechtbar bleiben.

994 *OVG Münster,* Urt. v. 22.02.2005 - 15 A 130/04 –, in: DVBl. 2005, 652 (653).

995 *OVG Münster,* Urt. v. 22.02.2005 – 15 A 130/04 –, in: DVBl. 2005, 625 (654); *VG Weimar,* Urt. v. 22.2.2006 – 6 K 1491/02 We –, Juris Rn. 33; *VG Meiningen,* Urt. v. 04.09.2007 – 2 K 904/04 Me –, Juris Rn. 24. Bei dieser Lösung stellt sich nicht die Frage, wie man wirtschaftlich noch so unbedeutende Zuständigkeitsüberschreitungen behandelt (zusammenfassend zu diesem Problemkreis: *Henneke,* Landkreis 2005, 361 (362); das *OVG Koblenz,* Urt. v. 28.02.2007 – 2 C 11426/06 –, in: LKRZ 2007, 220, verneinte die Zulässigkeit einer Klage bei einer Ausgabe, die nur 0,1% der Umlagehöhe ausmachte, in Bayern bejahte der *BayVGH,* Urt. v. 27.07.2005 – 4 BV 02.1964 –, in: BayVBl. 2006, 183 (183), einen beachtlichen Fehler erst bei 1%); bei der Nichtzulassung der Inzidenterkontrolle stellt sich die Frage, ob die Umlage auch dann rechtswidrig ist, wenn bei dem Umlageverband unabhängig von der rechtswidrig wahrgenommenen Aufgabe ein ungedeckter Fehlbetrag in mindestens entsprechender Höhe verbleibt, sodann nicht (*VG Trier,* Urt. v. 23.11.2006 – 1 K 520/06.TR –, Juris Rn. 25).

996 Der Inhalt der gesetzlich vorgeschriebenen Anstaltslast wurde bei den Sparkassen in einer Ausstattungsverpflichtung gesehen, welche in der Sicherung der wirtschaftlichen Basis der Anstalt und in der Erhaltung der Funktionsfähigkeit der Anstalt während der gesamten Dauer ihres Bestehens bestand. Diese beinhaltete den Aus-

gliedssparkassen während der gesamten Dauer ihrer Mitgliedschaft. Aus diesem Grund ist die Frage zu beantworten, ob das Umlagesystem bzw. die jährlich festzusetzenden Umlagen notifizierungspflichtige Beihilfen i. S. d. Art. 107 Abs. 1 AEUV sind.

Die Anwendbarkeit des Beihilfenrechts kann nicht schon deswegen verneint werden, weil die Umlagen öffentlich-rechtliche Abgaben darstellen. Auch die staatliche Auferlegung finanzieller Lasten kann nämlich dann eine Beihilfe darstellen, wenn die Umlagefinanzierung in einem unmittelbaren Zusammenhang mit der Verwendung dieser Mittel zur Förderung einer wirtschaftlichen Tätigkeit eines Unternehmens steht.[997]

Genehmigungspflichtig sind Umlagen gem. Art. 107 Abs. 1 AEUV dann, wenn sie staatliche oder aus staatlichen Mitteln gewährte Beihilfen darstellen, die zu einer Begünstigung bestimmter Unternehmen führen, den Wettbewerb zu verfälschen drohen und den Handel zwischen den Mitgliedstaaten beeinträchtigen. Das zentrale Tatbestandsmerkmal des Beihilfentatbestands ist die Begünstigung eines bestimmten Unternehmens.

Die Regionalverbände können zwar möglicherweise in engen Grenzen als Unternehmen betrachtet werden (I.), die auch staatliche Mittel erhalten (II.). Es liegt jedoch keine Begünstigung vor (III.).

1. Unternehmen i. S. d. Art. 107 Abs. 1 AEUV

Der Begriff des Unternehmens wird im Europarecht nicht legaldefiniert. Aus der Systematik der Art. 101-109 AEUV folgt jedoch, dass der Unternehmensbegriff im europäischen Wettbewerbsrecht einheitlich auszulegen ist.[998] Als Unternehmen in diesem Sinne wird jede unabhängig von ihrer Rechtsform und ihrer Finanzierung verselbständigte Einheit verstanden, die eine wirtschaftliche Tätigkeit ausübt. Eine Gewinnerzielungsabsicht ist nicht zu fordern. Auch Körperschaften des öffentlichen Rechts können in Wahrnehmung gemeinwohlorientierter Aufgabenstellungen eine wirtschaftliche Tätigkeit ausüben, sofern sie im Wettbewerb mit anderen Unternehmen

gleich finanzieller Lücken (Unterbilanz) in Form von Zuschüssen oder auf andere geeignete Weise (dazu: *Vollmöller,* NJW 1998, 716).

997 *Lübbig/Martin-Ehlers,* Beihilfenrecht der EU, S. 94.

998 *Schwarze,* EuZW 2000, 613 f.; *Zeitz,* Begriff der Beihilfe, S. 188 m. w. N.

bestimmte Leistungen oder Güter auf einem bestehenden Markt anbieten.[999] Von einer wirtschaftlichen Tätigkeit ist regelmäßig bei einem direkten Austausch von Leistung und Gegenleistung sowie dem Bestehen eines (potentiellen) Konkurrenzverhältnisses zu privaten Unternehmen auszugehen. Entscheidend ist, ob eine Leistung auch von privaten Wirtschaftsteilnehmern angeboten wird bzw. angeboten werden könnte.[1000] Die juristische Person des öffentlichen Rechts muss zumindest in Teilbereichen wie jedes andere Wirtschaftsunternehmen unter normalen Marktbedingungen agieren.[1001] Einigkeit besteht darin, dass lediglich die staatliche Ausübung hoheitlicher Gewalt ebenso wie das Handeln privater Haushalte nicht unter den Unternehmensbegriff fällt.[1002] Schlichthoheitliche Verwaltungstätigkeit kann jedoch eine Markttätigkeit darstellen.

Die Sparkassenverbände üben überwiegend keine wirtschaftliche Tätigkeit aus. Ihnen kann auch in ihrer Eigenschaft als Unternehmensvereinigung[1003] nicht die wirtschaftliche Tätigkeit der Mitglieder zugerechnet werden. Lediglich in Teilbereichen werden sie selbst am Markt tätig. Dies gilt insbesondere für den Tätigkeitsbereich der Sparkassenakademien und der angeschlossenen hotelähnlichen Betriebe. Dort bieten sie Leistungen gegen Entgelt am Markt an. Diese stehen im Wettbewerb mit anderen Fortbildungseinrichtungen auf dem beruflichen Bildungsmarkt, bspw. den Bankakademien oder Berufsakademien. Sofern die Verbände Kontrollbeteiligungen an Unternehmen ausüben, ist es ferner nicht ausgeschlossen, dass die EU-Kommission die Beteiligungsverwaltung der Verbände als unternehmerische Betätigung i. S. d. Art. 107 AEUV einstuft. Der Europäische

---

999 Zum Ganzen *EuGH,* Urt. v. 16.06.1987 – Rs. C-118/85 (»Kommission/Italien«) –, in: Slg. 1987, 2599, (Rn. 7); *EuGH,* Urt. v. 18. 03. 1997 – Rs. C-343/95 (»Cali u. a./SEPG«) –, in: EuZW 1997, 312 (Rn. 16); *Kommission,* Entscheidung v. 27.10.1992 (»Fußball WM 1990«) –, in: ABl. 1992 Nr. L 326/31 Rn. 43; *Weiß,* in: Calliess/Ruffert, EUV/EGV, Art. 81 EGV, Rn. 29; *Kreuschitz,* in: Lenz/Borchardt, EU-Verträge, Art. 107 AEUV, Rn. 10; *Bär-Bouyssière,* in: Schwarze, EU-Kommentar, Art. 87 EGV, Rn. 42; *Cremer,* in: Calliess/Ruffert, EUV/EGV, Art. 87 EGV, Rn. 16; *Krajewski,* ZögU 2010, 75 (81).

1000 *Schwarze,* EuZW 2000, 613, (615) m. w. N.

1001 *EuGH,* Urt. v. 18.06.1998 – Rs. C-35/96 (»Kommission gegen Italien«) – , in: EuZW 1999, 93; *Müller,* NVwZ 2009, 1536 f. m. w. N.; *Zeitz,* Begriff der Beihilfe, S. 190; zur Unternehmensbeurteilung kommunaler Zweckverbände: *VG Trier,* Urt. v. 02.12.2008 – 1 K 533/08.TR –, Juris Rn. 40 ff.; *OVG Rheinland-Pfalz,* Urt. v. 24.11.2009 – 6 A 10113/09 –.

1002 *Bartosch,* EU-Beihilfenrecht, Art. 87, Rn. 2; *Lübbig/Martin-Ehlers,* Beihilfenrecht der EU, S. 60; *Schwarze,* EuZW 2000, 613 (615).

1003 Vgl. § 6 E.

Gerichtshof vertritt die Ansicht, dass der bloße Besitz von Beteiligungen noch keine wirtschaftliche Betätigung darstellt, sofern nur die mit den Beteiligungen einhergehenden Rechte ausgeübt werden. Übt eine Einheit, die Kontrollbeteiligungen an einer Gesellschaft hält, diese Kontrolle aber tatsächlich durch unmittelbare oder mittelbare Einflussnahme auf die Verwaltung der Gesellschaft aus, ist sie als an der wirtschaftlichen Tätigkeit des kontrollierten Unternehmens beteiligt anzusehen.[1004] Auch der Bereich der Beratung der Sparkassen in rechtlichen, betriebswirtschaftlichen sowie Marketing- und Produktentwicklungsfragen könnte in Teilbereichen potentiell von zu beauftragenden privaten Wirtschaftsteilnehmern ausgeübt werden, so dass auch dieser Bereich als unternehmerischer Bereich angesehen werden könnte.

2. Staatliche Mittel

Des Weiteren ist fraglich, ob das Tatbestandsmerkmal »aus staatlichen Mitteln« erfüllt ist. Dieses ist nur zu bejahen, wenn neben der staatlichen Herkunft der Mittel auch die Zurechenbarkeit der Gewährungsentscheidung zum Staat gegeben ist.[1005]

a) Staatliche Herkunft

Die Umlagen, die von den Mitgliedssparkassen an die Verbände transferiert werden, stellen staatliche Mittel dar.

Der Begriff »staatliche Mittel« erfasst alle Geldmittel, auf die die Behörden tatsächlich zur Unterstützung von Unternehmen zurückgreifen können. Es ist nicht erforderlich, dass die Mittel auf Dauer zum Vermögen des Staates gehören. Es genügt der Umstand, dass die finanziellen Mittel ständig unter staatlicher Kontrolle sind und somit den zuständigen nationalen Behörden zur Verfügung stehen. Dies ist immer dann der Fall, wenn der Staat in der Lage ist, durch Ausübung seines beherrschenden Einflusses die Verwendung der Mittel zu steuern, um ggf. besondere Vorteile zugunsten anderer Unter-

---

1004 *EuGH,* Urt. v. 10.01.2006 – Rs. C-222/04 (»Cassa di Risparmio") –, in: Slg. 2006, I-289, (Tz. 111-114).

1005 Zur damaligen und heutigen Abgrenzung der Zurechenbarkeit: *Lübbig/Martin-Ehlers,* EU-Beihilfenrecht, S. 84 ff.; *Jaeger,* in: Holoubek/Potacs, Handbuch öffentliches Wirtschaftsrecht, Bd. 1, S. 718 ff.; *Bartosch,* EU-Beihilfenrecht, Art. 87, Rn. 111 ff.

nehmen herbeizuführen.[1006] Zu den auf diese Weise vom Beihilfetatbestand erfassten wirtschaftlichen Einrichtungen des öffentlichen Sektors gehören insbesondere staatlich gegründete Kreditinstitute.[1007]

Die Sparkassen gehören als öffentliche Unternehmen in Form der Anstalten des öffentlichen Rechts der mittelbaren Staatsverwaltung an. Da auch die Verwaltungsräte der Sparkassen mit kommunalen Vertretern besetzt sind und somit ein hinreichender staatlicher Einfluss gegeben ist, liegt eine Gewährung von staatlichen Mitteln vor.

b) Zurechenbarkeit der Gewährungsentscheidung zum Staat

Die auf der Pflichtenbindung der Mitgliedssparkassen beruhende Entscheidung, die Umlagen an die Verbände zu zahlen, ist dem Staat zurechenbar.

Bei den Sparkassenverbandsumlagen handelt es sich um parafiskalische Abgaben. Diese werden ebenso wie Steuern zwangsweise von einer bestimmten Gruppe von Abgabepflichtigen erhoben. Sie zeichnen sich aber im Gegensatz zu Steuern, die dem allgemeinen Staatshaushalt zufließen, durch die Widmung für einen bestimmten Finanzierungszweck aus. Anknüpfungspunkt der Erhebung parafiskalischer Abgaben ist insbesondere die Zwangsmitgliedschaft in einer Körperschaft.[1008]

In der Vergangenheit erfüllten parafiskalische Abgaben regelmäßig das Zurechenbarkeitskriterium.[1009] Seit dem *Stardust*-Urteil ist aber anerkannt, dass bei öffentlichen Einrichtungen, die über selbstständige Organe mit einer unabhängigen Willensbildung verfügen und lediglich der Rechtsaufsicht ohne fachliches Weisungsrecht unterstellt sind, allein die Möglichkeit zur staatlichen Einflussnahme nicht ausreichend ist. Vielmehr bedarf es eines konkreten Nachweises, dass die Kontrolle tatsächlich ausgeübt und

---

1006 Zum Ganzen *EuGH,* Urt. v. 16.05.2002 – Rs: C-482/99 (»Frankreich/Kommission«) –, in: ABl EG 2002, Nr. 169, 2, Juris Rn. 32 ff.

1007 *EuGH,* Urt. v. 12.12.1996 – Rs. T-358/94 (»Air France/Kommission«) –, in: Slg. 1996, II-2109, 2131 (Tz. 58 f.); *Lübbig/Martin-Ehlers,* Beihilfenrecht der EU, S. 81; *Jaeger,* EuZW 2004, 558 (559).

1008 Zum Ganzen *Bartosch,* EU-Beihilfenrecht, Art. 87, Rn. 75; *Lübbig/Martin-Ehlers,* Beihilfenrecht der EU, S. 91; *Jaeger,* in: Holoubek/Potacs, Handbuch öffentliches Wirtschaftsrecht, Bd. 1, S. 711 ff.

1009 *EuGH* Urt. v. 22.03.1977 – Rs. 78/76 (»Steinike und Weinlig/Deutschland«) –, in: Slg. 1977, 595 (Tz. 8); *EuGH,* Urt. v. 11.11.1987 – Rs. 259/85 (»Frankreich/Kommission«) –, in: Slg. 1987, 4393 (Tz. 23 ff.).

dadurch Einfluss genommen wurde.[1010] Diese Einflussnahme ist für den jeweiligen Einzelfall anhand einer Reihe von Indizien zu ermitteln.[1011]

Diese Judikatur konkretisierte der Europäische Gerichtshof in der Rechtssache *Pearle.*[1012] Danach sind Abgaben, die ausschließlich zugunsten derjenigen Unternehmen verwendet werden, von denen die Abgabe erhoben wird, keine Beihilfe, sofern eine Einflussnahme des Staates auf die Verwendung der Mittel ausgeschlossen ist. Gegenstand der Entscheidung war die Zwangsumlage einer öffentlich-rechtlichen Berufsvereinigung zur Finanzierung einer Werbekampagne zu Gunsten ihrer Mitglieder. Diese Abgabe wurde zweckgebunden erhoben, so dass die Mittel der freien Verfügungsbefugnis der staatlichen Einrichtung entzogen waren. Da die Initiative zur Durchführung der Werbemaßnahme nicht auf den Staat, sondern auf eine private Vereinigung von Optikern zurückzuführen war, war auch eine staatliche Einflussnahme auf die Erhebung ausgeschlossen.[1013]

Die Umlagezahlungen der Mitgliedssparkassen sind dem Staat zuzurechnen. Die Sparkassenverbandsumlagen sind im Unterschied zur Rechtssache *Pearle* nicht streng zweckgebunden, sondern sie unterliegen als Mittel zur allgemeinen Bedarfsdeckung der Verfügungsgewalt der Verbände. Des Weiteren sind im Unterschied zur Rechtssache *Pearle* in den Sparkassenverbänden nicht Private, sondern mit Ausnahme Schleswig-Holsteins ausschließlich Kommunen und öffentlich-rechtliche Sparkassen zusammen-

---

1010 Das *Stardust*-Urteil des *EuGH,* Urt. v. 16.05.2002 – Rs. C-482/99 (»Stardust Marine«) –, in: Slg. 2002, I-04397 (Rn. 52), erging zur Problematik der staatlichen Zurechenbarkeit von Entscheidungen öffentlicher Unternehmen. Zur Anwendbarkeit dieser Kriterien auch auf die Körperschaften im Bereich zwischen öffentlichen Unternehmen und Staatsverwaltung: *Jaeger,* EuZW 2004, 558 (560); *Jaeger,* Beihilfen durch Steuern und parafiskalische Abgabe, S. 315 f.; *Meyer,* Bewertung parafiskalischer Abgaben aus der Sicht des europäischen Abgabenrechts, S. 91.

1011 Zu berücksichtigen ist etwa, ob die fragliche Einrichtung die beanstandete Entscheidung nicht treffen konnte, ohne den Anforderungen der öffentlichen Stellen Rechnung zu tragen, oder dass das Unternehmen bei der Beihilfengewährung öffentlich-rechtliche Richtlinien zu beachten hatte. Ferner ist die Art und Weise der Eingliederung des Unternehmens in die Strukturen der öffentlichen Verwaltung, die Art seiner Tätigkeit und deren Ausübung auf dem Markt unter normalen Bedingungen des Wettbewerbs mit privaten Wirtschaftsteilnehmern, der Rechtsstatus des Unternehmens, die Intensität der behördlichen Aufsicht über die Unternehmensführung und jedes andere Indiz zulässig, das im konkreten Fall auf eine Beteiligung der Behörden hinweist. Der Indizienbeweis nach *Stardust* reicht sogar hin bis zur »Unwahrscheinlichkeit einer fehlenden Beteiligung am Erlass einer Maßnahme«.

1012 *EuGH,* Urt. v. 15.07.2004 – Rs. C-345/02 (»Pearle«) –, in: EuZW 2004, 572.

1013 *EuGH,* Urt. v. 15.07.2004 – Rs. C-345/02 (»Pearle«) –, in: EuZW 2004, 572.

geschlossen. Die Willensbildung vollzieht sich demnach durch kommunale Vertreter und Vertreter öffentlicher Unternehmen. Die Initiative zur Erhebung der Umlage ging auch nicht von privaten Mitgliedern aus. Das Umlagesystem ist als Teil des Finanzausgleichs zwischen öffentlichen Hoheitsträgern anzusehen und wurde vom Gesetzgeber durch die Wahl der Organisationsform der Körperschaft des öffentlichen Rechts ermöglicht.

3. Begünstigung

Parafiskalische Abgaben können in verschiedenen Konstellationen Begünstigungen darstellen. Es ist zwischen der *direkten* Begünstigung der Verbände (1.) und der *indirekten* Begünstigung der Verbandsmitglieder (2.) zu unterscheiden.[1014]

a) Begünstigung der Verbände

Eine *direkte* Begünstigung der Verbände liegt nicht vor. Diese ist nur dann gegeben, wenn der von den Unternehmen zu erbringenden Leistung keine marktgerechte Gegenleistung in der Höhe des Beitragsaufkommens gegenübersteht.[1015] Grundsätzlich wird zur Ermittlung der marktgerechten Gegenleistung das Prinzip vom marktwirtschaftlich handelnden Kapitalgeber angewandt (»market economy investor principle«). Dieses Prinzip gelangt jedoch nach der sog. Altmark-Rechtsprechung des Europäischen Gerichtshofs dann nicht zur Anwendung, wenn zugunsten eines Unternehmens ein staatlicher Ausgleich für die Mehraufwendungen zur Wahrnehmung einer im allgemeinen öffentlichen Interesse liegenden Aufgabe gewährt wird, die

1014 *Jaeger,* in: Holoubek/Potacs, Handbuch öffentliches Wirtschaftsrecht, Bd. 1, S. 712 ff.; *Bartosch* benennt die Begünstigungen nicht als direkte oder indirekte Begünstigung, unterscheidet aber ebenfalls danach, ob die Abgabenpflichtigen und die durch die Abgaben Begünstigten, also diejenigen, denen der wirtschaftliche Vorteil aus dem erzielten Aufkommen zufließt, identisch oder verschieden sind (*Bartosch,* EU-Beihilfenrecht, Art. 87, Rn. 75).

1015 *Lübbig/Martin-Ehlers,* Beihilfenrecht der EU, S. 58 f.; *Jaeger,* in: Holoubek/Potacs, Handbuch öffentliches Wirtschaftsrecht, Bd. 1, S. 700; *Bär-Bouyssière,* in: Schwarze, EU-Kommentar, Art. 87, Rn. 27 ff.

der Allgemeinheit unmittelbar zugutekommt.[1016] Eine Begünstigung liegt vor, wenn die *Altmark*-Kriterien[1017] nicht vollständig erfüllt sind.

Ob die Altmark-Kriterien bei parafiskalischen Abgaben zur Anwendung gelangen, richtet sich danach, ob die wirtschaftliche Tätigkeit im Allgemeininteresse der Bevölkerung liegt und der Allgemeinheit unmittelbar zugutekommt und nicht allein im Interesse der beitragsbelasteten Gruppe erbracht wird.[1018] Liegt eine Leistungserbringung ausschließlich im Interesse der beitragspflichtigen Gruppe, ist eine Begünstigung nach den Grundsätzen des Entsprechens von Leistung und Gegenleistung zu beurteilen.[1019]

Die möglicherweise als wirtschaftlich zu qualifizierenden Tätigkeiten der Verbände (Beteiligungsverwaltung, Akademien, Beratung der Sparkassen)

1016 *EuGH,* Urt. v. 24.07.2003 – Rs. C-280/00 (»Altmark-Trans«) –, in: Slg. 2003, I-7747; zu diesem Urteil und zum Hintergrund ausführlich: *Bartosch,* EU-Beihilfenrecht, Art. 87, Rn. 59 ff.; *Jennert,* NVwZ 2004, 425 ff.; zum Kriterium der Unmittelbarkeit: *EuGH,* Urt. v. 15.01.1998 – Rs. C-44/96 (»Mannesmann Anlagenbau Austria«) –, Slg. 1998, I-73 (Rn. 65); *Hailbronner,* in: Grabitz/Hilf, Das Recht der Europäischen Union, B 4. Der Begriff des öffentlichen Auftraggebers, Rn. 38.

1017 Im *Altmarkt-Trans-Urteil* stellte der EuGH vier Voraussetzungen auf, die kumulativ erfüllt sein müssen, damit eine Begünstigung bei der Wahrnehmung der Aufgaben von allgemeinem wirtschaftlichen Interesse ausscheidet. *Erstens* muss das Unternehmen tatsächlich mit der Erfüllung einer gemeinwirtschaftlichen Aufgabe betraut sein und die Verpflichtung muss eine klare Definition durch den Mitgliedsstaat erhalten haben. *Zweitens* sind die Parameter, anhand derer der Ausgleich berechnet wird, zuvor, also vor Auszahlung der staatlichen Mittel, objektiv und transparent aufzustellen. Damit soll verhindert werden, dass der Ausgleich einen wirtschaftlichen Vorteil mit sich bringt, der das Unternehmen gegenüber konkurrierenden Unternehmen begünstigt. *Drittens* darf der Ausgleich nicht über das hinausgehen, was erforderlich ist, um die Mehrkosten zur Erfüllung der gemeinwirtschaftlichen Aufgabe zu decken. *Viertens* muss das Unternehmen entweder nach Durchführung eines Vergabeverfahrens beauftragt worden sein oder aber die Höhe des erforderlichen Ausgleichs muss auf der Grundlage einer Analyse der Kosten bestimmt werden. Grundlage dieser Analyse ist ein durchschnittliches, gut geführtes Unternehmen, welches so angemessen mit Mitteln ausgestattet ist, dass es den gestellten gemeinschaftlichen Anforderungen genügen kann. Ein angemessener Gewinn aus der Erfüllung der gemeinwirtschaftlichen Verpflichtung ist zu berücksichtigen (*EuGH,* Urt. v. 24.07.2003- Rs. C-280/00 (»Altmark Trans«) –, in: Slg. 2003, I-7747 (Rn. 89-93)).

1018 Zu diesem Kriterium: *EuGH,* Urt. v. 27.03.1974 – Rs. C-127/73 (»Belgische Radio en Televisie gegen SV SABAM und NV Fonior«) –, in: Slg. 1974, 313 (Rn. 23); *Jaeger,* in: Holoubek/Potacs, Handbuch öffentliches Wirtschaftsrecht, Bd. 1, S. 712; *Hailbronner,* in: Grabitz/Hilf, Das Recht der Europäischen Union, B 4. Der Begriff des öffentlichen Auftraggebers, Rn. 36 ff.

1019 Zur Abgrenzung anhand der Interessengruppen: *EuGH,* Urt. v. 27.03.1974 – Rs. C-127/73 (»Belgische Radio en Televisie gegen SV SABAM und NV Fonior«) –, in: Slg. 1974, 313 (Rn. 23).

dienen unmittelbar ausschließlich dem Interesse der Mitglieder. Die Verbände werden nur für die Mitglieder tätig und bieten selbst keine Leistungen für die Gesamtheit der Bürger am Markt an. Sie decken auch kein unmittelbares Bedürfnis der Allgemeinheit, sondern lediglich einen Bedarf ihrer Mitglieder. Dies spricht zugleich gegen die Einordnung als Dienstleistung von allgemeinem wirtschaftlichem Interesse. Die Mitgliedsstaaten sollen sich bei der Festlegung dessen, was als Dienstleistung von allgemeinem wirtschaftlichem Interesse angesehen werden kann, im Rahmen des ihnen zustehenden weiten Ermessensspielraums von den Bedürfnissen der Bevölkerung leiten lassen.[1020] Aus der Sicht der Allgemeinheit besteht ein Interesse an der Dienstleistungserbringung durch die Sparkassen und anderen Verbundunternehmen, die unmittelbar für die Bürger Produkte und Dienstleistungen am Markt anbieten. In der Schlusserklärung zum Vertrag von Amsterdam wird deeswegen lediglich die Sparkassentätigkeit ausdrücklich als eine Aufgabe von allgemeinem öffentlichen Interesse eingestuft, die Verbände hingegen werden nicht erwähnt.[1021]

Da nur die Interessen der Mitglieder betroffen sind, gelten nicht die Altmark-Kriterien, sondern die allgemeinen Grundsätze des Entsprechens von Leistung und Gegenleistung.[1022] Das Handeln der staatlichen Stelle

---

1020 *Krajewski,* ZögU 2010, 75 (88).

1021 Vertrag von Amsterdam, Fassung v. 2.10.1997, S. 37. Erklärung zur Schlussakte, Erklärung zu öffentlich-rechtlichen Kreditinstituten in Deutschland, ABl. 1997 Nr. C 340/1, 138; *Europäische Kommission,* Leistungen der Daseinsvorsorge in Europa, 2000, 20. 9. 2000, KOM (2000) 580 endg., Rn. 35; ebenfalls dazu: *Krajewski,* ZögU 2010, 75 (88).

1022 Sofern man dies anders beurteilt, ist die Begünstigung anhand der Altmark-Kriterien zu beurteilen. Jedenfalls das vierte Kriterium (Kostenanalyse) dürfte sodann nicht erfüllt sein. Das Bundesverwaltungsgericht hat entschieden, dass das vierte Altmarkt-Kriterium bei Zweckverbänden nicht anwendbar ist, wenn die »Umlage nicht dem Ausgleich von Mehrkosten aus der Übernahme einer gemeinwirtschaftlichen Verpflichtung im Rahmen einer im Übrigen marktwirtschaftlichen Betätigung, sondern der Finanzierung der hoheitlichen Erfüllung einer öffentlichen Aufgabe außerhalb des Marktes« dient (*BVerwG,* Urt. v. 16.12.2010 – 3 C 44.09 –, Tz. 25 ff). Das Kriterium unterstelle, »dass die gemeinwirtschaftliche Verpflichtung, deren (Mehr-)Kosten ausgeglichen werden dürfen, durch ein privates Unternehmen und damit in einer Gemengelage gemein- und marktwirtschaftlicher Betätigung erfüllt werden könnte«. Soweit eine Aufgabe als Pflichtaufgabe ausgestaltet sei, stehe die Aufgabenwahrnehmung dem Markt jedoch nicht offen (*BVerwG,* Urt. v. 16.12.2010 – 3 C 44.09 –, Tz. 38). Das Umlagesystem der Verbände könnte nur dann als nicht begünstigend angesehen werden, wenn auch für diese das vierte Kriterium nicht anwendbar ist. Für die Anwendbarkeit spricht aber, dass die Sparkassentätigkeit der Kommunen eine freiwillige und keine pflichtige Selbstverwaltungsaufgabe ist, die zudem in Konkurrenz zu anderen privaten Banken ausgeführt wird.

müsste mit dem hypothetischen Verhalten eines nach Rentabilitätsgesichtspunkten agierenden privaten Investors vergleichbar sein. Nur wenn ein privater Investor den in Rede stehenden Vorteil dem Unternehmen nicht oder allenfalls zu anderen, ungünstigeren Bedingungen gewähren würde, liegt eine Begünstigung vor.[1023]

Eine Umlagefinanzierung im Hinblick auf den anderweitig nicht gedeckten Bedarf ist auch den Verbänden der privaten Kreditwirtschaft nicht fremd. So ist bspw. in § 6 Nr. 1 der Satzung des Bankenverbands Hamburg e. V. und in § 12 Nr. 1 der Satzung des Bundesverbands deutscher Banken e. V. eine ähnlich strukturierte Umlagefinanzierung vorzufinden. Der privatrechtliche Hanseatische Sparkassen- und Giroverband e. V., der die freien Sparkassen in den Freien und Hansestädten Hamburg und Bremen sowie in Bremerhaven auf freiwilliger Grundlage vereinigt, sieht in § 7 der Verbandssatzung ebenfalls eine Umlagefinanzierung in Bezug auf den anderweitig nicht gedeckten Bedarf vor. Dies zeigt, dass auch private Banken in einem freiwilligen Zusammenschluss diese Regelungen vereinbaren.

b) *Begünstigung einzelner Sparkassen*

Auch eine *indirekte* Begünstigung der zahlungspflichtigen Sparkassen liegt nicht vor. Diese ist gegeben, wenn durch die Umlagen eine Leistungserbringung des Verbands für seine Mitglieder finanziert wird, diese Leistungserbringung den Mitgliedern jedoch nicht in gleicher Weise zugute kommt.[1024] Der den Sparkassen zufließende Nutzen der Dienstleistungen der Verbände kann sinnvollerweise nur anhand einer pauschalisierten objektiven Größe bestimmt werden, sofern es sich nicht um Individualleistungen handelt, die meist von den Umlagen getrennt abgerechnet werden. Diese Größe ist der Anteil der Mitgliedssparkassen an der Bemessungsgrundlage zur Ermittlung der Einzelanteile am Stammkapital. Da sich die Umlagen an der Bilanzsumme orientieren, liegt keine ungleiche Rückverteilung vor.

1023 *Cremer,* in: Calliess/Ruffert, EUV/EGV, Art. 87, Rn. 10.

1024 *Lübbig/Martin-Ehlers,* Beihilfenrecht der EU, S. 58 f.; *Jaeger,* in: Holoubek/Potacs, Handbuch öffentliches Wirtschaftsrecht, Bd. 1, S. 700; *Bär-Bouyssière,* in: Schwarze, EU-Kommentar, Art. 87, Rn. 27 ff.

C. Deckung eines außerordentlichen Finanzbedarfs

Die Haushaltsplanung wird aufgrund einer prognostischen Einschätzung der zu erwartenden Entwicklung im kommenden Haushaltsjahr aufgestellt. Es können im Verlauf des Wirtschaftsjahres planwidrige Deckungslücken entstehen, weil der Bedarf für eine bestimmte Position höher ausfällt, als dies prognostiziert wurde, oder aber außergewöhnliche Umstände eine außerordentliche Investition erfordern. In beiden Fällen entsteht ein außerordentlicher Finanzbedarf.

Zur Deckung eines außerordentlichen Bedarfs haben die Verbände mit Ausnahme des bayerischen und des baden-württembergischen Verbands Sonderregelungen getroffen, die sich jedoch in den Finanzierungsmitteln unterscheiden.[1025] Diese Normen stellen abschließende Regelungen für die Deckung eines außerordentlichen Bedarfs dar, so dass nur die abschließend aufgezählten Deckungsmöglichkeiten herangezogen werden dürfen.

Allen diesen Regelungen ist zunächst gemein, dass die Verbände auf ihr Vermögen zurückgreifen dürfen oder ein Darlehen aufnehmen können. Während sich einige Regelungen in diesen Alternativen erschöpfen[1026], ermöglichen die Satzungen des hessisch-thüringischen[1027] und des niedersächsischen Verbands[1028] den Rückgriff auf den Ertrag aus Beteiligungen. Lediglich die Satzung des Sparkassenverbands Westfalen-Lippe ermöglicht als dritte Möglichkeit die Erhebung einer außerordentlichen Umlage.[1029] Eine ähnliche Regelung besteht im Ostdeutschen Sparkassenverband. Danach können Nachträge zur Umlageberechnung für das laufende Jahr vorgenommen werden.[1030]

Zuständig für die Beschlussfassung über die konkret zu treffende Deckungsmaßnahme ist nach den Satzungen des niedersächsischen und des hessisch-

1025 § 28 Abs. 5 S-SGVHT; § 9 Abs. 3 S-SVN; § 23 Abs. 3 S-OSV; § 20 Abs. 2 RSGV; § 26 Abs. 5 SVRP; § 20 Abs. 5 SVSaar; § 9 Abs. 3 SGVSH; § 23 Abs. 2 SVWL.

1026 § 20 Abs. 2 RSGV; § 26 Abs. 5 SVRP; § 20 Abs. 5 SVSaar.

1027 § 28 Abs. 5 S-SGVHT.

1028 § 9 Abs. 3 S-SVN.

1029 § 23 Abs. 2 S-SVWL.

1030 § 12 Abs. 2 lit. l) S-OSV.

thüringischen Verbands die Verbandsversammlung.[1031] In den anderen Verbänden ist das verwaltungsleitende Organ zuständig.[1032]

Wegen des Fehlens von Sonderregelungen in der bayerischen und in der baden-württembergischen Verbandssatzung zur Deckung eines außerordentlichen Bedarfs kann in diesen Verbänden auch ein außerordentlicher Bedarf durch die allgemeinen Finanzierungsmittel gedeckt werden. Der Wortlaut »Aufwand des Verbands«[1033] bzw. ungedeckte »Kosten der Geschäftsstelle«[1034] differenziert nicht zwischen einem ordentlichen und einem außerordentlichen Bedarf, erfasst also beide Formen.[1035]

I. Rückgriff auf Vermögen

Der »Rückgriff auf Verbandsvermögen« umfasst nach dem Wortlaut und dem Sinn und Zweck der Normen die Nutzung der bestehenden Vermögensrechte durch schuldrechtliche und dingliche Rechtsgeschäfte. Zu denken ist bspw. an den Verkauf oder die dingliche Belastung von Immobilien oder Unternehmensbeteiligungen. Im baden-württembergischen und bayerischen Verband ergibt sich die Befugnis zur Verwertung des Vermögens trotz des Fehlens einer Sonderregelung für die Deckung eines außerordentlichen Bedarfs aus der allgemeinen Kompetenzordnung. Explizit geregelt ist die Verfügung über Grundstücke und grundstücksgleiche Rechte[1036] sowie die Beschlussfassung über Beteiligungen.[1037]

1031 § 28 Abs. 5 i. V. m. § 12 Nr. 10 SGVHT; § 9 Abs. 3 SVN.

1032 § 12 Abs. 2 lit. n) S-OSV; § 9 Abs. 3 lit. e), Abs. 4 lit. c) S-RSGV; § 14 Abs. 1 Nr. 8 S-SVRP; § 12 Abs. 2 Nr. 10 S-SVSaar; § 16 Abs. 1 Nr. 8 S-SGVSH; § 9 Abs. 3 lit. c), d) S-SVWL nach Beratung im Hauptausschuss.

1033 § 3 Abs. 3 S-SVBW.

1034 § 7 Abs. 3 S-SVB.

1035 Nur wenn die Verbandssatzungen eine Sonderregelung für die Deckung eines außerordentlichen Bedarfs in ihren Verbandssatzungen beinhalten, stellt diese eine abschließende Regelung dar. Eine systematische Auslegung ergibt sodann, dass für den außerordentlichen Bedarf nur die in dieser Regelung enumerativ benannten Deckungsmöglichkeiten herangezogen werden dürfen.

1036 § 18 Abs. 3 Nr. 8 S-SVB; § 14 Abs. 2 Nr. 30 S-SVBW ermächtigt den Vorstand zur Verfügung bis zu einer Höchstgrenze von 250.000,- EUR. Darüber hinausgehende Geschäfte obliegen gem. § 10 Abs. 1 Nr. 11 S-SVBW der Verbandsversammlung.

1037 In Baden-Württemberg ist für eine Beschlussfassung über Beteiligungen, die wertmäßig 150.000 EUR übersteigen, gem. § 10 Abs. 1 Nr. 12 S-SVBW die Verbandsversammlung und für wertmäßig darunter liegende Entscheidungen gem. § 14 Abs. 2 Nr. 10 S-SVBW der Verbandsvorstand zuständig.

II. Darlehen

Die Möglichkeit zur Aufnahme eines Darlehens zur Deckung eines außerordentlichen Bedarfs ist trotz des Wortlauts »Darlehen« nicht auf ein klassisches bürgerlich-rechtliches Darlehen gem. §§ 488 ff. BGB beschränkt. Den Verbänden soll durch diese Norm bei einem außerordentlichen Finanzbedarf eine zusätzliche Handlungsmöglichkeit durch Fremdfinanzierung eingeräumt werden. Objektiver Zweck der Norm kann demnach nur sein, den Verbänden bei einer außergewöhnlichen finanziellen Situation die nach Lage des Einzelfalls günstigste Refinanzierungsmöglichkeit zur Deckung des Bedarfs zu ermöglichen. Nach dem Sinn und Zweck sind alle möglichen Formen der Fremdfinanzierung erfasst. Insbesondere können – wie im Fall der Unterstützung der WestLB AG durch die Sparkassenverbände – auch Fremdschuldverschreibungen ausgegeben werden.[1038]

Bei der Entscheidung, den ungedeckten Bedarf durch eine Fremdfinanzierung zu decken, steht den zuständigen Verbandsorganen eine Einschätzungsprärogative zu. Die Verbandsorgane müssen bei der Entscheidungsfindung die mit einer Fremdfinanzierung verbundenen Vor- und Nachteile im Rahmen einer wirtschaftlichen Prognoseentscheidung abwägen. Die Wahl der Fremdfinanzierung muss sich trotz der finanziellen Mehrbelastungen durch Zinslasten lediglich als vertretbar herausstellen.[1039]

Auch bezüglich der Wahl des konkreten Fremdfinanzierungsmittels ist den Verbänden eine Einschätzungsprärogative zuzubilligen. Bei dieser Einschätzung haben die Verbände die Vor- und Nachteile der in Frage kommenden Mittel abzuwägen. Dabei spielt insbesondere die Höhe der Zinslasten eine entscheidende Rolle. So kann es bspw. trotz der Emissionskosten günstiger sein, Fremdschuldverschreibungen zu begeben, als klassische Kredite aufzunehmen.

1038 Zum ganzen *OVG Münster,* Urt. v. 22.06.2009 – 16 A 3137/08 –, in: DVBl. 2009, 1112 (1116); das Gericht billigte eine im Jahre 2004 durch die Verbandsversammlung des SVWL beschlossene Fremdfinanzierung eines außerordentlichen Bedarfs durch die Begebung einer Fremdschuldverschreibung. Mit dieser sollte der Anteil des SVWL in Höhe von 750 Mill. EUR an einer von ihm und dem RSGV getragenen Kapitalerhöhung in Höhe von 1,5 Mrd. EUR bei der WestLB AG finanziert werden. Hintergrund für diese Kapitalerhöhung war die finanzielle Schieflage der WestLB AG.

1039 Zur Einschätzungsprärogative hinsichtlich der Wahl einer Fremdfinanzierung: *OVG Münster,* Urt. v. 22.06.2009 – 16 A 3137/08 –, in: DVBl. 2009, 1112 (1116).

Die Möglichkeit zur Aufnahme von Darlehen ergibt sich für den baden-württembergischen und den bayerischen Verband erneut aus der allgemeinen Kompetenzordnung.[1040]

III. Rückgriff auf Ertrag

Die Satzungen des hessisch-thüringischen und des niedersächsischen Verbands sehen die Möglichkeit zum Rückgriff auf den Ertrag aus Beteiligungen zur Deckung eines außerordentlichen Bedarfs vor. Dafür ist ein entsprechender Beschluss der Verbandsversammlung erforderlich.[1041] Diese Regelung ermöglicht es, die Beteiligungserträge abweichend von der grundsätzlich durch die Satzung vorgegebenen Ertragsverwendung[1042] zur Deckung eines außerordentlichen Bedarfs einzusetzen.

IV. Außerordentliche Umlage

§ 23 Abs. 2 S-SVWL ermöglicht explizit die Erhebung einer außerordentlichen Umlage zur Deckung eines außerordentlichen Bedarfs. Für die Festsetzung gelten die allgemeinen Ausführungen zu den Verbandsumlagen.[1043] Eine ähnliche Regelung besteht im Ostdeutschen Sparkassenverband. Danach können Nachträge zur Umlageberechnung für das laufende Jahr vorgenommen werden.[1044]

D. Haftung für Verbandsverbindlichkeiten

Die Verbandssatzungen[1045] regeln im Innenverhältnis der Verbände zu ihren Mitgliedern die Haftung für Verbandsverbindlichkeiten. Die Satzungen unterscheiden zwischen der *Außenhaftung* zwischen dem Verband und dessen Vertragspartnern und der *Innenhaftung* zwischen dem Verband und dessen Verbandsmitgliedern.

1040 § 14 Abs. 2 Nr. 31 S-SVBW: Der Vorstand ist für die Beschlussfassung über Kreditaufnahmen von mehr als 250.000 EUR zuständig. Für darunterliegende Kredite ist der Verbandsvorsteher gem. der Generalklausel des § 18 Abs. 1 S. 1 S-SVBW zuständig.

1041 § 28 Abs. 5 S-SGVHT; § 9 Abs. 3 S-SVN.

1042 Vgl. § 13.

1043 Vgl. §14 B. II.

1044 § 12 Abs. 2 lit. l) S-OSV.

1045 § 4 S-SVBW; § 8 S-SVB; § 7 S-SGVHT; § 22 S-SVN; § 25 S-OSV; § 23 S-RSGV; § 7 S-SVRP; § 6 SVSaar; § 24 S-SGVSH; § 26 S-SVWL.

I. Außenhaftung

Die Satzungen stellen in ihren Außenhaftungsregelungen[1046] klar, dass für Verbindlichkeiten gegenüber außenstehenden Dritten allein die Verbände mit ihrem Verbandsvermögen haften. Im Innenverhältnis zu den Verbandsmitgliedern steht den Verbänden somit nach dieser klarstellenden Regelung kein Anspruch gegen ihre Mitgliedssparkassen auf Zahlung an die Gläubiger zu. Auch die Gläubiger können aus diesen Regelungen keinen Anspruch gegen die Mitgliedssparkassen ableiten.

II. Subsidiäre Innenhaftung

1. Grundsatz

Die Innenhaftungsregelungen[1047] sind überwiegend dadurch gekennzeichnet, dass die Mitgliedssparkassen für einen Fehlbetrag dem Verband im Verhältnis ihrer Anteile an der Bemessungsgrundlage haften.[1048] In den Verbänden, in denen Sicherheitsrücklagen[1049] gebildet werden, können die Mitgliedssparkassen nur für einen nach der Heranziehung der Sicherheitsrücklage verbleibenden Fehlbetrag herangezogen werden. Sofern einzelne Sparkassen den auf sie entfallenden Beitrag nicht leisten können, ist eine Ausfallhaftung in der Form geregelt, dass die übrigen Sparkassen im Verhältnis ihrer Anteile zu der Bemessungsgrundlage für diesen Betrag einstehen. Dies bedeutet zugleich, dass die Verbände ausschließlich die Zahlung des auf die jeweilige Mitgliedssparkasse entfallenden Fehlbetrags an sich selbst verlangen können. Ein Haftungsdurchgriff der Gläubiger auf die Sparkassen scheidet hingegen aus. Denkbar wäre lediglich die Pfändung

1046 § 4 Abs. 1 S-SVBW; § 8 Abs. 1 S-SVB; § 7 Abs. 1 S-SGVHT; § 22 Abs. 1 S-SVN; § 25 Abs. 1 S-OSV; § 23 Abs. 1 S-RSGV; § 7 Abs. 1 S-SVRP; § 6 Abs. 1 SVSaar; § 24 Abs. 1 S-SGVSH; § 26 Abs. 1 S-SVWL.

1047 § 4 Abs. 2 S-SVBW; § 8 Abs. 2 ff. S-SVB; § 7 Abs. 2 f. S-SGVHT; § 22 Abs. 2 f. S-SVN; § 25 Abs. 2 S-OSV; § 23 Abs. 2 S-RSGV; § 7 Abs. 2 f. S-SVRP; § 6 Abs. 2 f. SVSaar; § 24 Abs. 2 f. S-SGVSH; § 26 Abs. 2 S-SVWL.

1048 § 4 Abs. 2 S-SVBW beschränkt die Innenhaftung allein auf Verbindlichkeiten gegenüber dem DSGV ö. K. und die gesetzliche Haftung für die Landesbank und die LBS. Die freien Sparkassen in Schleswig-Holstein haften begrenzt auf ihren Stammkapitalanteil, § 24 Abs. 2 S. 2 S-SGVSH.

1049 Diese sind nach folgenden Satzungsregelungen vorgesehen: § 7 Abs. 2, § 29 S-SGVHT; § 21 Abs.1, § 22 Abs. 2 S. 1 S-SVN; § 7 Abs. 2, fakultativ in § 27 Abs. 2 S-SVRP; § 19 Abs. 1 Nr. 2; § 6 Abs. 2 S-SVSaar; § 23, § 24 Abs. 2 S-SGVSH.

eines bestehenden Zahlungsanspruchs der Verbände gegen die Mitgliedssparkassen aus vollstreckbaren privatrechtlichen Titeln gem. § 882a ZPO bzw. öffentlich-rechtlichen Titeln gem. § 170 VwGO.

Da die Mitgliedssparkassen nur für einen nach Heranziehung der Sicherheitsrücklage verbleibenden Fehlbetrag haften, wird deutlich, dass ein »Fehlbetrag« i. S. d. Regelungen entsteht, wenn das Eigenkapital vollständig aufgezehrt ist und eine formelle Überschuldung droht.[1050]

2. Ausnahmen

a) *Sparkassenverband Westfalen-Lippe*

Die Innenhaftungsregelung in der Satzung des Sparkassenverbands Westfalen-Lippe wurde im Jahr 2005 durch die Einführung des § 26 Abs. 2 S. 1 S-SVWL deutlich präzisiert. Der Hintergrund für die Einführung dieser Formulierung war die Begebung einer Fremdschuldverschreibung zur Refinanzierung der Eigenkapitalerhöhung bei der WestLB AG. Die alte Formulierung ließ aus Sicht der Ratingagenturen keine hinreichend klare Haftungskonstruktion erkennen. Durch die gewählte Formulierung wurden Unklarheiten in Bezug auf den Zeitpunkt und die jeweilige Höhe des Haftungsbetrags beseitigt.[1051]

Danach haften die Mitgliedssparkassen dem Verband für »einen zeitgerechten Ausgleich eines Fehlbetrages (…), um dem Verband die Erfüllung seiner Verbindlichkeiten mit deren Fälligkeit zu ermöglichen«.[1052] Der Begriff des Fehlbetrags wird als die »Differenz zwischen fälligen Verbindlichkeiten und liquiden Mitteln des Verbands« legaldefiniert.[1053] Die Zahlungsverpflichtung wird somit nicht erst im Falle eines auszuweisenden Fehlbetrags nach § 268 Abs. 3 HGB, sondern bereits im laufenden Geschäftsjahr fällig, wenn die genannten Voraussetzungen vorliegen.

Eine Innenhaftung kommt aufgrund des satzungsrechtlich vorgesehenen Instrumentariums zur Deckung eines außerordentlichen Bedarfs nur dann in

1050 *Baetge/Kirsch/Thiele,* Bilanzen, S. 463; im Falle eines kaufmännischen Jahresabschlusses würde dies bedeuten, dass auf der Aktivseite gem. § 268 Abs. 3 HGB ein »nicht durch Eigenkapital gedeckter Fehlbetrag« ausgewiesen werden müsste.

1051 Auskunft des SVWL, Gesprächsprotokoll vom 09.09.2009.

1052 § 26 Abs. 2 S. 1 S-SVWL.

1053 § 26 Abs. 2 S. 1 S-SVWL.

Betracht, wenn die zur Deckung – und damit zur Vermeidung eines Fehlbetrags – erforderlichen Mittel nicht rechtzeitig generiert werden können.

b) Sparkassenverband Baden-Württemberg

Die baden-württembergische Regelung sieht lediglich für die Inanspruchnahme des Verbands im Rahmen der gesetzlichen Haftung für den Deutschen Sparkassen- und Giroverband ö. K., die Landesbank oder die Landesbausparkasse eine Innenhaftung der Mitgliedssparkassen nach dem Verhältnis ihrer Anteile an der Bemessungsgrundlage vor.[1054] Im Übrigen ist eine Fehlbetragshaftung, wie sie in den anderen Verbänden gegeben ist, nicht vorgesehen.

c) Sparkassenverband Bayern

Nach § 4 Abs. 2 der bayerischen Verbandssatzung »findet eine Umlage auf die Sparkassen (…) statt, sofern das Verbandsvermögen zur Befriedigung der Gläubiger nicht aus[reicht]«. Die Summe der noch verbleibenden Verbindlichkeiten wird gem. Abs. 3 im Unterschied zu den anderen Regelungen in einem von der Aufsichtsbehörde aufzustellenden Verteilungsplan auf die Sparkassen nach ihrem Einzelanteil am Stammkapital umgelegt. In Abs. 4 ist sodann eine Ausfallhaftung geregelt, die mit den anderen Ausfallhaftungsregelungen vergleichbar ist.

Die Fälligkeit der subsidiären Innenhaftung tritt im bayerischen Verband somit erst nach der Aufstellung des Verteilungsplans ein.

d) Sparkassenverband Niedersachsen

Auch im niedersächsischen Sparkassenverband besteht eine andere Haftungskonstruktion. Die Haftung der Sparkassen ist in der Höhe auf den jeweiligen Einzelanteil am Stammkapital begrenzt.[1055] Für darüber hinausgehende Beträge haftet die Trägerkommune im Verhältnis der Einzelanteile der Sparkasse am Stammkapital.[1056] Die Haftung der kommunalen

1054 § 4 Abs. 2 S-SVBW.

1055 § 22 Abs. 2 S. 2 lit. a) S-SVN; dabei sind frühere Einforderungen und etwaige nach § 8 Abs. 4 anzurechnende Beträge abzüglich etwaiger nach § 21 Abs. 2 zurückerstatteter Beträge zu berücksichtigen.

1056 § 22 Abs. 2 S. 2 lit. b) S-SVN; ausgenommen sind Beträge für Sicherungseinrichtungen und Unternehmen der Sparkassen-Finanzgruppe.

Träger besteht nach der Satzung ausdrücklich allerdings »nur im Rahmen des EU-Beihilfenrechts«. Dies bedeutet, dass im Einzelfall die Beihilferechtskonformität inzident als Tatbestandsvoraussetzung für einen Zahlungsanspruch aus der Innenhaftung zu prüfen ist. Da der EU-Vertrag als übergeordnete Rechtsquelle stets Rechtswirkung entfaltet, hat diese einfachgesetzliche Ausgestaltung nur deklaratorische Bedeutung.

III. Möglichkeit des indirekten Zugriffs auf die Sparkassenstützungsfonds

Für die Gläubiger des Verbands – und somit für die Ratingagenturen – kann es interessant sein, ob die Verbände durch diese Haftungskonstruktionen indirekt Zugriff auf den Haftungsverbund der Sparkassenfinanzgruppe nehmen können.

Die Verbände selbst sind nicht durch den Haftungsverbund geschützt. Als Sondervermögen der Verbände sind die regionalen Stützungsfonds ferner dem Zugriff des Verbands für die Erfüllung eigener Verbindlichkeiten entzogen. Sofern aber die Mitgliedssparkassen die Haftungsbeiträge nicht leisten können, können diese grundsätzlich Hilfsmaßnahmen aus dem Stützungsfonds beantragen. Ob der Stützungsfondsausschuss allerdings im Rahmen der Ermessensentscheidung Hilfsmaßnahmen aufgrund der Ausfallhaftungsregelungen genehmigt, erscheint nur dann wahrscheinlich, wenn die Mehrbelastung der anderen Mitgliedssparkassen zu weiteren Stützungsfällen führen würde. Ein indirekter Zugriff auf die Stützungsfonds ist somit theoretisch möglich, ein Anspruch auf Stützungsmaßnahmen besteht allerdings nicht.

IV. Nachhaftung ausgeschiedener Mitgliedssparkassen

Einige Verbandssatzungen enthalten Nachhaftungsregelungen für ausgeschiedene Mitgliedssparkassen. Danach können sie zur Deckung eines in der Bilanz des laufenden Jahres oder für einen in den folgenden fünf Jahren auftretenden Fehlbetrags herangezogen werden, wenn die Ursache für diesen in der Zeit vor ihrem Ausscheiden oder im Jahr ihres Ausscheidens liegt. Über diese Voraussetzungen entscheidet entweder ein Schiedsgericht oder die Aufsichtsbehörde.[1057]

1057 § 7 Abs. 3 S-SGVHT; § 22 Abs. 3 S-SVN; § 7 Abs. 3 S-SVRP; § 6 Abs. 3 S-SVSaar; § 24 Abs. 3 S-SGVSH.

Im Sparkassenverband Westfalen-Lippe ist die Nachhaftung auf Verbindlichkeiten beschränkt, die im Zeitraum ihres Ausscheidens bereits begründet waren. Der Nachhaftungszeitraum beträgt fünf Jahre.[1058]

Aufgrund der Pflichtmitgliedschaft der Sparkassen in den Sparkassenverbänden ist allerdings fraglich, wann es in der Praxis zu einer Nachhaftung aufgrund eines Ausscheidens einer Sparkasse kommen kann. Ein freiwilliger Austritt einer Sparkasse aus einem Verband ist nicht möglich. Denkbar wäre bspw. der Fall, dass Mitgliedssparkassen aufgrund von Gebietsänderungen der Sparkassenverbände aus einem Verband ausscheiden und in einem anderen Verband Zwangsmitglieder werden.

§ 15 Rechnungslegung

Die Satzungen der Sparkassenverbände sehen vor, dass das geschäftsführende Organ unverzüglich oder innerhalb einer drei- bis sechsmonatigen Frist nach Ablauf des Geschäftsjahrs entweder einen Jahresabschluss, bestehend aus der Bilanz, der Erfolgsrechnung und den Erläuterungen, oder aber die »vorgeschriebene« Haushaltsrechnung bzw. eine Jahresrechnung und einen schriftlichen Geschäftsbericht über die Tätigkeit und Entwicklung des Verbands erstellt.[1059]

A. Vorgaben für die Rechnungslegung

Die HGB-rechtlichen Rechnungslegungsvorschriften sind nicht direkt auf die Sparkassenverbände anzuwenden. Als öffentlich-rechtliche Körperschaften sind sie keine Formkaufleute i. S. d. § 6 HGB[1060] und betreiben auch kein Handelsgewerbe i. S. d. § 1 HGB. Zwar können auch öffentlich-rechtliche Körperschaften in Erfüllung ihrer öffentlich-rechtlichen gemeinnützigen Aufgaben ein wirtschaftliches Unternehmen als Gewerbe betreiben. Dazu ist es nach ständiger Rechtsprechung des Bundesgerichtshofs[1061]

1058 § 27 Abs. 2 S. 4 S-SVWL.

1059 § 39 SpkG BW i. V. m. § 26 Abs. 1 S-SVBW; § 6 Abs. 2 S-SVB; § 27 Abs. 3 S-SGVHT;§ 20 Abs. 2 S-SVN; § 22 Abs. 4 S-OSV; § 22 Abs. 2, 5 S-RSGV; § 25 Abs. 3 S-SVRP; § 18 Abs. 4 S-SVSaar; § 22 Abs. 2 S-SGVSH; § 25 Abs. 2 S-SVWL.

1060 *Hopt,* in: Baumbach, HGB-Kommentar, § 6, Rn. 1.

1061 Diese Entscheidungen ergingen zum Gewerbebegriff des § 196 BGB a. F. Die dort für die Auslegung maßgeblichen Kriterien können mit der gebotenen Vorsicht auch für die Auslegung des Gewerbebegriffs des HGB herangezogen werden

aber erforderlich, dass die Tätigkeit nicht allein und herkömmlich mit der Zielrichtung der Erfüllung einer öffentlichen Aufgabe betrieben wird, sondern die Einrichtung auch von einem Privatunternehmer mit der Absicht der Gewinnerzielung[1062] betrieben werden kann und aus diesem Grund eine Konkurrenzsituation am Markt nicht ausgeschlossen ist.[1063] Die Verbände sind aber grundsätzlich keine Unternehmen, die für bestimmte Dienstleistungen von ihren Mitgliedern ein vereinbartes Entgelt fordern. Vielmehr erfüllen sie ihre öffentlichen Aufgaben weit überwiegend durch die von den Mitgliedern zu erhebenden Umlagen. Da die Tätigkeit der Verbände regelmäßig auch nicht in einer Konkurrenz zu anderen Unternehmen am Markt steht, dominiert die öffentliche Aufgabenerfüllung die Tätigkeit des Verbands.

Demnach richtet sich die Rechnungslegung nach den Regelungen des öffentlichen Haushaltsrechts. Aus dessen Regelungssystematik ergibt sich, dass für die Rechnungslegung vorrangig die Regelungen der Sparkassengesetze/Staatsverträge und die aufgrund der Satzungsautonomie ergangenen Satzungsregelungen gelten. Nachrangig gelten gem. § 48 Abs. 1 HGrG die Regelungen des HGrG entsprechend sowie gem. § 105 Abs. 1 Nr. 1 der LHO der Länder die §§ 106-110 LHO, wobei die Besonderheiten des § 112 LHO zu beachten sind.

I. Sparkassengesetze/Staatsverträge

Die Sparkassengesetze und Staatsverträge enthalten mit Ausnahme des bayerischen Sparkassengesetzes und des Staatsvertrags über den Ostdeutschen Sparkassenverband keine speziellen Vorgaben für die Rechnungslegung.

§ 5 Abs. 2 StVOSV bestimmt, dass ein Jahresabschluss mit Bilanz, Gewinn- und Verlustrechnung nebst Anhang sowie ein Lagebericht aufzustellen sind. Es werden die für große Kapitalgesellschaften geltenden Ansatz-, Bewer-

---

(*Röhricht,* in: Röhricht/v.Westphalen, HGB, § 1, Rn. 21; a. A. *Schmidt,* in: Münchener Kommentar zum HGB, § 1, Rn. 25).

1062 Das Kriterium der Gewinnerzielungsabsicht verliert in der neueren Rechtsprechung immer mehr an Gewicht. Heute wird mehr und mehr auf die Leistungserbringung am Markt abgestellt (*Körber,* in: Oetker, Kommentar zum HGB, § 1, Rn. 28 f. m. w. N.).

1063 *BGH,* Urt. v. 12.02.1970 – VII ZR 168/67 –, in: BGHZ 53, 222 (223 f.) m. w. N; *Hopt,* in: Baumbach, HGB-Kommentar, § 1 Rn. 27 m. w. N.

tungs- und Gliederungsvorschriften des HGB für entsprechend anwendbar erklärt.[1064]

Art. 23 Abs. 2 S. 3 des bayerischen Sparkassengesetzes ermächtigt das Staatsministerium des Innern, besondere Vorschriften über die Rechnungslegung des Verbands zu erlassen. Von dieser Möglichkeit hat das Staatsministerium nach eigenen Angaben aber bisher keinen Gebrauch gemacht hat.

II. Satzungen

Die Satzungen des baden-württembergischen-, ostdeutschen-, rheinischen-, westfälisch-lippischen- und des rheinland-pfälzischen Sparkassenverbands erfordern die Erstellung eines Jahresabschlusses nach kaufmännischen Grundsätzen, bestehend aus einer Bilanz, einer Erfolgsrechnung und den Erläuterungen in entsprechender Anwendung der handelsrechtlichen Vorschriften.[1065]

Die Satzungen des bayerischen, des saarländischen und des schleswig-holsteinischen Verbands erfordern ohne nähere Konkretisierung die Erstellung einer Jahresrechnung sowie eines Jahresberichts.[1066]

Die Satzungen der Sparkassenverbände Hessen-Thüringen und Niedersachsen verweisen auf die vorgeschriebene Haushaltsrechnung und den Jahresbericht über die Tätigkeit des Verbands.[1067]

Da in diesen Ländern – mit Ausnahme Bayerns – die Landeshaushaltsordnungen auf die Verbände grundsätzlich Anwendung finden[1068], kann davon ausgegangen werden, dass mit den vorgeschriebenen Haushaltsrechnungen die »Rechnungen« i. S. d. § 109 Abs. 1 LHO gemeint sind.

1064 Die LHO findet nach § 112 Abs. 2 S. 2 LHO Bbg auf den Ostdeutschen Sparkassenverband keine Anwendung. Grundsätzlich wird man diese Verweisung in das HGB als dynamische Verweisung auslegen müssen. Allerdings müssen die verfassungsrechtlichen Grenzen bei einer dynamischen Verweisung beachtet werden (zur Auslegung als dynamische Verweisung: *Debus,* Verweisungen in deutschen Rechtsnormen, S. 59 ff. Zu den verfassungsrechtlichen Grenzen einer Verweisung von Landes- auf Bundesrecht: *Debus,* Verweisungen in deutschen Rechtsnormen, S. 208 ff. m. w. N.).

1065 § 26 S-SVBW; § 22 Abs. 4 S-OSV; § 22 Abs. 2 S-RSGV; § 25 Abs. 2 S-SVRP; § 25 Abs. 2 S-SVWL.

1066 § 6 Abs. 2 SVB; § 18 Abs. 4 SVSaar; § 22 S-SGVSH.

1067 § 27 Abs. 3 S-SGVHT; § 20 Abs. 3 S-SVN.

1068 Siehe § 6 D. II.

B. Prüfung durch einen Wirtschaftsprüfer, Genehmigung und Entlastung

Die Sparkassengesetze und die Satzungen sehen einheitlich vor, dass der Jahresabschluss bzw. die Jahresrechnung nach den bestehenden Vorschriften durch einen Abschlussprüfer (Wirtschaftsprüfer oder anerkannte Wirtschaftsprüfungsgesellschaft) geprüft wird. Sofern ein kaufmännischer Abschluss vorgesehen ist, wird eine Prüfung entsprechend §§ 317-324 HGB durchgeführt.

Die Bestellung des Abschlussprüfers erfolgt entweder durch die Verbandsversammlung oder durch den Verbandsvorstand. Die Bestellung unterliegt einheitlich einem Genehmigungsvorbehalt durch die Rechtsaufsichtsbehörde.[1069] Die Satzung des ostdeutschen Verbands sieht darüber hinaus das Einvernehmen des Landesrechnungshofs vor.[1070]

Der Jahresabschluss bzw. die Jahresrechnung, der Jahresbericht und der Prüfungsbericht/Geschäftsbericht werden zunächst dem verwaltungsleitenden Organ zur Stellungnahme vorgelegt. In den nordrhein-westfälischen Verbänden erstattet das geschäftsführende Organ einen Bericht über die Einhaltung der Budgetvorgaben im abgelaufenen Geschäftsjahr und erläutert etwaige Abweichungen.

Die Feststellung des Jahresabschlusses bzw. der Abnahme erfolgt entweder durch die Verbandsversammlung[1071] oder durch das verwaltungsleitende Organ[1072]. Auch der Beschluss über die Entlastung des geschäftsleitenden und des verwaltungsleitenden Organs wird grundsätzlich von der Verbands-

1069 § 27 S-SVBW; § 6 Abs. 2 S-SVB; § 27 Abs. 3 S-SGVHT; § 20 Abs. 2 S-SVN; § 22 Abs. 5 S-OSV; § 22 Abs. 3 S-RSGV; § 25 Abs. 3 S-SVRP; § 18 Abs. 4 S-SVSaar; § 22 Abs. 2 S-SGVSH; § 25 Abs. 3 S-SVWL.

1070 § 5 Abs. 3 StVOSV.

1071 § 10 Abs. 1 Nr. 8, 10 S-SVBW; § 12 Nr. 1 S-SVB; § 9 Abs. 2 lit. g) S-OSV; § 6 BS. 3 lit. c) S-RSGV; § 6 Abs. 3 lit. e) S-SVWL.

1072 § 25 Abs. 3 S. 2 S-SVRP; § 18 Abs. 4 S. 2 S-SVSaar.

versammlung gefasst.[1073] Lediglich in Bayern erteilt die Rechtsaufsichtsbehörde die erforderlichen Entlastungen.[1074]

Einige Satzungen sehen darüber hinaus die Vorlage der Jahresrechnung, des Jahresberichts und des Prüfungsberichts sowie der Beschlüsse über die Feststellung der Jahresrechnung und die Entlastung an die Aufsichtsbehörde vor.[1075]

C. Prüfung durch den Landesrechnungshof

Die Landeshaushaltsordnungen der Länder schreiben in § 111 für Körperschaften des öffentlichen Rechts grundsätzlich eine haushaltsrechtliche Prüfung durch den Landesrechnungshof vor. Dies gilt, sofern die Landeshaushaltsordnungen in § 112 LHO keine Sonderregelungen treffen, auch für die Sparkassenverbände.

Die Sparkassenverbände Baden-Württemberg, Bayern, Nordrhein-Westfalen und der Ostdeutsche Sparkassenverband unterliegen dieser haushaltsrechtlichen Kontrolle durch den Landesrechnungshof nicht, weil der jeweilige § 112 LHO die Sparkassenverbände aus dem Anwendungsbereich der LHO herausnimmt.[1076] Auch die Sparkassenverbände in Niedersachsen und im Saarland unterliegen nicht der Prüfung durch den Landesrechnungshof. Zwar ist die Anwendung der LHO nicht gänzlich ausgeschlossen. Der jeweilige § 112 Abs. 2 S. 2 LHO schließt jedoch die Anwendung des § 111 LHO auf die Sparkassenverbände aus.

In Hessen, Rheinland-Pfalz, Schleswig-Holstein und Thüringen enthalten weder die Landeshaushaltsordnungen noch anderweitige Normen ausdrückliche Ausnahmeregelungen für die Sparkassenverbände. Somit unterliegen diese Verbände der Kontrolle durch den Landesrechnungshof, sofern nicht

---

1073 § 10 Abs. 1 Nr. 8 S-SVBW; § 12 Nr. 7 S-SGVHT; § 13 Abs. 1 lit. e) S-SVN; § 5 Abs. 4 StVOSV; § 6 Abs. 3 lit. c) S-RSGV; § 11 Nr. 8 S-SVRP (Die Entlastung erfolgt erst, nachdem der festgesetzte Jahresabschluss, der Lagebericht und der Prüfbericht gem. § 25 Abs. 3 S-SVRP von einem Prüfungsausschuss geprüft wurden und der Vorsitzende des Prüfungsausschusses die Verbandsversammlung über das Ergebnis dieser Prüfung unterrichtet hat.); § 18 Abs. 4 S. 3 S-SVSaar; § 13 Abs. 1 Nr. 4 S-SGVSH; § 6 Abs. 3 lit. e) S-SVWL.

1074 § 6 Abs. 2 S. 2 S-SVB.

1075 § 44 SpkG Saar i. V. m. § 18 Abs.4 S-SVSaar; § 22 Abs. 2 S-SGVSH.

1076 Vgl. § 112 Abs. 1 Nr. 3 LHO BW; § 112 Abs. 2 S. 2 BayLHO; § 112 Abs. 2 S. 2 LHO Bbg; § 112 Abs. 2 S. 2 LHO NRW.

das zuständige Ministerium gem. § 111 Abs. 2 der LHO Ausnahmen davon zulässt.[1077]

Das aufsichtführende Ministerium hat den Sparkassenverband Rheinland-Pfalz zwar gem. § 105 Abs. 3 LHO mit Schreiben vom 19.12.1979 von der Anwendung der Bestimmungen der Landeshaushaltsordnung befreit. Von dieser Ausnahme wurde das Prüfungsrecht des Landesrechnungshofs jedoch ausdrücklich nicht erfasst.[1078]

§ 16 Steuerrecht

A. Körperschaftsteuer

Die Sparkassenverbände sind, soweit sie als Hoheitsbetriebe einzustufen sind, lediglich gem. § 2 Nr. 2 KStG beschränkt körperschaftsteuerpflichtig. Unbeschränkt körperschaftsteuerpflichtig sind sie hingegen dann, wenn sie einen Betrieb gewerblicher Art unterhalten, § 1 Abs. 1 Nr. 6 i. V. m. § 4 KStG.

Die Verbände und deren Untergliederungen können grundsätzlich nicht als Betriebe gewerblicher Art eingestuft werden, sondern gehören als Teil der schlichten Hoheitsverwaltung zu den Hoheitsbetrieben.[1079]

Ein Betrieb gewerblicher Art einer Körperschaft des öffentlichen Rechts ist gem. § 4 Abs. 1 KStG eine Einrichtung, die einer nachhaltigen wirtschaftlichen Tätigkeit zur Erzielung von Einnahmen außerhalb der Land- und Forstwirtschaft dient und sich innerhalb der Gesamtbetätigung der juristischen Person wirtschaftlich heraushebt. Eine Absicht, Gewinn zu erzielen, ist ebenso wenig erforderlich wie die Beteiligung am allgemeinen wirt-

1077 Selbst wenn man die Sparkassenverbände in diesen Ländern als Unternehmen in der Rechtsform der Körperschaft des öffentlichen Rechts i. S. d. § 112 Abs. 2 der jeweiligen LHO einstufen wollte (vgl. § 6 D. II.), wäre nach § 112 Abs. 2 LHO die Regelung des § 111 über die haushaltsrechtliche Kontrolle durch den Landesrechnungshof ebenfalls direkt anwendbar.

1078 *Palmen,* in: Dietrich, Sparkassen- und Personalrecht in Rheinland-Pfalz, Bd. 2, § 27, Rn. 25

1079 *BFH,* Urt. v. 27.02.1976 – VI R 97/72 –, in: BFHE 118, 339 (342 ff.). Es wird aus der Begründung des zu § 3 Nr. 12 S. 2 EStG ergangenen Urteils deutlich, dass die Ausführungen zu § 3 Nr. 12 S. 2 EStG ebenso für § 1 Abs. 1 Nr. 6 KStG gelten (*Gerick,* Die Beteiligung der Sparkassen- und Giroverbände an der WestLB, S. 35 ff.).

schaftlichen Verkehr.[1080] § 4 Abs. 5 KStG bestimmt, dass Betriebe, die überwiegend der Ausübung der öffentlichen Gewalt dienen (Hoheitsbetriebe), nicht zu den Betrieben gewerblicher Art gehören.[1081] Charakteristisch für Betriebe gewerblicher Art ist das nach außen vorherrschende Bild eines Gewerbebetriebs.[1082] Kennzeichnend für Hoheitsbetriebe ist, dass die Körperschaften öffentlich-rechtliche Aufgaben ausführen, die aus der Staatsgewalt abgeleitet sind und staatlichen Zwecken dienen.[1083]

Die Sparkassenverbände erfüllen im Wesentlichen staatliche Aufgaben. Sie haben aufgrund des Zwangszusammenschlusses bei der Aufgabenwahrnehmung ein Höchstmaß an Objektivität zu beachten. Aus diesem Grund sind sie nicht mit privaten Interessenverbänden vergleichbar. Die Beratung der Aufsichtsbehörden und die Prüfung der Sparkassen stellen ebenfalls staatliche Aufgaben dar. Die Tätigkeit der Sparkassenverbände ist auch nicht auf eine Einnahmeerzielung gerichtet. Dies zeigt sich daran, dass die Verbände nur in Ausnahmefällen von ihren Mitgliedern für spezielle Leistungen Entgelte verlangen. Sie finanzieren sich vielmehr weit überwiegend durch die von ihren Mitgliedssparkassen zu erhebenden Umlagen.

Es können jedoch ausnahmsweise einzelne Untergliederungen der Sparkassenverbände als Betriebe gewerblicher Art einzustufen sein. Dies gilt regelmäßig für die Akademien und die daran angeschlossenen hotelähnlichen Betriebe, die ihren finanziellen Bedarf nach den einzelnen Satzungen durch zu erzielende Einnahmen decken sollen.

Auch das Halten von Unternehmensbeteiligungen kann zum Vorliegen eines Betriebs gewerblicher Art führen. Es ist zu trennen zwischen Beteiligungen an Kapitalgesellschaften und solchen an Personengesellschaften. Das Halten von Beteiligungen an Verbundunternehmen in der Rechtsform einer Kapitalgesellschaft führt nicht zum Vorliegen eines Betriebs gewerblicher Art, solange sie sich im Rahmen der reinen Vermögensverwaltung bewegt. Die Grenzen der reinen Vermögensverwaltung werden dann überschritten, wenn die Verbände die Geschäftsführung dieser Unternehmen übernehmen oder durch ständige Eingriffe in die laufende Geschäftsführung einen vergleich-

---

1080 *Erhard,* in: Blümich, EStG KStG GewStG, § 4 KStG, Rn. 36.

1081 Die Sparkassenverbände üben insbesondere keine Tätigkeiten aus, die gem. § 4 Abs. 3 KStG als gewerblich einzustufen sind. Dies sind ausschließlich Betriebe, die die Bevölkerung mit Wasser, Gas, Elektrizität oder Wärme, öffentlichem Nahverkehr oder mit einem Hafenbetrieb versorgen.

1082 *Erhard,* in: Blümich, EStG KStG GewStG, § 4 KStG, Rn. 26.

1083 *Erhard,* in: Blümich, EStG KStG GewStG, § 4 KStG, Rn. 92.

baren Effekt erzielen. Gleiches gilt, wenn die verschiedenen Beteiligungen in einer Verwaltungsholding zusammengefasst werden, die für eine einheitliche Unternehmenspolitik in den von den Verbänden beherrschten Unternehmen sorgt.[1084]

Dies könnte bspw. dann zu bejahen sein, wenn die Verbände eine bestimmte Geschäftspolitik in der gesamten Sparkassen-Finanzgruppe durchsetzen wollen und diesbezüglich auf die Geschäftsführungen der Unternehmen, an denen sie beteiligt sind, Einfluss nehmen. Sofern die Verbände allerdings Beteiligungen an Unternehmen in der Rechtsform einer Personengesellschaft (ohne Zwischenschaltung einer Kapitalgesellschaft) eingehen, begründet dies regelmäßig einen Betrieb gewerblicher Art, da diese Beteiligungsform regelmäßig als Mitunternehmerschaft anzusehen ist.[1085]

Die Sparkassenstützungsfonds und die Reservefonds sind als Sicherungseinrichtungen der Sparkassenfinanzgruppe ausdrücklich von der Körperschaftsteuer gem. § 5 Nr. 16 KStG freigestellt.

B. Umsatzsteuer

Gem. § 2 Abs. 3 S. 1 UStG sind die Verbände als juristische Personen des öffentlichen Rechts ebenfalls nur im Rahmen ihrer Betriebe gewerblicher Art i. S. d. § 1 Abs. 1 Nr. 6, § 4 KStG umsatzsteuerpflichtig. Davon erfasst werden die den Akademien angeschlossenen hotelähnlichen Betriebe. Die Akademien selbst sind hingegen für solche Leistungen von der Umsatzsteuer befreit, die unmittelbar dem Bildungszweck der Einrichtung dienen, sofern die zuständige Landesbehörde bescheinigt, dass die Akademie auf eine abzulegende Prüfung vorbereitet, § 4 Nr. 21 a) bb) UStG.

1084 Zum Ganzen *Erhard,* in: Blümich, EStG KStG GewStG, § 4 KStG, Rn. 32. Das letzte Kriterium führt auch nach Ansicht des EuGH zum Vorliegen eines Unternehmens i. S. d. Art. 107 AEUV. Würde dieser Betrieb nicht besteuert, läge grundsätzlich eine unzulässige Beihilfe vor. Sofern dies zu bejahen wäre, läge auch eine wirtschaftliche Herausgehobenheit i. S. d. § 4 Abs. 1 S. 1 KStG vor. Im Unterschied zu § 1 KWG kommt es bei § 4 Abs. 1 S. 1 KStG nicht auf das Verhältnis der Einnahmen aus der wirtschaftlichen Tätigkeit zum Gesamthaushalt noch auf einem bestimmten Teil des Gesamthaushalts der juristischen Person des öffentlichen Rechts an. Entscheidend ist allein, dass die Wettbewerbsneutralität des Steuerrechts betroffen sein kann (*Erhard,* in: Blümich, EStG KStG GewStG, § 4 KStG, Rn. 42).

1085 Vgl. *Heger,* in: Gosch, Körperschaftsteuergesetz, § 4, Rn. 52, 59.

Die von den Mitgliedssparkassen zu erhebenden Umlagen unterfallen grundsätzlich nicht der Umsatzsteuer. Dafür fehlt es an einem steuerbaren Leistungsaustausch zwischen dem Verband und dem einzelnen Mitglied. Erforderlich dafür ist ein unmittelbarer Zusammenhang zwischen einer Dienstleistung der Verbände und den zu leistenden Umlagen der Mitglieder.[1086] Dieser ist nicht gegeben, da die Umlagen nicht für eine konkrete Leistung erbracht werden, sondern als allgemeines Finanzierungsinstrument den Verbänden zur Erfüllung der satzungsgemäßen Gemeinschaftszwecke geleistet werden, die den Gesamtbelangen sämtlicher Mitglieder dienen.[1087] Sie sind somit als echte Mitgliederbeiträge einzustufen.

Erbringen die Sparkassenverbände allerdings im Einzelfall im Rahmen eines Betriebs gewerblicher Art gegenüber einzelnen Mitgliedern Individualleistungen im Eigeninteresse eines Mitglieds, und werden diese nicht oder nicht vollständig durch Einzelentgelte der begünstigten Mitglieder, sondern ganz oder teilweise aus den Umlagen gedeckt, liegen umsatzsteuerpflichtige Leistungsentgelte vor, die als unechte Mitgliedsbeiträge bezeichnet werden.[1088] Sollten die Verbände im Rahmen eines Betriebs gewerblicher Art für eine individuelle Leistungserbringung für ein Mitglied Gebühren oder Entgelte erheben, können diese ebenfalls der Umsatzsteuer unterfallen.[1089]

C. Gewerbesteuer

Die Sparkassenverbände sind auch nur dann gewerbesteuerpflichtig, wenn sie einen inländischen Gewerbebetrieb i. S. d. § 2 Abs.1 GewStG unterhalten. Unter Gewerbebetrieb ist gem. § 2 Abs.1 S. 2 GewStG nur ein gewerbliches Unternehmen i. S. d. Einkommensteuergesetzes zu verstehen. Dafür verlangt § 15 Abs. 2 EStG jedoch zumindest eine Gewinnerzielungsabsicht als Nebenzweck.[1090] Ferner nimmt § 2 Abs. 2 GewStDV, der die Voraussetzungen des § 2 Abs. 1 GewStG präzisiert, öffentliche Hoheitsbetriebe i. S. d. § 4 Abs. 5 KStG von der Gewerbesteuerpflicht aus.

Sofern die Sparkassenverbände als öffentliche Hoheitsbetriebe einzustufen sind, erfüllen sie die Voraussetzungen der Ausnahmeregelung. Sofern

1086 *BFH,* 09.05.1974 – V R 128/71 –, in: BFHE 112, 430 ff.; *Oelmaier,* in: Sölch/Ringleb, Umsatzsteuer, § 1, Rn. 172 ff.

1087 Vgl. *Oelmaier,* in: Sölch/Ringleb, Umsatzsteuer, § 1, Rn. 175 ff.

1088 Vgl. *Oelmaier,* in: Sölch/Ringleb, Umsatzsteuer, § 1, Rn. 172 ff.

1089 Vgl. *Oelmaier,* in: Sölch/Ringleb, Umsatzsteuer, § 1, Rn. 172 ff.

1090 *Drüen,* in: Blümich, EStG KStG GewStG, § 2 GewStG, Rn. 92.

einzelne Untergliederungen als Betriebe gewerblicher Art einzustufen sind, müssen sie zusätzlich eine Gewinnerzielungsabsicht als Nebenzweck aufweisen, um gewerbesteuerpflichtig zu werden. Dies ist bei den Akademien und den angeschlossenen Hotelbetrieben zweifelhaft, da sie nach den Satzungen lediglich ihren finanziellen Bedarf durch Einnahmen decken, und nicht zum Zwecke der Gewinnerzielung wirtschaften sollen und nicht zur Gewinnerzielung wirtschaften. Die Akademien sind ferner nach § 3 Nr. 13 GewStG von der Gewerbesteuer befreit. Die Sparkassenstützungs- und Reservefonds sind gem. § 3 Nr. 21 GewStG von der Gewerbesteuer befreit.

D. Grundsteuer

Die Sparkassenverbände sind für die Nutzung des ausschließlich ihnen zuzurechnenden Grundbesitzes nur im Rahmen der Betriebe gewerblicher Art grundsteuerpflichtig. Im Rahmen der hoheitlichen Tätigkeit sind sie von der Grundsteuer gem. § 3 Abs. 1 Nr. 1, Abs. 2 GrStG befreit. Auch im Grundsteuerrecht ist der Hoheitsbetrieb vom Betrieb gewerblicher Art unter dem Gesichtspunkt fehlender Gewinnerzielungsabsicht abzugrenzen.[1091] Grundsteuerpflichtig sind die Verbände folglich nur in den Bereichen, in denen sie mit Gewinnerzielungsabsicht arbeiten.

Der Grundbesitz, der von den Akademien genutzt wird, ist nach § 4 Nr. 5 GrStG von der Grundsteuerverpflichtung befreit, da der Grundbesitz für Zwecke des Unterrichts benutzt wird und der Benutzungszweck im Rahmen der öffentlichen Aufgaben liegt.

E. Kapitalertragsteuer

Soweit den Sparkassenverbänden aus Beteiligungen an Verbundunternehmen Überschüsse zufließen, unterfallen diese der Kapitalertragsteuer nach § 43 Abs. 1 Nr. 7b i. V. m. § 43a Abs. 1 Nr. 5 EStG, wenn es sich um Leistungen eines nicht von der Körperschaftsteuer befreiten Betriebs gewerblicher Art i. S. d. § 4 KStG mit eigener Rechtspersönlichkeit handelt und die dadurch erzielten Einnahmen mit den klassischen Gewinnausschüttungen, die in Abs. 1 S. 1 genannt sind, wirtschaftlich vergleichbar sind.[1092]

1091 *Schmidt,* Kommunale Kooperationen, S. 538.

1092 Dies sind bspw. die Landesbanken, die in der Vergangenheit regelmäßig Gewinne abwarfen.

Literaturverzeichnis

Achterberg, Norbert/*Püttner,* Günter/*Würtenberger,* Thomas (Hrsg.), Besonderes Verwaltungsrecht, Bd. II, Kommunal-, Haushalts-, Abgaben-, Ordnungs-, Sozial-, Dienstrecht, 2. Aufl., Heidelberg 2000.

Ashauer, Günter, Der Deutsche Sparkassen- und Giroverband, WISU 1986, 400 ff.

Ashauer, Günter, Von der Ersparungscasse zur Sparkassen-Finanzgruppe, Stuttgart 1991.

Axer, Peter, Die Finanzierung der Industrie- und Handelskammern durch Abgaben – Zur Abgrenzung von Mitgliedsabgabe, Sonderabgabe, Steuer- und Vorzugslast, GewArch 1996, 453 ff.

Backhaus, Thorsten, Kommentierung zu § 57h WPO, in: Hense/Ulrich, WPO Kommentar.

Bär-Bouyssière, Bertold, Kommentierung zu Art. 87 EGV, in: Schwarze, EU-Kommentar.

Baetge, Jörg/*Kirsch,* Hans-Jürgen/*Thiele,* Stefan, Bilanzen, 10. Aufl., Düsseldorf 2009.

Bartosch, Andreas, EU-Beihilfenrecht, Kommentar, Art. 86 – 89 EGV, De-Minimis-Verordnung, Allgemeine Gruppenfreistellungsverordnung sowie Verfahrensordnung, München 2009.

Battis, Ulrich/*Kersten,* Jens, Demokratieprinzip und Mitbestimmung im öffentlichen Dienst, DÖV 1996, 584 ff.

Bauernfeind, Elisabeth, Kommentierung zu § 159 BauGB , in: Ernst/Zinkahn/Bielenberg, Baugesetzbuch.

Baumbach, Adolf (Begr.), Handelsgesetzbuch mit GmbH & Co., Handelsklauseln, Bank- und Börsenrecht, Transportrecht (ohne Seerecht), 34. Aufl., München 2010.

Bechtold, Rainer (Hrsg.), Kartellgesetz, Gesetz gegen Wettbewerbsbeschränkungen, Kommentar, 6. Aufl., München 2010.

Bechtold, Rainer, Kommentierung zu § 1 GWB, in: Bechtold, Kartellgesetz.

Becker, Florian, Die Neoordnung der sächsischen Sparkassenorganisation, LKV 2001, 201 ff.

Becker, Joachim, Das Demokratieprinzip und die Mitwirkung Privater an der Erfüllung öffentlicher Aufgaben, DÖV 2004, 910 ff.

Beckmann, Martin/*Wittmann,* Antje, Sparkassenrechtliche Rahmenbedingungen für die Bildung von Reservefonds regionaler Sparkassen- und Giroverbände, KStZ 2009, 5 ff.

Berger, Klaus, Niedersächsisches Sparkassengesetz (NSpG) Kommentar, 2. Aufl., München 2006.

Blisse, Holger, Kurze Notiz zu »Stiftungen als Kreditinstitute?«, ZSt 9/2003, 263 f.: Wandel ermutigen – Stiftungen als Innovationskraft, ZSt 2005, 184.

Blümich (Begr.), EStG KStG GewStG, Loseblattkommentar, Stand 107. Ergänzungslief. September 2010, München 2010.

Böckenförde, Ernst-Wolfgang, Demokratie als Verfassungsprinzip, in: Isensee/Kirchhof, HbdStR, Bd. II, § 24.

Böckenförde, Ernst-Wolfgang, Verfassungsfragen der Richterwahl, dargestellt anhand der Gesetzentwürfe zur Einführung der Richterwahl in Nordrhein-Westfalen, Berlin 1974.

Böcking, Hans-Joachim/*Löw,* Edgar/*Wohlmannstetter,* Gottfried, Kommentierung zu § 340k, in: Schmidt, Münchener Kommentar zum HGB, Bd. 4.

Böhm, Monika, Die Inanspruchnahme von Sparkassen für Verbandslasten, DÖV 2008, 547 ff.

Böhm, Monika, Umfang und Grenzen der Satzungsbefugnis von Sparkassenverbänden, DÖV 2004, 650 ff.

Boos, Karl-Heinz/*Fischer,* Reinfried/*Schulte-Mattler,* Hermann, Kreditwesengesetz Kommentar, 3. Aufl., München 2008.

Bovenschulte, Andreas, Gemeindeverbände als Organisationsform kommunaler Selbstverwaltung, Baden-Baden 2000, Diss. Univ. Bremen 1999.

Braun, Klaus, Kommentar zur Verfassung des Landes Baden-Württemberg, Stuttgart, München, Hannover 1984.

Braun, Ulrich, Kommentierung zu § 44 KWG, in: Boos/Fischer/Schulte-Mattler, Kreditwesengesetz.

Bredow, Günther M./*Schick,* Manfred R./*Liebscher,* Finn-Michael, Privatisierung öffentlich-rechtlicher Sparkassen – Gegenwärtige Gestaltungsoptionen, insbesondere das Modell »Stralsund«, BKR 2004, 102 ff.

Breuer, Rüdiger, Die Selbstverwaltung der Wasser- und Bodenverbände, in: v. Mutius, Selbstverwaltung im Staat der Industriegesellschaft, S. 855 ff.

Britz, Gabriele, Die Mitwirkung Privater an der Wahrnehmung öffentlicher Aufgaben durch Einrichtungen des öffentlichen Rechts, VerwArch 91 (2000), 418 ff.

Brüning, Christoph, Kommentierung zu § 6 KAG, in: Driehaus, KAG.

Budäus, Dietrich, Reform des öffentlichen Haushalts- und Rechnungswesens in Deutschland, Die Verwaltung 2006, 187 ff.

Bungenberg, Marc, Kommentierung zu § 98 GWB, in: Loewenheim/Meessen/Riesenkampf, Kartellrecht.

Bunte, Hermann-Josef, Kommentierung zu Art. 81 EG, in: Langen/Bunte, Kommentar zum deutschen und europäischen Kartellrecht, Bd. 2.

Calliess, Christian/*Ruffert,* Matthias (Hrsg.), EUV/EGV, Das Verfassungsrecht der Europäischen Union mit Europäischer Grundrechtscharta, Kommentar, 3. Aufl., München 2007.

Cremer, Wolfram, Kommentierung zu Art. 87 EGV, in: Calliess/Ruffert, EUV/EGV.

Debus, Alfred G., Verweisungen in deutsche Rechtsnormen, Berlin 2008, Diss. Univ. Gießen 2007.

Demuth, Michael, Das Bundesverfassungsgericht und die Mitbestimmung im öffentlichen Dienst, Kiel 2004, Diss. Univ. Kiel 2004.

Detterbeck, Steffen, Zum präventiven Rechtsschutz gegen ultra-vires-Handlungen öffentlich-rechtlicher Zwangsverbände – Unter besonderer Berücksichtigung der Finanzierung sozial indizierter Schwangerschaftsabbrüche durch die gesetzliche Krankenversicherung, Frankfurt a. M. u. a. 1990, Diss. Univ. Passau 1989.

Deutscher Sparkassen- und Giroverband e.V., Finanzbericht Stabilität für Deutschland 2008, Meckenheim 2009.

Deutscher Sparkassen Verlag (Hrsg.), Handwörterbuch der Sparkassen, Bände 1 – 4, Stuttgart 1982.

Diehl, Hanna, Kommentierung zu § 98 GWB, in: Müller-Wrede, GWB-Vergaberecht.

Dietlein, Johannes, Der Begriff des »funktionalen« Auftraggebers nach § 98 Nr. 2 GWB, NZBau 2002, 136 ff.

Dietlein, Johannes, Rechtsgutachten zu Rechtsfragen einer gesetzlichen Zusammenlegung der Sparkassen- und Giroverbände in Nordrhein-Westfalen, 2007 (nicht veröffentlicht).

Dietrich, Werner, Sparkassen- *und Personalrecht* in Rheinland-Pfalz: Kommentar zum Sparkassenrecht in Rheinland-Pfalz sowie Sammlung von Gesetzen, Verordnungen u. Erlassen zum Sparkassen- *und Personalrecht* mit zahlreichen Verweisungen, Bd. 2, Loseblattkommentar, Stand 146. Ergänzungsl. Dezember 2010, Heidelberg.

Dittmann, Armin, Kommunalverbandsrecht, in: Achterberg/Püttner/Würtenberger, Besonderes Verwaltungsrecht, Bd. II.

Dolde, Klaus-Peter/*Hansmann,* Klaus/*Paetow,* Stefan/*Schmidt-Assmann,* Eberhard (Hrsg.), Verfassung – Umwelt – Wirtschaft, Festschrift für Dieter Sellner zum 75. Geburtstag, München 2010.

Donhauser, Peter, Formen und Möglichkeiten gemeindlicher Zusammenarbeit zur Stärkung der Verwaltungskraft, Diss. Univ. Regensburg 1970.

Dorn, Helmut, Kommunales Abgabenrecht, Steuern – Gebühren – Beiträge, Regensburg, Münster 1992.

Dreher, Meinrad, Kommentierung zu § 98 GWB, in: Immenga/Mestmäcker, Wettbewerbsrecht.

Dreher, Meinrad, Öffentlich-rechtliche Anstalten und Körperschaften im Kartellvergabercht – Der Auftraggeberbegriff vor dem Hintergrund von Selbstverwaltung, Rechtsaufsicht und Finanzierung durch Zwangsbeiträge, NZBau 2005, 297 ff.

Dreier, Horst (Hrsg.), Grundgesetz – Kommentar, 2. Aufl., Bd. 1 Art. 1-19, Bd. 2 Art. 20-82, Tübingen 2006.

Dreier, Horst, Kommentierung zu Art. 2, in: Dreier, GG, Bd. 1.

Dreier, Horst, Kommentierung zu Art. 19, in: Dreier, GG, Bd. 1.

Dreier, Horst, Kommentierung zu Art. 20 GG, in: Dreier, GG, Bd. 2.

Dreier, Horst, Kommentierung zu Art. 28, in: Dreier, GG, Bd. 2.

Dreier, Horst, Kommentierung zu Art. 74, in: Dreier, GG, Bd. 2.

Dreyhaupt, Klaus-F./*Placke,* Frank, Mit NKF die Effizienz in der Verwaltung steigern, Verwaltungsrundschau 2009, 153 ff.

Driehaus, Hans-Joachim (Hrsg.), Kommunalabgabenrecht, Kommentar, Loseblattkommentar, Stand 43. EL September 2010, Herne, Berlin.

Drost, Frank M./*Ludwig,* Thomas, EU macht WestLB zum Ladenhüter, in: Handelsblatt v. 08.11.2010, 34 f.

Drüen, Klaus-Dieter, Kommentierung zu § 2 GewStG, in: Blümich, EStG KStG GewStG.

Dürig, Günter, Kommentierung zu Art. 19, in: Maunz/Dürig, GG, Bd. 3.

Ehlers, Dirk, Anmerkung zu dem Urteil des VerfGH NRW vom 26.6.2001 – VerfGH 28/00 und 30/00 –, DVBl. 2001, 1601 ff.

Ehlers, Dirk, Die Ergänzungs- und Ausgleichsaufgaben der Kreise und ihre Finanzierung, DVBl. 1997, 225 ff.

Ehlers, Dirk, Die Grenzen der Mitbestimmung in öffentlichen Unternehmen – zugleich eine Besprechung der Entscheidung des VerfGH NW vom 15.9.1986, JZ 1987, 218 ff.

Ehlers, Dirk, Privatisierung eines kommunalen Weihnachtsmarktes nicht zulässig, Anmerkung zum BVerwG, Urt. v. 27.5.2009 – 8 C 10.08, DVBl. 2009, 1456 ff.

Ehlers, Dirk/*Achelpöhler,* Wilhelm, Die Finanzierung der Wirtschaftsaufsicht des Bundes durch Wirtschaftsunternehmen, NVwZ 1993, 1025 ff.

Ehlers, Dirk/*Schoch,* Friedrich (Hrsg.), Rechtsschutz im Öffentlichen Recht, Berlin 2009.

Eibelshäuser, Manfred/*Wallis, Bernhard,* Kommentierung zu § 112 BHO in: Engels/Eibelshäuser, Kommentar zum Haushaltsrecht.

Engels, Dieter/Eibelshäuser, Manfred (Hrsg.), Kommentar zum Haushaltsrecht des Bundes und der Länder sowie der Vorschriften zur Finanzkontrolle, Bd. 2, Loseblattkommentar, Stand 50. Ergänzungslief. Juli 2010, Köln.

Erhard, Gerd, Kommentierung zu § 4 KSTG, in: Gosch, EStG KStG GewStG.

Erichsen, Hans-Uwe, Der Innenrechtsstreit, in: Erichsen/Hoppe/v. Mutius, System des verwaltungsgerichtlichen Rechtsschutzes, S. 211 ff.

Erichsen, Hans Uwe, Die Landschaftsverbände, NWVBl. 1995, 1 ff.

Erichsen, Hans Uwe, Kommunalrecht des Landes Nordrhein-Westfalen, 2. Aufl., Siegburg 1997.

Erichsen, Hans-Uwe, Kommunalaufsicht – Hochschulaufsicht , DVBl. 1985, 943 ff.

Erichsen, Hans-Uwe/*Hoppe,* Werner/*v. Mutius,* Albert (Hrsg.), System des verwaltungsgerichtlichen Rechtsschutzes, Festschrift für Christian-Friedrich Menger zum 70. Geburtstag, Köln u. a. 1985.

Ernst, Christian/*Schulz,* Sönke E., Sicherstellung der demokratischen Legitimation der schleswig-holsteinischen Ämter, Handlungsoptionen nach dem Urteil des Landesverfassungsgerichts vom 26. Februar 2010, Kiel 2010.

Ernst, Werner/*Zinkahn,* Willy/Bielenberg, Walter (Begr.), Baugesetzbuch, Loseblattkommentar, Stand 93. Ergänzungslieferung 1. Oktober 2009, München.

Erps, Catharine, Kommunale Kooperationshoheit und europäisches Vergaberecht, Stuttgart u. a. 2010, Diss. Univ. Kiel 2009.

Eschenbruch, Klaus/*Hunger,* Kai-Uwe, Selbstverwaltungskörperschaften als öffentliche Auftraggeber, Unterliegen Selbstverwaltungsinstitutionen der Freiberufler wie Rechtsanwalts- und Ärztekammern und deren Versorgungseinrichtungen dem Kartellvergaberecht?, NZBau 2003, 471 ff.

Faißt, Lothar (Hrsg.), Verbandsrevision, Stuttgart 1987.

Fischer, Norbert, Zur Geschichte des Rheinisch-Westfälischen Sparkassenverbandes, Sparkasse 1956, 318 ff.

Fischer, Reinfried, Selbstverwaltung durch und in kommunalen Sparkassen, in: v. Mutius, Selbstverwaltung im Staat der Industriegesellschaft, S. 835 ff.

Forst, Josef, Die Erhebung von Umlagen durch Zweckverbände – insbesondere solchen der Wasserversorgung und Abwasserbeseitigung, KStZ 2006, 161 ff., Fortsetzung KStZ 2006, 181 ff.

Frotscher, Werner, Selbstverwaltung und Demokratie, in: v. Mutius, Selbstverwaltung im Staat der Industriegesellschaft, S. 127 ff.

FS, Sengera-Rücktritt gibt der Fusion der Sparkassenverbände neuen Auftrieb, in: Die Welt, 25.06.2003.

Fürst, Dietrich, Die Kreisumlage, Analyse eines Instruments des Finanzausgleichs, Stuttgart u. a. 1969.

Geerlings, Jörg, Sparkasse Stralsund – Trojanisches Pferd des deutschen Sparkassenwesens?, NordÖR 2004, S. 181 ff.

Geiger, Helmut, Die deutsche Sparkassenorganisation, Frankfurt a. M. 1992.

Geiger, Helmut, Verbund in der Sparkassenorganisation, in: Deutscher Sparkassen Verlag, Handwörterbuch, S. 258 ff.

Gerick, André, Die Beteiligung der Sparkassen- und Giroverbände an den Landesbanken: dargestellt am Beispiel der WestLB, Berlin 1996, Diss. Univ. Giessen 1995.

Gerlach, Rolf, Die Rolle der Verbände in der Bankwirtschaft. Rede des Präsidenten Dr. Rolf Gerlach an der Universität zu Köln im Rahmen des Bank- und Börsenseminars von Prof. Dr. Hans. E. Büschgen am 23.04.1997, unveröffentlichtes Manuskript.

Gerlach, Rolf, Moderne Finanzierungsstrategien für einen Sparkassenverband, ZfgK 2005, 125 ff.

Gern, Alfons, Deutsches Kommunalrecht, 3. Aufl., Baden-Baden 2003.

Gönnenwein, Otto, Gemeinderecht, Tübingen 1963.

Grabitz, Eberhard/*Hilf,* Meinhard (Begr./Hrsg.), Das Recht der Europäischen Union, Bd. 1, EUV/EGV, Loseblattkommentar Stand September 2010, München.

Grichnik, Dietmar, Bankenverbände, Strategisches Netzwerkmanagement in der Bankwirtschaft, Wiesbaden 2000, Diss. Univ. Köln 2000.

Grimm, Christoph/*Caesar,* Peter (Hrsg.), Verfassung für Rheinland-Pfalz Kommentar, Baden-Baden 2001.

Groß, Thomas, Das Kollegialprinzip in der Verwaltungsorganisation, Tübingen 1999, Habil. Univ. Heidelberg 1998.

Groß, Thomas, Selbstverwaltung angesichts von Europäisierung und Ökonomisierung, DVBl. 2002, 1182 ff.

Grünewald, Klaus, Die Bemessung der Kreisumlage unter der Geltung des Gesetzes zur Einführung des NKF in NRW, Der Gemeindehaushalt 2009, 199 ff.

Grupp, Klaus, Kommentierung zu Art. 118, in: Wendt/Rixecker, Verfassung des Saarlandes.

Güde, Udo, Die einzelne Sparkasse im Verbund und Verband, ZfgK 1992, 370 ff.

Hafke, Heinz Christian, »Freie« und öffentlich-rechtliche Sparkassen, ZfgK 1988, 174 ff.

Hagebölling, Lothar, Niedersächsische Verfassung Kommentar, Wiesbaden 1996.

Hailbronner, Kay, Der Begriff des öffentlichen Auftraggebers, in: Grabitz/Hilf, Das Recht der Europäischen Union, Bd. 1, EUV/EGV.

Hefermehl, Wolfgang/*Nipperdey,* Hans Carl, (Hrsg.), Festschrift für Philipp Möhring zum 65. Geburtstag, Berlin 1965.

Heinevetter, Klaus, Sparkassengesetz Nordrhein-Westfalen, Kommentar mit Durchführungsvorschriften und ergänzenden Rechts- und Verwaltungsvorschriften, 2. Aufl., Köln 1983.

Heinevetter, Klaus, Sparkassengesetz Nordrhein-Westfalen, Loseblattkommentar, 5. Aufl., Stand Juli 1999, Köln.

Held, Friedrich Wilhelm/*Becker,* Ernst/*Decker,* Heinrich/*Kirchhof,* Roland/*Krämer,* Franz/*Wannsleben,* Rudolf/*Winkel,* Johannes (Hrsg.), Kommunalverfassung Nordrhein-Westfalen, Loseblattkommentar, Bd. I, Bd. II, Stand Juni 2010, Wiesbaden.

Held, Friedrich Wilhelm/*Plückhahn,* Detlev/*Klieve,* Lars Martin, Gesetz über kommunale Gemeinschaftsarbeit, in: Held/Becker, Kommunalverfassung NRW, Bd. II.

Heller, Robert F., Haushaltsgrundsätze für Bund, Länder und Gemeinden, Handbuch zum Management der öffentlichen Finanzen, 2. Aufl., Heidelberg u. a. 2010.

Hendler, Reinhard, Kommunale und funktionale Selbstverwaltung, in: Mann/Püttner, HbkWP, Bd. 1, S. 1 ff.

Hendler, Reinhard, Wirtschaftliche Selbstverwaltung im Staat der Gegenwart, DÖV 1986, 675 ff.

Henneke, Hans-Günter, Anmerkung zum Urteil des SächsVerfGH vom 23.11.2000 – Vf. 62-II-99 –, DVBl. 2001, 301 ff.

Henneke, Hans-Günter, Die Kreisumlage – steuerähnliche gestaltbare Einnahmequelle der Landkreise für alle Aufgabenarten, Der Landkreis 2005, 361 ff.

Henneke, Hans-Günter, Kommunale Sparkassen Verfassung und Organisation, Wiesbaden 2010.

Henneke, Hans-Günter, Künftiger Regelungsrahmen für Sparkassen, Landesbanken und Förderbanken, Der Landkreis 2010, 550 ff.

Henneke, Hans-Günter (Hrsg.), Sparkassen, Landes- und Förderbanken nach der Finanzmarktkrise, Stuttgart 2010.

Hense, Burkhard/*Ulrich,* Dieter (Hrsg.), WPO Kommentar, Kommentar zum Berufsrecht der Wirtschaftprüfer und vereidigten Buchprüfer – Wirtschaftsprüferordnung (WPO) –, Düsseldorf 2008.

Herzog, Roman, Kommentierung zu Art. 20 GG, in: Maunz/Dürig, GG.

Heusch, Andreas/*Schönenbroicher,* Klaus, Die Landesverfassung Nordrhein-Westfalen Kommentar, Siegburg 2010.

Heuvels, Klaus, Mittelbare Staatsfinanzierung und Begriff des funktionalen Auftraggebers, NZBau 2008, 166 ff.

Heyne, Karolin, Die Vergaberechtsgebundenheit von Kammern und ihrer Einrichtungen, GewArch 2010, 54 ff.

Hinkel, Reinhard, Verfassung des Landes Hessen, Kommentar, Wiesbaden 1998.

Hoffmann, Josef, Aufgaben und Bedeutung der Sparkassen- und Giroverbände, Kommunalwirtschaft 1967, 250 ff.

Holoubek, Michael/*Potacs,* Michael, Handbuch des öffentlichen Wirtschaftsrechts, Bd. 1, 2. Aufl., Wien, New York 2007.

Hoppe, Werner, Die Begriffe Gebietskörperschaft und Gemeindeverband und der Rechtscharakter der nordrhein-westfälischen Landschaftsverbände, Stuttgart 1958.

Hopt, Klaus J., Kommentierung zu § 1 HGB, in: Baumbach, HGB-Kommentar.

Horbach, R., Weisungs- und Abberufungsrechte einer Körperschaft gegenüber dem von ihr in die Verbandsversammlung eines Sparkassenzweckverbands entsandten Vertreters?, Kommunalwirtschaft 1974, 131 ff.

Hufen, Friedhelm, Verwaltungsprozessrecht, 7. Aufl., München 2008.

Igelspacher, Alois, Die Bundeszuständigkeit im kommunalen Sparkassenwesen, Diss. Univ. München 1971.

Ilg, Michael, Strategieprojekt fördert Handlungsfähigkeit, in: Die Sparkassenzeitung, Beilage Dezember 2010, B10.

Immenga, Ulrich/*Mestmäcker,* Ernst-Joachim (Hrsg.), Wettbewerbsrecht, Bd. 1, EG/Teil 2 Kommentar zum europäischen Kartellrecht, 4. Aufl., München 2007; Bd. 2, GWB Kommentar zum Deutschen Kartellrecht, 4. Aufl., München 2007.

Ipsen, Jörn, Niedersächsisches Kommunalrecht, 3. Aufl., Stuttgart u. a. 2006.

Ipsen, Knut, Die Richterwahl in Bund und Ländern, DÖV 1971, S. 469 ff.

Isensee, Josef/*Kirchhof,* Paul (Hrsg.), Handbuch des Staatsrechts der Bundesrepublik Deutschland, Bd. II, Verfassungsstaat, 3. Aufl., Heidelberg 2004; Bd. V, Rechtsquellen, Organisation, Finanzen, 3. Aufl. 2007.

Jaeger, Thomas, Beihilfe- und Förderungsrecht, in: Holoubek/Potacs, Handbuch öffentliches Wirtschaftsrecht, Bd. 1, S. 682 ff.

Jaeger, Thomas, Beihilfen durch Steuern und parafiskalische Abgaben, Wien, Graz 2006.

Jaeger, Thomas, Grenzen der staatlichen Zurechenbarkeit parafiskalischer Abgabenerhebung durch öffentliche Einrichtungen, zugl. Anmerkung zum EuGH-Urteil Pearle, EuZW 2004, 558 ff.

Jarass, Hans D., Kommentierung zu Art. 9 GG, in: Jarass/Pieroth, GG.

Jarass, Hans D., Kommentierung zu Art. 12 GG, in: Jarass/Pieroth, GG.

Jarass, Hans D., Kommentierung zu Art. 19 GG, in: Jarass/Pieroth, GG.

Jarass, Hans D., Kommentierung zu Art. 20 GG, in: Jarass/Pieroth, GG.

Jarass, Hans D./*Pieroth,* Bodo, GG, Grundgesetz für die Bundesrepublik Deutschland, Kommentar, 11. Aufl., München 2011.

Jennert, Carsten, Finanzierung und Wettbewerb in der Daseinsvorsorge nach Altmak Trans, NVwZ 2004, 425 ff.

Jestaedt, Matthias, Demokratieprinzip und Kondominialverwaltung, Entscheidungsteilhabe Privater an der öffentlichen Verwaltung auf dem Prüfstand des Verfassungsprinzips Demokratie, Berlin 1993, Diss. Univ. Bonn, 1992.

Jestaedt, Matthias, Demokratische Legitimation – quo vadis?, JuS 2004, 649 ff.

Kahl, Wolfgang, Die Staatsaufsicht, Entstehung, Wandel und Neubestimmung unter besonderer Berücksichtigung der Aufsicht über die Gemeinden, Tübingen 2000.

Kallmeyer, Harald (Hrsg.), Umwandlungsgesetz, 4. Aufl., 2010.

Kirchhof, Ferdinand, Die Rechtsmaßstäbe der Kreisumlage – zu den Aufgaben der Kreise und den Wirkungen rechtswidriger Aufgabenwahrnehmung auf die Festsetzung von Kreisumlagen, Baden-Baden 1995.

Kirchhof, Paul, Hoheitsgebiet und Sparkassengebiet, DVBl. 1983, 921 ff.

Kirchhof, Paul, Nichtsteuerliche Einnahmen, in: Isensee/Kirchhof, HbdStR, Bd. V, § 119.

Kirchhof, Roland/*Plückhahn,* Detlev, Kommentierung zu § 58 GO NRW, in: Held/Becker, Kommunalverfassung NRW, Bd. I.

Klein, Jochen, Das Sparkassenwesen in Deutschland und Frankreich, Entwicklung, aktuelle Rechtsstrukturen und Möglichkeiten einer Annäherung, Berlin 2003, Diss. Univ. Köln 2002.

Klüber, Hans, Das Gemeinderecht in den Ländern der Bundesrepublik Deutschland, Berlin u. a. 1972.

Klüber, Hans, Die kommunalen Zweckverbände und die sonstigen Gemeinschaftsorganisationen, in: Peters, HbkWP, Bd. 1, S. 541 ff.

Klüpfel, Wolfgang/*Gaberdiel,* Heinz/*Gnamm,* Peter/*Höppel,* Michael, Kommentar zum Sparkassengesetz, Das Sparkassenrecht in Baden-Württemberg, Stuttgart 2006.

Kluth, Winfried, Das Selbstverwaltungsrecht der Kammern und sein verfassungsrechtlicher Schutz – Exemplarisch untersucht am Beispiel des Art. 57 NdsVerf –, DÖV 2005, 368 ff.

Kluth, Winfried, Funktionale Selbstverwaltung, Tübingen 1997.

Kluth, Winfried, Schutz individueller Freiheit in und durch öffentlich-rechtliche Körperschaften, DVBl. 1986, 716 ff.

Knemeyer, Franz-Ludwig, Die Autonomie der Sparkassen- und Giroverbände, in: Weber, Währung und Wirtschaft: Das Geld im Recht, S. 645 ff.

Knemeyer, Franz-Ludwig, Die verfassungsrechtliche Gewährleistung des Selbstverwaltungsrechts der Gemeinden und Landkreise, in: v. Mutius, Selbstverwaltung im Staat der Industriegesellschaft, S. 209 ff.

Knemeyer, Franz-Ludwig, Das Sparkassenkontrollsystem, BayVBl. 1986, 33 ff.

Koch, Thorsten, Das neue niedersächsische Recht der kommunalen Zusammenarbeit, NdsVBl. 2004, 150 ff.

Koch, Thorsten, Kommunale Finanzkrise und Verkauf kommunaler Sparkassen, NVwZ 2004, 578 ff.

Koenig, Christian, Die unfreiwillige Mehrbelastung von Pflichtmitgliedern in öffentlich-rechtlichen Zwangskörperschaften am Beispiel der Umlageerhebung durch einen Sparkassen- und Giroverband zur Finanzierung von Unternehmensbeteiligungen, GewArch 1995, S. 353 ff.

Köller, Sandra, Funktionale Selbstverwaltung und ihre demokratische Legitimation, Eine Untersuchung am Beispiel der Wasserverbände Lippeverband und Emschergenossenschaft, Berlin 2009, Diss. Univ. Erlangen-Nürnberg 2008.

Körber, Torsten, Kommentierung zu § 1 HGB, in: Oetker, Kommentar zum HGB.

Krajewski, Markus, Dienstleistungen von allgemeinem Interesse im Vertrag von Lissabon, ZögU 2010, 75 ff.

Krebs, Walter, Kommentierung zu Art. 19 GG, in: v. Münch/Kunig, GG.

Kreuschitz, Viktor, Kommentierung zu Art. 107 AEUV, in: Lenz/Borchardt, EU-Verträge.

Kuhr, Wolfgang, Die kommunalen Sparkassen in der Bundesrepublik Deutschland und die Liberalisierung der europäischen Finanzdienste im Rahmen der Vollendung des europäischen Binnenmarktes im Jahre 1992 – ein Beitrag zum Verhältnis der kommunalen Selbstverwaltung zur Europäisierung des Politikprozesses, Diss. Univ. Münster 1991.

Lange, Anna Lena, Die Beteiligung Privater an rechtsfähigen Anstalten des öffentlichen Rechts, Public-Private-Partnership durch »Holding-Modelle«, Berlin 2008, Diss. Bucerius Law School Hamburg 2007.

Langen, Eugen/*Bunte,* Hermann-Josef (Hrsg.), Kommentar zum deutschen und europäischen Kartellrecht, Bd. 2, Europäisches Kartellrecht, 11. Aufl., Köln 2010.

Laubinger, Hans-Werner, Zum Anspruch der Mitglieder von Zwangsverbänden auf Einhaltung des gesetzlich zugewiesenen Aufgabenbereichs, VerwArch 74, 175 ff., 263 ff.

Lawrenz, Hansjörg, 100 Jahre Sparkassenverbände im Rheinland und in Westfalen, Sparkasse 1981, 322 ff.

Leisner, Walter, Mitbestimmung im öffentlichen Dienst, Bonn 1970.

Lenz, Carl Otto/*Borchardt,* Klaus-Dieter, EU-Verträge Kommentar nach dem Vertrag von Lissabon, 5. Aufl., Köln, Wien 2010.

Lindner, Josef Franz, Kommentierung zu Art. 10, in: Lindner/Möstl/Wolff, Verfassung des Freistaates Bayern.

Lindner, Josef Franz/*Möstl,* Markus/*Wolff,* Heinrich Amadeus, Verfassung des Freistaates Bayern, München 2009.

Loewenheim, Ulrich/*Meessen,* Karl M./*Riesenkampff,* Alexander (Hrsg.), Kartellrecht Kommentar, 2. Aufl., München 2009.

Lohmiller, Raphael, Kapitalbeteiligungsgesellschaften der Sparkassen: Eine Untersuchung über die Rechtsgrundlagen der Beteiligungsfinanzierung durch kommunale Sparkassen, Stuttgart 2000, Diss. Univ. Münster 2000, Bd. 34 der Schriftenreihe des Freiherr-vom-Stein-Instituts.

Löwer, Wolfgang, Kommentierung zu Art 28 GG, in: v. Münch / Kunig, Grundgesetz, Bd. II.

Löwer, Wolfgang, Verfassungsrechtsdogmatische Grundprobleme der Pflichtmitgliedschaft in Industrie- und Handelskammern, GewArch 2000, 89 ff.

Löwer, Wolfgang/*Tettinger,* Peter J. (Hrsg.), Kommentar zur Verfassung des Landes Nordrhein-Westfalen, Stuttgart u. a. 2002.

Lübbecke, Barbara, Das Kommunalunternehmen, Neue Organisationsformen im kommunalen Wirtschaftsrecht von Nordrhein-Westfalen, Stuttgart 2004, Diss. Univ. Münster 2004, Bd. 49 der Schriftenreihe des Freiherr-vom-Stein-Instituts.

Lübbig, Thomas/*Martin-Ehlers,* Andreas, Beihilfenrecht der EU. Das Recht der Wettbewerbsaufsicht über staatliche Beihilfen in der europäischen Union, 2. Aufl., München 2009.

Lund, Carsten, Private in der Sparkassenfinanzgruppe? Zum Verbleib materiell voll- und teilprivatisierter Landesbanken im Haftungsverbund, Stuttgart 2009, Diss. Univ. Münster 2009, 64. Bd. der Schriftenreihe des Freiherr-vom-Stein-Instituts.

Luppert, Jürgen, Der kommunale Zweckverband, Diss. Univ. Heidelberg 2000.

Lux, Johannes, Einführung in das Vergaberecht, JuS 2006, 969 ff.

Lwowski, Hans-Jürgen, Treuhandkonto, in: Schimansky/Bunte/Lwowski, Bankrechtshandbuch, § 37.

von Mangoldt, Hermann/*Klein,* Friedrich/*Stark,* Christian (Hrsg.), Kommentar zum Grundgesetz, Bd. 2, Art. 20-82, 6. Aufl., München 2010.

Mann, Thomas/*Püttner,* Günter (Hrsg.), Handbuch der kommunalen Wissenschaft und Praxis, Bd. 1 Grundlagen der Kommunalverwaltung, 3. Aufl., Berlin u. a. 2007.

Marx, Gerd, Kommentierung zu § 98 GWB, in: Motzke/Pietzcker/Prieß, Beck'scher VOB-Kommentar, VOB/A.

Maunz, Theodor/Dürig, Günter (Begr.), Grundgesetz Kommentar, Bd. 3, Art. 17-27, München, Stand 54. Lieferung Januar 2009.

Maurer, Hartmut, Allgemeines Verwaltungsrecht, 17. Aufl., München 2009.

Mayen, Thomas, Die Inanspruchnahme von Sparkassen für Stützungsmaßnahmen zugunsten von Landesbanken, in: Dolde u. a., Verfassung – Umwelt – Wirtschaft, S. 475 ff.

Meßerschmidt, Klaus, Rechtsschutz gegenüber Zwangsverbänden. Öffentlichrechtliche Mitgliederklagen im Wandel der höchstrichterlichen Rechtsprechung, VerwArch 81, 55 ff.

Meyer, Hubert, Kommunale Selbstverwaltung als objektive Rechtsinstitutionsgarantie – Grundsätzliches zur Sparkassenträgerschaft und gegen kondominiale Mischverwaltung, NVwZ 2001, 766 ff.

Meyer, Hubert, Stralsund und das Sparkassenrecht, NJW 2004, 1700 ff.

Meyer, Matthias, Die Bewertung parafiskalischer Abgaben aus der Sicht des europäischen Beihilferechts, Frankf a. M. u. a. 2007, Diss. Univ. Mainz 2006.

Michael, Lothar, Grundfälle zur Verhältnismäßigkeit, JuS 2001, 654 ff.

Möllers, Christoph, Staat als Argument, München 2000, Diss. Univ. München 1999.

Motzke, Gerd/*Pietzcker,* Jost/*Prieß,* Hans-Joachim (Hrsg.), Beck'scher VOB-Kommentar, VOB/A, 1. Aufl., München 2002.

Muckel, Stefan, Die Selbstverwaltung in der Sozialversicherung auf dem Prüfstand dses Demokratieprinzips, NZS 2002, 118 ff.

Müller, Jürgen, Eine Zweckverbandsgründung unterliegt nicht dem Vergaberechtsregime, Der Gemeindehaushalt 2008, 67 ff.

Müller, Michael, Die Finanzierung der Zweckverbände, Diss. Univ. Münster 2011, Frankfurt a. M. 2011.

Müller, Michael, Zweckverbandsumlage als Beihilfe i. S. des Art. 87 I EG, NVwZ 2009, 1536 f.

Müller-Wrede, Malte (Hrsg.), GWB-Vergaberecht, Köln 2009.

von Münch, Ingo/*Kunig,* Philip, Grundgesetz-Kommentar, Bd. 1, Präambel bis Art. 20, Bd. 2 (Art. 21 bis Art. 69), 4./5. Aufl., München 2001.

Mura, Jürgen, Zur Geschichte der Sparkassen- und Giroverbände (I) Regionalverbände, Sparkasse 1980, 200 ff.

Mura, Jürgen, Zur Geschichte der Sparkassen- und Giroverbände (II) Zentralverbände, Sparkasse 1980, 454 ff.

Musil, Andreas, Das Bundesverfassungsgericht und demokratische Legitimation der funktionalen Selbstverwaltung, DÖV 2004, 116 ff.

von Mutius, Albert (Hrsg.), Selbstverwaltung im Staat der Industriegesellschaft, Festgabe zum 70. Geburtstag von Georg Christoph von Unruh, Heidelberg 1983.

von Mutius, Albert, Die kommunalen Sparkassen, in: Püttner, HbkWP, Bd. 5, S. 453 ff.

Nebel, Andreas, Kommentierung zu § 112 BHO, in: Piduch, Bundeshaushaltsrecht.

Nierhaus, Michael, Kommentierung zu Art. 28, in Sachs, GG.

Niggemeyer, Jörg, Zulässigkeit und Grenzen von Sparkassenfusionen – eine Untersuchung am Beispiel von Zusammenschlüssen nordrhein-westfälischer Sparkassen, Stuttgart 2005, Diss. Univ. Münster 2005, Bd. 53 der Schriftenreihe des Freiherr-vom-Stein-Instituts.

Nordholtz, Christian, Das niedersächsische Gesetz über die kommunale Zusammenarbeit, Hamburg 2008, Diss. Univ. Osnabrück 2008.

Oebbecke, Janbernd, Aufgaben und Organisation der kommunalen Sparkassen, in: Henneke, Sparkassen, Landes- und Förderbanken nach der Finanzmarktkrise, S. 80 ff.

Oebbecke, Janbernd, Das KSA-Risikogewicht von Körperschaften des öffentlichen Rechts, ZBB 2008, 172 ff.

Oebbecke, Janbernd, Demokratische Legitimation nicht-kommunaler Selbstverwaltung, VerwArch Bd. 81 (1990), 349 ff.

Oebbecke, Janbernd, Die Aufgaben des Zweckverbandes, NVwZ 2010, 665 ff.

Oebbecke, Janbernd, Gemeindeverbandsrecht Nordrhein-Westfalen, Eine systematische Darstellung, Köln 1984, Bd. 5 der Schriftenreihe des Freiherr-vom-Stein-Instituts.

Oebbecke, Janbernd, Ist § 36 Sparkassengesetz NW in der Fassung des Arbeitsentwurfes vom 18. Mai 2007 mit Bundes- und Landesverfassungsrecht zu vereinbaren? Rechtsgutachten erstattet im Auftrage des Westfälisch-Lippischen Sparkassen- und Giroverbandes ö. K., Juli 2007 (nicht veröffentlicht).

Oebbecke, Janbernd, Kommunale Gemeinschaftsarbeit, in: Mann/Püttner HdbKWP, Bd. 1, S. 843 ff.

Oebbecke, Janbernd, Rechtsfragen der Eigenkapitalausstattung der kommunalen Sparkassen, Siegburg 1980.

Oebbecke, Janbernd, Rechtsprechungsanalyse Kommunale Umlagen, Die Verwaltung 42 (2009), 247 ff.

Oebbecke, Janbernd, Sparkassentätigkeit als kommunale Selbstverwaltungsaufgabe, LKV 2006, 145 ff.

Oelmaier, Alexander, Kommentierung zu § 1 UStG, in: Sölch/Ringleb, Umsatzsteuergesetz.

Oetker, Hartmut, Kommentar zum Handelsgesetzbuch (HGB), München 2009.

Ossenbühl, Fritz, Satzung, in: Isensee/Kirchhof, HbStR, Bd. 5, § 105.

Otting, Olaf, Kommentierung zu § 98 GWB, in: Bechtold, Kartellgesetz.

Palmen, Hans Richard, Kommentierung zu § 27, in: Dietrich, Sparkassen- und Personalrecht in Rheinland-Pfalz, Bd. 2.

Papenfuß, Matthias, Die personellen Grenzen der Autonomie öffentlich-rechtlicher Körperschaften, 1991.

Paulick, Andreas, Ausgewählte Haftungsfragen im Recht des Zweckverbands, DÖV 2009, 110 ff.

Pautsch, Arne, Zur rechtlichen Zulässigkeit des Verkaufs kommunaler Sparkassen, DÖV 2005, 990 ff.

Pehla, Inken, Der Haftungsverbund der Sparkassen-Finanzgruppe. Eine Untersuchung der Institutssicherung der Sparkassen und Landesbanken unter besonderer Berücksichtigung des Einlagensicherungs- und Anlegerentschädigungsgesetzes, Stuttgart 2006, Diss. Univ. Münster 2006, Bd. 57 der Schriftenreihe des Freiherr-vom-Stein-Instituts.

Pehla, Inken, Die Institutssicherung nach dem Einlagensicherungs- und Anlegerentschädigungsgesetz, Kreditwesen, 2006, 298 ff.

Pernice, Ingolf, Kommentierung zu Art. 32, in: Dreier, GG.

Peters, Hans, Handbuch der kommunalen Wissenschaft und Praxis, Bd. 1, 1. Aufl., Berlin/Göttingen/Heidelberg 1956.

Piduch, Erwin (Hrsg.), Bundeshaushaltsrecht, Kommentar zu den Artikeln 91a, 91b, 104a, 109 bis 115 des Grundgesetzes und zur Bundeshaushaltsordnung mit rechtsvergleichenden Hinweisen auf das Haushaltsrecht der Bundesländer und ihrer Gemeinden, Loseblattkommentar, Stand Dezember 2008, Stuttgart.

Pieroth, Bodo, Kommentierung zu Art. 28, in: Jarass/Pieroth, Grundgesetz.

Plückhahn, Detlev, Kommentierung § 49 GO NRW, in: Held/Becker u. a., Kommunalverfassung NRW, Bd. I.

Pohle, Susanne, Mitgliederklagen in Zwangskörperschaften – unter besonderer Berücksichtigung von BVerfGE 67, 26 ff; 78, 320 ff., Diss. Univ. Münster 1993.

Pünder, Hermann, Das neue öffentliche Finanz- und Verwaltungsmanagement, VerwArch 2008, 102 ff.

Püttner, Günter (Hrsg.), Handbuch der kommunalen Wissenschaft und Praxis, Bd. 1 (Grundlagen), 2. Aufl., Berlin u. a. 1981; Bd. 5, (Kommunale Wirtschaft), 2. Aufl., Berlin u. a. 1984.

Püttner, Günter, Die öffentlichen Unternehmen, Ein Handbuch zu Verfassungs- und Rechtsfragen der öffentlichen Unternehmen, 2. Aufl., Stuttgart u. a., 1985.

Püttner, Günter, Kommunalrecht Baden-Württemberg, 2. Aufl., Stuttgart u. a. 1999.

Püttner, Günter, Zur Mitbestimmung in öffentlich-rechtlich organisierten Unternehmen, DVBl. 1984, 165 ff.

Rampf, Hans/*Rampf,* Astrid/*Riekeberger,* Marcus, Lernen von der Restaurantkette, Sparkasse 2010, S. 38 ff.

Rechel, Janine, Das deutsche Sparkassenwesen durch den Wegfall der Gewährträgerhaftung im Umbruch?, NordÖR 2005, 451 ff.

Rehbinder, Eckart, Kommentierung zu Art. 81 EGV, in: Immenga/Mestmäcker, Wettbewerbsrecht.

Reich, Andreas, Verfassung des Landes Sachsen-Anhalt Kommentar, 2. Aufl., Bad Honnef 2004.

Rheinischer Sparkassen- und Giroverband, Jahresbericht 2008.

Röhricht, Volker, Kommentierung zu § 1 HGB, in: Röhricht/v. Westphalen, HGB.

Röhricht, Volker/*Graf v. Westphalen,* Friedrich, Handelsgesetzbuch, Kommentar zu Handelsstand, Handelsgesellschaften, Handelsgeschäften und besonderen Handelsverträgen (ohne Bilanz-, Transport- und Seerecht), 3. Aufl., Köln 2008.

Rojahn, Ondolf, Kommentierung zu Art. 32, in: v.Münch/Kunig, GG.

Rothe, Karl-Heinz, Das Recht der interkommunalen Zusammenarbeit in der Bundesrepublik Deutschland, Göttingen 1965.

Rothe, Karl-Heinz, Sparkassengesetz für das Land Nordrhein-Westfalen, Kommentar, 3. Aufl., Siegburg 1976.

Ruge, Kay, Neues Sparkassenrecht nach Beilegung der Auseinandersetzung mit der Europäischen Kommission, ZG 2004, S. 12 ff.

Sachs, Michael (Hrsg.), Grundgesetz Kommentar, 5. Aufl., München 2009.

Sachs, Michael, Kommentierung zu Art. 19 GG, in: Sachs, GG.

Sachs, Michael, Kommentierung zu Art. 20 GG, in: Sachs, GG.

Schäfer, Frank A., Kommentierung zu § 1 KWG, in: Boos/Fischer/Schulte-Mattler, KWG.

Scharpf, Fritz W., Die Politikverflechtungs-Falle. Europäische Integration und deutscher Föderalismus im Vergleich, Politische Vierteljahresschrift 26 (1985), 323 ff.

Schenke, Wolf-Rüdiger, Delegation und Mandat im Öffentlichen Recht, VerwArch 68 (1977), 118 ff.

Schepers, Volker, Internet-Banking und sparkassenrechtliches Regionalprinzip, Stuttgart 2003, Diss. Univ. Münster 2003, Bd. 45 der Schriftenreihe des Freiherr-vom-Stein-Instituts.

Schimansky, Herbert/*Bunte,* Herman-Josef/*Lwoski,* Hans-Jürgen (Hrsg.), Bankrechts-Handbuch, Band 1, 3. Aufl., München 2007.

Schink, Alexander, Die Kreisumlage, DVBl. 2003, 417 ff.

Schink, Alexander, Rechtsnachfolge bei Zuständigkeitsverlagerungen in der öffentlichen Verwaltung, Köln u. a. 1984, Diss. Univ. Münster 1984, Bd. 4 der Schriftenreihe des Freiherr-vom-Stein-Instituts.

Schlierbach, Helmut/*Püttner,* Günter, Das Sparkassenrecht in der Bundesrepublik Deutschland, 5. Aufl., Stuttgart 2003.

Schmidt, Dirk, S-Wissen für Verwaltungsräte, 8. Aufl., Stuttgart 2002.

Schmidt, Karsten (Hrsg.), Münchener Kommentar zum HGB, Bd. 1, Erstes Buch, Handelsstand, §§ 1-104, 2. Aufl., München 2005, Bd. 4, Drittes Buch Handelsbücher §§ 238–342e HGB, 2. Aufl., München 2008.

Schmidt, Karsten, Kommentierung zu § 1, in: Münchener Kommentar zum HGB.

Schmidt, Thorsten Ingo, Die Finanzierung der Zweckverbände, KommJur 2010, S. 401 ff.

Schmidt, Thorsten Ingo, Kommunale Kooperationen – Der Zweckverband als Nukleus des öffentlich rechtlichen Gesellschaftsrechts, Tübingen 2005.

Schmidt-Aßmann, Eberhard, Verwaltungslegitimation als Rechtsbegriff, AöR 116 (1991), S. 329 ff.

Schmidt-Aßmann, Eberhard, Zum staatsrechtlichen Prinzip der Selbstverwaltung, in: Selmer/von Münch, Gedächtnisschrift für Wolfgang Martens, S. 249 ff.

Schmidt-Aßmann, Eberhard/*Röhl,* Christian, Kommunalrecht, in: Schmidt-Aßmann/Schoch, Bes. VerwR, 1. Kap.

Schmidt-Aßmann, Eberhard/*Schoch,* Friedrich (Hrsg.), Besonderes Verwaltungsrecht, 14. Aufl., Berlin 2008.

Schmidt-Jortzig, Edzard/*Makswit,* Jürgen, Handbuch des kommunalen Finanz- und Haushaltsrechts, 1991.

Schneider, Hans, Autonome Satzung und Rechtsverordnung Unterschiede und Übergänge, in: Hefermehl/Nipperdey, Festschrift für Philipp Möhring, S. 521 ff.

Schoch, Friedrich, Das gemeindliche Selbstverwaltungsrecht gemäß Art. 28 Abs. 2 Satz 1 GG als Privatisierungsverbot?, DVBl. 2009, S. 1533.

Schoch, Friedrich, Grundrechtsfähigkeit juristischer Personen, in: Jura 2001, 201 ff.

Schoch, Friedrich, Verwaltungsgerichtlicher Organstreit, in: Ehlers/Schoch, Rechtsschutz im Öffentlichen Recht, § 28, S. 745 ff.

Schönenbroicher, Klaus, Kommentierung zu Art. 78, in: Heusch/Schönenbroicher, Landesverfassung NRW.

Schöttler, Ernst, Regionale Sparkassenorganisation, Sparkasse 1966, 97 ff.

Schröder, Holger, Die vergaberechtliche Problematik der interkommunalen Zusammenarbeit am Beispiel der Bildung von Zweckverbänden; zugleich ein Beitrag zur Auslegung des öffentlichen Auftrags i. S. d. § 99 GWB, NVwZ 2005, 25 ff.

Schröder, Meinhard, Kommentierung zu Art. 49, in: Grimm/Caesar, Verfassung für Rheinland-Pfalz.

Schroeder, Werner, Wozu noch Zweckverbände?, Rechtliche Probleme der Verlagerung kommunaler Aufgaben auf Zweckverbände, Die Verwaltung 34 (2001), 205 ff.

Schulze-Fielitz, Helmut, Kommentierung zu Art. 20 GG (Rechtsstaat), in: Dreier, GG.

Schwarze, Jürgen (Hrsg.), EU-Kommentar, 2. Aufl., Baden-Baden 2009.

Schwarze, Jürgen, Der Staat als Adressat des europäischen Wettbewerbsrechts, EuZW 2000, 613 ff.

Schwennicke, Andreas/*Auerbach,* Dirk, Kreditwesengesetz Kommentar, München 2009.

Selmer, Peter/*von Münch,* Ingo (Hrsg.), Gedächtnisschrift für Wolfgang Martens, Berlin u. a. 1987.

Seydel, Peter, Die kommunalen Zweckverbände, Göttingen 1955.

Sölch/Ringleb (Begr.), Umsatzsteuergesetz mit Umsatzsteuer-Durchführungsverordnung, Einfuhrumsatzsteuer-Befreiungsverordnung, EG-Mehrwertsteuer-Systemrichtlinie, EG-Richtlinie 2008/9/EG, Achter EG-Umsatzsteuerrichtlinie, Dreizehnter EG-Umsatzsteuerrichtlinie, Loseblattkommentar, Stand 63. Ergänzungslieferung 1. April 2010, München.

Stelkens, Paul, Kommentierung zu § 35 VwVfG, in Stelkens/Bonk/Sachs, VwVfG.

Stelkens, Paul/*Bonk,* Heinz Joachim/*Sachs,* Michael, Verwaltungsverfahrensgesetz, Kommentar, 7. Aufl., München 2008.

Stern, Klaus, Die Verfassungsgarantie der kommunalen Selbstverwaltung, in: Püttner, HbKWP, 2. Aufl., Bd. 1, S 204 ff.

Stern, Klaus, Die Verfassungsrechtliche Garantie des Kreises, in: Der Kreis, Band I, hrsg. vom Verein für die Geschichte der Deutschen Landkreise e.V., Köln und Berlin 1972, S. 156 ff.

Stern, Klaus/*Burmeister,* Joachim, Die kommunalen Sparkassen – Verfassungs- und verwaltungsrechtliche Probleme, Stuttgart u. a. 1972.

Steuer, Stephan, Das Gesetz zur Umsetzung der EG-Einlagensicherungs- und Anlegerentschädigungsrichtlinie und seine Umsetzung in der Praxis, WM 1998, 2449 ff.

Stober, Rolf, Kommunalrecht in der Bundesrepublik Deutschland, 3. Aufl., Stuttgart u. a. 1996.

Stock, Oliver/*Drost,* Frank M., Todesstoß für Landesbanken? – Die EU-Kommission stellt die Solidarität im öffentlich-rechtlichen Lager bei den Haftungssystemen infrage, in: Handelsblatt v. 17.11.2010, S. 4.

Stork, Matthias, Private in Zweckverbänden und Demokratieprinzip, DVBl. 2011, 69 ff.

Strehler, Stefan, Zur Grundrechtsfähigkeit öffentlicher Kreditinstitute, Sparkasse 1993, 82 ff.

Tepe, Linus, Verfassungsrechtliche Vorgaben für Zuständigkeitsverlagerungen zwischen Gemeindeverbandsebenen, Stuttgart 2009, Diss. Univ. Münster 2009, Bd. 61 der Schriftenreihe des Freiherr-vom-Stein-Instituts.

Tettinger, Peter J./*Schwarz,* Kyrill-A., Kommentierung zu Art. 28 GG, in: v. Mangoldt/Klein/Stark, Grundgesetz, Bd. 2.

Tettinger, Peter J., Kommentierung zu Art. 78, in: Löwer/Tettinger, LVerf NRW.

Tettinger, Peter J., Mitbestimmung in der Sparkasse und verfassungsrechtliches Demokratiegebot, Heidelberg 1986.

Tettinger, Peter J./*Mann,* Thomas/*Salzwedel,* Jürgen, Wasserverbände und demokratische Legitimation, München 2000.

Thiemann, Christian, Rechtsprobleme der Marke Sparkasse, Stuttgart 2008, Diss. Univ. Münster 2008, Bd. 60 der Schriftenreihe des Freiherr-vom-Stein-Instituts.

Thieme, Werner, Die Grenzen der Umlagehoheit der Landkreise, DVBl. 1983, 965 ff.

Thormann, Martin, Die Finanzierung über die Kreisumlage (oder über Verbandsumlagen) nach Umstieg auf die kommunale Doppik, DVBl. 2009, 1346 ff.

Trende, Adolf, Geschichte der deutschen Sparkassen bis zum Anfang des 20. Jahrhunderts, Stuttgart 1957.

Tschentscher, Axel, Demokratische Legitimation der dritten Gewalt, Tübingen 2006, Habil. Univ. Würzburg 2004.

Tysper, Stefan, Die Kreisumlage im Zerrspiegel aktueller Verwaltungsjudikatur. Eine Streitschrift wider die Allmacht der Landkreise und Ohnmacht der kreisangehörigen Gemeinden (Teil1), KommJur 2009, 408 ff.

von Unruh, Peter, Demokratie und »Mitbestimmung« in der funktionalen Selbstverwaltung – am Beispiel der Emschergenossenschaft, VerwArch 2001, 531 ff.

Verein für die Geschichte der Deutschen Landkreise e. V., Der Kreis, Bd. I, Köln und Berlin 1972.

Vollmöller, Thomas, Öffentlich-rechtliche Kreditinstitute und EU-Beihilfenrecht, NJW 1998, 716.

Wagener, Ernst, Regionalprinzip – Arbeitsteilung – Sparkassenverbund, ZfgK 1983, 371 ff.

Weber, Albrecht (Hrsg.), Währung und Wirtschaft: Das Geld im Recht. Festschrift für Hugo J. Hahn zum 70. Geburtstag, Baden-Baden 1997.

Weber, Jürgen, Aufgaben und Grundlagen der Verbandsrevision, in: Faißt, Verbandsrevision, S. 45 ff.

Wehber, Thorsten, 200 Jahre Sparkassenidee – ein Erfolgsmodell aus Deutschland, ZfgK 2009, 582 ff.

Weides, Peter, Zur Eigenständigkeit des Sparkassenrechts gegenüber dem Kommunalrecht, DÖV 1984, 41 ff.

Weiß, Wolfgang, Kommentierung zu Art. 81 EG, in: Calliess/Ruffert, EGV/EUV.

Wendt, Rudolf/*Rixecker,* Roland (Hrsg.), Verfassung des Saarlandes Kommentar, Saarbrücken 2009.

Weyand, Rudolf, Vergaberecht, Praxiskommentar zu GWB, VgV, VOB/A, VOL/A, VOF, 2. Aufl., München 2007.

Winter, Anna Maria, Kommentierung zu § 29 KWG, in: Boos/Fischer/Schulte-Mattler, Kreditwesengesetz.

Wittmann, Antje, Der Sparkassenverbund, Stuttgart 2004, Diss. Univ. Münster 2004, Bd. 48 der Schriftenreihe des Freiherr-vom-Stein-Instituts.

Wittreck, Fabian, Die Verwaltung der Dritten Gewalt, Tübingen 2006, Habil. Univ. Würzburg 2005/2006

Wolff, Hans J./*Bachof,* Otto/*Stober,* Rolf, Verwaltungsrecht, Bd. I, Ein Studienbuch, 10. Aufl., München 1994; Verwaltungsrecht II, Besonderes Organisations- und Dienstrecht, 5. Aufl., München 1987; Verwaltungsrecht, Band 3, Ein Studienbuch, 5. Aufl., München 2004.

Zeitz, Julia, Der Begriff der Beihilfe im Sinne des Artikels 87 Abs. 1 EG-Vertrag, Berlin 2005, Diss. Freie Univ. Berlin 2004.

Sachverzeichnis

Schriftenreihe des Freiherr-vom-Stein-Instituts im Deutschen Gemeindeverlag, Verlag W. Kohlhammer

Band 1 Janbernd *Oebbecke,* Zweckverbandsbildung und Selbstverwaltungsgarantie, 1982, 104 Seiten, kartoniert, € 10,50.
ISBN 3-555-00530-8

Band 2 Edzard *Schmidt-Jortzig* / Alexander *Schink,* Subsidiaritätsprinzip und Kommunalordnung, 1982, 168 Seiten, kartoniert, € 14,50.
ISBN 3-555-00535-9

Band 3 Ingolf *Deubel,* Der kommunale Finanzausgleich in Nordrhein-Westfalen, 1984, 264 Seiten, kartoniert, € 17,90.
ISBN 3-555-00592-8

Band 4 Alexander *Schink,* Rechtsnachfolge bei Zuständigkeitsveränderungen in der öffentlichen Verwaltung, 1984, 340 Seiten, kartoniert, € 18,40.
ISBN 3-555-00593-6

Band 5 Janbernd *Oebbecke,* Gemeindeverbandsrecht Nordrhein-Westfalen, Eine systematische Darstellung, 1984, 168 Seiten, kartoniert, € 15,50.
ISBN 3-555-00623-1

Band 6 Hans-Jürgen *Fischedick,* Die Wahl der Benutzungsform kommunaler Einrichtungen, 1986, 121 Seiten, kartoniert, € 15,50.
ISBN 3-555-00689-4

Band 7 Janbernd *Oebbecke,* Weisungs- und unterrichtungsfreie Räume in der Verwaltung, 1986, 324 Seiten, kartoniert, € 19,50.
ISBN 3-555-00693-2

Band 8 Werner *Hauser,* Die Wahl der Organisationsform kommunaler Einrichtungen, Kriterien für die Entscheidung zwischen möglichen Organisationsformen, 1987, 300 Seiten, kartoniert (vergriffen).

Band 9 Elke *Bartels,* Abfallrecht – Eine systematische Darstellung, 1987, 224 Seiten, kartoniert (vergriffen).

Band 10 Ansgar *Müller,* Schulorganisationsrecht Nordrhein-Westfalen – Eine systematische Darstellung, 1988, 174 Seiten, kartoniert, € 23,00.
ISBN 3-555-00766-1

Band 11 Hans-Uwe *Erichsen* / Werner *Hoppe* / Adalbert *Leidinger* (Hrsg.), Kommunalverfassungen in Europa, 1988, 182 Seiten, kartoniert, € 25,50.
ISBN 3-555-00780-7

Band 12 Alexander *Schink,* Naturschutz- und Landschaftspflegerecht Nordrhein-Westfalen, 1989, 563 Seiten, kartoniert (vergriffen).

Band 13 H. Jürgen *Wolff,* Bedarfsgerechte Struktur der Kreiseinnahmen, 1990, 388 Seiten, kartoniert, € 20,35.
ISBN 3-555-00799-8

Band 14 Hans-Uwe *Erichsen,* Die Vertretung der Kommunen in den Mitgliederorganen von juristischen Personen des Privatrechts, 1990, 184 Seiten, kartoniert, € 20,35.
ISBN 3-555-00832-3

Band 15 Paul-Peter *Humpert,* Genehmigungsvorbehalte im Kommunalverfassungsrecht, 1990, 276 Seiten, kartoniert, € 22,90.
ISBN 3-555-00833-1

Band 16 Werner *Hoppe* / Alexander *Schink* (Hrsg.), Kommunale Selbstverwaltung und europäische Integration, 1990, 145 Seiten, kartoniert, € 20,35.
ISBN 3-555-00857-9

Band 17 Werner *Hoppe* / Hans-Uwe *Erichsen* / Adalbert *Leidinger* (Hrsg.), Aktuelle Probleme der kommunalen Selbstverwaltung – 10 Jahre Freiherr-vom-Stein-Institut, 1991, 210 Seiten, kartoniert, € 20,35.
ISBN 3-555-00910-9

Band 18 Hans *Vietmeier,* Die staatlichen Aufgaben der Kommunen und ihrer Organe – Auftragsverwaltung und Organleihe in Nordrhein-Westfalen, 1992, 378 Seiten, kartoniert, € 25,50.
ISBN 3-555-00913-3

Band 19 Angela *Faber,* Europarechtliche Grenzen kommunaler Wirtschaftsförderung – Die Bedeutung der Art. 92-94 EWGV für die kommunale Selbstverwaltung, 1992, 260 Seiten, kartoniert (vergriffen)

Band 20 Werner *Hoppe* / Martin *Schulte,* Rechtsschutz der Länder in Planfeststellungsverfahren des Bundes – Dargestellt am Beispiel des Denkmalschutzes in Nordrhein-Westfalen, 1993, 101 Seiten, kartoniert, € 12,70.
ISBN 3-555-00994-X

Band 21 Jan *Bodanowitz,* Organisationsformen für die kommunale Abwasserbeseitigung, 1993, 196 Seiten, kartoniert, € 20,35.
ISBN 3-555-00995-8

Band 22 Jürgen *Brügge,* Bodendenkmalrecht unter besonderer Berücksichtigung der Paläontologie, 1993, 222 Seiten, kartoniert, € 22,50.
ISBN 3-555-01015-8

Band 23 Ute *Adam,* Veterinärrecht – Eine systematische Darstellung unter besonderer Berücksichtigung der Rechtslage in Nordrhein-Westfalen, 1993, 284 Seiten, kartoniert, € 23,00.
ISBN 3-555-01024-7

Band 24 Werner *Hoppe* / Joachim *Bauer* / Angela *Faber* / Alexander *Schink* (Hrsg.), Rechts- und Anwendungsprobleme der neuen Bauordnung NW, 1996, 170 Seiten, kartoniert, € 15,30.
ISBN 3-555-01095-6

Band 25 Andrea *Krebs,* Rechtliche Grundlagen und Grenzen kommunaler Elektrizitätsversorgung, 1996, 370 Seiten, kartoniert, € 25,50.
ISBN 3-555-01102-2

Band 26 Margit *Twehues,* Rechtsfragen kommunaler Stiftungen, 1996, 366 Seiten, kartoniert, € 23,60.
ISBN 3-555-01107-3

Band 27 Werner *Hoppe* / Joachim *Bauer* / Angela *Faber* / Alexander *Schink* (Hrsg.), Auswirkungen des Kreislaufwirtschafts- und Abfallgesetzes auf die öffentlich-rechtlichen Entsorgungsträger, 1996, 220 Seiten, kartoniert, € 18,00.
ISBN 3-555-01120-0

Band 28 Olaf *Otting,* Neues Steuerungsmodell und rechtliche Betätigungsspielräume der Kommunen, 1997, 333 Seiten, kartoniert, € 22,50.
ISBN 3-555-01134-0

Band 29 Heidrun *Schnell,* Freie Meinungsäußerung und Rederecht der kommunalen Mandatsträger unter verfassungsrechtlichen, kommunalrechtlichen und haftungsrechtlichen Aspekten, 1997, 250 Seiten, kartoniert, € 20,35.
ISBN 3-555-01159-6

Band 30 Janbernd *Oebbecke* / Joachim *Bauer* / Angela *Faber* (Hrsg.), Umweltrecht und Kommunalrecht – Kolloquium aus Anlaß des Ausscheidens von Werner Hoppe als Geschäftsführender Direktor des Freiherr-vom-Stein-Instituts, 1998, 161 Seiten, kartoniert, € 10,20.
ISBN 3-555-01166-9

Band 31 Anke *Freisburger,* Public Private Partnership in der kommunalen Museumsarbeit, 2000, 296 Seiten, kartoniert, € 20,35.
ISBN 3-555-01210-X

Band 32 Janbernd *Oebbecke* / Joachim *Bauer* / Hermann *Pünder* (Hrsg.), Perspektiven der kommunalen Sparkassen – Symposium des Freiherr-vom-Stein-Instituts und des Westfälisch-Lippischen Sparkassen- und Giroverbandes am 24. Februar 2000, 2000, 121 Seiten, kartoniert, € 10,20.
ISBN 3-555-01228-2

Band 33 Holger *Obermann,* Die kommunale Bindung der Sparkassen – Verfassungsrechtliche Möglichkeiten und Grenzen ihrer Ausgestaltung, 2000, 224 Seiten, kartoniert, € 19,40.
ISBN 3-555-01229-0

Band 34 Raphael *Lohmiller,* Kapitalbeteiligungsgesellschaften der Sparkassen – Eine Untersuchung über die Rechtsgrundlagen der Beteiligungsfinanzierung durch kommunale Sparkassen, 2000, 318 Seiten, kartoniert, € 20,20.
ISBN 3-555-01231-2

Band 35 Olaf *Schefzyk,* Der kommunale Beteiligungsbericht – Ein Instrument zur verbesserten Berichterstattung über die Unternehmenstätigkeit der Kommunen, 2000, 391 Seiten, kartoniert, € 21,45.
ISBN 3-555-01234-7

Band 36 Angela *Faber,* Gesellschaftliche Selbstregulierungssysteme im Umweltrecht – unter besonderer Berücksichtigung der Selbstverpflichtungen, 2001, 501 Seiten, kartoniert, € 29,65.
ISBN 3-555-01240-1

Band 37 Klaus *Schulenburg,* Die Kommunalpolitik in den Kreisen Nordrhein-Westfalens: Eine empirische Bestandsaufnahme, 2001, 484 Seiten, kartoniert, € 25,10.
ISBN 3-555-01250-9

Band 38 Janbernd *Oebbecke* / Dirk *Ehlers* / Alexander *Schink* / Hermann *Pünder* (Hrsg.), Kommunalfinanzen - Symposium aus Anlaß des 75. Geburtstages von Adalbert Leidinger am 8. März 2001 in Münster, 2001, 155 Seiten, kartoniert, € 13,75.
ISBN 3-555-01251-7

Band 39 Janbernd *Oebbecke* / Dirk *Ehlers* / Alexander *Schink* / Hermann *Pünder* (Hrsg.), Die nordrhein-westfälische Gemeindeprüfung in der Diskussion - Kolloquium des Freiherr-vom-Stein-Instituts und des Innenministeriums Nordrhein-Westfalen am 2. Februar 2001, 2001, 79 Seiten, kartoniert, € 11,22.
ISBN 3-555-01252-5

Band 40 Peter *Lüttmann,* Aufgaben und Zusammensetzung der Verwaltungsräte der kommunalen Sparkassen, 2002, 407 Seiten, kartoniert, € 24,85.
ISBN 3-555-01274-6

Band 41 Janbernd *Oebbecke* / Dirk *Ehlers* / Alexander *Schink* / Hermann *Pünder* (Hrsg.), Aktuelle Fragen der Sparkassenpolitik - Wissenschaftliches Kolloquium des Freiherr-vom-Stein-Instituts am 8. März 2002 zu Ehren von Herrn Dr. Kuhr anlässlich seines Ausscheidens als Vorsitzender des Kuratoriums des Freiherr-vom-Stein-Instituts, 2002, 70 Seiten, kartoniert, € 7,85.
ISBN 3-555-01278-9

Band 42 Ansgar *Hörster,* Die Wahrnehmung der Sozialhilfeaufgaben im kreisangehörigen Raum in Nordrhein-Westfalen, 2002, 342 Seiten, kartoniert, € 23,85.
ISBN 3-555-01279-7

Band 43 Hermann *Pünder,* Haushaltsrecht im Umbruch - eine Untersuchung der Erfordernisse einer sowohl demokratisch legitimierten als auch effektiven und effizienten Haushaltswirtschaft am Beispiel der Kommunalverwaltung, 2003, 665 Seiten, kartoniert, € 29,85.
ISBN 3-555-01289-4

Band 44 Thomas *Harks*, Kommunale Arbeitsmarktpolitik - Rechtliche Vorgaben und Grenzen, 2003, 295 Seiten, kartoniert, € 19,80.
ISBN 3-555-01302-5

Band 45 Volker *Schepers,* Internet-Banking und sparkassenrechtliches Regionalprinzip, 2003, 275 Seiten, kartoniert, € 19,80.
ISBN 3-555-01308-4

Band 46 Marco *Kulosa,* Die Steuerung wirtschaftlicher Aktivitäten von Kommunen – eine betriebswirtschaftliche Analyse, 2003, 290 Seiten, kartoniert, € 20,20.
ISBN 3-555-01316-5

Band 47 Frank *Placke,* Interkommunale Produktvergleiche als Basis für den kommunalen Finanzausgleich, 2003, 433 Seiten, kartoniert, € 24,60.
ISBN 3-555-01321-1

Band 48 Antje *Wittmann,* Der Sparkassenverbund, 2004, 294 Seiten, kartoniert, € 22,00.
ISBN 3-555-01328-9

Band 49 Barbara *Lübbecke,* Das Kommunalunternehmen – neue Organisationsform im kommunalen Wirtschaftsrecht von Nordrhein-Westfalen, 2004, 343 Seiten, kartoniert, € 24,80.
ISBN 3-555-01329-7

Band 50 Sven Oliver *Hoffmann,* Gewässerschutzrecht Nordrhein-Westfalen – eine systematische Darstellung unter besonderer Berücksichtigung der europarechtlichen und bundesrechtlichen Vorgaben, 2004, 500 Seiten, kartoniert, € 26,80.
ISBN 3-555-01330-0

Band 51 Janbernd *Oebbecke* / Dirk *Ehlers* / Alexander *Schink* / Dörte *Diemert* (Hrsg.), Kommunalverwaltung in der Reform – Wissenschaftliche Fachtagung des Freiherr-vom-Stein-Instituts am 2. Juli 2004 in Münster, 2004, 165 Seiten, kartoniert, € 14,20.
ISBN 3-555-01339-4

Band 52 Hans *Lühmann,* Die Zusammenführung von Arbeitslosen- und Sozialhilfe im Sozialgesetzbuch II (SGB II) – Sozial- und organisationsrechtliche Aspekte des Hartz IV-Gesetzes für die kommunale Sozialpolitik, 2005, 223 Seiten, kartoniert, € 17,80.
ISBN 3-555-01349-1

Band 53 Jörg *Niggemeyer,* Zulässigkeit und Grenzen von Sparkassenfusionen – eine Untersuchung am Beispiel von Zusammenschlüssen nordrhein-westfälischer Sparkassen, 2005, 476 Seiten, kartoniert, € 26,80.
ISBN 3-555-01350-5

Band 54 Dörte *Diemert,* Das Haushaltssicherungskonzept – Verfassungs- und haushaltsrechtliche Grundlagen in NRW unter Berücksichtigung des Neuen Kommunalen Finanzmanagements, 2005, 555 Seiten, kartoniert, € 28,80.
ISBN 3-555-01370-X

Band 55 Andrea *Becker,* Die Entwicklung des Personalvertretungsrechts in Nordrhein-Westfalen – eine Untersuchung der wesentlichen Einflussfaktoren auf die Gesetzgebung am Beispiel des LPVG NRW, 2006, 495 Seiten, kartoniert, € 29,00.
ISBN 3-555-01371-8

Band 56 Janbernd *Oebbecke* / Dirk *Ehlers* / Martin *Klein* / Theresia *Theurl* / Dörte *Diemert* (Hrsg.), Perspektiven für Sparkassen und Genossenschaftsbanken – Wissenschaftliche Fachtagung des Freiherr-vom-Stein-Instituts und des Instituts für Genossenschaftswesen der Universität Münster am 17. Oktober 2005 in Münster, 2006, 128 Seiten, kartoniert, € 10,20.
ISBN 3-555-01385-5

Band 57 Inken *Pehla,* Der Haftungsverbund der Sparkassen-Finanzgruppe – eine Untersuchung der Institutssicherung der Sparkassen und Landesbanken unter besonderer Berücksichtigung des Einlagensicherungs- und Anlegerentschädigungsgesetzes, 2006, 240 Seiten, kartoniert, € 20,80.
ISBN 3-555-01372-6

Band 58 Janbernd *Oebbecke* / Dirk *Ehlers* / Martin *Klein* / Dörte *Diemert* (Hrsg.), Zwischen kommunaler Kooperation und Verwaltungsreform – Fachtagung aus Anlass des 25-jährigen Bestehens des Freiherr- vom-Stein-Instituts am 12. Mai 2006 in Münster, 2006, 127 Seiten, kartoniert, € 12,80.
ISBN 3-555-01391-2

Band 59 Simone *Schütte-Leifels,* Die Grundsätze der Sozialhilfe nach der Reform, 2007, 345 Seiten, kartoniert, € 24,80.
ISBN 978-3-555-01399-2

Band 60 Christian *Thiemann,* Rechtsprobleme der Marke Sparkasse, 2008, 314 Seiten, kartoniert, € 24,00.
ISBN 978-3-555-01451-7

Band 61 Linus *Tepe,* Verfassungsrechtliche Vorgaben für Zuständigkeitsverlagerungen zwischen Gemeindeverbandsebenen, 2009, 235 Seiten, kartoniert, € 20,00.
ISBN 978-3-555-01459-3

Band 62 Anna *Roth,* Die allgemeine Lebensmittelüberwachung als Instrument des Verbraucherschutzes – eine systematische Darstellung unter besonderer Berücksichtigung der Rechtslage und der Organisationsstrukturen in Nordrhein-Westfalen, 2009, 336 Seiten, kartoniert, € 26,00.
ISBN 978-3-555-01474-6

Band 63 Jan Stefan *Lüdde,* Sparkassenrecht der Länder – Bestand und Entwicklung seit 1949, 2010, 232 Seiten, kartoniert, € 20,80.
ISBN 978-3-555-01504-0

Band 64 Carsten *Lund,* Private in der Sparkassen-Finanzgruppe? – Zum Verbleib materiell voll- und teilprivatisierter Landesbanken im Haftungsverbund, 2010, 181 Seiten, kartoniert, € 18,80.
ISBN 978-3-555-01511-8

Band 65 Katharina *Kallerhoff,* Öffentlich-rechtliche Entsorgungsträger contra private Abfallwirtschaft – Aktuelle rechtliche Entwicklungen unter besonderer Berücksichtigung der gewerblichen Sammlungen von verwertbaren Sekundärrohstoffen, 2011, 310 Seiten, kartoniert, € 24,60.
ISBN 978-3-555-01547-7

Band 66 Thomas *Jungkamp,* Das Recht der regionalen Sparkassen- und Giroverbände – Eine systematische Darstellung, 2011, 309 Seiten, kartoniert, € 24,60.
ISBN 978-3-555-01558-3